# 文史

2001 年第 3 輯

總第五十六輯

全國古籍出版規劃領導小組資助出版

中華書局編輯部編

中華書局出版

## 編委會名單

# 目　　錄

# CONTENTS

# 后土后稷神農蓐收考(下)

丁　山　遺著

## (九)論田祖即農神,不必爲叔鈞、后稷

由"后"之字義考之,后稷當爲女性,即地母之化身。顧展禽但謂祀柱與棄爲稷,蔡墨亦但曰:"稷,田正也";皆不稱"后",與《吕刑》所謂"三后"者,誼迥不同;則農神在周代傳説,或爲男性。蓋我國古代文化,至于殷商,已渡到銅器時代,男子早已放棄游牧生活,從事農耕,社會中心亦早由女性時代轉于男性,人羣習見男耕女織之慣例,對于女性發明農業之事實,除祭典不忘外,實無絲毫印像。再觀于當時農官,若田畯,若農正,農師等,無非男性。于是原始農神——后稷,亦隨社會中心變爲男性,而代以"田祖"。《小雅·甫田》之詩曰:

> 以我齊明,與我犧羊,以社以方。我田既臧,農夫之慶。琴瑟擊鼓,以御田祖,以祈甘雨,以介我稷黍,以穀我士女。

《大田》之詩亦曰:"田祖有神,秉畀炎火"。《周官·籥章》亦曰:"凡國,祈年于田祖,龡豳雅,擊土鼓,以樂田畯。""田祖"之名乃大盛。

田祖,據毛《傳》云:"先嗇也。"《郊特牲》:"蜡之祭,主先嗇而祭司嗇也。"鄭《注》:"先嗇,若神農者。"故鄭氏注《周官》又逕謂:"田祖,始耕田者,謂神農也。"考之《山海經·大荒西經》則謂:"帝俊生后稷,稷降以百穀。稷之弟曰台璽,生叔鈞。叔鈞是代其父及稷播百穀,始作耕。"其《海内經》亦謂:"帝俊有子八人,后稷是播百穀。稷之孫曰叔鈞,是始作牛耕。"《大荒北經》則謂:

> 黄帝殺蚩尤,魃不得復上,所居不雨。叔均言之帝,後置之赤水之北。叔均乃爲田祖。

叔均何人?《史記·周本紀》未詳。按:《周官·大司徒》有《均人》云:"均人掌均地政,均地守,均地職,均人民牛、馬車輦之力政。凡均力政,以歲上下:豐年,則公旬用三日焉;中年,則公旬用二日焉;無年,則公旬用一日焉。"又有《土均》云:"掌平土地之政,以均地守,以均地事,以均地貢。"鄭玄謂:"均,猶平也。均人,主平土地之力政者;土均,主平土地之政令者也。"考《夏小正》"農出均田",《傳》則謂"'均田'始除田也,言農夫急除田也。"農夫急除田,即《月

令》：所謂"王命布農事，命田舍東郊，皆脩封疆，審端經術，善相丘陵，阪險，原隰，土地所宜，五穀所殖，以教道民，必躬親之。"是，均田、均人及土均，皆當讀曰畇。《爾雅·釋訓》："畇畇，田也。"《小雅·信南山》："信彼南山，維禹甸之；畇畇原隰，曾孫田之。"毛《傳》則謂"畇畇，墾辟貌。"余謂叔均爲均，當得義于墾田。由墾田謂爲"始作耕"，故《大荒經》有"叔均爲田祖"說。實則均在《真部》，畯在《震部》，古韻既同；又，均諧勻聲，畯諧允聲，聲紐古亦相近；《大荒經》所謂叔均者，當爲田畯之誤。田畯爲稷，稷爲田正；則謂叔均爲田祖，毋寧謂稷爲田祖。

《荀子·解蔽》："好稼者衆矣，而后稷獨傳者壹也。"是言后稷以前，未嘗無稼；稷亦非始耕田者。耕字，卜辭、金文，俱未之見。《說文》有靜字云："宷也。從青，爭聲。"其在金文，則作

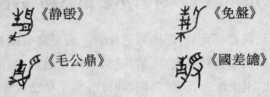

《静毀》　　　　　　　　　《免盤》

《毛公鼎》　　　　　　　　《國差繪》

蓋象手末而刺土，鑿井而灌苗之形，殆即耕之初文。《齊民要術》引《說文》云："人耕曰耕，牛耕曰犁。"静之爲字，實象人耕形。與静同誼者，尚有耤字。《說文》："耤，帝耤千畝也。古者使民如借，故謂之耤。從未昔聲。"其見于卜辭、金文者則作：

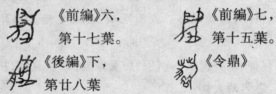

《前編》六，第十七葉。　　　《前編》七，第十五葉。

《後編》下，第廿八葉　　　　《令鼎》

徐中舒先生《未耜考》謂："象人側立推未，舉足刺地之形"，是也。更證之虢文公所謂耤田之禮："王耕一墢，班三之，庶民終于千畝。"又《月令》云："孟春，王親載未耜，躬耕帝耤，天子三推，三公五推，卿諸侯九推。"耕而曰推，曰墢，則在周人耤田之禮，似仍保留人耕時代遺俗，由人耕進步至于馬耕、牛耕，爲人類文明一大進步。據米勒利爾《社會進化史》說，犁耕（即牛馬耕）約始于新石器時代末或金器時代（即銅器時代）之初，以我國文化階級言；約在夏、殷之際，正周棄爲稷時也。則《大荒經》謂稷（即叔均）"始作牛耕"，其說宜可信。然而，《世本·作篇》則謂"相土作乘馬，胲作服牛"，更前于"稷始作牛耕"矣。即在《大荒東經》亦謂："有困民國有人曰王亥。王亥託于有易，爲河伯僕牛。有易殺王亥，取服牛。"郭《注》引《竹書》云："殷王子亥賓于有易而淫焉，有易之君緜臣殺而放之。是故殷主甲微假師于河伯以伐有易，殺其君緜臣。"此即《天問》所謂："該秉季德，厥父是臧，胡終弊于有易（易，今本作扈，據王國維校改）牧夫牛羊"也。若相土作乘馬事，亦見于《荀子·解蔽》云："乘杜作乘馬。"《呂覽·勿躬》則謂"乘雅作駕"，《注》云："雅一作持。"蓋持杜形相近，杜土爲今古文，乘雅與乘杜，盡相土之名

譌。《周官·校人》：“秋祭馬社”。鄭《注》：“馬社，始乘馬者。”並引《世本》所傳相土事爲證。傅斯年先生因謂：“卜辭所見貞，勿㸩年于邦土，邦土即相土；而《生民》詩云，誕后稷之穡，有相之道，相亦即相土。”（詳《新獲卜辭寫本後記跋》）則先后稷作牛耕者，實爲相土馬耕。由現代中國農耕方法考之，南方慣用牛，北方多用馬；由古代文化之發展情況言，則北方爲先進。且北方地較乾旱，宜于牧畜，故中國農業，人耕之後，當以馬耕爲先，則先周棄爲稷者，有烈山氏子柱；先后稷作牛耕者，有相土作乘馬，王亥服牛；后稷終非始耕田者；不得爲田祖。《魏書·序紀》：

> 昔黃帝有子廿五人，或內列諸華，或外分荒服。昌意少子，受封北土，國有大鮮卑山，因以爲號。其後世爲君長，統幽都之北，廣漠之野，畜牧遷徙，射獵爲業，淳樸爲俗，簡易爲化，不爲文字，刻木紀契而已。世事遠近，人相傳授，如史官之紀錄焉。黃帝以土德王，北俗謂土爲托，謂后爲跋，故以爲氏。其裔始均，入仕堯世，逐女魃于弱水之北，民賴其勤，帝舜嘉之，命爲田祖。爰歷三代以及秦、漢獯鬻、獫狁、山戎、匈奴之屬，累代殘暴，作害中州；而始均之裔，不交南夏，是以載籍無聞焉。……

此述托跋氏來歷，顯糅合《晋語》及《大荒經》成文。則“叔均爲田祖”說，疑或傳自東胡民族。東胡“謂土爲托，謂后爲跋”，則托跋即“地母”之夷言，在華語則爲“后土”。后土爲田祖，固亦中國舊說也。

# （一〇）論神農即農神乙稱

田祖，鄭玄注《周官》謂即神農。按，神農爲名，不見《詩》、《書》，惟《周易·繫辭傳》云：

> 包犧氏没，神農氏作，斲木爲耜，揉木爲耒，耒耨之利，以教天下，蓋取諸益。

《益》卦作☲，《震》下《巽》上。《說卦傳》曰：“《巽》爲木，《震》爲大塗。”以木刺塗，耕耨之象，故《繫辭》謂神農爲耒耜，取象于《益》。然而《繫辭》爲書，約成于戰國末葉（詳歐陽修《周易·答童子問》），不足以證神農教民耕耨，先于后稷也。《孟子·滕文公篇》上：

> 有爲神農之言者許行，自楚之滕，其徒數十人，皆衣褐捆屨織席以爲食。陳良之徒陳相與其弟辛負耒耜而自宋之滕。陳相見許行而大說，盡棄其學而學焉。陳相見孟子，道許行之言曰，滕君則誠賢君也。雖然未聞道也。賢者與民並耕而食，饔飧而治。今也，滕有倉廩府庫，則是厲民以自養也。惡得賢？……

神農之名，見于先秦載籍者，就今所傳，似以《孟子》爲最早。而“賢者與民並耕而食，饔飧而治”，正后稷所謂“所以務耕織者，以爲本教。”（《呂覽·上農篇》引）同爲勞農政治家託古自重之辭，未必實有神農其人也。至六國末學偽造《管子·輕重戊》曰：“神農作樹五穀淇山之陽，九州之民乃知穀食,而天下化之。"于是勞農政治家所偽託之神農,乃由虛化實,變而未耜發明者,農業之開山,取"后稷始作耕"地位而代之。《呂覽·上農》引后稷曰:"丈夫不織而衣,婦人不耕而食,男女貿功以長生"。其《愛類》則又引作神農之教云:"士有當年而不耕者,則天下或受其饑;女有當年而不績者,則天下或受其寒。"《呂覽·慎勢》:"觀于上世,其封建衆,其福長,其名彰,神農十七世有天下,與天下同之也。"《帝王世紀》則謂神農即炎帝云:"炎帝,神農氏,姜姓也。繼無懷之後。本起烈山,或稱烈山氏。在位一百二十年而崩。凡八代,及軒轅。"證之《大荒海内經》云:"炎帝生炎居,炎居生並節,並節生戲器,戲器生祝融,祝融生共工,共工生后土";則所謂神農者,得謂即烈山氏子農(即柱)矣。

　　《書·酒誥》:"薄違農父。"《偽孔傳》:"農父,司徒也。"《郊特牲》:"蜡之祭也,饗農及郵表畷。"鄭《注》:"農,田畯也。"卜辭:

　　　　己酉卜,即貞,告于母辛,叀農。十月。(《前編》五,第四八葉。)

　　　　壬申卜,即貞,兄壬,歲,叀農。(《後編》上,七葉。)

　　　　丙□卜,□貞,☑且辛,歲,叀農。(《後編》下,卅九葉。)

　　　　戊午卜,旅貞,王賓大丁,肜,龠農,亡尤。在十一月。(《戩壽堂》二葉。)

叀農,當即《郊特牲》所謂"饗農";龠讀爲籥,籥農,亦即《周官·籥章》所謂:"祈年于田祖,龡《豳雅》",龡籥以祀農神,猶周人所謂禬祀。農神,已言之即爲神農。《呂氏春秋·十二紀》:"季夏之月,毋發令而待,以妨神農之事也。"高《注》:"神農,耘耨之事。"鄭《注》、《月令》則謂:"土神稱曰神農者,以其主于稼穡。"土神,即后土,亦即烈山氏子柱。柱能殖百穀百蔬,夏以上祀爲稷。稷爲田畯,死爲田祖,故謂神農爲田祖,毋寧謂田祖即社。《詩》曰:"以社以方,……以御田祖",是亦后稷蜕變于后土,后土即田祖之堅證。

## (一一)論神農制未耜演自"農祥晨正"神話

　　知田祖即烈山氏子柱,柱即農神,後迺已言爲神農也,則神農制未耜故事,迺可得而説。

　　昭元年《左傳》:"昔高辛氏有二子,伯曰閼伯,季曰實沈,居于曠林,不相能也,日尋干戈,以相征討。后帝不臧,遷閼伯于商邱,主辰,商人是因,故辰爲商星。遷實沈于大夏,主參,唐人是因……及成王滅唐,而封大叔焉,故參爲晉星。"昭十七年《左傳》亦曰:"宋,大辰之虛也。"但在《晉語》則謂:"大火,閼伯之星也,是爲大辰。辰以成善,后稷是相,唐叔以封。"(《國語》十)《周語》則謂"辰馬,農祥也,我太祖后稷之所經緯也。"(《國語》三)並以爲周之徵祥在大辰。《史記·封禪書》:"漢興,或曰,周興而邑邰,立后稷之祠,至今血食天下。于是,高祖制詔御史,其令郡國縣立靈星祠,常以歲時,祠以牛。"司馬彪《續漢書·祭祀志》:

言祠后稷而謂之靈星者,以后稷又配食星也。舊説,星謂天田星也。一曰,龍左角,爲天田官,主穀,祀用壬辰位祠之。壬爲水,辰爲龍,就其類也。《史記正義》引《漢舊儀》則謂:"靈者,辰也。辰之神爲靈星,故以壬辰祠靈星于東南。"《爾雅·釋天》:"大辰,房、心、尾也。"李巡《注》:"大辰,蒼龍宿之體,最爲明,故曰:房、心、尾也。大火,蒼龍宿之心,以候四時,故曰辰。"(《左傳正義》引)韋昭《國語解》亦謂:"辰馬,謂房心星也。房星晨正而農事起,故曰農祥。"是辰星之言農星也。房、心、尾之繫聯,應如下圖:

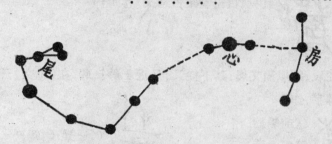

正爲耒象。是知神農製耒耜故事,蓋周末陰陽家(即天文家)者流演自"農祥晨正"之天象,所謂神農者,與謂古聖先王,毋寧謂即大辰。大辰,閼伯之星也。襄九年《左傳》則謂:"陶唐氏之火正閼伯居商丘,祀大火,而火紀時焉。相土因之,故商主大火。"相土,即殷之邦社,亦即殷之農神。由《孝經·聖治》云:"周公郊祀后稷以配天"爲例,則相土爲社,郊祀配天即爲大辰。相土作乘馬,故《周語》又謂大辰曰"辰馬"。辰馬,周人以爲后稷所經緯。是在天之大辰,爲后稷所佈;在地之耒耜,宜亦製自后稷矣。則所謂神農者,在殷人神話爲相土,在周人神話爲后稷,相土后稷在地爲農神,在天爲大辰,余故曰,神農者,大辰也。神農製耒耜,當演自大辰象耒神話。

## (一二)論辰為原始農器,農字即象摩辰而耨形

辰,篆文作。《説文》云:"震也,三月陽氣動,雷電振,民農時也。物皆生。从乙匕,匕象芒達;厂聲。辰,房星,天時也。从二,古文上字。古文辰。"辰之見于卜辭、金文者,則作:

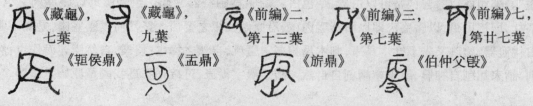

字或從又,與辱同。《説文》:"辱,恥也。从寸在辰下,失耕時,于封畺上戮之也。辰者,農之

時也;故房星爲辰,田候也。"實則辱即辰之或體,蓋象手持農具形。辰孳乳爲農,篆文作膚,籀文作膚,古文作膚,《説文》謂:"从晨,凶聲。晨,早昧爽也。从臼辰,辰時,非也。"《令鼎銘》:"王大耤農于諆田。"農則作膚,他如《農卣》、《農觶》銘文亦無不從田辰。惟《矢人盤》(即《散氏盤》)銘作膚,頗似篆文農字耳。是《説文》云,農从"凶聲",凶實爲田之形譌。(此容庚説)若《農彝銘》云:"農作寶尊彝",其篆體作

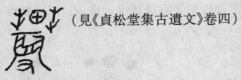

（見《貞松堂集古遺文》卷四)

其上從蚰,從田,從辰,頗似籀文農;其下從又,又近于蓐。蓐,在《説文》云:"陳艸復生也,從艸辱聲。"卜辭有蓐字,作

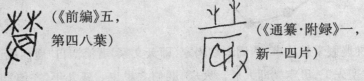

（《前編》五,第四八葉)　　　　（《通纂·附錄》一,新一四片)

郭沫若則謂:"蓐實農字,蓐農幽冬對轉也。"(《通纂考釋》)農何以從辰? 辰,《説文》謂:"從乙,匕,从上,厂聲",全瞀説也。辰即蜃之原始象形文。《周官》掌蜃《注》云:"蜃,大蛤也。"《爾雅·釋魚》亦謂:"蜃,小者珧。"珧讀爲銚,《説文》云:"銚,古田器。"(據《毛傳正義》引,改)《管子·海王》:"耕者必有一耒一耜一銚"是也。銚之來源,據《世本》云:垂所作也。實則惡金製犁鉏以前,一般農器,剌土者多揉木,刈獲者皆蜃珧。其後金屬之用漸廣,乃擬珧之形而爲銚。《周頌·臣工》:"寺乃錢鎛,奄觀銍艾。"錢鎛之類,今本字俱從金者,蓋後儒所臆改。錢之古文,疑但作珧。《淮南·氾論》:"古者剡耜而耕,摩蜃而耨,民勞而利薄,後世爲之耒耜櫌鉏,民逸而利多。"高《注》:"蜃,大蛤也,摩令利,用之耨,耨除艸穢也。"余謂膚字。即象手持蜃珧耨除艸穢形。定十四年《春秋》:"天王使石尚來歸脤。"《公羊傳》云:"脤者何? 俎實也。腥曰脤,熟曰燔。"杜預《左傳注》則謂:"脤,祭社之肉,盛以脤器。"證之,成十三年《左傳》云:"成子受脤于社",則杜説是也。脤器爲何? 杜預無説。《正義》據《周禮·掌蜃》"祭祀共其蜃器之蜃"。鄭司農《注》云:"蜃可以白器,令色白。"疑脤爲飾祭器之屬。余謂脤即以蜃盛肉之名。祭社,即祀田祖,以蜃盛肉即以田器盛肉,蓋沿原始社祀之習慣。祭社而以蜃盛肉,是知中國古代農器,蜃珧又先于揉木爲耒,剡木爲耜矣。蜃珧,自然之物也;農業,自然應運而作也;然則,謂耒耜創自神農,或毋寧謂創自自然。觀于農字從辰,可確知蜃爲我國最原始之農器。

## （一三）論蓐收亦農神，因公族有罪，磬于甸人乃誤爲天之刑神

知農蓐古本一字也，則古之所謂蓐收者，亦得謂即農神。

《楚辭·遠游》：“鳳皇翼其承旂兮，遇蓐收乎西皇。”西皇者，少皥也。《月令》：“孟秋之月，其帝少皥，其神蓐收。”鄭《注》：“少皥，金天氏。蓐收，少皥之子曰該，爲金官。”金官，蔡墨謂之金正云：“少皥氏有四叔，曰脩、曰熙、曰重、曰該，使該爲蓐收，世不失職，遂濟窮桑。”此鄭説所祖也。《白虎通·五行》則謂：“少昊者，少歛也。蓐收者，縮也。”證之《管子·四時》云：“西方曰辰，其時曰秋，其氣曰陰；其事號令，毋使民淫暴，順旅聚收，量民資以畜聚，賞彼羣幹，聚彼羣材，百物乃收，使民毋怠，此謂辰德。辰掌收，收爲陰。是故秋三月，發五政，三政曰慎旅，趣民聚收。”則所謂蓐收者，即“辰德掌收”之意。《月令》：“季秋，乃命冢宰，農事備收，舉五穀之要，藏帝藉之收于神倉。”農事備收，蓋猶《豳風·七月》云：“九月肅霜，十月滌場。”滌場之事，《月令》謂“命冢宰”。昭十七年《左傳》：“郯子曰……我高祖少皥摯之立也，鳳鳥適至，故紀于鳥，爲鳥師而鳥名……九扈爲九農正”。《正義》引買逵《注》則謂：“春扈分循，趣民耕種者也；夏扈切玄，趣民芸苗者也；秋扈切藍，趣民收歛者也；冬扈切黄，趣民蓋藏者也。”《獨斷》説少皥世九農之官，其文相同。則少皥時趣民收歛之秋扈氏，即蔡墨所謂少皥氏使子該爲蓐收；余故謂蓐收即趣民收歛之農正，其没而祭于社也，即爲農神。農神，司農之神也。《晉語》云：

> 虢公夢，在廟，有神，人面白毛，虎爪執鉞，立于西阿。公懼而走。神曰：“無走！帝命曰：‘使晉襲于爾門。’”公拜稽首，覺。召史嚚占之。對曰：“如君之言，則蓐收也，天之刑神也……”（《國語》八）

謂蓐收爲天之刑神，曰：蓐收，由“農事備收”説，當爲“秋農正”。《管子·禁藏》：“秋行五刑，誅大罪，所以禁淫邪，止盜賊。”《大戴禮·千乘》：“司寇，司秋，以聽獄訟，治民之煩亂……凡犯天子之禁，陳刑制辟，以追國民之不率上教者。”《月令》亦謂：“孟秋之月，乃命有司脩法制，繕囹圄，具桎梏，禁止姦，慎罪邪……審斷、決獄訟必端平，戮有罪，嚴斷刑。”故鄭玄《周禮目録》釋“秋官司寇”云：“象秋所立之官，寇，害也，秋，遒也；如秋義殺害，收聚歛藏于萬物也。天子立司寇，使掌邦刑。刑者所以驅恥惡，納人于善道也。”是，秋日，戮有罪，嚴斷刑，法農人之是刈是穫，聚歛收藏也。然而，《司寇·掌囚》則謂：“凡有爵者與王之同族，奉而適甸師氏，以待刑殺。”《注》引《文王世子》云：“雖親不以犯有司，正術也，所以體異姓也。刑于隱者，不與國慮兄弟也。”按《禮記·文王世子》：

> 公族有罪，則磬于甸人；其刑罪，則纖剸，亦告于甸人。公族無宮刑，獄成，有司讞于公，其死罪，則曰，某之罪在大辟；其罪刑，則曰，某之罪在小辟。公曰，宥之。有司再曰，

在辟。公又曰，宥之。有司又曰，在辟。及三宥，不對，走出，致刑于甸人。

致刑于甸人者，言使甸人磬殺之也。成十年《左傳》：“使甸人獻麥。”杜《注》：“甸人，主爲公田者。”桓十四年《穀梁傳》：“甸粟而納之三宮。”范《注》：“甸，甸師，掌田之官也。”《周官·冢宰》有甸師，其職云：“掌帥其屬而耕耨王藉，以時入之，以共齍盛。”則甸師、甸人，即魯文公所陳藉禮中之“農師”，亦即《月令》所謂“命田舍東郊”之田。《小雅·車攻》及《吉日》俱云：“田車既好”，石鼓文亦云：“田車孔安”，田車，《克鐘銘》則作“甸車”。《揚𣪕銘》：“官嗣量田甸。”甸，篆作𤰖，從田人，是甸人即田人，甸師即田師。田人何爲又主磬殺之事？由孟加拉獻人犧于“大地女神”及菲律賓殺奴隸以獻“地母”風俗測之，疑在古代農業社會，本有殺人以爲催生之術，積習相沿，遂以田人爲劊子手，農神蓐收，遂兼爲刑神，而有“天之刑神”傳說。

天之刑神，印度古代謂之婆樓那（Varuna），《梨俱吠陀》說此神之性狀云：“以天爲座處，以火爲面，以日爲眼，以風爲呼吸，以星爲其使者，着金色之衣，時乘馬車，驅馳太空；其能力，則爲規律之保護者。”（詳高譯《印度哲學宗教史》六七葉）規律之保護者，即史嚚所謂：“天之刑神”，其着金色之衣，則與蔡墨所謂“金正曰蓐收”者，意亦相近。蓐收之狀，據虢公所夢，爲“人面白毛，虎爪執鉞。”《海外西經》則謂：“西方蓐收，左耳有蛇，乘兩龍。”《西山經》：“泑山，神蓐收居之”，郭《注》亦謂：“蓐收，金神也。”金正金神，以五行神位言，宜爲蓐收；余謂“天之刑神”說若非演自印度傳說之婆樓那，或爲西王母之變相。

《穆天子傳》：“天子西征，癸亥，至于西王母之邦”。郭《注》引《竹書》云：“穆王西征至昆侖丘，見西王母。”西王母盛傳于晚周以後載記，如《莊子·大宗師》云：“西王母坐乎少廣”，《淮南·覽冥》云：“羿請不死之藥于西王母”，據道家傳說固西方不死之女僊也。《西山經》則謂：

　　　玉山，是西王母所居也。西王母，其狀如人，豹尾虎齒而善嘯，蓬髮，戴勝，是司天之
　　　厲及五殘。

司馬相如《大人賦》亦謂：“低回陰山翔以紆曲兮，吾乃今目睹西王母曤然白首。戴勝而穴處兮，亦幸有三足烏爲之使。必長生若此而不死兮，雖濟萬世不足以喜。”（見《史記》本傳）西王母狀如人而豹尾虎齒，曤然白首而戴勝，與蓐收之，“人面，白毛，虎爪”形極相似。其“司天之厲及五殘”，郭《注》：“主知災厲五刑殘殺之氣也。”余謂厲也，五厲也。《管子·輕重甲》：“桓公欲藉于室屋。管子曰，不可。君請藉于鬼神。昔堯之五吏五官無官無所食，君請立五厲之祭，祭堯之五吏，設之以祈祥也。”五厲，猶襄十七年《左傳》云：“爾父爲厲”，厲者，惡鬼也。五殘者，《倉頡篇》云：“殘，傷也。”《周官·大司馬》：“放弒其君則殘之”，《注》云：“殘，傷也”。五殘五厲，皆天所以賊傷人物之惡鬼也，而西王母司之，則西王母若非印度傳說之夜义，（一曰藥义）必爲中國人所敬祀之“天之刑神。”西王母爲名，在上文余已說明演自“西母”，“西母”即“西方地母神”，與蓐收主秋，主西方之説合，《尚書大傳》云：“西方之極，自流沙西至三危之

野,帝少皞,神蓐收司之。"《淮南·時則》云:"西方之極,自昆侖,絶流沙、沈羽,西至三危之國,飲食之民,不死之野,少皞、蓐收之所司者萬二千里。"蓐收所司,在中國西極,正傳説西王母所在也。余故謂西王母即西方地母神,蓐收亦西土之農神。農神與地母,所以傳爲"天之刑神"者,若非演自婆樓那神話;必由原始社會以殺人祭地爲農業催生術,演而爲農官兼劊子手,乃誤農神爲"天之刑神"。是故蓐收之最初神格,由其名誼及故事考之,當爲趣民收斂之農神;若以人言,似即殷王子亥,王亥服牛,余已説明爲傳説牛耕之始,則"該爲蓐收",該即亥後起字。

## (一四)論蜡讀爲耤,即所謂耦穫之耤,所以祭蓐收

農神何爲因時季而有不同? 是不能不一考藉田之禮。

《月令》于孟春云:"天子乃以元日,祈穀于上帝,親載耒耜,躬耕帝藉。"《注》云:"謂以上辛郊祭天也。《春秋傳》曰:'夫郊祀后稷以祈農事,是故啓蟄而郊,郊而後耕。帝藉,爲天神借民力所治之田也。'"是春藉也。其孟冬云:"天子乃祈來年于天宗,大割祠于公社、臘先祖五祀,勞農以休息之。"《注》云:"此《周禮》所謂蜡祭也。蜡,謂以田獵所得禽祭也。"按:《周禮·籥章》:"國祭蜡,則龡《豳頌》,擊土鼓以息老物。"杜子春《注》引《郊特牲》云:"天子大蜡八。伊耆氏始爲蜡。歲十二月,合聚萬物而索饗之也。蜡之祭也,主先嗇而祭司嗇也。黄衣黄冠而祭,息田夫也。"鄭氏《郊特牲注》則謂:"先嗇,若神農者,司嗇,后稷也。"神農、后稷皆農神名;則蜡之祭也,實主祭古今農神,確即《月令》所謂"孟冬,大割祠于公社。"

蜡之祭,《郊特牲》謂始伊耆氏。《明堂位》亦謂:"土鼓、蕢桴、葦籥,伊耆氏之樂也。"《禮記正義》云:"伊耆氏,神農也。"余謂伊耆即葛天氏。《吕覽·古樂》:"昔葛天氏之樂,三人操牛尾,投足以歌八闋:一曰《載民》,二曰《玄鳥》,三曰《遂艸木》,四曰《奮五穀》,五曰《敬天常》,六曰《建帝功》,七曰《依地德》,八曰《總禽獸之極》。""總禽獸之極",即《郊特牲》所謂:"蜡祭禽獸,迎猫,爲其食田鼠;迎虎,爲其食田豕也"。"遂艸木,奮五穀",即《郊特牲》所謂:"蜡祭百穀,以報嗇也"。"敬天常,敬帝功",即《月令》所謂:"乃祈來年于天宗"。"依地德",即《月令》所謂:"大割祠于公社"。"載民"疑非《大雅·生民》之誤,即《周頌·載芟》之譌。《詩序》:"《載芟》,春藉田而祈社稷也。"而《商頌·玄鳥》,説者以爲祠高禖,高禖,亦地母神也。(另詳《句芒考》)則葛天氏所歌"八闋",明即《郊特牲》所謂"天子大蜡八"。蜡之祝辭曰:"土反其宅,水歸其壑,昆蟲毋作,艸木歸其澤",亦可以綜括"八闋"之辭。闋之言亥也。亥于月建爲十月孟冬,正《月令》所謂"臘及先祖"之時;余故謂"伊耆氏始爲蜡",即葛天氏投足以歌八闋。葛,古文作蓋,蓋從害聲,金文通讀爲匄;則葛天即匄天,匄天亦即《月令》所謂"祈來年于天

宗"。是"伊耆氏始爲蜡",亦自"祈來年于天宗"説演來。

蔡邕《獨斷》,説四代臘之名曰:"夏曰嘉平,殷曰清祀,周曰大蜡,漢曰臘。"《廣雅·釋天》則謂"秦曰臘"。證之《秦本紀》云:"惠文君十二年,初臘。"又《晏子春秋·諫下》云:"景公令兵搏治,當臘、冰月之間而寒",僖五年《左傳》云:"虞不臘矣。"説者以爲周時已有臘祭,不自秦、漢始。按:《説文》:"臘,冬至後三戌,臘祭百神。"段《注》:"臘本祭名,因呼臘月臘日耳。在夏正十月,臘即蜡也。"《秦本紀》惠王十二年,初臘,記秦始行周正亥月大蜡之禮也。始皇卅一年更名臘名嘉平,十二月者,丑月也。始皇始建亥,不敢謂亥月爲正月,但謂之十二月朔而已。《項羽紀》漢之二年冬,繼之以春,繼之以四月可證也。更名臘爲嘉平者,改臘在丑月,用夏制,因用夏名也。臘在丑月,因謂丑月爲臘月,《陳勝傳》書臘月是也。漢仍秦制,亦在丑月,而用戌月,則漢所獨也。《風俗通》曰臘者,接也,新故交接,故大祭以報功也。漢家火行,火衰于戌,故曰臘也。此説臘月,數雖有四代之殊,實皆謂建亥之月,是也。則臘之與蜡,不過文字之異。史言秦自惠文君初臘,亦無異言秦自商鞅爲田,開阡陌,始由游牧社會進于農業時代,至惠文君始脩周人祀典,復宗農神矣。

《禮運》:"昔者仲尼與于蜡賓。"蜡,《釋文》引《字林》作䄍,蜡、䄍與耤,同諸昔聲,故知蜡即耤字別構。虢文公所陳藉禮,王耕一墢,班三之,此傳所謂"啓蟄而郊,郊而後耕",春之藉也。宣王既喪南國之師,乃料民于太原。仲山父諫曰:"王治農于藉,蒐于農隙,耨穫亦于藉。……是皆習民數者也。"(詳《周語》上)《周頌》:"豐年多黍多稌,亦有高廩,萬億及秭,爲酒爲醴,烝畀祖妣",《詩序》謂:"秋冬報也"是也。若《小雅·甫田、大田、楚茨、信南山》諸詩、《詩序》皆謂"刺幽王"。細繹其辭:

> 我黍與與,我稷翼翼。我倉既盈,我庾維億。以爲酒食,以享以祀。以妥以侑,以介景福。……(《楚茨》)

> 疆埸翼翼,黍稷彧彧。曾孫之穡,以爲酒食。畀我尸賓,壽考萬年。……(《信南山》)

> 曾孫之稼,如茨如梁。曾孫之庾,如坻如京。乃求千斯倉,乃求萬斯箱。黍稷稻粱,農夫之慶。報以介福,萬壽無疆。(《甫田》)

> 來方禋祀,以其騂黑,與其黍稷。以享以祀,以介景福。(《大田》)

實皆爲秋冬報祀后稷之詩。所謂"曾孫之穡"與"曾孫之稼",曾孫皆對"高祖"后稷言,當亦《周頌·豐年、良耜》之儔也。在卜辭則謂之"萑耤"云:

> 己亥卜,貞令矢小耤臣。己亥卜,萑耤。(《前編》六,第十七葉)

> 庚子卜,貞王其萑耤,叀往。十二月。(《後編》下,廿八葉)

萑即萑之初文,舊或讀爲觀,或讀爲禍,余謂當讀爲祼。《説文》:"祼,灌祭也。"《周官·大宗伯》“以肆獻祼享先王，”《注》亦謂：“祼之言灌，灌以鬱鬯，謂始獻尸以求神也。”則卜辭所謂“雈秲”，明即虢文公所陳藉禮：“王祼鬯饗醴，乃行。”虢文公陳藉禮，本郊而後耕事也，而卜辭謂在“十二月”，與周、秦以來所謂“臘月”，意正相應；余故謂歲終索萬物而饗之之蜡，即仲山父所謂“耩穫亦于藉。”耩穫于藉時在秋冬；而《遠游》謂：“遇蓐收乎西皇”，《月令》亦謂蓐收爲秋神，是知蓐收即耩穫所藉農神。卜辭又云：“龠農，在十一月。”（《戩壽堂》二葉）農，又當即《郊特牲》所謂：“蜡之祭也，饗農及郵表畷。”逕言之，亦即蓐收。

## （一五）論蓐收即后稷，其所潛大澤在敦煌，疑周本氏族

由卜辭所見雈秲、龠農、宙農，諸祀典論農神，其在殷代固已自后土蟬蛻而爲獨立之神格。且此獨立神格之農神，或曰秲，或曰農，絕不稱后稷，是知稷之稱后，必自周公尊祖配天始，殷人亦但祀烈山氏子農，《商誓》所謂：“商先誓王明祀上帝，亦惟我后稷之元穀用告和，用胥飲食”者，蓋周人僞託之辭。周人起自西域，（另詳拙著《由三代都邑論其民族文化》）開國以前，其風俗政教，不與殷商同，（另詳拙著《開國前周人文化與西域關係》篇）所祖后稷，當爲西域人后稷，非夏殷所祀農神。

后稷遺跡，較爲重要者，當爲“即有邰家室。”有邰，世皆謂：“姜嫄之國也。堯見天因邰而生后稷，故國后稷于邰。”（見毛《詩傳》）邰，《漢書·地理志》作斄，云：“后稷所封。”杜預《左傳注》謂“始乎武功縣所治斄城”是也。然而，《魯語》“稷勤百穀而山死”，韋昭《解》則謂：“周棄死于黑水之山。”證之《大荒海內經》云：

　　西南黑水之間，有都廣之野，后稷葬焉。其城方三百里，蓋天下之中，素女所出也。

爰有膏菽膏稻，膏黍膏稷，百穀自生，冬夏播琴。……（據畢沅校本）

《淮南·墜形》亦謂：“后稷壠在建木西。建木在都廣，衆帝所自上下，日中無景，呼而無響，蓋天地之中也。”建木，余在《九州通考》中已說明在北回歸線南，近赤道處；是后稷死于南極，亦南極之農神也。不寧惟是。《西山經》云：“峷山，丹水出焉，西流注于稷澤。”郭《注》：“后稷所馮神，因名稷澤。”而槐江之江正謂：“西望大澤，后稷之所潛也。”是郭《注》所本。槐江山，畢沅《校正》謂“即甘州張掖縣北雞山”，則后稷所潛大澤不得其指。按《海內西經》云：

　　大澤，方百里，羣鳥所生及所解。在鴈門北。

　　鴈門山，鴈出其間。在高柳北。

　　高柳在代北，后稷之葬，山水環之。在氐國西。

《漢書·地理志》正謂高柳屬代郡。《水經·漯水注》亦謂：“高柳在代中，其山重巒叠巘，霞舉雲高，連山隱隱，東出遼塞。”則“稷勤百穀而山死”實死于代郡高柳之山。代本中山別國，古爲

鮮虞,狄之别種也。狄、氏一聲之轉,《海内西經》謂:"后稷在氏國西",無異言后稷死于北狄。《墨子·節葬》:"昔者堯北教乎八狄,道死,葬蛩山之陰。"《海外南經》則謂:"狄山,帝堯葬于陽。"北狄而次于《南經》,頗疑《淮南》所謂"后稷壠在建木西",亦由昆侖民族傳自西北,猶昆侖山神話,發源于西北,隨其民俗轉徙,南海遂有昆侖山。(詳費瑯著《昆侖及南海古代航行考》)若然,后稷稼穡故事,傳自氏、羌,所謂周宗者,蓋本氏族。《穆天子傳》言天子升昆侖及春山後至于赤烏云:"赤烏氏先,出自周宗。太王亶父之始作西土,封其璧臣季綽地春山之虱,妻以元女,詔以玉石之刑,以爲周室主。"昆侖,即今祈連山,(詳《河出昆侖説》)則赤烏氏疑即漢之烏孫或月氏。周在克殷前,與昆侖西烏孫通婚媾,其爲氏族,此或有力之旁證。則槐江山東望恒山,南望昆侖,似即今删丹山。删丹附近,無大澤可指,其北則居延澤,古文以爲流沙;其西則有效穀、淵泉,俱屬敦煌郡。顏師古《漢書注》引闞駰説:"地多泉水,故名淵泉",又引桑欽説:"孝武元封六年,濟南崔不意爲魚澤尉,教力田,以勤效得穀,因立效穀縣。"余謂稷澤即漁澤,后稷所潛大澤,或在效穀、淵泉附近,即古赤烏氏舊地。郊穀本名魚澤,頗疑魚即稷字形泐,魚澤,即《西山經》所謂"稷澤"。后稷所潛,既在昆侖(即祈連山)之西,正《書大傳》所謂:"三危之野,蓐收所司",則后稷、蓐收,又得謂本一體,蓐收本西方農神,余故謂后稷亦西域人后稷,非殷人所禴之農矣。殷人禴農,由《祭法》云:"烈山氏子也",但《國語》、《左傳》俱作柱。柱者,杜主也。"杜主,在秦中,最小鬼之神者",蓋因周人郊稷配天,繼以秦人立四畤,祀上帝,其神格迺微;若在初民社會,則杜主當爲民族大神。

## (一六)論邦社與國家民族相終始,又當爲圖騰遺跡

蜀人尊杜宇爲叢帝;夏后氏宗禹,禹勞天下而死爲社;社神在夏后及巴、蜀固嘗宗爲民族先祖,奉爲民族大神矣。

初民大神,在若干部族中,地母而外,更有"圖騰"(Totem)。圖騰者,印第安語也。澳洲土人謂之"科旁"(kobong)。或爲動物,或爲植物,或爲無生物,在初民,常擇一物以爲其氏族之祖先,保護者,及團結之標號。(參閱《文化人類學》第五篇第四章《圖騰崇拜》)此種動物,或爲柱形,植立家族之入口處;或爲壇埠,秘藏于叢林之中;疾病禱于是,田獵禱于是,出征禱于是,振旅飲至于是,冠禮舉于是,婚姻亦常成于是。(參閱《南洋獵頭民族考察記》)藏"圖騰"于叢林,固即《墨子》所謂"擇木之脩茂者立以爲叢社"矣;其植圖騰柱于家族之入口處,則又類似中國現代農村,有井水處必有土地祠。余固疑社神來源,不盡爲后土;其另一部分神性,似又爲圖騰遺跡。

《魯語》言:"莊公如齊觀社。曹劌諫曰,不可。……夫齊棄太公之法,而觀民於社,……

何以訓民？土發而社，助時也；收攎而蒸，納要也；今齊社而往觀旅，非先王之訓也。”近世説者，或以觀民于社，即使男女歡會于社。考：莊廿三年《左傳》曹劌諫辭，則微不同。劌曰：“夫禮，所以整民也；故會以訓上、下之則，制財用之節”，與宣王料民太原，仲山父所諫者，意則相似。按：襄二十四年《左傳》：“齊侯既伐晋而懼，將欲見楚子。楚子使薳啓彊如齊聘，且請期。齊社，蒐軍實，使客觀之。”則齊之社，即管子所謂：“春以蒐振旅，秋以獮治兵。”（詳《齊語》）《郊特牲》：“季春火出，爲焚也。然後簡其車賦，而歷其卒伍，而君親誓社，以習軍旅”，是社自古爲治兵之地。

《王制》：“天子將出征，類乎上帝，宜乎社，造乎禰。”《周官》：“大祝、大師宜于社，造于祖，設軍社，類上帝。國將有事于四望，及軍歸，獻于社，則前祝。”（《大宗伯》）鄭司農説：“設軍社，以《春秋傳》曰，所謂君以師行，被社纍鼓，祝奉以從者也。”按：定四年《左傳》，晋會諸侯于召陵。衛靈公使祝佗從。佗辭曰：

> 夫祝，社稷之常隸也。社稷不動，祝不出竟，官之制也。君以軍行，被社纍鼓，祝奉
> 以從，于是乎出竟。若嘉好之事，君行師從，卿行旅從，臣無事焉。

而閔二年《左傳》亦謂：“帥師者，受命于廟，受脤于社。”師之出也，《夏書·甘誓》云：“用命賞于祖，弗用命戮于社。”師之歸也，《周書·世俘》云：“武王乃以庶祀馘于周廟，用小牲羊犬豕于誓社。”社在古代，又常與征戰相終始，其神格固已超于后土。《封禪書》言：“高祖初起，禱豐枌榆社。徇沛，爲沛公，則祠蚩尤，釁鼓旗。”蚩尤，傳説爲古代兵神，則社又爲國土保護神，可當于初民社會之圖騰。《大雅·緜》之詩曰：“迺立冢土，戎醜攸行。”毛《傳》：“冢土，大社也。起大事，動大衆，必先有事乎社而後出，謂之宜。”《爾雅·釋天》引《毛詩傳》更謂：“振旅闐闐，出爲治兵，尚威武也；入爲振旅，反尊卑也。”則《周官》所謂：“出征，宜乎社”，實爲古禮。不寧惟是。

周武王既克殷，“周公把大鉞，召公把小鉞，以夾王；泰顛、閎夭皆執輕呂以奏王。王入，即位于社。”（詳《周書·克殷篇》）及周公作雒邑，“乃建大社于國中”。（詳《周書·作雒》篇）“周公朝至于洛，越三日丁巳，用牲于郊，牛二。越翼日，戊午，乃社于新邑，牛一、羊一、豕一。”（詳《尚書·召誥》牛羊豕，古謂之太牢。周公以太牢祭社，武王且即位于社，社在周初，其非“最小鬼之神”可知也。《禮記·檀弓》：“國亡大縣邑，公卿大夫士皆厭冠，哭于太廟，三日，君不舉。或曰，君舉而哭于后土。”《注》云：“后土，社也。”國亡大邑哭于社者，孔氏《正義》云：“社，主土故也。”《春秋》哀四年“六月辛丑，亳社災。”《公羊傳》亳作蒲云：“蒲社者何？亡國之社也。其言災何？亡國之社蓋揜之，揜其上而柴其下。”《穀梁傳》亦謂：“亡國之社以爲廟屏，戒也。其屋亡國之社，不得上達也。”在《郊特牲》則謂：

> 社，祭土而主陰氣也。天子大社，必受霜露風雨，以達天地之氣也。是故喪國之社，

屋之,不受天陽也。薄社,北牖,使陰明也。

《呂覽·貴直》亦謂:"狐援説齊湣王曰,殷之鼎陳于周之庭,其社蓋于周之屏,其干戚之音在人之游。亡國之書不得至于廟,亡國之社不可見于天,亡國之器陳于庭,所以爲戒。王其勉之,其無使太公之社蓋之屏。"自武王即位于社,周公營成周,先建大社,國亡縣邑則哭于社,亡國之社則蓋之屏之一貫事實考之,社在古代,又常與民族國家相終始,則《孝經説》謂"社爲國土之主"者,自是最古之誼。國土之主,即民族保護神,初民社會謂之圖騰,或曰科旁;余故謂中國所祀之社神,其神格不盡爲地母,實演自民族圖騰。故先秦載記,得常以"社稷"象徵國家。卜辭所見"邦土",《祭法》所謂"國社",皆其民族大神,謂之圖騰可也。

## (一七)論里社即氏族圖騰、社母即原始地母神

社之種類,據《祭法》云:有大社、王社、國社、侯社及置社階級之不同。大社見于《周書·作雒》,國社見于卜辭,王社、侯社則于史無徵,疑侯社即邦社,王社即大社;以時代言,則殷曰邦社,周曰大社,大社與邦社,非有天澤之分。若置社,疑或"里社"之譌。《郊特牲》:"家主中霤,而國主社,唯爲社事,單出里。"《注》云:"二十五家爲里",是也。里社,古或謂之書社。如顧炎武《説社》云:

> 社之名起于古之國社、里社,故古人以鄉爲社。《大戴禮》千乘之國,受命于天子,通其四疆,教其書社;《管子》:方六里,名之曰社,是也。昭二十五年《左傳》:齊侯唁公曰,自莒疆以西,請致千社。注,廿五家爲社,千社,二萬五千家。哀十五年,齊與衛地,自濟以西,禚、媚、杏以南,書社五百。《晏子》:景公予魯君地,山陰數百社。又曰,景公禄晏子以平陰與槀邑反市者十一社。又曰:吾先君桓公以書社五百封管仲,不辭而受。《荀子》:與之書社三百,而富人莫之敢拒。……《商子》:湯武之戰,士卒坐陳者,里有書社。《吕氏春秋》:武王勝殷,諸大夫賞以書社。又曰:衛公子啓方以書社四十下衛。又曰:越王請以故吴之地,陰江之浦,書社三百,以封墨子。今河南、太原、青州鄉鎮猶以社稱鄉。……(《日知録》卷廿二)

書社者,書于版籍之里社也。鄉里而以社名,當猶植圖騰柱于家族入口處之遺跡。換言之:里社來源,蓋演自初民社會之家族圖騰,不盡地母也。

今之里社,皆有土地祠,祠中主神,左社公,右社母,俗皆擬之爲夫婦。得余説而存之,則所謂"社母"者,當即原始地母,謂爲姜嫄可也,謂爲真正后土神,可也。若社公,疑非句龍、相土、后稷之儔,當爲圖騰。《墨子·明鬼下》:"于古曰,吉日丁卯,周伐祝社方,歲于祖若考,(伐今本作代,依郭沫若説校改。祖若考今本作社者考、依孫氏《閒詁》説校改。)以延年壽。"此即

（《楚茨》）所謂“祝祭于祊，祀事孔明，先祖是皇，神保是饗”也。在《甫田》則謂“以社以方，以御田祖。”田祖，依夏以上祀柱説，雖爲烈山氏子柱，但自周人克殷，入主中夏，其所祖后稷，已代柱而爲農神，即代柱而爲田祖。田祖，由周人傳説，則仍爲先祖后稷也。先祖，在周爲后稷專稱，至《墨子》則泛言“祖若考”。而祖在初民社會，常以民族圖騰當之；是知今之所謂“社公”者，即《甫田》之“田祖”，《楚茨》之“先祖”，與夫《墨子》所謂“祖若考”，皆初民圖騰之遺；鄉里而以社名，亦可知里社猶未失原始氏族或家族之組織。則里之有社，蓋猶氏族之有圖騰。

# （一八）結　論

由上論證，吾人對于社稷諸祀之神格變化，可作如是之簡明叙述：

（甲）社神之來源，始于初民崇祀地母。地母，古曰后土，今里社所祀“社母”，即原始社神。此原始地母神，在《周易》謂之坤，在卜辭謂之東母、西母。西母，周人演爲姜嫄；東母，殷人演爲簡狄；簡狄、姜嫄與慶都、常儀合爲帝嚳四妃，亦演自“地道曰方”神話。故社神古又謂之“方社”。

（乙）社，卜辭作👁或👁，像束木而塗之，即社主也。因建國必擇木之脩茂者立爲叢位，夏松、殷柏、周栗，故社或從木作杜。《封禪書》所謂杜主，《華陽國志》所謂杜宇，皆社神別名。杜又孳乳爲柱。烈山氏子柱能殖百穀百蔬，與杜宇教民務農，同爲“土爰稼穡”意義之演繹。故杜宇在《華志》爲叢帝，柱在左氏《國語》則變爲稷神。

（丙）杜宇之宇，即禹之語譌。“禹勞天下而死爲社”，即杜宇名辭之的解。禹生石紐，及巴縣之塗山，皆可證杜宇故事，爲禹平水土傳説之演變，又不獨禹有子啓，杜宇有臣開明，啓與開明名義相應而已。

（丁）柱爲稷神，稷諧畟聲，畟實畯之別搆；故知“稷爲大官”，稷即田畯。周人祖畯，郊祀后稷以配天，稷迺由地神升爲天神。天神之關切農事者，則惟大辰星。大辰爲房、心、尾三宿之合體，組而爲耒耜之象。神農製耒耜故事，當即演自“農祥晨正”神話。換言之，神農即后稷在天之靈也。漢高祖制詔天下郡國縣立靈星祠，靈星即大辰；以神言，即神農。故神農爲繼后稷而起之農神，柱爲先后稷而興之農神。

（戊）䢉（即“農”之異體字）于文從林（或從艸）從辰；辰者，蜃也，象以蜃耨艸形。或從以又，《説文》別以爲蓐，實即䢉字；故知蓐收本亦農神。農服田力穡，乃亦有秋。秋時，農事備收，報祀社稷，所以有蓐收之名也。蓐收名該，該即亥之孳乳字。王亥服牛，爲傳説牛耕之始，故或祀爲農神。古者春祈秋報，常以人爲犧。殺人祭社，農官主之，故農官漸演爲劊子手，《禮記》所謂“公族有罪，則磬于甸人”，即其片面之遺存。農官得兼劊子手，故蓐收在周代又傳爲天之刑神。

（己）自烈山氏子柱，《祭法》又謂之農考之，原始農神，當即社神。顧卜辭既云"桒年于邦社"，又謂"㞢農"，"侖農"，則農神與社神，在殷時明已分立。且，殷祀"邦社"之外，更有"㞢于東母、西母"記載。東母、西母，余已説明即地母；則"邦土"，既非農神，又非地母，顯爲民族保護神。武王克殷，即位于社；周公作雒，先建大社；國亡縣邑，則君哭于社；亡國之社，則揜上而柴下，不使受天陽；社與國家，常相終始，則古之所謂"邦社"者，蓋即初民民族之圖騰，所謂"里社"者，蓋即氏族之圖騰。圖騰，印第安人常爲柱形；所謂烈山氏之子柱，疑亦得名于圖騰。

總之：神農、蓐收、后稷，皆自后土逐漸分化而成獨立之神格。后土即社母，本原始地母神。因社會中心由女性轉移于男性，地母神性亦隨變而爲男性，故有"后土爲社"傳説。社稷在先秦記載中所以常象徵國家者，蓋有圖騰遺意矣。故言中國社神之來歷，實爲"地母"與"圖騰"之混合。今之土地祠中，左社公而右社母，社母之爲地母，固無待言；則社公應即民族保護神，印第安人所謂"圖騰"者是也。

一九三九年九月六日，寫于三台。

# 論殷墟卜辭命辭語言本質及其語氣(下)

## 張 玉 金

## 4、關于卜辭中的非命辭語、卜法、卜兆和刻辭問題

在殷墟卜辭中,有一個很常見的非命辭語"兹用"。高島謙一認爲,從"兹用"來看,命辭不應是問句。他認爲,"兹"應認爲是指命辭的,這樣,"兹用"難以理解爲"使用是疑問、質問句的命辭"。"兹用"這個詞語,有兩種情況,一種是兆語,一種是非兆語。從第一期到第五期卜辭,不是兆語的時候爲多,直接接在命辭之後,這種例子很多,如《南明》705、620,《續存》2·758等。作爲兆語而使用的例子僅限于第三、四期卜辭的幾片,如《戩壽》15·1,《粹編》1004,《南明》598 等。此時"兹用"這個詞語,可以認爲是"兹卜用"或"用兹卜"的意思。[①]

在高島的上段論述中,有兩點錯誤。第一:"兹用"並不是兆語,而是用辭。第二,對"兹用"意義的理解有待商榷,"兹"不能認爲是指代命辭的。甲骨卜辭中的"兹用",有許多並不是直接出現在命辭之後的,而是出現在"占辭"之後,其排列順序是"命辭＋占辭＋兹用＋驗辭"。例如:

(1)丁亥卜:翌日戊王兑田,大啓。大吉。兹用。允大啓。(合集 28663)

(2)其雨。大吉。兹用。允大雨。(合集 30149)

(3)王其各于大乙升伐,不遘雨。吉。兹用。不雨。(合集 27000)

(4)不遘雨。吉。兹用。不雨。(合集 30125)

(5)丁巳卜:祖丁日,不遘雨。吉。兹用。不雨。(屯南 763)

(6)丁亥卜:翌日戊王惠壬田。引吉。兹用。王擒豚卅又七。(合集 28314)

有時,把"占辭"省去,這時,"兹用"才緊接于命辭之後。例如:

(1)其雨。兹用。大雨。(合集 30204)

(2)丙申卜:翌日丁雨。兹用。不用。

戊雨。兹用。不雨。(屯南 2542)

(3)其從犬口,擒又豚。兹用。允擒。(合集 28316)

(4)[丙]辰貞:又伐于父丁。兹用。丁巳。(合集 32224)

由上引諸例可以看出，"茲用"應是接在"占辭"之後的，有些出現在命辭之後，那是省刻占辭所致。"茲"所指代的，不應是命辭，而應是占辭，占辭所記錄的是神龜通過卜兆宣示給人們的喻旨。占卜，其實是人類和神龜的對話，"貞辭"所記錄的是人們的發問，神龜通過呈現兆紋給予回答，神龜所呈現的兆紋，要由人來解讀，把這種解讀的言辭記錄下來就形成占辭。獲得神龜的喻示後，若按之實行，或加以接受，人們有時就在占辭或命辭之後刻上"茲用"二字。可見"茲"確實是指代占辭的，既然如此，企圖通過對"茲用"的解釋來否定命辭的疑問性質是難以奏效的。

前面説過，甲骨上的卜兆旁，常刻有"𠥩"、"二𠥩"、"小𠥩"等詞語，過去學者們把它們分別釋爲"吉"、"上吉"、"小吉"，認爲這是神龜對于人類占卜的回應。根據這些詞語及學者們過去的考釋，吉德煒認爲卜辭的命辭不是疑問、質問性質的，而是預言、宣言式的。但是，現在學者們大都把這些詞語釋爲"告"、"二告"、"小告"，這樣，吉氏的論點就失去了論據。再説，即使把這些詞語釋爲"吉"、"二吉"、"小吉"，也不能證明卜辭命辭就是預言、宣言式的，這樣的推論是武斷的。

1929年，殷墟出土了四個大龜版。據此董作賓提出了左右對貞、一事兩決的"卜辭命龜説"。日本學者白川静不同意董説。在批駁董説時，白川静提出了"卜法"的問題。他認爲有四點值得注意：其一，在大龜第一版上總共刻了二十八條命辭，可實際觀察得到的卜兆却有60多個。没有刻辭的卜兆有32個，這是什麽緣故呢？這用命龜説不能解釋。還有，即使在大龜四版的卜辭中，左右對貞、一事兩決的原則也不能完全保持，也就是説，肯定、否定的兩貞法，並不是像董氏想像的那樣絶對。其二，多數卜辭，例如田遊、卜旬、卜夕刻辭，都是取一事一貞的形式，董氏所提出的兩貞法，並不能貫徹到卜法的全體，無寧説，兩貞法這方面，是一種特殊的形式，用于卜問祭祀和天象。其三，在《文録》174以下屢見的如"癸亥卜王"那樣的一事多貞的卜法，在卜辭中是常見的，這用命龜説没辦法解釋。其四，在命辭之後，附有繇辭和驗辭的例子有不少，這也不能用命龜説來加以解釋。[②]

如果董作賓認爲"左右對貞、一事兩決"就是卜法的一切，那麽白川静的批評是有道理的。殷代卜法確實是多樣的，這在本文的前面已説過了。但是白川静説没有刻辭的卜兆不能用命龜來解釋，這是不可從的，詳見下文；他把"癸亥卜王"理解爲"在癸亥日卜王"（"王"是"卜"的賓語），這是誤解。"癸亥卜王"是前辭，命辭以下省刻，"王"這里是貞人。白氏還批評對"繇辭"和"驗辭"不能用命龜説來解釋，這也是没有道理的，因爲"命龜"是給卜辭命辭定的性。我們認爲，卜辭命龜説應包含在卜辭疑問説之中，含有卜辭命龜説的卜辭疑問説，是完全可以解答白川静所提出的上述問題的。

白川静在上段論述中，提出了没有刻辭的卜兆問題。其實對這個問題最早加以解答的是董作賓。董氏認爲,有些卜兆旁沒有刻辭的原因主要有四點:"一、所問之事,已經一卜再卜,然後刻辭記之者。二、因小事而不刻辭記之者。三、刻辭者先卜,以後再卜因無隙不容刻辭者。四、卜于此版而刻辭記事于彼版者"。③高島謙一認爲,除了董氏提出的上述四點之外,沒有刻辭的卜兆的意義是,占測的人斷定,這個卜兆是無意義的,是中性的,或者在這個卜兆上沒有魔術性的效力,因而就在這個卜兆旁邊什麼樣的命辭也不刻。④

　　卜兆旁邊沒有刻辭,出現這種現象的原因是多方面的。其中重要的一點應是在重貞卜辭中的省略。重貞卜辭共有四類,一是重複單貞卜辭,二是重複對貞卜辭,三是重複選貞卜辭,四是重複對選卜辭。這四種辭式的卜辭,都有省略刻辭的。重複單貞卜辭中省去刻辭的例子如下:

　　(1)壬子卜,㝱貞:我受年。　一
　　　(辭全省)　　　　　　　二
　　　(辭全省)　　　　　　　三
　　　(辭全省)　　　　　　　四　　二告
　　　(辭全省)　　　　　　　五
　　　(辭全省)　　　　　　　六
　　　(辭全省)　　　　　　　七
　　　(辭全省)　　　　　　　八　(存下157)

在例(1)中,只有首辭内容完整,其餘相同内容的卜辭都被省去了。這樣,就有七個卜兆沒有相應的刻辭。重複對貞卜辭中省去刻辭的例子如下:

　　(2)丙午卜,㝱貞:乎省牛于多奠。一
　　　貞:勿乎省牛于多奠。　　　一
　　　(辭全省)　　　　　　　二
　　　(辭全省)　　　　　　　二
　　　(辭全省)　　　　　　　三
　　　(辭全省)　　　　　　　三
　　　(辭全省)　　　　　　　四
　　　(辭全省)　　　　　　　四
　　　(辭全省)　　　　　　　五
　　　(辭全省)　　　　　　　五
　　　(辭全省)　　　　　　　六
　　　(辭全省)　　　　　　　六(丙353)

在例(2)中,只刻出了一組對貞辭,其餘相同内容的對貞辭全省去了。在這裏,有十個卜兆没有相應的刻辭。重複選貞卜辭中刻辭省略的例子如下:

(3)辛酉卜,貞:禱于大甲。　　一

辛酉卜:禱于大丁。三月。　一

(辭全省)　　　　　　二

(辭全省)　　　　　　二

(辭全省)　　　　　　三

(辭全省)　　　　　　三(合集 1416)

在例(3)中,也只刻了一組選貞卜辭,其他相同内容的選貞卜辭都省去了。這裏有四個卜兆没有相應的刻辭。重複對選卜辭中刻辭省略的例子如下:

(4)父乙弗祉祖乙。一二三四[五]六七八九[十]

父乙祉祖乙。　一二三四五六七八九十

一二三四

一二三四

壬申卜,爭貞:父乙弗祉羌甲。一二三四[五]六七八九[十]

壬申卜,爭貞:父乙祉羌甲。　一二三四五六七八九十

[一][二]三四五六[七][八]九十

一二三四五六七八九十

一二

一二

父乙弗祉南庚。一二三四五六七八九

父乙祉南庚。　一二三四五六七八九(丙 49)

例(4)是對貞、選貞、重貞的綜合體,只刻了一組對選卜辭,其他的相同内容的刻辭都省去了,只有序數。這裏有 76 個卜兆没有相應的刻辭。[⑤]

　　上引四例,都是没有刻卜辭但却刻了序數,這種例子大都可以解釋爲承前省略。假如只有鑽鑿,而没有灼痕,正面也没有兆紋,這説明這個鑽鑿没有被使用,那自然不會有刻辭。如果有鑽鑿有灼痕,正面也有兆紋,可是在卜兆旁既没有刻辭也没有序數,那麼這難以用省刻加以解釋。在《殷墟文字丙編》所拓的骨版上即有這種情況。對此,張秉權解釋道:"也許那兩個已灼之穴,在灼卜的時候,發現有什麼不合規矩的地方,所以作廢了。"[⑥]吉德煒大抵同意張説,但同時指出,不合規則這樣的解釋若要成立,須在明確了那個規則是什麼之後方才可能。我們也認爲張説是有道理的。而高島謙一則認爲,這種現象可做如下解釋:因爲殷王

斷定在那個卜兆上没有效力,或者是無意義的、中性的,因而没有采用。[7]

　　高島謙一認爲"在卜兆上有魔術的效力(potency)",他以下引諸例作爲證據:

　　(1)王占卜曰:我其田,[受]甫耤在妲年。(丙 328)

　　(2)壬寅卜,大貞:卜有祟,在兹内有不諾。(京津 3488)

　　(3)丁丑卜,大貞:卜祟其于王。(人文 1469)

　　(4)己未卜,王貞:乞有求于祖乙,王吉兹卜。(佚存 894)

　　(5)貞:惠兹卜用。一月。(方法 7·xl)

　　(6)庚申卜,旅貞:惠元卜用。在二月。(續編 1·39·9)

　　(7)二月貞卜子亡諾。二月卜有諾,三月卜有諾。兹三卜亡諾。(粹編 1255)

　　(8)丁卯卜,賓貞:歲,卜不興,亡丏。(甲 2124)

高島謙一認爲,例(1)中動詞"占"的對象是"卜",也就是卜兆。此例是繇辭。占測者殷王解釋卜兆,口裹説到:我們若田,可以接受到甫這個人在妲地耕種的作物收成。例(1)動詞"占"的目的語明顯是"卜",這説明,"王占曰"這個詞語的深層構造是"王占卜曰"。例(2)中名詞"卜"作動詞性詞組"有祟"的主語,文意是貞下述預言:在卜有祟,在兹内有不諾。例(3)和例(2)類似,例(3)采取了倒置法,若是正置,應説成:"卜其祟于王"。這裹的"祟"是外向性的他動詞,例子的意思是:(某一特定)卜兆作祟,不是對他人,而是對王。此例説明,"卜"的效力具體地影響到王的身上,這不是占卜者盼望的。例(4)中"王吉兹卜"的意義,應是王認爲這個"卜"吉利,這就説明,王一定相信在卜兆上有什麼樣的力。例(5)跟例(4)類似,用"惠"把是目的語的名詞性詞組"兹卜"前置,成了動詞"用"的對象。例(6)跟例(5)結構相同,例中"卜"前用了形容詞"元"。卜辭中還有"用六卜"之語(乙編 5399),若是使用了第六卜,也許就有這樣的可能性:占者斷定以前的五卜没有效力,或者無意義,即"兆不呈"。例(7)的第一辭,其正確的形式應是:"二月的卜(子)没有諾"、"三月的卜(子)没有諾"、"這個三卜(子)没有諾"。這就讓人相信,在卜上有某種"力"的存在。例(8)中的"卜不興,亡丏",其意義應是"卜兆没有出現,没有害!"在這裹,占卜者期待適當的卜兆,但却没有得到,因此宣布出"無害"這樣祝禱性言辭。[8]

　　高島所舉的第一個例子,在釋文上明顯有誤。細審原拓,此例正確的釋文,應是"王占曰:我其受甫耤在妲年"。這是條占辭,這個占辭的貞辭是"丁酉卜,彀貞:我受甫耤在妲年。/丁酉卜,彀貞:我弗其受甫耤在妲年。"(合集 900 正)從其貞辭來看,這個占辭的上述釋文是正確的。既然釋文有誤,那麼建立在錯誤釋文上的説法也就難以讓人相信了。例(2)中的"卜有祟",例(3)中的"卜祟其于王",兩者裹的"祟"之施事都不應是"卜"(卜兆)。"卜"不是"祟"的施事,下引諸例可説明這一點:

（a）王尋占光卜曰:不吉,有祟。兹▨呼來（合集94反）

（b）辛未王卜曰▨余告多君曰:"朕卜有祟。"（合集24135）

（c）庚戌卜,中貞:卜有祟。（合集26098）

（d）丙午卜,出貞:歲卜出祟,亡延。（合集26096）

（e）己亥卜,永貞:翌庚子酒▨王占曰:"兹唯庚雨卜"。之▨雨,庚子酒三蔍云,蔍其既祐啓。（合集13399）

（f）辛巳卜,貞:卜不雨。（合集13004）

例（a）是説,殷王不久根據光所得的卜兆推測説:不會吉利,恐怕有祟。可見,"有祟"不是由"卜"發出的,而是"卜"所顯示的事情。例（b）中的"朕卜有祟"是説從我的卜兆上看是有祟的。可見,"朕卜"不是主語,而是名詞性詞組作狀語。例（c）中的"卜有祟"是説從卜兆來看是有祟的,"有祟"的主語應是所卜之事,發出"祟"的當然是殷人心目中的鬼神。例（d）的貞辭是説,從關于歲祭的卜兆上看,是會有祟的,但不會連綿不斷。在這裏作祟者自然不會是卜兆。例（e）中的"兹唯庚雨卜"是説,這是在庚日下雨的卜兆,也就是從卜兆上看庚日要下雨。例（f）中的貞辭不能理解爲卜兆不會下雨,"卜"不可能是"雨"的施事,而應理解爲從卜兆上看不會下雨。依據上引諸例,應知高島所舉例（2）中的"卜有祟"是説從卜兆上看有祟;例（3）中的"卜祟其于王"是説,從卜兆上看會作祟,將會是對着王的。高島所舉例（4）中的"王吉兹卜",當然可以譯爲王認爲這個卜兆是吉利的,"吉"用如意動詞,但這不是卜兆所帶來的吉利,不是卜兆有魔力,而是卜兆顯示所卜問的事情是吉利的,"吉"在意義上的主語不是"卜",而是"乞有求于祖乙"一事。例（5）中的"惠慈卜用",例（6）中的"惠元卜用",其中的"卜",都是指卜兆所顯示的,也是指人們從卜兆上推測到的,而不會是指卜兆本身。把"用卜"理解爲使用卜兆本身,這顯然是錯誤的。例（7）是特殊卜辭,郭沫若把其中的"卜"都解釋爲名詞,⑨似可信。"卜有諾"、"卜亡諾"也是説從卜兆上看有諾、亡諾。高島改變卜辭語序後加以理解,這是缺乏可信性的。高島對例（8）釋文是正確的,但是斷句有誤。此例貞辭應作如下斷句:"歲卜不興,亡丐"。"歲卜"是指爲歲祭而進行的占卜,"歲卜不興"是説没有進行這種占卜。"歲卜不興"可作爲另一種解釋,即爲歲祭而占卜的卜兆没有呈現。無論采用哪一種解釋,都看不出卜兆本身有所謂魔術性的效力。

　　把占卜看作是一種施魔法的行爲,顯然是帶着西方古代文化的有色眼鏡看待中國占卜文化的結果,西方人或受過西方文化深刻影響的人,對魔力魔法太熟悉了,他們喜歡在中國古代文化中找出類似西方魔法的東西,但這種東西在甲骨卜辭中是找不到的。占卜不是施魔力,殷王也不是魔術師。日本學者白川静説:"占卜行爲表明了殷王作爲神聖的王者和作爲魔術師的特性。"⑩這種説法毫無根據。在我們看來,占卜行爲所表明的,並不是殷王的魔術師的特性,而是一個握有大權的決策者的特性,因爲甲骨文顯示,占者往往都是殷王。

殷人占卜後,在甲骨正面出現兆紋。武丁時期的甲骨上,有在呈兆後再用刀加以刻畫的現象。這種現象意味着什麽? 吉德煒認爲,這是對未來加以推動的符號。高島謙一在考慮了卜兆實際上是怎樣用的這個問題之後,認爲吉氏的解釋是穩妥的、可信的。[11]其實,用刀刻畫兆紋的目的,是爲了使兆紋明顯,便于據此判斷吉凶然否,亦可作爲檔案,爲以後的占卜作參考。如果刻兆的目的是爲了推動未來,那麼爲什麼只在武丁時期有這種現象,而在以後就没有了呢? 這顯然是解釋不通的。

吉德煒看到了這樣的事實:即甲骨文多數不是用毛筆寫上去的,而是用刀刻上去的。吉氏認爲,這樣的事實顯示了施魔法的咒術性質。他説,用刀刻辭這件事,雖然有把史官的記録留存下來的意向,可是更應把契刻卜辭這種行爲解讀成對未來的積極推動。吉氏説到:"命辭是對于未來的咒語,卜兆是未來的象徵性的表示,它雖然必須要由人們來解釋,可是它就是未來。而且,如果認爲卜兆具有那樣的意義,那麼這也適用于卜辭。"[12]他還説:"若是把命辭看成疑問句,那麼它就不是咒語,即使把疑問句刻在甲骨上,對未來也不能施加什麼影響。"這樣,卜辭命辭就被吉氏理解爲"模仿魔術"。吉氏如此理解的根據是什麼呢? 他説到:比起用筆寫來,契刻更費力,更需要技巧。除此之外,他拿不出其他證據來。吉氏上述的解説,是依據西方古代文化做出的。若依據中國古代文化,依據大量的古文獻記載,可以認爲,不用筆而是用刀把卜辭刻上去,其理由大抵是:刻上去的字不易抹掉,可以保存下來作爲占卜的文獻檔案;用筆寫的字大,在龜甲、獸骨上容納不下,尤其是難以與特定的卜兆相對應。總之,難以把刻辭看成是一種施魔法的行爲。

## 5、關于周原甲骨文中的"凶"字及其命辭語言本質問題

在周原甲骨文中,"凶"字很常見。李學勤把它釋爲"凶",讀爲"斯",訓爲"庶几"。依據這種考釋,他認爲周原甲骨文之命辭不是問句,而是命令句或祈求句。[13]

李學勤認爲,這個觀點也適合于殷墟甲骨卜辭。他説:"既然西周卜辭的'斯正'、'斯有正'之類不是問句,殷墟卜辭的'正'、'有正'也肯定不是問句。卜辭是否問句,近年來在學術界是一個爭論問題,涉及對所有卜辭的理解。上面的分析可能對解決這一問題有所裨益。"[14]

高島謙一不同意李説。他認爲,在殷墟卜辭中,"凶"的用例很少,因此是難以進行比較的。跟周原卜辭的相比,殷墟卜辭"凶"的用法是不同的。在殷墟卜辭中,跟周原卜辭相同的文例或近似的文例都没有,故而由周原卜辭的"凶(斯)正"和"凶有正",就認定殷墟卜辭中的

“正”和“有正”也不是問句，這種邏輯是不能成立的。他雖然贊成李學勤的“正”和“有正”不是問句的判斷，但是却對李氏的推理過程抱有懷疑。高島指出，爲什麽在周原卜辭中“凶”（斯）這樣的詞在“正”和“有正”前是必要的，而在殷墟卜辭中這樣的詞就不必要了呢？應該研究這兩者的差異。⑮

看來，周原甲骨文中“囟”字的形義問題變得重要起來了，它關涉到對周原甲骨文命辭語言性質的理解，也關涉到對殷墟卜辭命辭語言性質的認識。

對周原甲骨文中的“囟”字，到目前爲止，有以下几種考釋：陝西周原考古隊把它釋爲“惠”，或釋爲“迺”。⑯徐錫台釋爲“西”。⑰李學勤、王宇信把它隸定爲“凶”，⑱夏含夷從之。⑲在殷墟甲骨文、周代金文中都有跟此字同形的字，陳夢家、唐蘭把它釋爲“皀”。⑳

那麽，這個“囟”字到底應該怎樣考釋呢？

要考釋“囟”字，先要從殷墟甲骨文中的“西”和“凶”字談起。殷墟甲骨文中的“西”有六種形體：一是“囟”，二是“囟”，三是“囟”，四是“囟”，五是“囟”，六是“囟”。這六種形體從來源上説，只有兩個，一個是“囟”，像鳥巢，是“棲”的本字，二個是“囟”，像“頭會腦蓋”，是“凶”字。“棲”和“凶”表示西方之義，都是假借用法。

甲骨文中的“凶”字有“囟、囟、囟、囟”等五種形體。它的義項有三：一是引申義，可譯爲“首領、酋長”，例如“羌方凶其用，王受又”（合集 28093）；二是假借義，讀爲“斯”，可譯爲“就”，例如“乙巳卜，旅貞：今夕王凶言”（合集 26731）；三是假借義，讀爲“西”，意思是“西方”，例如：“己未貞：其剛羊十于凶南”（合集 32161）。

在周代金文中，“西”字有下列四種形體：第一種是囟、囟；第二種是囟、囟；第三種是囟；第四種是囟、囟。把甲骨文“西”字的形體，跟周代金文中的相比較，可以看到兩者的區別：第一、周代金文中“西”不再有“囟”這種形體；第二、周代金文中“西”字已不再使用“囟”、“囟”兩種形體，“囟”歸“凶”字使用；第三、周代金文中已不再使用“囟”這種形體；第四、周代金文沿用了殷墟甲骨文中“囟”、“囟”兩種形體，並在此基礎上衍生出“囟”、“囟”兩種形體。

在殷墟甲骨文中，“西”和“凶”尚未分化爲兩個字，可是在周代金文中已分化開了。作“囟”形的“凶”在周代金文中有兩種用法：第一、讀爲“斯”，作助詞，用在單音節數詞之後，起着加强形容的作用。例如“詢其萬凶年，子子孫孫永寶用”（《師詢簋銘》），把此例中的“詢其萬凶年”跟《詩經·下武》中的“於萬斯年”相比較，應知“萬凶年”中的“凶”確實應讀爲“斯”。“凶”和“斯”的上古音很相近，可相通假。“萬凶年”中的“凶”原作“囟”形，有人釋爲“皀”，不可從。“皀”和“斯”的上古音並不相近。第二、作人名。例如：“長皀蔑歷”（《長皀盉銘》）。

周原甲骨文中的“囟”字，應釋爲“凶”，李學勤、王宇信、夏含夷説可從；而不應釋爲“迺”、

"叀"、"囟"、"西"。

　　周原甲骨文中有"迺"字,作"囟"形;也有"叀"字,作"叀"形。所以"囟"(也寫作"囟")既不能釋爲"迺",也不能釋爲"叀"。周原甲骨文中的"囟"跟周代金文中的"囟"同形,兩者應爲一字;周代金文中的"囟"既然不能釋爲"囟"(已如前述),那麼周原甲骨文中的"囟"也不能釋爲"囟"。周原甲骨文中出現了"西"這個詞,它所在的句子是"入鬼叀乎宊商西"(八號卜甲),其中的"西"寫作"囟",而周原甲骨文中的"囟"(囟)字却從來沒有寫作"囟"形的。這説明,在周原甲骨文中,跟在周代金文中一樣,"囟"和"囟"已分化爲兩個字,前者是"西",而後者是"囟"。到了篆文里,"西"作"囟"形,不再寫成"囟"了。于是就把"囟"這種形體給"囟"字使用。篆文中的"囟"(囟)字是通過截取篆文"鬼"字的頭部而造成的。

　　對周原甲骨文中"囟"字的意義和用法,過去也有不同的説法。李學勤(包括王宇信)先前曾讀爲"思",認爲是虛詞,與"佳(唯)"同義;[21]後來他讀爲"斯",訓爲"其",認爲是命令副詞,意思是庶幾。[22]美國的夏含夷讀爲"思",訓爲"願",意思是願意。[23]

　　前面説過,周代金文《師詢簋銘》中的"囟"應讀爲"斯"。周原甲骨文中的"囟"字也應如此,李學勤後説是可信的。雖然如此,可李學勤的釋義是不可從的,古文獻裏的"斯"並没有"庶幾"這樣的意思。

　　古文獻中的"斯"有連詞用法,可譯爲"就、于是就、那麼"等。例如:

　　(1)王無罪歲,斯天下之民至焉。(《孟子·梁惠王上》)

　　(2)如知其非義,斯速已矣,何待來年?(《孟子·滕文公下》)

　　(3)知懼如是,斯不亡矣。(《左傳·成公七年》)

　　(4)吳師來,斯與之戰,何患焉?(左傳·哀公八年)

上引四例中的"斯"出現在假設複句後一分句之首,表示在假設條件下的結果。仔細考察周原甲骨文中"囟"字的用法,就會發現它絶大多數出現在假設複句後一分句之首,跟上引古文獻中"斯"所處的語法位置相同。例如:

　　(1)癸子(巳)彝文武帝乙宗貞:王其邵祭成唐,鼎御及二女,其彝血牡三豕三,囟又(有)正。(H11:1)

　　(2)邵:曰幷,囟克事。(H11:6)

　　(3)子(巳)王其乎更厥父陟,囟亡囗。(H11:11)

　　(4)祠自蒿于壹,囟亡咎。(H11:20)

　　(5)曰各,囟克事。(H11:21)

　　(6)戠,囟亡咎。(H11:28)

(7)口,凶克事。（H11:23）

(8)八**耂衆**,凶亡咎。（H11:35）

(9)大還,凶不大追。（H11:47）

(10)▨,凶亡咎。（H11:77）

(11)▨于文武▨王其坤帝**禾**▨酓周方白▨,凶正,亡十▨王受又又。（H11:82）

(12)貞:王其禱又大甲,酓周方白盍,凶正,不才于受又又。（H11:84）

(13)▨告于天,凶亡咎。（H11:96）

(14)弜已,其若反,凶正。（H11:114）

(15)▨,凶正,▨受又又。（H11:130）

(16)貞:王其▨用胄叀寧胄乎**泳**受,凶不妥王。（H11:174）

(17)▨,凶不▨。（H11:248）

(18)隻其五十人**矢**,凶亡咎。（H31:3）

(19)卲:曰戊既弗克**㐱陸枼**,凶亡咎。（H31:4）

上引例（1）是説,王如果"邶祭成唐,鼎御反二女,其彝血釷三豕三",那麼就會"有正"。例（2）是説,如果命令"并",那麼就會"克事"。例（4）是説,如果"祠自萬于豆"那麼就不會有"眚"。例（6）是説,如果進行"戠",就不會有"咎"。例（9）是説,如果"大還",就不會"大追"。例（12）是説,王如果"禱又大甲,酓周方白盍",那麼就會"正",而不會"才于受又又"。例（16）是説,王如果"用胄叀寧胄乎**泳**受",那麼就不會"妥王"。其餘諸例類此。上引 19 個例子中的"凶"跟古文獻假設複句中的"斯"記録的是同一個詞。

　　這種性質和意義的虛詞,在殷墟甲骨文中也有,如有些"此"、"迺"和"延"就是。先看這種"此"的用例:

　　(1)惠辛巳酒,此有大雨。（合集 41413）

　　(2)勿酒,此王受[祐]。（合集 30831）

　　(3)二宰,王此受祐。/三宰,王此受祐。（合集 31190）

　　(4)惠犬,此雨。/二犬,此雨。（合集 31191）

例（1）是説,如果在辛巳日舉行酒祭,那麼就會有大雨。例中的"此"可譯爲"那麼就"。例（2）類此。例（3）中的"二宰"和"三宰",都是分句,句中都省去了主要動詞。例（3）中的第一條卜辭是説,要是（使用）二頭繫養的羊,那麼大王就會受到保祐。第二條卜辭是説,如果（使用）三頭繫養的羊,那麼大王就會受到保祐。例（4）類此。這種"此"和前引周原甲骨文中的"凶"詞性和意義完全相同。這種"此"有時候跟"迺"並用。例如:

(1)于弗舌。王迺此[受][祐]。(合集 31188)

這說明，"迺"有跟"此"同樣的用法。殷墟甲骨文中，有些"延"跟前引諸例中的"此"用法相同。例如：

(1)惠濕田畕(耘)，延受年。/惠上田畕，延受年。(屯南 715)

(2)貞：我至于口土，延亡禍。(合集 8795)

(3)貞：令雀西，延鼏。(合集 10125)

例(1)第一條卜辭是說，如果在地勢低窪的田地裏耘除雜草，那麼就會有好收成嗎？第二條卜辭是說，如果在地勢高的田地里耘除雜草，那麼就會有好收成。例(2)是說，我們如果到達口土這個地方，那麼不會有災禍。例(3)是說，如果命令雀這個人西行，那麼就會有凶險。這些例子裏的"延"和前引周原甲骨文中的"囟"用法相同，尤其是把殷墟甲骨文中的"延亡禍"跟周原甲骨文中的"囟亡咎"相互比較，更易知悉"囟"的用法。

周原甲骨文少數"囟"字出現在單句之中。例如：

(1)今秋王囟克往宼。(H11：136)

(2)自二月至于三月唯五月囟尚。(H11：2)

例(1)中"囟"所處的語法位置是"時間詞語＋(主語)＋口＋動詞語"中的"口"。這種用法的"囟"在殷墟甲骨文中也可見到，例如：(a)乙巳卜，旅貞：今夕王囟言。(合集 26731)(b)戊戌卜，骨貞：今夕王囟言。(合集 26747)關于這種"囟"字，丁山訓釋道："囟，挈乳爲思，爲細，此'囟言'如讀爲細言，正是一種'失言症'的現象。"㉔饒宗頤則認爲，這種"囟""應爲語詞，即'迺'之省，故王囟言即王迺言，其云囟言王，則主詞'王'後行。"㉕按兩氏之說並不可從。這種"囟"應讀爲"斯"，訓爲"就"。饒宗頤把"囟"看作是"迺"之省雖不可信，但認爲"王囟言即王迺言"，這從意義上說是不錯的。"今夕王囟言"是這樣的句式："時間詞語＋王＋囟＋謂語動詞"，"囟"出現在主語"王"和謂語動詞之間。甲骨文在這樣的語法位置上也可以用"迺"。例如：壬王迺田，不雨。(合集 28617)把"今夕王囟言"跟"壬王迺田"相比較，就可知道"囟"跟"迺"的作用和意義很相近。"今夕王囟言"是說到今天晚上王就說話，其中的"囟"是"就"的意思，上引例(1)"今秋王囟克往宼。"中的"囟"亦然，"今秋王囟克往宼"是說今年秋天大王就前往宼地。例(2)類此。

總之，周原甲骨文中的"囟"字，雖然都應讀爲"斯"，但並不是"庶幾"之義，李學勤的釋義不可從。周原卜辭中的"囟"，絕大多數出現在假設複句後一分句之首，這時都可訓爲"則"，意思是"那麼、就"。在這種假設複句的句末標問號並無問題。㉖少數"囟"字出現在單句之中，這時可訓爲"迺"，意思是"就"。這種單句句末當然也可以標問號了。可見，周原甲骨文中"囟"字的存在，並不是周原卜辭命辭是問句的反證。既然周原卜辭的命辭不能說是"非問句",那麽也就不能據此斷定殷墟卜辭的命辭不是問句。

# 6、關于古文獻中卜辭命辭語言本質及其語氣問題

古文獻中也有對占卜的記録,其中也有命辭。這種命辭的語言性質如何？ 最早談到這個問題的,大概是吉德煒。他在談到"卜"字時説,"卜"字在文法上支配疑問句的例子是絶對没有的,因而"卜"的意義不是問,而是在預言這個意義上使用的。吉德煒舉了如下兩個例子:

(1)君曰卜爾,萬壽無疆。(《詩經·天保》)

(2)神嗜飲食,卜爾萬福。(《詩經·楚茨》)

他把上引兩例中的"卜"都訓爲"與",他認爲"預言"這種語譯很好地把握了占卜的性質。吉德煒還提到了《左傳》中卜辭的命辭,例如他舉了下面的例子:

(1)公聞之,卜曰:"尚無及期"。惠伯命龜,卜楚丘占之曰:"齊侯不及期"。(《左傳·文公
　　十八年》)

這個例子的命辭中有"尚"字,吉德煒據此認爲其命辭不是疑問的,而是預言的、切望的、祈願的。[27]

美國學者夏含夷也注意到了古文獻中卜辭的命辭及其中的"尚"。他論述到:古代"尚"字決無問話之用法,于這種文句中,如《左傳杜氏解》已經説得很明白,尚即庶幾也……《儀禮正義》就更清楚:"云尚庶幾也者、《説文》同,蓋願望之辭。"不但《説文》亦同,《爾雅》亦曰"庶幾尚也",《爾雅疏》就説"尚爲心所希望也"……因此這些貞卜命辭(於此應該注意,命辭的意思就是"用以發命令的辭",而不是"用以問問題的辭")應該翻譯成白話文的"希望我們能够知道"(按:指《左傳·昭公五年》中的"尚克知之")、"我們希望可以得到天下"(按:指《左傳·昭公十三年》中的"余尚得天下")等。由此可以斷言,東周貞卜之性態是卜人向鬼神表示祈求,而不僅僅是問將來之事如何。[28]

李學勤也談到了古文獻所載卜辭命辭以及其中的"尚"。他説:《左傳》《國語》所載卜辭命辭,辭的末句常冠以"尚"字,"尚"當依《爾雅》訓爲"庶幾",楊樹達先生認爲是命令副詞"……必須注意的是……","尚"這樣以命令副詞開首的句子,絶不是問句。[29] 高島謙一也認爲古文獻卜辭命辭不是問句,他説:像"尚無及期"這樣的句子,應該是祈願句。[30]

那麽,古文獻卜辭命辭的語氣到底應該怎樣看呢？ 依據調查,我們認爲古文獻卜辭命辭的語氣是因時代而異的,具體説來就是,殷商西周時代的古文獻,其卜辭命辭的語氣是疑問的;而春秋戰國時代的古文獻,其卜辭命辭的語氣應是祈使的。

先看看殷商西周時代古文獻中的例子：

(1)我王來，既爰宅于兹，重我民，無盡劉。不能胥匡以生，卜稽曰：其如台？（《尚書·盤庚》）

(2)予不敢閉于天降威，用寧王遺我大寶龜紹天明，即命曰：“有大艱于西上，西土人亦不静，越兹蠢。殷小腆誕敢紀其叙，天降威，知我國有疵，民不康，曰：‘予復’，反鄙我周邦。今蠢今翼日，民獻有十夫，予翼，以于敉寧武圖功。我有大事，休？”朕卜并吉。（《尚書·大誥》）

例(1)中的“稽”，後來寫作“乩”。《廣雅·釋詁二》說：“稽，問也。”所以“卜稽曰”意思就是卜問說。“如台”意思是如何。例(1)中的“其如台”無疑是卜辭命辭，其句末明顯應標問號。例(2)中的“紹”，是“劭”的假借字，根據《說文》，知道它是卜問的意思。“天明”意即天命，“明”與“命”通。例(2)“命曰”之後、“朕卜”之前都是卜辭命辭。這個命辭可以分爲兩部分，從“有大艱”到“圖功”是第一部分，這部分是“告龜”，即把事情的來龍去脉告訴龜：“我有大事，休”是第二部分，這部分是問龜，“大事”意即兵事，“休”是美、好的意思，這個問龜部分可譯爲“我們若發動戰争，會好(吉利)嗎？”可見，例(2)命辭顯然是疑問語氣。

再看看春秋戰國時代古文獻中的例子：

(1)十八年春，齊侯戒師期，而有疾。醫曰：“不及秋，將死。”公聞之，卜曰：“尚無及期！”惠伯令龜，卜楚丘占之曰：“齊侯不及期，非疾也。君亦不聞，令龜有咎。”二月丁丑，公薨。（《左傳·文公十八年》）

(2)王使問焉，曰：“女卜來吉乎？”對曰：“吉。寡人聞君將治兵于敝邑，卜之以守龜，曰：‘余亟使人犒師，請行以觀王怒之疾徐，而爲之備，尚克知之。’龜兆告吉，曰：‘克可知也。’……”（《左傳·昭公五年》）

(3)初，靈王卜，曰：“余尚得天下。”不吉。（《左傳·昭公十三年》）

(4)吳伐楚，陽匄爲令尹，卜戰，不吉。司馬子魚曰：“我得上流，何故不吉？且楚故，司馬令龜，我請改卜。”令曰：“魴也以其屬死之，楚師繼之，尚大克之。”吉。（《左傳·昭公十七年》）

在上引四個例子中，都含有卜辭命辭。這些命辭的核心部分都是有“尚”字出現的句子或分句，如“尚無及期”、“尚克知之”、“余尚得天下”、“尚大克之”。關于這種“尚”字，楊樹達認爲其詞性是命令副詞，其意義是“庶幾”，可譯爲“希望”，這是正確的。據此，“余尚得天下”可譯爲“我希望得到天下”。其餘諸例類此。這樣，上引四例卜辭命辭的末尾都不能標問號，這類句子不是疑問句，而是祈使句。

上引四個例子中都含有卜辭命辭，這種例子應與下引這類例子區别開來：

(1)初,懿氏卜妻敬仲。其妻占之,曰:"吉。……"(《左傳·莊公二十二年》)

(2)于是衛大旱,卜有事于山川,不吉。(《左傳·僖公十九年》)

(3)公卜使叔孫得臣追之,吉。(《左傳·文公十一年》)

(4)邾文公卜遷于繹。史曰:"利于民而不利于君。"(《左傳·文公十三年》)

這四個例子中都出現了"卜","卜"後的部分,如"妻敬仲"、"有事于山川"、"使叔孫得臣追之"、"遷于繹"等,都不是卜辭命辭,都不能獨立成句;它們都是"卜"的賓語,都是占卜事項,而不是占卜時說的話。例(1)中的"卜妻敬仲"可譯爲占卜把女兒嫁給敬仲吉不吉。餘例類此。"卜妻敬仲"跟前引例(1)中的"卜曰尚無及期"有明顯區別:前者"卜"後沒有"曰"而後者"卜"後有"曰";前者中的"妻敬仲"是"卜"的賓語,而後者中的"尚無及期"是"曰"的賓語;後者中的"尚無及期"是占卜者說的話,其中有"尚"字,而前者中的"妻敬仲"是占卜事項,其中沒有"尚"字。

下引諸例中"卜"後的部分也不是命辭:

(1)卜歲中有兵無兵。(《史記·龜策列傳》)

(2)卜見貴人吉不吉。(《同上》)

(3)卜天雨不雨。(《同上》)

(4)卜漁獵得不得。(《同上》)

這四例中"卜"後的部分,如"歲中有兵無兵"、"見貴人吉不吉"等等,都不是命辭,不獨立成句;而是"卜"的賓語,是占卜的問題。這四個例子都見于《史記》。《史記》的說法跟《左傳》的說法有所不同。《左傳》中的"卜遷于繹",若按《史記》的說法,則是"卜遷于繹吉不吉";"卜見貴人吉不吉",若按《左傳》的說法,則是"卜見貴人"。說法雖然不同,但是"卜"後的部分都不是占卜者說的話,其中都沒有"尚"字。

判斷古文獻中的一句話或一段話是否卜辭命辭,要注意兩點:一是看它的前面有沒有"曰",古文獻卜辭命辭前都有"曰";二是看是否占卜者卜問時說的話。

以上論述了傳世古文獻中卜辭命辭的語氣問題,得出的結論是:殷商西周古文獻中的卜辭命辭,其語氣是疑問的;而春秋戰國時代古文獻中的卜辭命辭,其語氣是祈願的。仔細考察出土文獻,也可以得出同樣的結論。如前所述,殷墟甲骨卜辭和周原甲骨卜辭的命辭,其語氣都是疑問的。可是,春秋戰國時代的出土文獻中的卜辭命辭,其語氣却是祈使的。例如:

(1)鄶達曰貢苔爲君貞:"既巿厄疾㠯心悸,尚毋㠯其古(故)又(有)大咎。"占之吉。(《湖北天皇觀楚簡》)

對這個例子中的命辭,饒宗頤做了如下翻譯:"先生已經有了大厄病及心悸,希望沒有因爲這

個原因有大問題。"㉛

可見,在討論卜辭命辭的語氣問題時,要有歷史主義觀點,要看到它的變化。發生這種變化的原因有二:

第一、這是卜辭命辭語言本質和語氣自身發展的結果。殷墟卜辭中有卜旬、卜夕、卜寧和卜田獵卜辭,例如"癸巳卜,賓貞:旬亡禍"(甲編2122)、"甲申卜,旅貞:今夕亡禍"(文錄42)、"己卯卜,貞:王今夕寧"(前編3·25·4)、"乙酉卜,貞:今夕師亡禍,寧"(粹編1206)、"戊午卜,貞:王其田,往來亡災"(甲編3918)。這類卜辭命辭從意義上來說都是"正面"的,而見不到"反面"的,如"旬有禍"、"今夕有禍"、"王今夕不寧"、"今夕師有禍,不寧"、"往來有災"等。這說明,殷商人已知道語言禁忌,儘可能不說那些不吉利的話;也說明占卜者在詢問中有期待、祈願。這樣,可以認爲這類卜辭命辭的基本語氣是疑問,但其中又含有祈使語氣,或者說,這類卜辭命辭的語氣是以疑問爲主,而以祈使爲副。可以說,越是殷商早期,純粹疑問語氣的卜辭命辭越多;而以疑問語氣爲主、祈願語氣爲副的卜辭命辭越少;而到了殷商晚期,特別是帝乙帝辛時期,則情況相反。從殷商早期到晚期,卜辭命辭的語氣已有了細微的變化,經過西周,到春秋戰國時代,在外因的作用下,卜辭命辭的語氣終于由疑問變成了祈願。卜辭命辭的語氣在理論上走過如下的發展過程:純疑問語氣→疑問語氣爲主祈願語氣爲副→祈願語氣。

第二、這是受筮辭命辭的影響所致。在周代流行著筮,其命辭的語氣都是祈願的。例如:

(1)公子親筮之,曰:"尚有晉國。"得貞《屯》悔《豫》,皆八也。筮史占之,皆曰:"不吉。閉而不通,爻無爲也。"司空季子曰"吉。是在《周易》,皆利建侯。"(《國語·晉語》)

(2)衛襄公夫人姜氏無子,嬖人婤姶生孟縶。孔成子夢康叔謂己:"立元,……"婤姶生子,名之曰元。孟縶之足不良,弱行。孔成子以《周易》筮之,曰:"元尚享衛國,主其社稷。"遇屯☳☵。又曰:"余尚立縶,尚克嘉之。"遇屯☳☵之比☷☵。……史朝曰:"'元亨',又何疑焉?"(《左傳·昭公七年》)

由上引兩例看來,筮辭命辭都應是祈使句。在殷代,人們主要是用龜甲和獸骨進行占卜,可是到了周代,卜和筮都很流行。《尚書·洪範》說:"立時人作卜筮,三人占,則從二人之言。""卜"這一方是三名卜官,分別以《玉兆》、《瓦兆》、《原兆》等三種卜法卜問,最後以三個卜官中兩個意見一致的爲準;"筮"這一方也是三名筮官,分別以《連山》、《歸藏》、《周易》三種筮法占問,其結果也以三個筮官中兩個意見一致的爲準。由于周代"卜""筮"並行,兩者之間必然相互影響。受筮辭命辭語氣的影響,卜辭命辭的語氣發生了由疑問到祈願的轉變。

前面說過,卜辭命辭語言本質及語氣前後期有了變化。那麼,這種變是否本質的變化呢？夏含夷對此做出了肯定的回答。他認爲,在各組卜辭中時代最早的師組卜辭有三個特點:(一)通常針對特定的具體事件進行占卜,公式化的卜辭很少。(二)是把正面和反面的問題放在一條卜辭裏提出,一般不用對貞形式。(三)命辭時常用問句。繼之而來的賓組卜辭普遍使用對貞形式,命辭也不再是問句,但占卜的形式和目的,一般説來在當時似乎還没有發生變化。在祖甲時期,占卜的作用發生了巨大的變化,一直延續到商朝末年,這時占卜主題的範圍縮小了,占卜次數減少了,占卜的性質也發生了重大變化,那種針對特定事件進行占卜的現象在帝乙帝辛卜辭中是見不到的。占卜基本上已經公式化了,而且發生了一種神學上的轉變。在帝乙帝辛時代,占辭永遠是公式化的"吉"、"大吉"或"引吉",命辭是正面的,如"旬亡禍"、"往來亡災",反面的命辭如"旬有禍"、"往來有災"是從不出現的。這反映在商代末期,占卜已經不僅僅是解決關于即將來到之事的疑問的一種嘗試,而是控制未來的一種嘗試了。㉜把夏含夷的説法概括一下就是:卜辭命辭只有師組卜辭是問句,以後的不再是問句;占卜的本質由師組、賓組卜辭的疑問性變成後期的控制性。

　　裘錫圭不贊同夏含夷的觀點。他認爲,除了"正反對貞卜辭"之外,選擇性卜辭同樣能夠反映出占卜決疑的性質。正反對貞和選擇性卜辭在各個時期的卜辭裏都是常見的,因此,占卜決疑的性質一直到商末都未改變,認爲占卜從決疑的手段變爲控制未來的手段是没有根據的。㉝高島謙一也説:"夏含夷所提出的學説,即武丁時期占卜語言的性質在祖甲以後發生了大的變化,一直持續到殷王朝滅亡,這是不能令我同意的。"㉞上述兩先生的看法,我們是贊同的,占卜決疑的性質在商代前後期並未發生本質變化。既然如此,卜辭命辭語言本質也没有大的改變。夏含夷認爲只有師組卜辭中常用問句。這也是不可信的。他所説的問句,是指在句尾出現語氣詞"抑"和"執"的句子。這種句子不但見于師組卜辭,也見于賓組和午組卜辭。還有,不能説有"抑""執"出現的句子就是問句,否則是非問句,因爲在漢語中疑問句末尾是可以不出現疑問語氣詞的。


　　總之,卜辭命辭的語言本質,絶大多數都是疑問,有一些是在疑問中有祈願;卜辭命辭基本上都是疑問句。

①　《殷代貞卜言語的本質》,東洋文化研究所紀要,第110册,52至53頁。
②　見《立命館文學》,第62號,19至44頁,1984年。
③　《大龜四版考釋》,《安陽發掘報告》,第3期,426至434頁,國立中央研究院歷史語言研究所專刊之一,1931年。
④　同①,15頁。
⑤　參看沈之瑜、濮茅左《殷墟卜辭的辭式與辭序》,中國古文字學研討會論文,1986年。
⑥　《殷墟文字丙編考釋》,中輯(二),中央研究院歷史語言研究所出版,94頁。
⑦　同①,95頁。

⑧　同①,15 至 19 頁。

⑨　《殷契粹編考釋》,667 頁。

⑩　同②,19 至 41 頁。

⑪　同①,97 頁。

⑫　太平洋沿岸亞洲研究學會會議論文,加州蒙特利,1972 年,50 頁。

⑬⑭㉒㉙　《續論西周甲骨》,《中國語文研究》,第 7 期(1985 年),4 至 6 頁。

⑮　同①,37 頁。

⑯　陝西周原考古隊《陝西岐山鳳雛村發現周初甲骨文》,《文物》1979 年第 10 期。

⑰　《試釋周原卜辭中的⌂字》,《古文字研究》,第 13 輯。

⑱㉑　《周原卜辭選釋》,《古文字研究》,第 4 輯。

⑲㉓㉘　《試論周原卜辭⌂字——兼論周代貞卜之性質》,《古文字研究》,第 17 輯。

⑳　陳夢家《西周銅器斷代》,《考古學報》1956 年 3 期;唐蘭《西周青銅器銘文分代史徵》,378 頁,中華書局。

㉔　丁山《商周史料考證》,臺北:龍門聯合書局,1960 年 73 頁。

㉕　饒宗頤《殷代貞卜人物通考》,香港:香港大學出版社,1959 年。

㉖　見《古漢語研究》,1995 年第 3 期。

㉗㉜　1983 年縮微膠卷複印本,52 至 57、66 至 67 頁。

㉚　同①,11 頁。

㉛　《殷代易卦及有關占卜諸問題》,美國夏威夷商代文化國際討論會論文,17 頁。

㉝　《關于殷墟卜辭命辭是否問句的考察》,《中國語文》1988 年 1 期。

㉞　同①,96 頁。

# 《宋書》時誤補校(續一)

## 牛繼清　張林祥

41.(安帝義熙元年)七月庚辰,太白比晝見,在翼、軫。占曰:"爲臣强,荆州有兵喪。"己未,月奄填星,在東壁。(卷二十五頁 730)

按七月庚辰朔,無己未。《晋書》卷十三《天文志下》、《魏書》卷一百五之二《天象志二》、之三《天象志三》同誤。疑"己未"爲乙未之訛,乙未十六日。

42.義熙二年二月己丑,月犯心後星。占曰:"豫州有災。"(卷二十五頁 731)

按二月丁未朔,無己丑。《晋書》卷十三《天文志下》、《魏書》卷一百五之二《天象志二》同誤。《魏書》卷一百五之三《天象志三》遂作"二月",疑"己丑"爲乙丑之訛,乙丑十九日。

43.(義熙二年)八月癸亥,熒惑犯斗第五星。丁巳,犯建星。(卷二十五頁 731)

按八月甲辰朔,癸亥(二十日)不當在丁巳(十四日)之前。《晋書》卷十三《天文志下》同。《魏書》卷一百五之三《天象志三》作天賜"二年(當義熙元年)八月,火犯斗;丁亥,又犯建","校勘記"云:"疑這裏抄《宋書》;誤以義熙二年爲天賜二年,又訛'丁巳'爲'丁亥'。"

44.(義熙三年)二月庚寅,月奄心後星。(卷二十五頁 731)

按是月辛丑朔,無庚寅。《晋書》卷十三《天文志下》、《魏書》卷一百五之二《天象志二》均作"庚申",庚申二十日,當是。此"庚寅"爲庚申之誤。

45.(義熙三年)五月己丑,太白晝見,在參。占曰:"益州有兵喪,臣强。"(卷二十五頁 731)

按是月己亥朔,無己丑。《晋書》卷十三《天文志下》、《魏書》卷一百五之三《天象志三》同誤。疑爲"乙丑"之誤,乙丑二十七日。

46.是年(義熙三年)正月丁巳,鮮卑寇北徐,至下邳。(卷二十五頁 732)

按正月壬申朔,無丁巳。《晋書》卷十《安帝紀》、《魏書》卷二《太祖紀》、《北史》卷一《魏紀一》均不載;《晋書》卷十三《天文志下》但作"正月"。《資治通鑑》卷一一四晋紀三十六繫"南燕入寇"于二月,二月辛丑朔,丁巳十八日,當是。此"正月"爲二月之誤。

# 史官的規諫記言之職與
# 《尚書》、《國語》的編纂

## 葛 志 毅

據《周官·春官》五史之職，史官主要掌管各種法典文件及天文歷法、祭祀與朝會儀式等。此外，從有關記載看，由于史官掌握着豐富的知識，而且知兼天人，因而當國君遇有各種疑難問題難解時，都要訪咨垂詢于史官，史官因此成爲國君左右重要的百科顧問。史官則以知兼天人的智者姿態，活躍于西周春秋的政治文化舞臺上。同時，由于史官的職司角色，使之又得陪侍在國君左右盡規諫輔導之責，並與文獻典策結下不解之緣。與此相關，史官的職責本身在其早期的發展中也曾經歷過一個變化，即由最初的記言之職又發展出記事之職，並由此又先後完成《尚書》與《國語》的編纂。

## 一、史官的顧問規諫之職

周代史官的設置情況，在《周官·春官》五史中有較爲詳悉的記載。但若具體考見周代史官的各種活動，則不得不主要借助于《左傳》的記載。《左傳》的記載表明，史官乃以哲人、智者的姿態，活躍于當時的社會歷史舞臺上。下擬以《左傳》爲據一一詳析之。

首先，史官能爲人說解盛衰興亡。如昭公八年晉侯以"陳其遂亡"問于史趙，昭公三十二年趙簡子以魯季氏逐昭公而爲民所服之事問于史墨；其次，爲人解析疑難。如襄公三十年史趙以"亥有二首六身，下二如身"說絳縣人年數，昭公二十九年魏獻子以龍見于絳郊事問于蔡墨；第三，爲人說解神怪吉凶。如莊公三十二年惠王以神降于莘問于內史過，僖公十六年宋襄公以隕石及鶂退飛問周內史叔興吉凶何在，哀公六年楚子因有雲如衆赤鳥夾日以飛問于周太史；第四，預言禍福。如昭公二十九年蔡史墨預言范氏、中行氏之亡，定公十三年史鰌爲公叔文子預言其家禍福；第五，占卜。史官參與占卜之事頗多見，如僖公十五年晉獻公筮嫁伯姬于秦，史蘇占之，哀公九年晉趙鞅卜救鄭，占諸史趙、史墨、史龜，其他亦多見此類事例；

第六,占夢。如昭公三十一年趙簡子因夜夢童子裸而轉以歌,且占諸史墨;第七,相人。如文公元年内史叔服使魯,爲公叔敖相二子。以上所舉,實于史官執簡記事之外,多方面考求其各種活動。據所舉諸例可見,多有求問于史官者,史官則能對問者所提出或所面對的社會問題、自然現象乃至鬼神占卜等各方面疑難,給予解釋。解釋内容涉及天道、人事及物理陰陽等多方面的知識與哲理,從而表現出史官多爲當時涵養深厚、學識淵博之人,同時也説明史官不僅知識涵容廣泛,而且又具有多方面的認識能力,堪爲國君左右的百科顧問。所以,史官並非如一般所認爲的那樣僅僅是執簡記事之人,而且此外又由于其掌握了豐富的知識,深爲朝廷内外各方面所倚重。也許有人會問,史官何以會具有如此的身份與才能? 這可以春秋時楚國著名史官左史倚相爲例説明之。《左傳》昭公十二年楚莊王説左史倚相能讀三墳、五典、八索、九丘。何爲墳、典、索、丘,今日已難得其確解,但無疑應是當時最高水平的典册代表。史官本具有典掌圖書之職,如《周官·春官·外史》謂:"掌四方之志,掌三皇五帝之書。"此典掌圖書之職説明他們必然是當時學術修養最深厚的人。《國語·楚語》又謂左史倚相"能道訓典,以叙百物,以朝夕獻善敗于寡君,使寡君無忘先王之業,又能上下説于鬼神,順道其欲惡,使神無有怨痛于楚國。"是可見史官之職兼掌天人。如在人事職能方面,史官熟諳文獻典册,通曉萬事萬物之理,擔負着規諫輔導國君的責任;在宗教職能方面,史官職掌祭祀,奉事鬼神,能溝通人神使無怨憾。如能把此處所言左史倚相在知識修養與所負職責方面的情況,與前據《左傳》所述史官在各方面的活動業績相比較印證,就可以明了史官何以會在當時的社會生活中,扮演着如此重要的文化角色。就是説,史官在自身修養與官職責任方面,已必然使他們具備起擔任那種重要社會角色的主客觀條件。此外,史官之重要,集中反映于他作爲國君左右的百科顧問式身份。這種身份使之得以隨侍在國君左右,能經常就各種社會政治問題發表意見,亦可隨時因此向國君盡規諫勸誡之職。史籍中所見"史爲書"、"史獻書"及"史不失書"等,[①]乃史官因其職責特徵而獨具的規諫勸誡形式。又如前引《國語》所謂"能道訓典,以叙百物,以朝夕獻善敗于寡君,使寡君無忘先王之業"等,概括起來亦不外乎乃史官以規諫勸誡的形式輔導國君之職。對于史官的這種要求,自周以來已然。

　　周代規諫制度的形成由來已久,至少在文王時已見其端緒。《國語·晋語》謂文王"即位也,詢于八虞而諮于二虢,度于閎夭而謀于南宫,諏于蔡原而訪于辛尹,重之以周邵畢榮"。周文王咨訪謀議的對象極廣,此處所列皆爲周初重臣。據韋昭注,蔡、原、辛、尹四位乃史官,其中蔡公、原公在記載中罕見其事迹,辛甲、尹佚兩位言行略有可考。四位史官被列于周文王咨訪謀議的對象之内,是因爲史官本有規諫謀議之職。這在《周官》中有記載可資説明,如《春官·内史》有謂:"受納訪,以詔王聽治。凡命諸侯及孤卿大夫,則策命之。凡四方之事書,内史讀之。王制祿,則贊爲之,以方出之。"是内史參與帷幄樞機,得與議參贊于王之左右。

如上達羣臣之言，下傳天子之詔，乃至聽治奏報及制禄命爵諸事，内史無不贊襄協理，參與其中，這種地位自然會使之負有規諫謀議之職。孫詒讓比說内史爲《尚書·舜典》之納言及漢之尚書，②不爲無理。這樣，四位史官列爲周文王訪咨的對象，即從其本職而言，亦所當然。這可以辛甲爲例詳論之。《左傳》襄公四年："昔周辛甲之爲大史也，命百官，官箴王闕。於《虞人之箴》曰：'芒芒禹迹，畫爲九州，經啓九道。民有寢廟，獸有茂草；各有攸處，德用不擾。在帝夷羿，冒于原獸，忘其國恤，而思其麀牡。武不可重，用不恢于夏家。獸臣司原，敢告僕夫。'"是辛甲以大史的身份命百官規諫于王，虞人乃以夷羿耽于田獵事而至敗亡爲戒，作箴言獻于王。《漢書·藝文志》諸子略道家有《辛甲》二十九篇，班固自注："紂臣，七十五諫而去，周封之。"是辛甲原爲殷商史官，盡規諫之職奉事殷紂，後至周仍爲史官，並依舊督命百官以箴誡王缺爲己任。其規諫之言應被收在《辛甲》二十九篇之内，只是其書已亡，僅片言支語猶有存者。③辛甲之外，周初史官要以史佚最爲有名。史佚即《尚書·洛誥》之作册逸，《左傳》、《國語》、《逸周書·世俘》、《史記·晋世家》及《漢書·古今人表》作史佚，《逸周書·克殷》及《史記·周本紀》作尹佚。由史佚之例，可見史官不僅有規諫勸誡之職，而且還以此左右輔導周王。由于史佚在周初的地位影響，因而其言亦經常被後人引用，今于《左傳》、《國語》中仍有所保存，現抄撮如下：

僖公十五年：且史佚有言曰："無始禍，無怙亂，無重怒。"

文公十五年：史佚有言曰："兄弟致美。"

宣公十二年："史佚所謂毋怙亂者，謂是類也。"

襄公十四年曰：史佚有言曰："因重而撫之。"

昭公元年：史佚有言曰："非羈何忌。"

《周語》：昔史佚有言曰："動莫若敬，居莫若儉，德莫若讓，事莫若咨。"④

以上宣公十二年條應包括于僖公十五年條之内。在這些春秋人所引的史佚言論中，有一些是精粹的短語，有一些是整齊的排比句。這些應是史佚言論中精辟雋永的語句，後人在説話時作爲哲言或警句加以引用，以加强論斷説理的語言表達力量。這些語句在當日應是史佚在規諫周王時所言，亦應被收集起來才得以流傳。《左傳》成公四年："《史佚之志》有之曰：'非我族類，其心必異。'"按此《史佚之志》應是匯集史佚言論而成，與前言《辛甲》二十九篇殆相類。由于古代注釋家都訓"志"爲"記"，那麼，《史佚之志》究爲記言體還是記事體？此關係到中國古代史學的重大問題，必須給予回答。從史佚做爲史官的規諫勸誡之職，再從記載中多引"史佚有言"一點推測，《史佚之志》應是記言體，即匯集史佚的言論編成的史佚全集。這還可舉例比較説明之。《左傳》襄公三十年引《仲虺之志》，相同的内容在宣公十二年及襄公十四年俱作"仲虺有言曰"。《墨子·非命》上中下篇引《仲虺之告》，應即《左傳》《仲虺之志》。

告即誥,《尚書》記言諸體之一。總之,從《仲虺之志》的推較中,亦可見《史佚之志》應是記言體。但這仍是一個假設,爲從根本上解決問題,必須從體例上對"志"進行深入具體考察。

## 二、志與乞言合語之禮

古今在論及方志學的起源時,必涉及到《周官》的"邦國之志"與"四方之志",二者分別見于《春官》之《小史》與《外史》職。關于二者的確切性質,漢人已不甚了然。如"邦國之志",鄭注引鄭司農説:"志謂記也。《春秋傳》所謂《周志》,《國語》所謂《鄭書》之屬是也。"按所謂《周志》見引于《左傳》文公二年,杜注説爲《周書》,所引"勇則害上,不登于明堂",見于今本《逸周書·大匡》。所謂《鄭書》並不見于今本《國語》,而是見于《左傳》襄公三十年及昭公二十八年。若如此説,則"邦國之志"在體例上應近于《尚書》,爲記言體。又"四方之志",鄭注:"志,記也。謂若魯之《春秋》,晋之《乘》,楚之《檮杌》。"如此則"四方之志"乃《春秋》類史書,爲記事體。其實"邦國之志"與"四方之志"性質相類,皆爲地方性文獻,但鄭玄却分指爲記言與記事之異,是鄭玄雖知志即記,但志所記的内容體例,他已不甚了然。按志的本義即志意,包括思想理念及欲望好尚等觀念意識方面的内容,只是這些必須借助語言的形式才能得到表達。從思想與語言在生理功能上的聯繫方面看,志與言確密切相關。如《左傳》昭公九年曰:"氣以實志,志以定言",《大戴禮記·四代》:"氣爲志,發志爲言",皆可爲證。即謂志必發爲言的形式才能得以表達。反之,言的表達内容是由志決定的。志與言在生理功能上的這種密切聯繫,可能導致後來志被引申爲一種文體名稱,而且志是被用于載言的。但志以載言的文體概念,已經獲得社會文化的内涵,故欲證明志以載言的文體命題,必須從社會文化的角度分析論述之。

在《周官》中多處提及對各種"志"的掌握考察,如:

《地官·誦訓》:掌道方志,以詔觀事。

《夏官·訓方氏》:掌道四方之政事,與其上下之志。

《夏官·撢人》:掌誦王志,道國之政事,以巡天下之邦國而語之。

按所謂"方志"、"上下之志"、"王志",志即謂志意。如"王志"又稱"王之德意志慮",《秋官·掌交》謂其巡行天下時,要"道王之德意志慮,使咸知王之好惡辟行之。"是《掌交》與上引《撢人》之職相近,俱以宣傳"王志"于天下爲事。此又可證以相關記載,如《詩·大雅·緜》謂文王時有疏附、先後、奔奏、禦侮諸臣職。關于奔奏,毛傳解曰:"喻德宣譽曰奔奏。"孔疏伸之曰:"奔走者,此臣能曉喻天下之人以王德,宣揚王之聲譽使人知,令天下皆奔走而歸趨之,故曰奔走也。"是周代爲擴大王的政治聲威與影響,確曾設官宣傳王志、王德于天下。王志如此,"方志"之志亦同，即志意、德意志慮之謂。《訓方氏》所謂"掌道四方之政事與其上下之志"，此"上下之志"即四方上下之志，亦即"方志"；而前述分別由小史與外史典掌的"邦國之志"及"四方之志"亦即"方志"。方志者，猶云天下四方邦國之志意。志意如前文所言，乃包括思想理念、欲望好尚等觀念意識方面的內容，故可視爲一方風俗的集中反映。那麼，"掌道方志"及"掌道四方……上下之志"者，其宗旨乃爲窺知四方風俗，並由此推得天下政事之好壞。這不由使人想起周王巡行時要采詩以觀民風土俗之制。而志確與詩有聯繫。如《書·舜典》："詩言志"，馬總《意林》引《慎子》曰："《詩》，往志也。"都說詩以達志，故《孟子·萬章上》謂解《詩》者"以意逆志，是謂得之"。詩本爲達志而作，故解詩者應以究明其志爲達詁。相關的是，學詩亦有助于培養陶冶情志，故《國語·楚語》謂："教之《詩》，而爲之導廣顯德，以耀明其志。"詩與志的關係如此，在具體表達形式上又與言相關聯。就是說，詩是爲了表達志，反過來說，志也是借助詩這種特殊的語言形式才得以表達的，故《詩大序》說："《詩》者，志之所之也。在心爲志，發言爲《詩》。"孔疏亦謂："在心爲志，出口爲言，誦言爲《詩》。"都是說志必須借助詩這種特殊的語言形式才能得以很好的表達，簡言之，即詩以言達志。由于詩與志的密切聯繫，因而《左傳》中有以志謂詩的例子。昭公十六年載鄭六卿餞韓宣子，韓宣子請鄭卿賦詩，"以知鄭志"，杜注："詩言志也。"按這裏所謂"知鄭志"即要通過鄭卿賦詩來考察鄭國的政情民俗，這與天子采詩以觀民風的制度命意相近。鄭卿所賦詩皆爲《鄭風》，韓宣子聽後說："賦不出鄭志。"即以"鄭志"指《鄭詩》。⑤ 由以上所論，可知詩與志之間通過"言"建立起密切的依存關係，即詩以言達志，志以言成詩。這樣，當後來以志作爲一種文體名稱時，主要應指由詩演化而出的記言體。但詩以韻文形式載言，志則廣泛得多，不以韻文形式爲限，唯以載言爲體。這樣，志作爲載言體的本義就可以明白了。由于在某種意義上可以說，志是繼韻文體的詩而發展起的散體記言形式，因此受其影響，其句法一般都短小整齊，雋永精辟，能給人以某種啓示訓誡上的意義。試觀《左傳》、《國語》、《孟子》、《呂氏春秋》中所引的"志曰"、"周志"、"前志"、"古也有志"、"軍志"、"上志"⑥等等，都是爲提供一種可供行爲法則的訓誡性語言。這樣，志做爲記言體就更爲明確了。其實志本爲記言體，在文獻中亦可考見其例，如《大戴禮記》有《誥志》篇，其文首曰："誥志無荒，以會民義"，此所謂"誥志"猶云詔誥，顯然是用以宣言教民的文體。誥本爲記言體，誥志連稱亦是記言體，那麼志本爲記言體由此更加清楚。其實前引《左傳》襄公三十年之《仲虺之志》，《墨子·非命》作《仲虺之告》，已證志與誥通。今得此《大戴禮》之證，志與誥通，同爲載言體，其證益堅。

　　史佚在周初曾以史官身份隨侍在周王左右盡輔導之責，其職責亦涉及到"志"。《大戴禮記·保傅》說周初以周公、太公、召公、史佚爲"四聖"，輔翼成王，史佚在"四聖"中爲"承"。⑦《尚書大傳·虞夏傳》載天子"四鄰"制度有曰："前曰疑，後曰承，左曰輔，右曰弼。天子有問，無以對,責之疑;可志而不志,責之承;可正而不正,責之輔;可揚而不揚,責之弼。"據此則四鄰中的"承"主"志",而"志"即隨侍在天子左右的記言之職。此可以《史記》所載證明之,《晋世家》記:"成王與叔虞戲,削桐葉爲珪,以與叔虞曰:'以此封若。'史佚因請擇日立叔虞。成王曰:'吾與之戲耳。'史佚曰:'天子無戲言,言則史書之,禮成之,樂歌之。'于是遂封叔虞于唐。"⑧由此可知天子所言極爲重要,要由史官記錄,史佚恰當此記言之職。由此可知史佚爲"承"主"志"即主記言之職。《新書·傅職》在記述史佚輔導周王之職時有曰:"答遠方諸侯,遇貴大人,不知大雅之辭;答左右近臣,不知已諾之適……古者史佚職之。"史佚此輔導教正天子言辭之職與其記言之職互備。這樣,由史佚爲"承"主"志"與其記言之職間的關係,進一步證明志與言之間的密切聯繫。那麼,前文所說《史佚之志》乃匯編史佚言論而成的記言體,于此終得證明。察《國語·鄭語》通篇載史伯與鄭桓公間的問對談話,似應稱之爲《史伯之志》。只是因其本爲記言體,故後來又被收編入記言體的《國語》之内。《史佚之志》與之相類,其爲匯編史佚言論而成,自無可疑。又前文所論《周官》中的"邦國之志"及"四方之志"亦當爲記言體,乃各國史官所記公侯之言,兼及地方名流賢達之言。其意蓋在借此考見一方志意好尚、風俗民情。周室史官典掌之,以備周知天下四方之政俗得失與治亂之情。此外,"邦國之志"與"四方之志"的性質或與《周官》之"五書"有某種關聯,《秋官·小行人》謂:"及其萬民之利害爲一書,其禮俗政事教治刑禁之逆順爲一書,其悖逆暴亂作慝猶犯令者爲一書,其札喪凶荒厄貧爲一書,其康樂合親安平爲一書。凡此五物者,每國辨異之,以反命于王,以周知天下之故。"孫詒讓指出,行人即古書記載上所言輶軒之使,"此五物之書即輶軒使者奏籍之書也。"⑨按此"五物之書"乃朝廷用以了解邦國四方政事民俗及治亂得失者,乃遣人使于四方搜求而得。其中内容很可能要參以各地名賢士大夫的論議,其所取材或者多本之"邦國之志"與"四方之志",目的是假借各地士大夫的論議,考察其地的禮俗時尚等社會文化心理傾向以及政情民意等,以爲施政時參考。所以一定要用後起的記事體的"志"去理解"邦國之志"與"四方之志",未必合理。

　　以上通過對"志"的分析,兼指出史官的記言之職。這樣,王左右的史官不僅要撰作詔令,還要隨時記錄王言,這就使早期史官突顯出以記言之職爲主的特徵。唐代劉知幾已指出這點。他說,古代史官之職雖有記言與記事之分,但"古人所學,以言爲首",並指出古人"輕事重言之明效",因此他得出結論說:"此則記事之史不行,而記言之書見重,斷可知矣。"⑩是劉知幾主要根據古代早期在思想文化上的習慣,指出早期史官以記言之職爲特徵。所言有理。此外,朱自清曾謂《尚書》是中國最古的記言的歷史,並對記言與記事二者加以比較說:"記事比較的是間接的,記言比較的是直接的。記言大部分照說的話寫下來;雖然也須略加剪裁,但是盡可以不必多費心思。記事需要化自稱爲他稱,剪裁也難,費的心思自然要多得多。"其結論是記言文在記事文之先發展,商代卜辭與兩周金文多以記言爲主,直至戰國,記事文才有長足進展。⑪朱氏所言,亦有助于理解早期史官以記言之職爲主、記事之職則相對較晚的觀點。其實,若詳考早期史職以記言爲主的習慣,就會發現其對先秦著述體例產生的深遠影響。即由于史官記言之職的影響,導致先秦時期以記言體式撰成的文獻普遍存在的現象,有人稱這種著述體式爲"語録式"。除《尚書》、《國語》等史籍是記言之作外,很多諸子著作也是如此寫成,如《論語》、《孟子》、《管子》等,多爲其弟子後學輩憑接聞傳述的言辭記録而成。這種語録式著作後世也有,但已不如先秦時期那樣普遍。⑫如若尋溯其源,此不得不歸結爲早期史職以記言爲主的習慣在著述體式上留下的巨大影響所致。所以,一則因爲語録式著述體簡捷易行,與口語形式直接對應,使之最有資格成爲早期著述樣式的母型;其次,則由于記録王言、撰擬詔令及重視語言規諫、傳述箴誡等各種早期史職的影響,決定了語録式敘述體成爲較普遍的早期著述體式。因此,我們在研究早期史籍著述體例時,史官記言之職的影響是不容忽視的。

　　與此有關,還可指出古代重視以善言嘉語相勸勉的習俗。如在《禮記·文王世子》等記載中,可見周代有所謂乞言、合語之禮。因乞言之禮一般結合養老禮進行,故又稱養老乞言之禮,鄭玄解釋説:"養老乞言,養老人之賢者,因從乞善言可行者也。"⑬又《詩·大雅·行葦》序:"周家忠厚,仁及草木,故能内睦九族,外尊事黄耈,養老乞言,以成其福禄焉。"毛傳:"乞言,從求善言,可以爲政者。"這是以老者傳述善言的形式,在貴族中推行的道德教育。至于合語之禮,行用極爲廣泛,凡祭祀、饗食、飲酒、大射等禮儀,舉行至旅酬的儀式時,都有合語之禮。因爲在舉行正禮時,氣氛嚴肅,無由隨便談話。至旅酬時,正禮已畢,"禮成樂備,乃可以言語,先王禮樂之道也"。⑭所以合語之禮本應是正禮之後的燕語。但周人重禮,時刻不忘以禮義規範人,因而合語乃是"合會義理而語説也",⑮即合語乃是要大家以禮義相勸勉。如《禮記·文王世子》載天子視學養老,"登歌《清廟》,既歌而語,以成之也。言父子君臣長幼之道,合德音之致,禮之大者也。"就是説,禮成樂備之後,衆人要以"父子君臣長幼之道"互語,以道德互相切磋,借以實現用禮義感化人、教育人的最終目的。所以合語乃是配合禮儀的形式使貴族以道德相勸勉的一種手段。《周官·春官·大司樂》有"以樂語教國子,興道諷誦言語",即在貴族子弟的教育中,要通過《詩》、《樂》的形式,體悟學習言語應答之道,培養高雅的語言表達能力。⑯這裏的"樂語"不單指《詩》、《樂》啓發下的語言表達形式,還包括相應的道德内涵。這可舉《禮記·樂記》子夏對魏文侯論古樂、今樂之例。子夏説今樂演奏時形式雜亂,"不知父子,樂終,不可以語,不可以道古"。相反,古樂演奏整齊有序,"君子于是語,于是道古,修身及家,平均天下。"總之,要通過禮樂的形式感化人、教育人,尤以仁義道德的説教配合更爲重要,這是周代在祭祀、饗食、飲酒、大射等一切禮儀演習中都要配合以合語之禮的根本原因。

這樣,合語之禮在貴族中廣泛推行。在現存記載中亦可考見周代貴族的合語之禮,《國語·周語》載晋羊舌肸聘周,接于單靖公,"靖公享之,儉而敬,賓禮贈餞,視其上而從之,燕無私,送不過郊,語説《昊天有成命》。"即單靖公與羊舌肸行禮合語時,盛道《周頌》詩篇《昊天有成命》。據説《昊天有成命》乃周王郊祀天地時贊頌文王、武王大功的樂歌。《禮記·樂記》載孔子與賓牟賈論《大武》舞樂,孔子有曰:"且女獨未聞牧野之語乎?"孫希旦《集解》引張子曰:"古樂于旅也語,説此樂之義。牧野之語,語《武》也。"按所謂"牧野之語"乃是論説《大武》舞樂内容意義的言論,是貴族們當初在觀賞《大武》舞樂之後合語時留下的。又據《逸周書·世俘》載武王克商後行祭天之禮,"告天宗上帝,王不革服格于廟,秉黄鉞語治庶國,籥人九終。"是祭禮畢,不及改換祭服便來至廟中語説治萬邦衆國之道。值得注意的是此亦武王于禮成樂備之後所語,可知周人合語之禮由來已久,已構成其禮樂文化一大特徵。

由以上所論合語之禮曾廣泛推行于祭祀、饗食、飲酒、賓射等各種禮儀中,因而使之成爲周代貴族以仁義禮樂教育人的一種重要形式,語因此也成爲周代貴族文化修養中的標志之一,《詩·鄘風·定之方中》毛傳論"九能之士",其一爲"祭祀能語",並謂:"君子能此九者,可謂有德音,可以爲大夫"。語亦因此發展爲一種以之命名的記言體形式,並成爲貴族子弟教育中的一個科目,如《國語·楚語》謂"教之語",前引《周官》"以樂語教國子",皆可爲證。前文從史官規諫輔導周王之職推見到其記言之職,此固因周王之崇高地位使其言論亦被聖化爲教條所至,合語之禮的存在及其所導致的影響也應是原因之一。與之相關,合語之禮中的公卿貴族之言也應見重于當時,並成爲史官記錄的對象,這可從現存的《國語》得到證明。《國語》所載除周王之外,其余大多數是周室及各國公卿貴族之言。此外,與合語相關的乞言之禮,久由史官記錄。《禮記·内則》:"凡養老,五帝憲,三王有乞言。五帝憲,養氣體而不乞言,有善則記之爲惇史。三王亦憲,既養老而後乞言,亦微其禮。皆有惇史。"按"惇史"乃史官之稱。惇假爲諄,《説文》:諄,"告曉之孰也"。即行養老禮時,老者所告教曉諭之言由史官記之,因以名此記言之史爲諄史。如《内則》所言,五帝三王皆有惇史。由此惇史推斷,合語之禮亦應有史官記之,是史官記言之職由來已久。"語"既出自史官所記,其與《尚書》的内容體例亦相關。《國語·楚語》申叔時論教導太子,提及《春秋》、《世》、《詩》、《禮》、《樂》、《令》、《語》、《故志》、《訓典》等,可注意者唯不及《書》。按周代貴族教育以《詩》、《書》、《禮》、《樂》最爲重要,此處言《詩》、《禮》、《樂》等唯獨不見《書》,豈非怪事?細究其實,殆《令》、《語》、《故志》、《訓典》四者即相當于《尚書》的内容。據韋昭注,《令》指先王之官法時令,《語》者治國之善語,《故志》乃記前世成敗之書,《訓典》者五帝之書。按,《令》即"命",乃《尚書》所謂六體之一,如《顧命》;《語》與《尚書》同爲記言體;《故志》如前所考,本亦爲記言體;《訓典》亦本爲《尚書》六體所有,如《堯典》、《伊訓》。這樣,《令》、《語》、《故志》及《訓典》在内容體例上相當于

《尚書》無疑。史官既要撰作詔令，又要記王公卿士之言，此合成完整的史官記言之職，這些均在《尚書》的内容體例上有所反映。如今本《尚書》之《皋陶謨》、《益稷》載舜、禹、皋陶君臣以"昌言"互相勸勉；《微子》載微子與父師、少師相與議殷商敗德將亡及處之之道，均應爲《語》之一種。《洪範》載箕子爲武王所言"洪範九疇"，實相當于韋昭所謂"治國之善語"。是《尚書》作爲記言之史在内容體例上與《語》頗多相通之處。《國語·鄭語》史伯引《訓語》，韋昭説爲《周書》，進一步證明《語》本爲《尚書》的體例内容。所以今傳《尚書》除帝王詔令誥誓之外，還包括王公卿士之善言，實相當于所謂貴族間的談話記録。古人議論喜歡稱引古昔，很可能反映了乞言合語之禮的一種遺俗，如《國語·魯語》在述及正考父校《商頌》事有曰："其輯之亂曰：'自古在昔，先民有作，温恭朝夕，執事有恪。'先聖王之傳恭，猶不敢專，稱曰自古，古曰在昔，昔曰先民。"此證以《禮記·樂記》載樂終合語之禮時有曰："君子于是語，于是道古"，適相符合。這種好稱道古昔的習慣，在《尚書》中亦有所反映。如《堯典》、《皋陶謨》中的"曰若稽古"，《洪範》中的"我聞在昔"，《吕刑》中的"若古有訓"，皆置于通篇所言之首。其他如《盤庚》中的"我古后之聞"，《牧誓》、《酒誥》、《秦誓》中皆有"古人有言曰"，似此殆皆與乞言、合語之禮的内容有關，又經史官所記而傳下者。所以，上述"曰若稽古"諸語的存在，相當于爲我們考察乞言合語之禮以及早期史官記言之職，提供了語言習慣上的根據。其次，從此稱道古昔的用語習慣上，又反映出史官記言之職與《尚書》内容的久遠傳統，同時也有助于增强對《尚書》記載可信度的認識。此外，史官記言之職不僅僅限于王言，他如公卿大夫之善言嘉語亦在史官記言的職責範圍内，對此應給予適當的注意。

## 三、《尚書》、《國語》等記言體史籍的編纂

綜據前述，由于周代極重以善言嘉語相規諫的習俗，終至發展起以記言爲主的文體形式，這就是"語"，今傳《國語》可爲其代表。據《國語·楚語》所言，"語"至少在春秋時已存在。此後在戰國、秦及西漢的著述中，以語名書者不絶。如與孔子相關的有《論語》、《孔子家語》；《管子》中有《短語》十八篇，《輕重》諸篇中有《事語》一篇；汲冢書有《國語》三篇，《瑣語》十一篇；劉向《戰國策書録》謂《戰國策》又名《事語》；陸賈著《新語》；賈誼著書有稱《連語》、《修政語》、《禮容語》等。似此，也相當于從另一個側面説明史官早期的記言職能，在著述體式上的影響如何之深遠。與乞言合語之禮有關的著述之體，在春秋戰國時又名之爲"稱"，但很少有人注意及此。馬王堆漢墓出土的《黄老帛書》，其中有一篇曰《稱》。何以名"稱"？其初不甚爲人所解，但已有人注意到其中"匯集很多類似格言的話"。[17]後經學者研究指出："所謂'稱'，就是指語句的匯集。"[18]證諸其他古籍，"稱"實相當于記録嘉言善語的一種文體。如

《逸周書》有《武稱》篇，風格形式與《稱》極爲相近，乃兵家語的匯粹，且所言精辟雋永，耐人尋味。在先秦子書中還可舉出《管子》中的《小稱》、《四稱》，此兩篇包括在《短語》十八篇之內，由此可證所謂"稱"本爲"語"之一種。此兩篇主要記管仲及齊桓公之言，尤其《四稱》所記，乃管仲爲桓公"盡語"所聞昔者有道、無道君臣之行事，用以爲鑒。總之，"稱"作爲一種文體，與古來乞言、合語之俗有關，亦爲"語"之一種。此外，通過以上對乞言、合語之禮的追溯，及對史官記言之職的考察，更增加《尚書》所載內容的可信度。因爲史官既要撰擬詔令，又要記王公卿士之言，這恰好是《尚書》纂輯資料的兩個基本來源，從而可以推知作爲記言體的《尚書》，在資料來源上有可信的保證。但如前所論，要把由史官記言之職積累起的資料編纂爲《尚書》，則有待于專設的記事之史的出現。⑲因爲記言之史充其量仍是書記官之史的性質，其職無由超出"掌官書以贊治"的行政管理活動的性質。只有專設的記事之史的出現，才能促使史官記事職能的强化，如記載中所謂"左史記言，右史記事"的區分，就是史官記事職能强化的一個反映。記事之史與由來已久的史官記言傳統，其最大區別即史學自覺意識的萌發，其表現即注記史料、纂錄史籍成爲史官的一種主觀追求，從而不再以"掌官書以贊治"的職能僅僅作爲行政管理體制的附庸。史官雖然仍在意識形態方面爲統治者服務，但其著史活動已與行政管理活動有所區分，從而表現出史學自身的學術性追求。專設的記事之史所帶來的這些變化，集中表現爲史官的著史活動同一切的行政管理活動已有所區別，因而使純粹的史籍纂錄同官府文書撰擬亦區別開來。這樣，隨着專設的記事之史的出現，豐富了傳統的史官記言職能，結束了單純表現爲"掌官書以贊治"的史官形象，與此同時，纂錄史籍却作爲新增的職能而使史官性質發生極大轉變。《尚書》的編纂即此史職發生轉變之初的史籍纂錄成果之一，⑳《國語》的編纂成書則要稍後一些時間。因爲如前所論，"語"本爲《尚書》的內容體例，故《國語》與《尚書》在體例上前後相承。其次，《尚書·周書》部分以《呂刑》爲標志，述王室之事止于穆王；《國語·周語》叙事則起自穆王征犬戎，是《尚書》與《國語》叙事亦前後相接。由此推之，必是先有史官輯《尚書》既成，嗣後復有欲接續之而纂成《國語》者。從文章辭例及結撰風格方面審視，《國語》要較《尚書》圓融通暢，並基本脱盡後者那種古奥樸拙之氣。因此，《國語》的編纂材料應出自《尚書》之後的相當一段時間，必無可疑。

① 分別見《左傳》襄公十四年《國語·周語》及《楚語》。
② 《周禮正義》卷五十二。
③ 如《韓非子·説林》載辛甲之言一則。
④ 所引《左傳》斷句據《春秋左傳集解》，上海人民出版社，1977 年。
⑤ 參楊樹達《增訂積微居小學金石論叢·釋詩》，科學出版社，1955 年。
⑥ 分別見《左傳》之文公二年、六年，成公四年、十五年，昭公元年、三年、十二年；《國語·晋語》；《孟子·滕文公》上下；《吕氏春秋》之《貴公》、《務大》及《貴當》等。

⑦　賈誼《新書·保傅》略同。

⑧　《説苑·君道》及《吕氏春秋·重言》略同，惟作“周公對曰”，當以《史記》爲是。

⑨　《周禮正義》卷七十二。

⑩　《史通·外篇·疑古》。

⑪　《經典常談》，三聯書店 1980 年版，第 18 頁。

⑫　王余光《中國文獻史》第一卷，武漢大學出版社 1993 年版，第 252 頁。

⑬　《禮記·文王世子》注。

⑭　《儀禮·鄉射記》鄭注。

⑮　《禮記·文王世子》孔疏。

⑯　參孫詒讓《周禮正義》卷四十二。

⑰　馬王堆漢墓帛書整理小組編《經法》，文物出版社 1976 年版，第 95 頁，注①。

⑱　李學勤《〈稱〉篇與〈周祝〉》，載《道家文化研究》第三輯，上海古籍出版社 1993 年版。

⑲⑳　參葛志毅《記事之史與〈春秋〉、〈尚書〉等史籍的編纂》，載《古典文獻與文化論叢》第二輯，杭州大學出版社
　　　1999 年版。

# 《宋書》時誤補校(續二)

## 牛繼清　張林祥

47.(義熙六年)五月丙子,循、道覆敗撫軍將軍、豫州刺史劉毅於桑落洲,毅僅以身免。(卷二十五頁732)

按《晉書》卷十《安帝紀》原作:"(五月)戊子,衛將軍劉毅及盧循戰于桑落洲,王師敗績。"下文尚有"己未"、"乙丑"、"丙寅"諸日。然五月壬子朔,無戊子,"校勘記"云:"五月壬子朔,無戊子,《通鑑》一一五作'戊午',以下文'己未''乙丑'日序推之,作'戊午'者是。"《南史》卷一《宋本紀上》作"壬午",當亦爲"戊午"之誤。又義熙五年正月庚戌劉毅遷衛將軍,《晉紀》亦作"衛將軍"。此文"丙子"爲"戊午"之誤;"撫軍將軍"爲"衛將軍"之誤。

48.(義熙六年)十一月,劉鍾破賊軍於南陵。癸丑,益州刺史鮑陋卒于白帝,譙道福攻没其衆。庚戌,孫季高襲廣州,剋之。(卷二十五頁732)

按是月己酉朔,癸丑(初五日)不當在庚戌(初二日)前,失序。《晉書》卷十《安帝紀》、《宋書》卷一《武帝紀上》不係日。《資治通鑑》卷一一五晉紀三十七同誤。

49.(義熙四年)六月己丑,太白犯太微西上將。己卯,又犯左執法。(卷二十五頁733)

按六月癸亥朔,己丑(二十七日)不當在己卯(十七日)之前。《晉書》卷十三《天文志下》作"乙卯,又犯左執法",而月内無乙卯,"校勘記"云:"當從《宋志》作'己卯'。"《魏書》卷一百五之三《天象志三》作:"六月,金犯上將,又犯左執法。"不係日,序亦如之。疑"己丑"爲乙丑之誤。乙丑三日,合序。

50.(義熙六年)五月甲子,月奄斗第五星。占同三月。己亥,月奄昴。(卷二十五頁733)

按是月壬子朔,甲子十三日,無己亥。《晉書》卷十三《天文志下》、《魏書》卷一百五之二《天象志二》皆同。下文有"六月己丑"條,疑"己亥"爲乙亥之誤,乙亥二十四日。

51.(義熙六年)七月己亥,月犯輿鬼。占曰:"國有憂。"一曰:"秦有兵。"(卷二十五頁734)

按是月辛亥朔,無己亥。《晉書》卷十三《天文志下》同誤。《魏書》卷一百五之二《天象志二》作永興二年(當義熙六年)"七月乙亥,月犯輿鬼",乙亥二十五日,當是。

# 定州漢墓竹簡本《論語》爲"魯論"考

單　承　彬

　　西漢時期《論語》共有三種傳本:《魯論》、《齊論》和《古論》。梁代皇侃《論語義疏·叙》引劉向《別録》云:"魯人所學,謂之《魯論》;齊人所學,謂之《齊論》;合壁所得,謂之《古論》。"魯、齊二《論》是用漢代通行隸書書寫的今文傳本,流傳頗盛。《古論》則景帝末或武帝初源自魯壁,屬于古文系統。1973 年考古工作者在河北定州八角廊村 40 號西漢墓中發現了大量竹簡,其中即包括許多《論語》殘簡。這是目前我們能够見到的唯一一件《論語》的西漢原件,其可靠性和重要性是勿庸置疑的。該墓的墓主可能是中山懷王劉循。據《漢書·景十三王傳》載:"中山靖王勝以孝景前三年立。……四十三年薨。子哀王昌嗣,一年薨。子康王昆侈嗣,二十一年薨。子頃王輔嗣,四年薨。子憲王福嗣,十七年薨。子懷王循嗣,十五年薨。"由漢景帝前三年(前 154)推算,劉循死時當漢宣帝五鳳四年丁卯(前 54),"簡本"肯定是前此之物。宣帝五鳳年間正是三種《論語》傳本並存的時候,而且安昌侯張禹的《張侯論》尚未形成。①《張侯論》是今本《論語》的最主要來源之一,它之前《論語》的面貌今天基本上無從考知;而漢簡本《論語》(以下簡稱"簡本")的發現,不僅使我們考察西漢前、中期《論語》的面貌成爲可能,而且也爲研究西漢時期《論語》的流傳提供了至爲關鍵的依據。

　　據整理者介紹,"初步被認爲是《論語》的漢簡有 620 多枚,殘簡居多。……録成釋文的共 7576 字,不足今本《論語》的二分之一。其中保存最少的爲《學而》,只有 20 字;最多的爲《衛靈公》,有 694 字,可達今本的百分之七十七。"②同時,"拿它和傳本比較,仍然有不少差異。比如以分章來説,不僅尾題所記的章數很少有相符的,而且分章也不一樣。簡文分爲兩章,傳本却成了一章,簡文爲一章的,傳本又有分爲兩章或幾章的。在文字上與傳本不同的地方就更多了。"③其時代之早、篇幅之多、校勘資料之豐富,是以往有關《論語》的類似發現所無法比擬的。既然當時三種《論語》傳本並存,那麽,"簡本"到底屬于哪一個傳本系統呢?

## 一、"簡本"與《説文》所引《古論語》不同

　　《古論語》失傳已久,東漢許慎《説文解字》中尚引有一些殘章斷句。許氏曾從古文學大

師賈逵受古學,安帝永初四年(110)又與古文學家馬融等五十餘人校書東觀,博通今古文經籍,所撰《五經異義》一書,分類目羅列今古文衆家之説,並加以按斷。這説明許慎是有條件、也是有意識地研究經今古文異同的。他在《説文·叙》中説:"其稱《易》孟氏、《書》孔氏、《詩》毛氏、《禮》周官、《春秋》左氏、《論語》、《孝經》,皆古文也。"許慎所引《論語》,依據的乃古文經學派的傳本,是完全可以肯定的,它很可能就是魯壁中書,即六國晚期寫本《古文論語》。據統計,《説文》引《論語》約四十條(包括《逸論語》二條),其中同樣也保存在"簡本"中的約十數章,兹與"簡本"比勘辨證如下:

《説文》羊部"羌"字下引"孔子曰:道不行,欲之九夷,乘桴浮於海。""簡本"《公冶長》篇作"道不行,乘泡浮於海"。④按:《説文》所引不作"《論語》曰"而作"孔子曰",當非《論語》成文,"欲之九夷"四字應由《子罕》篇"子欲居九夷"而來。故《説文》所引與"簡本"的差別,主要在"桴"、"泡"二字上。敦煌寫本《經典釋文》作"泭",云:"字亦作桴,撫于反。《説文》云:泭,水筏。"⑤則泭爲正字,桴、泡二字均假借字。⑥唐景龍四年(710)卜天壽寫本《論語鄭氏注》作:"道行,乘垺於海。"注云:"編竹木浮之於水上,大曰栿,小曰浮(垺)。"垺字亦音同假借。

《説文》言部"譖"字下引:"《論語》云:譖曰:禱爾于上下神祇。""簡本"《述而》篇"譖"作"誄"。按:《説文》:"譖,禱也";"誄,諡也"。二字意義上的差別正如段注所云:"譖施於生者以求福,誄施於死者以作諡。《論語》之'譖曰',字當從㗊。《毛詩》曰:桑紀能誄,字當從耒。"馮登府《論語異文考證》云:"今本作誄,直是譖文。"《周禮·春官·小宗伯》:"禱祠于上下神示",鄭玄注引《論語》:"譖曰禱爾于上下神祇",則鄭氏所據本作"譖"。⑦許慎引作"譖",蓋壁中古文如此,而世間流傳之本或有作"誄"如"簡本"者。

《説文》糸部"純"字下引《論語》曰:今也純,儉。""簡本"《子罕》篇句末多一"也"字。

《説文》衣部"袉"字下引《論語》曰:朝服袉紳。""簡本"《鄉黨》篇作"拖申"。《經典釋文》出"拕"字,云:"本或作拖。"按:《説文》:"袉,裾也。从衣它聲。"段注:"唐左切,十七部。《玉篇》曰:俗作袘。"又云:"今《論語》作拕、作拖,即手部扡字。《雜記》云:申加大帶於上是也。許所據作袉,假借袉爲扡也。"

《説文》川部"侃"字下引"《論語》曰:子路侃侃如也。""簡本"《先進》篇作"子路行行如也;冉子、子贛衎衎如也。"按:《説文》:"侃,剛直也。"何晏《論語集解》引鄭注:"行行,剛强之貌。"宋翔鳳認爲:《説文》所引"侃侃是正字。《鄉黨》篇之侃侃,及此下文冉有子貢侃侃如也,並當爲嘉賓式燕以衎之衎,假藉作侃侃,故並訓爲和樂也。鄭注《論語》行行剛强之貌,與許君解侃爲剛直義同。行行疑涉下文衎衎而誤。蓋古文《論語》:'冉有子貢侃侃如也',本作衎衎。"⑧按:《鄉黨》篇"與下大夫言,侃侃如也。"《集解》引孔曰:"侃侃,和樂皃也。"《説文》:"衎,行喜貌。""簡本""衎衎"二字恐即如宋説乃"衎衎"之誤。"行"字本無"剛直"之訓,"子路行行如也",似當從《説文》所引作"侃侃"爲正。《説文》段注和劉寶楠《論語正義》認爲此乃許氏筆誤,恐非。"簡本"作"行行",與許氏所見壁中文不同,當是在流傳過程中形成的舛誤,這應該是今古文《論語》的一個重要差異。

　　《説文》艸部"蕢"字下引《論語》曰:有荷臾過孔氏之門。"簡本"《憲問》篇作"有荷貴口口孔是之門"。《説文》云:"臾,古文蕢,象形。"周伯温《六書正譌》亦云:"臾,古蕢字。"則許氏所見作"荷臾"者,是孔壁中古文,而"簡本"作"貴"("蕢"之省字)是漢代通行之今文。

　　《説文》人部:"伉,人名,从人亢聲,《論語》有陳伉。""簡本"《季氏》篇作"亢"。按:陳亢字子禽,《爾雅》:"亢,鳥嚨。"王夫之曰:"亢,兔迹也,逐兔者躡其迹則得禽(擒)矣。"⑨但無論作何解釋,"亢"總與"禽"有關。古人名、字相符,故"亢"當爲正字。《説文》僅以"伉"爲人名是不確切的。考《左傳》成十一年:"已不能庇其伉儷而亡之。"杜注"伉,敵也;儷,偶也。"則"伉"乃音同"亢"而假借。

　　《説文》言部"諞"字下引《論語》曰:友諞佞。"簡本"《季氏》篇作"友辨年"。《集解》引鄭注云:"便,辨也,謂佞而辨。"關于鄭本從"便"不從"諞",馮登府《論語異文考證》認爲:"諞"、"便"音義相近而通用。古代"便"、"平"互訓(《毛詩》"平平左右",《韓詩》作"便便左右"),而"平"字古文與"采"字近似,"采"又爲"辯"之本字(《書》"采章",《大傳》即作"辯章"),故"便"訓作"平","平"又訛而爲"采","采"則訓爲"辯",此乃鄭氏訓"便"爲"辨"之依據。據馮説似亦可説明"簡本"作"辨"之理由。今按:"簡本"作"辨",極類似于臧琳《經義雜記·詩古文今文》中所謂的"古文多假借,故作詁訓傳者,以正字釋之;若今文,則徑直作正字"之現象(例如,《毛詩·小旻》"是用不集",《傳》:"集,就也",《韓詩外傳》卷六即徑作"是用不就")。若此,則作"諞"者爲《古論》,而作"辨"者爲今文。另外,"簡本"佞字多作年。佞、年二字,乃同音通假,⑩不應視作今古文《論語》的差異。

　　《説文》艸部"莜"字下引《論語》曰:"以杖荷莜"。"簡本"《微子》篇作"以杖荷蓧"。按:《論語集解》及《史記·孔子世家》集解引包咸注均作"蓧"。包咸《論語章句》依據的是《張侯論》,而《張侯論》的宗師張禹是西漢後期的《魯論》專家,則包氏《章句》也屬于《魯論》系統。⑪"簡本"與包注均作"蓧",則可説明《魯論》作"蓧",不同于《古論》作"莜"也。

　　另外,《説文》心部"愉"字下引《論語》曰:"私覿,愉愉如也。""足"部"躣,足躣如也。從足矍聲。""市"部"字"字下引《論語》曰:"色字如也。""色"部"艴"下引《論語》曰:"色艴如也。"以上四例均出《鄉黨》篇,"簡本"全闕,然"簡本"此篇尚存"顏色怠若也"、"歿階趨,口若也"、"復其位,口口若也"三句,則知《説文》引作"如也"者,"簡本"此篇俱作"若也"。

## 二、"簡本"與鄭玄所注《古論》不同,而與《魯論》多同

除上列《説文》所引外,漢代《古論語》的相關資料還保存在鄭玄的《論語》注本中。長期以來,人們多認定鄭注本爲《魯論》系統,但王静安先生依據敦煌唐寫本《論語鄭氏注》殘卷,認爲鄭本"以其篇章言,則爲《魯論》;以其字句言,實同孔(安國)本。雖鄭氏容別有以《齊》校《魯》之本,然此本及陸氏《釋文》所見者,固明明以《古》校《魯》之本,非以《齊》、《古》校《魯》之本也。"⑫金德建先生也説"鄭康成就是根據《古論》來校正他的原本《張侯論》的文字"的。⑬縱然有人可能懷疑王、金二氏的觀點,但恐怕難以否定陸德明《經典釋文》及敦煌唐寫本殘卷鄭氏注中尚存的"《魯》讀某爲某,今從《古》"一類的校文。

《經典釋文序録》稱:"鄭玄就《魯論》張、包、周之篇章,考之《齊》、《古》,爲之注。"又説:"鄭校周之本,以《齊》、《古》讀正,凡五十事。"此"五十事"中,《釋文》尚存廿四事,皆云"《魯》讀某爲某,今從《古》"。後來敦煌所出寫本(伯二五一〇號)中又發現三事(與《釋文》重一事),今將其與"簡本"有關者具列于後,以資考證。

《述而》:"加我數年,五十以學《易》,可以無大過矣。"⑭《釋文》:"《魯》讀易爲亦,今從《古》。""簡本"正作"亦"。按:唐寫鄭注本(伯二五一〇號)作"五十以學易",注云:"加我數年,年至五十以學此《易》,其義理無大過。"則鄭本固作"易"。

又:"正唯弟子不能學也。"《釋文》:"《魯》讀正爲誠,今從《古》。""簡本"正作"誠"。《集解》引馬注云:"正如所言,弟子猶不能學,況仁聖乎?"伯二五一〇號寫本作"正",注云:"孔子之行,正爾弟子不學及,況于聖人乎?"與馬注略同。馬融、鄭玄《論語》注本均屬《古論》,則《古》作"正",《魯》作"誠"無疑。

《子罕》:"冕衣裳者。"《釋文》:"鄭本作弁,云:《魯》讀弁爲統,今從《古》。《鄉黨》篇亦然。"敦煌伯二五一〇號寫本亦云:"《魯》讀弁爲統,今從《古》。"此章"簡本"闕,然同篇"麻冕"、《泰伯》篇"而致美乎黻冕"、《衛靈公》篇"服周之冕"、"師冕見"、"師冕出"之"冕","簡本"均作"統",則此章似亦當作"統"字。

《先進》:"詠而歸。"《釋文》:"《魯》讀饋爲歸,今從《古》。""簡本"正作"歸"。按:據《釋文》,鄭注本"歸"字皆作"饋",如"饋孔子豚"、"齊人饋女樂"。此章《史記·仲尼弟子列傳》引作"歸",但裴駰《集解》引徐廣曰:"一作饋。"是《史記》古本亦從《古論》作"饋"也。⑮《論語集解》引包注:"歌詠先王之道,而歸夫子之門。"包注《魯論》亦作"歸",同"簡本"。

《衛靈公》:"好行小慧。"《釋文》:"《魯》讀慧爲惠,今從古。""簡本"正作"惠"。按:《集解》引鄭注云:"小慧,謂小小之才知。"與《釋文》略同,是鄭注本作"慧"無疑。阮元《校勘記》云:

“古多假惠爲慧。”知“慧”爲正字，“惠”乃假借字。

《堯曰》：“孔子曰：不知命，無以爲君子也。”《釋文》：“《魯論》無此章，今從《古》。”“簡本”此章與上章用兩個圓點間隔，以雙行小字書于上章之下空白處。並有一簡云：“凡二章，凡三百廿二字。”與《堯曰》篇正合，則此章顯係後來補入，其原本無“不知命”章可知。

以上所列，是《釋文》所出鄭注本與“簡本”異者。若以現存唐寫本鄭氏注《論語》校“簡本”，其異文比比皆是。限于篇幅，茲從略。就上文所舉“簡本”與《說文》所引及鄭注本之文字差異，足以説明：“簡本”顯然與許慎所見壁中書及鄭玄用作校本的《古文論語》不同。“簡本”應該屬于今文《魯論》系統，而非《古論》。此結論還可得到另一外證的支持。同墓出土的竹簡中還有蕭望之的奏議。蕭望之是西漢傳授《魯論》的大師、經學名儒，歷任太子太傅、御史大夫等職，在朝在野都有較高聲望，曾奉命考察張禹的《論語》水平，最後舉薦了他。把他的奏議同“簡本”《論語》放在一起殉葬，是否可以説明：“簡本”或許就是蕭望之的傳本？

當然，“簡本”也有與《釋文》所謂“《魯》讀某爲某”之例相乖迕者，凡六例。先列三例于此，另三例留待後文論證：

《述而》：“君子坦蕩蕩。”“簡本”作“君子粗蕩小人長戚”。《釋文》：“《魯》讀坦蕩爲坦湯，今從《古》。”

《先進》：“仍舊貫，如之何？何必改作？”“簡本”作“舊貫而可可必改作”。《釋文》：“魯讀仍爲仁，今從《古》。”

《公冶長》：“可使治其賦也。”“簡本”同。《釋文》云：“梁武帝云：《魯論》作傅。”

這三條例外是可以説明的：“簡本”是西漢時期的鈔本，到鄭玄“以《古》校《魯》”時，畢竟又經過了約兩個世紀。其間既有張禹等人的整理校改，又有師傳家法的分歧，鄭氏所見《魯論》與“簡本”略有差異，完全在情理之中。後來梁武帝所見本與鄭氏所據又有不同，亦應作此解釋。同時，我們也不能保證今日所見《釋文》即陸氏原本。俞樾就曾發表過極有見地的看法——

> 《述而》篇“君子坦蕩蕩”，《釋文》云云，盧氏《考證》云：“段玉裁欲改‘坦湯’爲‘但湯’，愚以《魯論》亦不必二字皆異文，故仍之。”樾竊以盧、段二説皆非也。考阮《校勘記》並無作“但”之本。段氏一人私見，固不可從。若謂《魯》讀止“蕩”、“湯”之異，則止云“《魯》讀蕩爲湯”足矣，何必連“坦”字言之乎？疑《古論》作“君子坦蕩蕩”，《魯論》作“君子坦湯”，下無重文。《釋文》本云“《魯》讀坦蕩蕩爲坦湯”，以明《魯論》、《古論》不特“蕩”、“湯”文異，並有重言、單言之別，故連“坦”字言之，其文方明。傳寫因“湯”下無重文，並刪上一“蕩”字，而陸氏之意不明矣。[16]

核之“簡本”，可見俞説之精審！退一步言，《釋文》于此即便沒有被改竄，“簡本”作“粗蕩”不作"坦湯"，也畢竟是《魯論》系統內的差異，與《古論》作"坦蕩蕩"却有本質性區別。

## 三、"簡本"乃《張侯論》之外的另一《魯論》傳本

據上文所論，基本可以斷定"簡本"屬于《魯論》。我們再把"簡本"與東漢後期《魯論》的另一傳本——熹平石經本《論語》作一比較，結論就更加明顯、具體了。

《後漢書·靈帝紀》載："熹平四年，春，三月，詔諸儒正五經文字，刻石立于太學門外。"這就是著名的"熹平石經"。據王静安先生考證，"石經之刊，爲萬世定本，既不能盡列諸家，又不可專據一家，則用一家之本，而於後復列學官所立諸家之異同，固其所也。然漢學官所立皆今文，無古文，故石經但列今文諸經異同。至今文與古文異同，則未及也。"故《詩》用《魯》本，而兼存《齊》、《韓》二家異字；《公羊》用嚴氏本，而兼存顏氏異字。《論語》雖然未立于學官、置經學博士，但亦爲專經者所兼習，"亦用某本，而兼存盍毛包周諸本異字"。[⑰]其中盍、毛二家校本無考，但包、周二家則屬于今文《魯論》系統。那麼，依據漢石經選擇底本的慣例，作爲底本的"某本"也應該屬于今文，但又不是包、周之本。因此，可以認爲石經《論語》依據的底本就是《魯論語》的權威版本——《張侯論》。

石經《論語》今已無存，賴宋洪適《隸釋》和黄伯思《東觀餘論》等書收載，其殘剩尚千字有奇。現將其與"簡本"俱存者排比如下，以見同異。

子貢：石經凡子貢皆作"子贛"，"簡本"多作"贛"或"𧵳"。《釋文》云："本亦作贛，音同。"按："𧵳"即"贛"之省字。

《爲政》："吾十有五而志于學。"石經、"簡本""于"均作"乎"。

又："三十而立。""三十"石經、"簡本"均作"卅"。

又："不敬，何以別乎"，石經、"簡本"均無"乎"字。

《八佾》："起予者商也。"石經、"簡本"均作"起予商也"（唐寫鄭注本作"起予者商"）。

又："邦君爲兩君之好。"石經、"簡本""邦"字均作"國"（唐寫鄭注本作"邦"）。

《里仁》："我未見好仁者"，石經無"者"字。此句簡本闕，但下句"簡本"作"我未見力不足也"，無"者"字，則上句當亦無"者"字。

《微子》："往者不可諫，來者猶可追"，石經、"簡本"二句下均有"也"字。

又："夫執輿者爲誰子？"石經、"簡本""輿"均作"車"。

又："子路行以告，夫子憮然"，石經、"簡本"均無"行"字，"夫子"均作"子"（另："簡本"憮作撫）。

又："如之何其廢之"，石經、"簡本"句末均有"也"字。

《子張》："譬之宮墻，賜之墻也及肩"，石經、"簡本""譬"均作"辟"，"之"均作"諸"，兩本均無"也"字。

《堯曰》："朕躬有罪，無以萬方；萬方有罪，罪在朕躬。……所重民、食、喪、祭。寬則得衆，信則民任焉。敏則有功，公則説。"石經、"簡本""無"均作"毋"，且均無"信則民任焉"五字。⑱

此外，石經尾部有"買諸買之哉包周"數字。按：此乃石經之校文，原文在《子罕》篇，今本作"子貢曰：有美玉於斯，韞匵而藏諸，求善買而沽諸？子曰：沽之哉，沽之哉，我待買者也。"據校文知石經"沽諸"、"沽之哉"之"沽"均作"買"。"簡本"此章作："……求善買而買"，則簡本作"買諸"，與石經同。《八佾》篇："子入太廟，每事問。"石經"太"作"大"。此章"簡本"闕，但《鄉黨》篇有"入大口口事問"一章，則"簡本"于"太"亦作"大"，同石經。唐寫鄭注本于此兩處均作"太"。

上列諸多相同之點，固可説明石經與"簡本"同屬于《魯論》系統。但是，二者還有很多不同：

《爲政》：石經"免而無恥"，此句"簡本"闕，然下句"簡本"作"有佴且格"，則"簡本""恥"作"佴"字。按：簡帛中多以"佴"爲"恥"。

又：石經"我對曰：毋違。""簡本"作"無違"。按："簡本"無、毋二字錯出。《儀禮·士昏禮》"夙夜毋違命"，鄭注："古文毋作無。"則無、毋爲古今字。

又：石經"温故而知（新）。""簡本""知"作"智"。按："簡本""知"多作"智"。古知、智二字通用。

又：石經"《書》云：孝于惟孝""簡本""于"作"乎"，"惟"作"維"。按：《集解》引包注云："孝乎惟孝，美大孝之辭。"則包咸本作"乎"。此亦《張侯論》與包注本之異。

《八佾》：石經"（祭神）如神在。""簡本""神"作"魄"。按：《説文》有"魊"字，云："神也。从鬼申聲。"魄、魊、神，蓋異體字。

又：石經"郁郁乎文哉。""簡本""郁郁"作"彧彧"。按："彧"，乃"馘"字之省。《汗簡》、《廣韻》均有"馘"字。馘、郁古今字。

又"儀封人請見"章，石經有"出曰"二字，"簡本"無。

《微子》："欲潔其身"，石經作"欲絜其身"。按：《説文》有"絜"無"潔"，"潔"當爲"絜"之俗體。蔡邕奉詔正定諸經文字，或不用俗體，亦未可知。

《子張》篇：石經"致遠恐泥。""簡本""致"作"至"。按：至訓"達"，致訓"授"，二者蓋音同假借。

又："子游"之"游"，石經作"斿"，"簡本"作"游"。按：古斿、游通用，如《孔彪碑》："浮斿塵埃之外"，"斿"即"游"字。

又："仕而優則學，學而優則仕。"石經語序同，"簡本"此二句倒置。

又：石經"辟之宮蘠，賜之蘠也及肩。""簡本""蘠"均作"墻"。按：墻爲正字，蘠爲借字。

又：石經"仲尼，日月也。""簡本"作"中尼"。按："簡本"作"中"，乃爲俗寫。

又：石經"一言以爲不知"。"簡本"一作壹。按：一、壹同。

《堯曰》篇："簡本""萬方有罪，罪在朕躬"，石經作"萬方有罪在朕躬"。

又：石經"寬則得衆，敏則有功"，"簡本"寬下無"則"字。

既然"簡本"與石經《論語》有這麽多的不同，是否可以認定"簡本"不是《魯論》而是《齊論》呢？我們認爲，這是不可能的。據考《韓詩外傳》卷六引有《堯曰》篇"不知命無以爲君子"一章，而《韓詩外傳》的作者韓嬰于文帝時即爲經學博士，以内外《傳》傳授生徒。當時魯壁中的《古文論語》尚未被發現，社會上流傳的只有《魯》、《齊》兩家今文《論語》，既然《魯論》無此章，那麽《韓詩外傳》所引只能來自《齊論》。如上所述，簡本原來並無此章，而《齊論》有之，則"簡本"必非《齊論》甚明。

但"簡本"與石經的諸多差異又當作何解釋呢？我們認爲，既然"簡本"必爲《魯論》，那麽上列異文則説明在《魯論》系統内部、尤其是在"簡本"與《張侯論》之間存在着許多文字歧異。從石經《論語》末尾的校語可知，同屬于《魯論》的包氏、周氏本，與《張侯論》本身就存在着某些不同；同樣，《張侯論》與"簡本"的分歧，當然也是十分自然的了。其實，早在《張侯論》形成之前，今文《論語》各家本來就不一致，[19]"簡本"《論語》不過是當時的一家而已。從石經與"簡本"比勘的結果看，"簡本"也不太可能是張禹所據以傳習的本子，它應該屬于另一種《魯論》家法，這就更加凸現出"簡本"的文獻價值，因爲它畢竟是《張侯論》之外的另一種《魯論》傳本。

## 四、"簡本"有據別本《論語》鈔配之篇章

在具體的校勘中，我們還發現了一個重要現象。請看下列出自《陽貨》的數例：

石經"有三年之愛於□父母"，"簡本""有"作"又"，"母"字下亦無"乎"字（今本句末有"乎"字）。但是，此簡並無整理者所標示的、表示原簡完整的符號，全簡亦僅十四字，故"簡本"此句有無"乎"字難以斷定。

又：石經"飽食終日，無所用心，難矣哉"，"簡本"無"哉"字。

又：石經"君子有惡乎"，"簡本""君子"下有"亦"字。

又：石經"子曰有惡稱人之惡者"，"簡本""曰"上無"子"字，"有惡"之間尚有一字，殘破不

知作何。

又：石經"惡居下而訕上者"，"簡本"作"惡居囗下……而山上者"（今本"下"下有"流"字），于"居"下多出一字。按：皇侃《義疏》云："又憎惡爲人臣下而毀謗其君上者也。"皇侃所見本似或有作"惡居臣下"者。考皇本凡與他本異者，多與"簡本"同，則"簡本"所闕一字爲"臣"耶？

除上列與石經有不同外，"簡本"《陽貨》篇更有三例與《釋文》所云"《魯》讀某爲某，今從《古》"不合。

"古之矜也廉。"《釋文》："《魯》讀廉爲貶，今從《古》。""簡本"作"廉"不作"貶"。

"天何言哉！"《釋文》："《魯》讀天爲夫，今從《古》。""簡本"作"天"不作"夫"。

"惡果敢而窒者。"《釋文》："《魯》讀窒爲室，今從《古》。""簡本"作"窒"不作"室"。

另外，《説文》中也引有《陽貨》篇的兩例引文：

《説文》革部"鞻"字下："讀若《論語》'鑽燧'之'鑽'。""簡本"作"銹囗改火"。《説文》金部："鑽，所以穿也，从金贊聲。"則"鑽"爲正字。《説文》無"銹"字，《集韵》："鏽，鐵生衣也。""簡本"作"銹"，當係"鑽"之誤字。

《説文》艸部"弈"字下引："《論語》曰：不有博弈者乎？""簡本"作"博亦"。《釋文》云："博弈，音亦。"按：《説文》云："弈，圍棊也，從艸亦聲。"則"亦"爲"弈"字省文。以表示讀音的部分來代指本字，在上古並不罕見，如《論語·雍也》"不有祝鮀之佞"，"簡本"即作"祝鮀之仁"，《説文》："佞，从女仁聲。"是以"仁"字代"佞"字。據此可知，"簡本"以"亦"代"弈"，實質上是没有差别的，皇侃《義疏》本"弈"作"奕"，與此明顯不同。

上列幾例集中在一篇中，恐怕不是偶然巧合。它表示："簡本"《陽貨》篇與其他篇章有着重大差異；此篇顯然不屬于《魯論》。比較合理的解釋是："簡本"《陽貨》篇原來殘缺，後據《古論》或《齊論》補鈔，形成了今天我們看到的這個樣子。再聯繫《堯曰》篇最後有鈔補的"不知命"一章，我們完全可以斷定："簡本"原係《魯論》，後來又有所鈔補（也可能是另一補鈔本的過録本）。至于鈔補時使用的是《古論》還是《齊論》，所訂補的部分除《陽貨》和《堯曰》二篇外還有哪些，目前尚難以遽定。

要之，本文對"簡本"的基本看法是：（一）定州漢墓竹簡本《論語》是西漢宣帝五鳳四年之前的一個重要的《魯論》抄本。（二）它和後來形成的、有重大影響的《張侯論》存在某種程度的差異，二者當出自不同的師傳家法。（三）此本（或其底本）原本殘缺，後來曾據别本補抄。

---

① 據《漢書》：張禹在甘露中（前53—前50）剛剛以經學知名朝廷。他以《論語》授太子，是在初元二年（前47）之

後，而代王商爲丞相，封安昌侯，更在河平四年（前 25），故他的《張侯論》不可能産生在五鳳四年之前。

② 《定州漢墓竹簡論語介紹》，見《定州漢墓竹簡論語》，文物出版社 1997 年版第 1 頁。

③ 《定縣 40 號漢墓出土竹簡簡介》，見《文物》1981 年第 8 期第 11 頁。

④ 由于漢簡本《論語》至今未見照片或摹本公布，本文采用"簡本"資料均取自文物出版社 1997 年 7 月排印本《定州漢墓竹簡論語》。

⑤ 黃焯《經典釋文彙校》引。宋刻本《經典釋文》作"桴"，云："桴，芳符反。"

⑥ 《説文》木部："桴，眉棟也。"水部："泡，泡水，出山陽平樂，東北入泗。"

⑦ 敦煌寫本《論語鄭氏注》（伯二五一〇號）作"誅"，注云："誅，六祈之辭。子路見誅辭云爾，謂孔子今疾，亦當謝過於鬼神。"似鄭本亦有作"誅"者，然唐寫本已非鄭氏原本，極有可能爲後世傳抄所致。

⑧ 宋翔鳳《論語説義》卷六，見《清經解續編》卷三九四，上海書店 1988 年版。

⑨ 王夫之《四書稗疏》卷二，《清經解續編》卷十三。

⑩ 《説文》女部："佞，從女仁聲。"段注："古音佞與田韻，則仁聲是也，十二部，音轉入十一部。"禾部："季（年），從禾千聲。"段注："古音在十二部。"人部："仁，從人二。忎，古文仁，從千心。"段注："如鄰切，十二部。"則佞、仁、年三字古音同。

⑪ 《漢書·藝文志》云："傳《魯論語》者，常山都尉龔奮、長信少府夏侯勝、丞相韋賢、魯扶卿、前將軍蕭望之、安昌侯張禹，皆名家。張氏最後而行于世。"又，何晏《論語集解叙》云："安昌侯張禹本受《魯論》，兼講《齊》説，善者從之，號曰《張侯論》，爲世所貴。包氏、周氏章句出焉。"是包咸《章句》出自《張侯論》。

⑫ 王國維《書〈論語鄭氏注〉殘卷後》，見《觀堂集林》卷四，中華書局 1959 年版。

⑬ 金德建《兩漢論語今古文源流考》，見《古籍叢考》，中華書局民國三十年出版。

⑭ 本文引《論語》文字，凡未注明版本者，皆出自今本《論語》（《十三經注疏》本《論語注疏》）。

⑮ 《史記·仲尼弟子列傳贊》説："弟子籍出孔氏（安國）古文，近是。余以弟子名姓文字，悉取《論語弟子問》，並次爲篇。"故前代學者多以司馬遷所讀《論語》爲《古論》。

⑯ 俞樾《達齋叢説·論語説》，見《清經解續編》卷一三五〇，上海書店 1988 年版。

⑰ 王國維《魏石經考三》，見《觀堂集林》卷二十，中華書局 1959 年版。

⑱ 翟灝《四書考異》、阮元《論語注疏校勘記》並疑此句爲《子張篇》"問仁"章誤衍，或是。

⑲ 《漢書·張禹傳》載："始，魯扶卿及夏侯勝、王陽、蕭望之、韋玄成皆説《論語》，篇第或異。"

# 《三國志斠議》續例

## 吳　金　華

在《三國志》的校勘和句讀方面，以往的學者已經付出了艱巨的勞動，爲利用此書的讀者排除了大量的障礙。憑藉前人造就的基地，進一步研究某些尚待解決的疑點或難點，是後來者應盡的義務。在《三國志斠議》（見《文史》第50、51輯）一文中，我們曾在中華書局校點本的基礎上分類討論過若干問題，這裏依《三國志》的卷次續舉九十餘例，算是對前文的補充。跟前文一樣，本文引用《三國志》時，照例以校點本爲依據；凡屬有問題需要討論的引文，均在文末注明頁碼。

### 卷一　魏志一　武帝紀

**裴松之注引《獻帝傳》載詔曰：今進君爵爲魏王，使使持節行御史大夫、宗正劉艾奉策璽，玄土之社苴以白茅，金虎符第一至第五、竹使符第一至十。（頁48）**

上文當有脫字。按照文例，"十"上應補"第"。元郝經《續後漢書》卷二十有"第"字，可據增。《文選·潘勗〈册魏公九錫文〉》："金虎符第一至第五、竹使符第一至第十。"就是獻帝詔的藍本，可以參校。此外，《吳志·吳主傳》嘉禾二年注引《江表傳》載孫權賜公孫淵詔曰："今以幽、青二州十七郡百七十縣，封君爲燕王，使持節守太常張彌授君璽綬策書，金虎符第一至第五、竹使符第一至第十。"足見當時行文的常式就是這樣。

在行文格式方面，還有一種情況也值得注意：金虎符、竹使符作爲朝廷徵兵和州郡發兵時所依據的符信，每只符都剖分爲左、右兩部分，金虎符按第一至第五排列，竹使符按第一至第十排列，右邊的符留在京師，左邊的符授給州郡長官；[1] 所以，策文如果不省略"左"字，就應當寫成"第五左"與"第十左"，例如《宋書·武帝紀中》、《南齊書·高帝紀上》、《梁書·武帝紀》所載的九錫文，均作"金虎符第一至第五左、竹使符第一至第十左"。明乎此例，有助於發現這一類校點問題。例如《吳志·吳主傳》建安二十五年所載的魏文帝策"今封君爲吳王，使持節太常高平侯貞，授君璽綬策書，金虎符第一至第五、左竹使符第一至第十"（頁1122），清代述古堂刻本《漢魏六朝百三名家集·魏文帝集》也在策文的"五"字下面點斷，實則有關文句應校點成"金虎符第一至第五左、竹使符第一至第十[左]"。傳寫者之所以漏掉下句的"左"

字,是由於不明前一個"左"應當粘在上句。像《陳書·高祖紀上》的"金獸符第一至第五左、竹使符第一至第十",便屬於同樣的情況,中華書局校點本《陳書》據《南史》在"十"下補"左"字,極是。

**又注引《曹瞞傳》:常出軍,行經麥中,令"士卒無敗麥,犯者死"。(頁55)**

此處引文上溢。通觀史家的行文格式,只有"無敗麥犯者死"才是"令士卒"的內容,所以"士"上的引號應移到"無"字前面。本文是"令士卒曰:無敗麥,犯者死"的緊縮形式。在這裏,禁令的主要對象誠然是最低層的士卒,但這並不意味着所禁的對象只限於士卒,否則,作爲主帥的曹操就不會因爲犯禁而"請自刑"了。下面是同樣的文例:本志《田疇傳》:"令三軍:'敢有哭之者斬。'"②又《王脩傳》:"令吏民:'敢有不攻之者,與同罪。'"又《任城王傳》:"令軍中:'後出者斬。'"又《滿寵傳》:"令衆:'敢動者斬。'"諸例的"三軍"、"吏民"、"軍中"、"衆"也都是下令的對象而不是令文的內容。

**卷二　魏志二　文帝紀**

**裴松之注引《魏略》載霍性上疏:"《易》有'不遠而復',《論》有'不憚改'。"(頁60)**

"而"字當屬衍文。《周易·復卦》"初九,不遠復,無祗悔,元吉"下,唐孔穎達疏:"'不遠復'者,最處復初,是始復也。"唐李鼎祚《周易集解》卷六注云:"崔憬曰:從坤反震而變此爻,不遠復也。"可見唐人所據傳本如此。上溯之,袁宏《後漢紀·順帝紀》及范曄《後漢書》載馬融對曰:"《易》'不遠復',《論》'不憚改',朋友交接,且不宿過……"可證東漢人引《易》也沒有"而"。

**又注引《獻帝傳》載魏王令曰:"屬出見外,便設壇場,斯何謂乎?"(頁68)**

"見外"當屬下。侍中劉廙等人迎合魏王的意願建議設壇場受禪,還沒有得到魏王答復就動工了,於是魏王裝出不滿的樣子說了上面的話,那意思是:我剛才出宮,見到外面居然就設起壇場來了,這算個什麼呢?"見外便設壇場"是不可分割的一句。

**又注引《魏略》:昔光和七年,歲在大梁,武王始受命,(爲)[於]時將討黃巾。(頁70)**

盧弼《集解》引趙一清說:"爲,當作於。"校點本從而改字,似可商榷。就史實考察,"爲"字未必有誤,而"時"字當屬衍文。事情是這樣的:漢靈帝光和七年二月,張角等起義;三月,朝廷發兵討黃巾,曹操自議郎拜爲騎都尉,立即進兵並很快就打敗了黃巾的主力部隊。如果依趙一清改成"於時將討黃巾",則"將"只能作"將要"講,顯然跟急如星火的情勢不合。本志《武帝紀》曰:"光和末,黃巾起,拜騎都尉,討潁川賊。"所謂"始受命"指受上天之命,換成不帶神話色彩的說法,就是開始發迹;而"爲將"即指"拜騎都尉"一事。《宋書·符瑞志上》作"武王始受命,爲將討黃巾","將"下沒有"時"字,較爲得實。

**又注引《獻帝傳》載蘇林等上表:"其相受授,閒不替漏;天下已傳矣,所以急天命,天下不可一**

日無君也。"(頁 70 – 71)

"閒"字似宜屬上,"漏"下不當用分號隔斷。"其相受授閒不替漏"八字,《宋書·符瑞志上》作"其相授閒不稽漏刻"。細味文理,"其相受授閒,不替漏天下已傳矣"是一層,③ "不替漏"極言時間短暫,形容堯舜禪讓之速;"天下已傳"指改朝換代,又如本志《武文世王公傳》注引《魏氏春秋》載曹冏上書:"向使高祖蹤亡秦之法,忽先王之制,則天下已傳,非劉氏有也。"是其義證。下文"所以"云云,是説明禪讓貴速的原因。

**又注引《獻帝傳》:《易》曰:"其受命如響……非天下之至賾,其孰能與於此?"(頁 71)**

這是曹丕時代引《易》的文字,局本"至賾"作"至精",可從。今本《易·繫辭上》即作"至精",唐孔穎達疏:"'非天下之至精其孰能與於此'者,言易之功深如此,若非天下萬事之内至極精妙,誰能參與於此,與易同道也?"晋韓康伯注:"至精者,無籌策而不可亂。"唐李鼎祚《周易集解》卷十四引虞翻曰:"至精,謂乾純粹精也。"虞翻與曹丕生活在同一個時代,從虞翻到孔穎達的《易》注本都作"至精",足見宋元明諸本的"至賾"應當校正。

**黄初二年詔曰:"昔仲尼資大聖之才……其以議郎孔羨爲宗聖侯,邑百户,奉孔子祀。"令魯郡脩起舊廟,置百户吏卒以守衛之,又於其外廣爲室屋以居學者。(頁 77 – 78)**

"令魯郡"以下凡二十八字到底是史家的叙述,還是詔文的内容?校點本取前者,不同於以往的兩種看法。宋人所編《三國志文類》卷一、清嚴可均所編《全三國文》卷五等等都將這二十八字視爲詔文的内容,這是一種看法;《宋書·禮志四》載錄此詔,包括"令魯郡脩舊廟置百户吏卒以守衛之"一段,這是另一種看法。在以上三種看法可以並存的情況下,如果校點工作只允許選擇一種,似宜優先考慮《宋書》,因爲沈約所處的時代離魏晋不遠,他對三國文獻的了解比後人有更多的客觀依據。

**又注引曹植誄:"惟黄初七年五月七日,大行皇帝崩。"(頁 86)**

潘眉《三國志旁證》認爲"七日"上應補"十"字,可從。據《二十史朔閏表》,是年五月辛丑朔,《文帝紀》載,曹丕五月丙辰病篤,丁巳死,六月戊寅葬;丙辰是十六日,丁巳是十七日;戊寅是初九。從死到下葬,首尾共二十二日,與其父曹操首倡的短喪期制相合。④

## 卷三 魏志三 明帝紀

**景初七年七月事:遣幽州刺史毌丘儉率諸軍及鮮卑、烏丸屯遼東南界。(頁 109)**

"毌丘",百衲本作"母丘",《宋本册府元龜》卷九六八外臣部引此文也作"母丘",反映了古本的面貌。這可從四個方面得到證明。證一:漢代有姓"曼邱"的,後來作"母邱",見《漢書·高帝紀》及顏師古注;《隸釋》卷二七有《魏酸棗令母丘悦碑》,是曹魏時已寫作"母丘"。證二:本文在吴本中作"毌丘",舊本《晋書·文帝紀》等紀傳也作"毌丘",⑤ 唐何超《晋書音義》曰:"毌丘,音無。下同。"是唐代訓詁家讀"無","無"與"母"古音相近。《資治通鑑》卷七三也作"毌丘",胡三省注:"毌丘,複姓,毌音無。"是宋、元之際的學者仍承唐以前之説。證三:顧炎武《日知録》卷二三論"二字姓改一字"曰:"如馬宮本姓'馬矢',改爲'馬'……'毌丘'、'毌將'之類,則去而爲'毌'。"是明、清之際的學者對"毌"姓仍能探其本源。證四:近年曾見連雲港市東海尹灣漢墓出土簡牘有寫着"毌丘"字樣的姓氏,證之以古印,⑥可知"毌丘"、"曼丘"、"毌丘"是一個姓氏的同音異寫。大概是"毌丘"在連讀過程中發生了音變,從唐代起已有人讀成"毌丘";宋刻本《魏志》等有時作"毌丘"或"毌丘",有時作"毌丘",這種混亂現象折射出從"毌"到"毌"的演變過程。從恢復古籍原貌的角度考慮,本書當以作"毌丘"或"毌丘"爲得實。

## 卷四　魏志四　三少帝紀

**《齊王芳紀》載嘉平三年事:秋七月壬戌,皇后甄氏崩。辛未,以司空司馬孚爲太尉。戊寅,太傅司馬宣王薨。(頁124)**

"戊寅"上面應有"八月"二字。《晋書·宣帝紀》:"秋八月戊寅,崩於京師,時年七十三。"驗之魏曆,《晋書》所記的月日是可信的。按是年七月甲辰朔,八月甲戌朔,由此推算,壬戌是七月十九日,辛未是七月二十八日,而戊寅爲此後第七天,已經是八月初五日。陳壽熟知晋初史事,記司馬懿亡殁的月日不會錯漏,本文的"八月"必爲傳寫之脱。

**又載劉整語:"我當必死爲魏國鬼,不求苟活,逐汝去也。"(頁127)**

"不求苟活",百衲本、吳本、殿本、金陵活字本等均作"不苟求活",《册府元龜》卷七六三所引亦同;惟有局本作"不求苟活"。校點本取從局本,恐未得實。《漢書·蕭望之傳》載其語曰:"老入牢獄,苟求生活,不亦鄙乎!"《後漢書·朱浮傳》載其疏曰:"有司或因睚眦以騁私怨,苟求長短,求媚上意。"本志《杜恕傳》有疏文曰:"然而世憎小人行之者,以其不顧道理而苟求容進也。"皆以"苟求"連文,可供比證。

## 卷六　魏志六　董二袁劉傳

**《袁紹傳》注引《典略》:上洛都尉王琰獲高幹。(頁207)**

"典略"二字來自局本,局本上承明刻本中晚出的毛本,頗爲可疑;百衲本、元本、吳本、南監本、北監本及清代殿本、金陵活字本均作"典論",源流清晰,較爲可取。《典略》出自魚豢,《典論》出自曹丕,兩者不容混淆。《後漢書·袁紹傳》李賢注引此文也作"典論",⑦可與本文的百衲本等互相印證。

## 卷七　魏志七　呂布臧洪傳

**《呂布傳》:呂布,字奉先,五原郡九原人也。(頁219)**

盧弼《集解》說:"按文多一'郡'字。"其說可取。各紀傳交代傳主的籍貫,通常省略"郡"、"縣"二字,只有三類郡名屬於例外:一是南郡、東郡之類,省稱"東"、"南"則無法理解;二是蜀郡、巴郡之類,因爲"巴"、"蜀"是三巴、全蜀地區的泛稱,所以"郡"字也不能省;三是陳郡、涿郡之類,如果没有"郡"字,就不能跟下轄的陳縣、涿縣區别開來。吕布爲五原郡九原縣人氏,不在上述三種情況之内,本文照例應寫成"五原九原人也",這裏有"郡"字,當屬後人誤增;《後漢書·吕布傳》没有"郡"字,可供參考。

還有兩種情況也附此一説。一是"某人,某地人也"這類句式容易脱落"也"字,如本志《陶謙傳》:"陶謙字恭祖,丹楊人。"(頁247)句末當有"也"字煞句,可據《後漢書》卷七三增補。又如《吴志·張紘傳》:"張紘,字子綱,廣陵人。"(頁1234)句末也應當補足"也"字。二是"某人,某地人,某氏之後也"這類句式的"也"同樣容易脱落,如《蜀志·孟光傳》:"孟光字孝裕,河南洛陽人,漢太尉孟郁之族。"(頁1023)"族"下當有"也"字。

《魏志·吕布傳》:自將千餘人出戰,敗走,還保城,不敢出。(頁226)

此段句讀似嫌零碎,其間以"還保城"爲句,易致誤解,例如《漢語大詞典》就將這裏的"保城"誤解爲堡城;⑧中華書局校點本《後漢書·吕布傳》作"自將千餘騎出,戰敗走還,保城不敢出",文義明白,較爲可取。"保城"即以城爲據。"保"是依托、據守、保衛的意思,如本志《三少帝·高貴鄉公紀》注引《楚國先賢傳》:"宛將侯音扇動山民,保城以叛。"又《荀彧傳》:"若舍布而東,多留兵則不足用,少留兵則民皆保城,不得樵採。"《吴志·孫綝傳》:"魏大將軍諸葛誕舉壽春叛,保城請降。"保城還可以擴展爲保城邑、保城郭、保某城,如本志《王朗傳》"朗自以身爲漢吏,宜保城邑",又《杜襲傳》"皆斂民保城郭",《蜀志·姜維傳》"大破魏雍州刺史王經於洮西……經退保狄道城"。由此可見,"保"不能解作"堡"。

## 卷九 魏志九 諸夏侯曹傳

《曹爽傳》注引干寶《晋書》曰:桓範出赴爽……爽必不能用也。(頁287)

按查史傳著録,干寶曾撰《晋紀》、《搜神記》、《春秋左氏義外傳》諸書,未聞還有《晋書》。在《三國志注》中,裴松之稱引"干寶《晋紀》"者凡二十餘處,而所謂"干寶《晋書》"則獨見於本文;盧弼《集解》云"書當作紀",此説極是。今知《藝文類聚》卷九三、《太平御覽》卷八九五引此文皆稱《晋紀》,正可作爲校改的根據。

《曹爽傳》注:桓範謂曹羲曰:"事昭然,卿用讀書何爲邪!"(頁291)

"事昭然"上面,《資治通鑑》卷七五、《通志》卷七九都有"此"字,疑本文偶脱。

## 卷十 魏志十 荀彧荀攸賈詡傳

《荀彧傳》注引《典略》:其持心平正皆類此。(頁311)

"類此"當乙爲"此類"。史家運用以點帶面的叙事方式時,總是用"此類"來概括面上的内容,最常見的句式是"皆此類也",如本志《武帝紀》注引《曹瞞傳》:"其酷虐變詐,皆此類也。"較常用的有"凡此類也"、"多此類也",如《楊俊傳》"其明鑒行義,多此類也",《蜀志·費禕傳》"其守正下士,凡此類也"。此外還有"咸此類也",如《賈詡傳》"權以濟事,咸此類也"。遍檢全書,"此類"的句式不可勝數,而"類此"僅此一例,這個例外應屬誤倒的文字。

**又注引《晉陽秋》:"顗佐命晉室,位至太尉,封臨淮康公。"(頁319)**

"康"是荀顗死後的謚號,此字在這裏出現,當屬衍文。荀顗於魏咸熙年間封臨淮侯,於晉武帝代魏之初進爵爲臨淮公,泰始十年亡歿後謚曰"康",見《晉書·荀顗傳》。史家記叙荀顗生前的封爵,例不書謚。

**《荀攸傳》注引《魏書》:孤與荀公達周游二十餘年,無毫毛可非者。(頁325)**

以往從語義上懷疑"周游"爲"周旋"之誤,⑨缺乏文本方面的根據。今知袁宏《後漢紀》卷二十九、《太平御覽》卷四〇七引《魏志》均作"周旋",可爲校理此文增一佐證。

**卷十一　魏志十一　袁張涼國田王邴管傳**

**《王脩傳》注引《魏略》載曹操與王脩書:"公叔文子與君俱升,獨何人哉!"(頁348)**

上文的"君"字無法理解。注譯者或將"君"看成第二人稱"你",將該句譯成"我要像公叔文子和他的家臣那樣和你同時升官",⑩這樣繞着彎子來避開字面上的糾葛,終歸不是解決問題的辦法。問題的關鍵,在於"君"是"臣"的訛文。《論語·憲問篇》:"公叔文子之臣大夫僎,與文子同升諸公。"魏何晏《論語集解》引漢孔安國曰:"大夫僎,本文子家臣,薦之使與己並爲大夫,同升在公朝。"曹操所謂"公叔文子與臣俱升",正是借用當時士人非常熟悉的典故。按查《魏志》舊本,不但通行的百衲本、殿本、局本、金陵活字本作"臣",其他各本及《三國志文類》卷四三、《漢魏六朝百三名家集·魏武帝集》也作"臣"。這樣看來,本文的"君"應是校點本的錯字。

**卷十二　魏志十二　崔毛徐何邢鮑司馬傳**

**《崔琰傳》注引《吳書》:後歸曹公,遂爲所用,軍國大計常與焉。(頁374)**

"用",百衲本、元本作"待",《宋本册府元龜》卷七八八也作"待",於義爲長。"待"謂敬而用之,《蜀志·鄧芝傳》稱芝"漢末入蜀,未見知待",《吳志·張紘傳》稱秦松、陳端"並與紘見待於孫策",其例甚多。

**卷十三　魏志十三　鍾繇華歆王朗傳**

**《王肅傳》注引《魏略》序曰:至黃初元年之後,新主乃復始掃除太學之灰炭,補舊石碑之缺壞,備博士之員錄,依漢甲乙以考課。(頁420)**

校點本第一版在"復"下逗斷,未妥;第二版雖然去掉了逗號,但把"復始"看成了副詞,也值得研究。這裏的"復始"應當是動詞性的成語,它蘊涵着終而復始的意思,如《淮南子·天文訓》:"凡十二紀……日月星辰復始。"特指前已中止的事情重新開始。

**卷十四　魏志十四　程郭董劉蔣劉傳**

《董昭傳》載檄云："賊故孝廉孫伉等爲應，檄到收行軍法，惡止其身，妻子勿坐。"（頁436）

　　"惡"字下面似應補一"惡"字。"惡惡"連文，古人常用重文符號代替後一個"惡"，因此在傳寫過程中很容易脫漏。後漢衛宏《漢舊儀》載御史大夫常用的敕語有云："方察不稱者，刑罰務得中，惡惡止其身。"可見這是西漢以來流行的政治術語，語出《公羊傳·昭公二十一年》："君子之善善也長，惡惡也短，惡惡止其身。"何休注："不遷怒也。"這一成語在東漢末年仍然流行，又如本志《陳琳傳》載曹操對陳琳說："卿昔爲本初移書，但可罪狀孤而已，惡惡止其身，何乃上及父祖邪？"在這裏，"惡惡"是懲罰罪犯的意思，前者是動詞，後者是名詞，少一個"惡"就不成話了。

《蔣濟傳》注：鄭玄注《祭法》云"有虞以上尚德……自夏已下稍用其姓氏"。（頁456）

　　"氏"不合禮義，應是"代"的形訛。宋監本、明嘉靖本等《禮記·祭法》作"自夏已下稍用其姓代之"，孔穎達《禮記正義》說得很清楚："云'自夏已下稍用其姓代之'者，而夏之郊用鯀，是稍用其姓代之，但不盡用已姓，故云稍也。"其中"代"字一再出現，說明原典不是"氏"字。

## 卷十五　魏志十五　劉司馬梁張溫賈傳

《張既傳》注引《魏略》：儒字俊林，夏侯尚從弟。初爲鄢陵侯彰驍騎司馬，(宣王)[□□]爲征南將軍、都督荆、豫州。（頁477）

　　校點本《校記》云："宣王，據《三國志辨誤上》。"陳景雲《辨誤》云："'驍騎司馬'句絕……'宣王'二字有誤；'爲征南'上，兼有脫文。"現在看來，陳景雲認爲應當在"驍騎司馬"後面讀斷是對的，他懷疑"宣王二字有誤"也可以信從；然而"有脫文"之說則未必允當。《宋本册府元龜》卷四一四作"夏侯儒爲征南將軍"，是北宋人所見者未衍"宣王"。

《溫恢傳》：詔曰："恢有柱石之質……吾甚愍之！"賜恢子生爵關內侯。生早卒，爵絕。（頁479）

　　"之"下的引號應移到"侯"字後面。《漢魏六朝百三名家集·魏文帝集》、《全三國文》卷五均將"賜恢子生爵關內侯"收進詔書，甚是。兩漢以來，詔文在"朕甚嘉之"、"朕甚愍焉"的後面，總要有一些褒獎或慰問的具體內容，例如《後漢書·張綱傳》載張綱去世後，漢順帝詔曰"朕甚愍焉，拜綱子續爲郎中，賜錢百萬"。這一"拜"一"賜"才是最引人注目的地方，否則詔書就成了只有精神表揚、沒有物質獎勵的一紙空文。本志《張既傳》載張既卒後，魏文帝詔曰"吾甚愍之，其賜小子翁歸爵關內侯"，這足以說明關於溫恢的詔文也有賜子爵位的內容。

## 卷十七　魏志十七　張樂于張徐傳

《張遼傳》：陳蘭、梅成以氏六縣叛。（頁518）

　　"氏"當作"灊"，應據《資治通鑑》卷六六校改。"灊六"即廬江郡的灊縣與六縣，盧弼《集解》引陳景雲說甚詳，這裏再補充幾點：一，"灊"或作"潛"，自古以來"灊"一直跟"六"鄰接，如

《史記·楚世家》載楚昭王五年：“吳伐取楚之六、潛。”漢末仍沿舊名，如胡三省《通鑑考異》引繁欽《征天山賦》：“羣舒蠢動，割有灊、六。”二，陳蘭等以灊縣爲根據地，又見於本志《袁術傳》：“術前爲呂布所破，後爲太祖所敗，奔其部曲雷薄、陳蘭於灊山。”《後漢書》也記載此事，李賢注“灊山”曰：“灊縣之山也。”三，漢魏時代，氐族人分布在西北、西南的邊遠地區，即便有少數流入内地，也不可能擁有六個縣的領地。本文的“氐”應是“灊”字殘文。

《樂進傳》：**從征張繡於安衆，圍吕布於下邳，破别將，擊眭固於射犬，攻劉備於沛，皆破之。**（頁 521）

　　“破别將”三字很生硬，[11]《宋本册府元龜》卷三四二將帥部引此文没有“破”字，應據以删正。衍文既删，則本文讀成“從征張繡於安衆、圍吕布於下邳，别將擊眭固於射犬、攻劉備於沛，皆破之”，其中“從征”指隨從主帥出征，“别將”指率領偏師獨當一面，“皆破之”總承上面兩句，文義大明。

又：**留進與張遼、李典屯合肥，增邑五百，并前凡千二百户。**（頁 521）

　　“凡”字疑衍。本志《三少帝·陳留王奂紀》：“景元元年夏六月丙辰，進大將軍司馬文王位爲相國，封晋公，增封二郡，并前滿十。”又《后妃·文德郭皇后傳》：“帝進表爵爲觀津侯，增邑五百，并前千户。”此類文字書中屢見，“并前”之下均不贅“凡”字。

### 卷十九　魏志十九　任城陳蕭王傳

《陳思王傳》載求自試表：“**夫臨搏而企竦，聞樂而竊抃者，或有賞音而識道也。**”（頁 568）

　　校點本第一版作“搏”，蓋沿金陵活字本之誤，應從百衲本、吴本等作“博”，它的專用字是“簙”，由博局及十二個棋子組成。《文選·曹子建〈求自試表〉》也作“博”，李善注引《説文》曰：“博，局戲也，六箸十二棋。”

又：“**若葵藿之傾葉，太陽雖不爲之回光，然向之者誠也。**”（頁 571）

　　“太陽”二字當屬上。《文選·潘岳〈閑居賦〉》李善注引此文時，僅録“若葵藿之傾葉太陽”一句，可見唐人亦如此讀斷。此句由“葵之向日”發展而來。《淮南子·覽冥訓》：“夫燧之取火於日，慈石之引鐵，蟹之敗漆，葵之向日，雖有明智，弗能然也。”

### 卷二十　魏志二十　武文世王公傳

《鄧哀王沖傳》：**時孫權曾致巨象，太祖欲知其斤重。**（頁 580）

　　“斤重”不辭，《初學記》卷十“象船”下引《魏志》作“斤兩”，可以參校。“斤兩”係漢魏六朝口語。舊題後漢支婁加讖譯《道行般若經》第八云：“佛語釋提桓因，須彌山稱之，尚可知其斤兩。”又云：“佛語釋提桓因，一佛境界尚可稱知斤兩。”北魏吉迦夜、曇曜譯《雜寶藏經·棄老國録》云：“天神又問：此大象有幾斤……水没齊畫，則知斤兩。”這則稱象故事跟本文所記的相似。從“斤兩”的音形義考慮，《魏志》原文應是“斤量”，“量”是“兩”的通借字；[12] 今本作“重”，是"量"的形訛。

**《東平靈王徽傳》注引泰始二年詔：今琨遠至……賜服一具，錢十萬。（頁589）**

　　"服"字義指空泛。宋本、百衲本"服"上有"朝"字，何焯校本、易氏《補注》本分別據以增補，可從。朝服係上朝時專用的衣服，朝臣按季節更換的朝服都有一定的制作規格。"賜朝服一具"是晉武帝賞賜朝臣的常例，又見於《蜀志·譙周傳》注引《晉陽秋》載泰始六年詔、《晉書·裴秀傳》載泰始七年詔、《宗室·安平獻王孚傳》載泰始八年詔、《晉書·荀顗傳》載泰始十年詔、《賈充傳》載太康三年詔，等等。

**裴松之注引《袁子》：雖有王侯之號，而乃儕爲匹夫。（頁591）**

　　"爲"字係承金陵活字本之誤，應據諸本作"於"。"儕於"猶言"等於"，"儕"在這裏用爲動詞。

**卷二十一　魏志二十一　王衛二劉傅傳**

**《阮瑀傳》注引《文士傳》：太祖使人焚山，得瑀，送至，召入。太祖時征長安，大延賓客，怒瑀不與語，使就技人列。（頁600）**

　　"征"字顯然有誤。此時的長安早已是曹操的勢力範圍，曹操根本用不着去征討。《文士傳》的作者是張騭，從下文裴松之稱"張騭云初得瑀時太祖在長安"來看，這個"征"肯定是"在"的誤文。《文選·任彥升〈齊竟陵文宣王行狀〉》李善注引《文士傳》即作"在"，可據改。

**《阮瑀傳》注引魚豢語：今覽王、繁、阮、陳、路諸人前後文旨，亦何昔不若哉？（頁604）**

　　"何昔"不成文法，當從百衲本作"何肯"，屬於當時口語。本志《裴潛傳》注引《魏略》載劉翊對嚴幹說："公羊高竟爲左丘明服矣。"嚴幹回答說："直故吏爲明府服耳，公羊未肯也。"《吳志·鍾離牧傳》注引《會稽典錄》載朱育爲鍾離牧抱不平說："朝廷諸君，以際會坐取高官；亭侯功無與比，不肯在人下，見顧者猶以於邑，況於侯也！"本文的"何肯"跟"不肯"、"未肯"一樣，語氣上相當於"豈能"，語義上表示"事實上不可能"。

**卷二十二　魏志二十二　桓二陳徐衛盧傳**

**《盧毓傳》注引《續漢書》：昔武王入殷，封商容之閭。（頁650–651）**

　　頗疑原文應是"昔武王入殷，封比干之墓，表商容之閭"，傳寫不慎，跳脫"封比干之墓"五字。《淮南子·主術訓》："武王克殷，發巨橋之粟，散鹿臺之錢，封比干之墓，表商容之閭。"又《道應訓》："昔武王伐紂，破之牧野……乃封比干之墓，表商容之閭。"《後漢書·丁鴻傳》載鮑峻上明帝書："臣聞武王克殷，封比干之墓，表商容之閭。"《蜀志·黃權傳》注引徐衆評曰："武王下車，封比干之墓，表商容之閭。"《晉書·張華傳》載司馬冏奏理張華等："是以武王封比干之墓，表商容之閭。"諸例表明，以封墓與表閭連提並稱，是兩漢魏晉之文的習慣。

**卷二十三　魏志二十三　和常楊杜趙裴傳**

《常林傳》注引《魏略》："又楊王孫裸體，貴不久容耳。"（頁662）

　　盧弼《集解》説："容當作客。《楊王孫傳》：'焉用久客。'王先謙曰：'歸土則與爲一，久不歸是客也。'"按"久客"謂長久不歸，是漢世常語，又如焦贛《易林·遯之大畜》："貴貨賤身，留連久客。"盧氏認爲"容"係誤文，其説可從；"客"與上文"莫"押韻，古韻同在鐸部。《宋本册府元龜》卷九〇七引此即作"客"。

《裴潛傳》注引魚豢曰：游翁慷慨……又放陸生，優游宴戲，亦一實也。（頁676）

　　"一實"可疑。清陸敬批跋本《魏志》有眉批曰："實，疑作賢。"⑬可以備參。

## 卷二十四　魏志二十四　韓崔高孫王傳

《崔林傳》注：《魏名臣奏》載辛毗奏曰"昔桓階爲尚書令……遷以爲河間太守。"與此傳不同。（頁680）

　　"此傳"應作"本傳"。裴注稱所注的紀、傳爲"本紀"、⑭"本傳"。稱"本"而不稱"此"，是史家通例，如本志《孫資傳》注："案《世語》所云樹置先後，與本傳不同。"《蜀志·諸葛亮傳》注："此書所云，與本傳不同。"《吳志·孫堅傳》注："堅卧與相見……此語與本傳不同。"諸如此類，凡四十餘見，而作"此傳"者僅此一例，這個例外必爲傳寫之誤。

## 卷二十六　魏志二十六　滿田牽郭傳

《牽招傳》：招以蜀虜諸葛亮數出……表爲防備。（頁732）

　　這是史家叙事的文字，"虜"字乖於書法，當涉上下文"虜家"、"虜身"及"胡虜"等字而誤，夷考文例，此字應作"相"。史文在"諸葛亮"三字上面冠以職銜時，除了《蜀志》稱"丞相"或"軍師將軍"以外，《魏志》、《吳志》均書"蜀相"，如本志《鍾毓傳》書"太和初，蜀相諸葛亮圍祁山"，又《郭淮傳》書"太和二年，蜀相諸葛亮出祁山"，《吳志·吳主傳》記嘉禾三年事云"是時蜀相諸葛亮出武功"，又《嚴畯傳》云"蜀相諸葛亮深善之"，等等。

　　還有一個文字略異的例子是，《吳志·宗室·孫翊傳》附孫松事云："蜀丞相諸葛亮與兄瑾書曰：'既受東朝厚遇……感用流涕。'"不稱"蜀相"而書"蜀丞相"，其中"丞"字恐怕是傳寫者誤增。

## 卷二十七　魏志二十七　徐胡二王傳

《王昶傳》："若與是非之士，凶險之人，近猶不可，況與對校乎？其害深矣。"（頁746）

　　按文例，"若與"當作"若夫"，疑"與"涉下"況與"而誤。下文"若夫山林之士"云云，與此句式相同。

又注引《任嘏别傳》：每納忠言，輒手書懷本。（頁748）

　　"懷"字可疑。從以下兩個方面考慮，此字當屬"壞"的訛文。第一，任嘏侍奉魏文帝，以淑慎見稱，手書壞本就是淑慎的表現。"手書"謂親筆書寫，就是向君主進言時，爲了保密而不請人代爲繕寫；"壞本"，就是進呈了謄清的正本以後，爲了保密而毀壞底本。這種不追求忠直之名、不張揚君主之過的做法，大概是追步漢成帝時的孔光，孔光以"周密謹慎"見稱，《漢書·孔光傳》載其"時有所言，輒削草藁。以爲章主之過，以奸忠直，人臣大罪也"。漢末的學者服虔釋之爲"言已繕書，輒削壞其草"，也用"壞"字。西漢時，孔光在竹簡上起草，故云"削草藁"；三國時，任嘏以紙爲稿本，故言"壞本"。《後漢書·樊宏傳》："宏所上便宜及言得失，輒手自書寫，毀削草本。"文義明白，可作"手書壞本"的注脚。第二，《初學記》卷十二"畫成圖，書壞本"條引《任嘏別傳》云："每納忠言，輒書壞本"。《藝文類聚》卷十八"黃門侍郎"條引《任嘏別傳》云："每納中言，輒手壞其本。"文雖略異，但"壞"字兩見，可無致疑。

## 卷二十八　魏志二十八　王毌丘諸葛鄧鍾傳

### 《諸葛誕傳》：乃赦鴦、虎，使將兵數百騎馳巡城。（頁773）

尋繹文理，"兵"字疑涉上文"欽子鴦及虎將兵在小城"中而衍。《資治通鑑》卷七七作"使將數百騎馳巡城"，宜據删。

### 又注引習鑿齒曰：而未及安坐，喪王基之功……喪王基，語在《基傳》。（頁774）

"喪"字不通，肯定有誤。盧弼《集解》認爲"喪應作賞"，可備一説；曾見曾國藩《求闕齋筆記·讀書録》曰："喪，疑當作表。"從文義及字形上分析，竊以爲曾説近是。按《王基傳》載司馬昭與基書曰："將軍深算利害，獨秉固志……終至制敵禽賊，雖古人所述，不是過也。"將平定淮南之功歸之於王基，這是當時最高的表彰。

### 《鄧艾傳》載其上言曰："故周宣有玁狁之寇，漢祖有平城之圍。"（頁776）

"圍"字義狹，[15] 此字來自金陵活字本，顯係誤刻，應從百衲本、吳本、殿本、局本等作"困"。吕后想討伐匈奴，樊噲迎合其意，於是衆將以劉邦受困於匈奴的教訓來提醒吕后，《史記·季布列傳》載布語曰："夫高帝將兵四十餘萬衆，困於平城，今噲奈何以十萬衆橫行匈奴中，面欺！"又《匈奴列傳》載諸將語曰："以高帝賢武，然尚困於平城。"均以"困"爲言，鄧艾之言本此。

### 《鍾會傳》載會上言曰："臣輒遣司馬夏侯咸、護軍胡烈等，經從劍閣，出新都、大渡截其前。（頁790）

"經從"重詞疊義，於語爲贅；盧弼説"宋本'經'作'徑'"，易培基説"紹熙本作'徑'"，這就對了。"徑從"云云，謂直接從某處如此這般；其特定意義指不取常道，致使行動出人意外。本志《武帝紀》注引《漢晉春秋》載許攸説袁紹曰："公無與操相攻也。急分諸軍持之，而徑從他道迎天子，則事立濟矣。"又《鍾繇傳》注引《魏略》曰："詔徵河東太守王邑……邑佩印綬，徑從河北詣許自歸。"均其例證。

## 卷二十九　魏志二十九　方技傳

《管輅傳》載何晏語：“聞君蓍爻神妙，試爲作一卦，知位當至三公不？”（頁 820）

　　盧弼説“蓍”當作“蓍”，於理可信，惜無本證。今見《太平御覽》卷七二七方術部引《魏志》正作“蓍”，可作改字的依據。

**裴松之注：華家時居西城下南纏里中。（頁 829）**

　　“纏”當作“廛”，古代謂城市居民的住宅區爲“廛里”，見《周禮·地官》。此字或作“壥”，又作“鄽”，如王粲《從軍詩》：“館宅充鄽里，士女滿莊逵。”

**卷三十　魏志三十　烏丸鮮卑東夷傳**

**《韓傳》注引《魏略》：從芩中乘大船入辰韓，逆取戶來。降伴輩尚得千人，其五百人已死。（頁 851）**

　　此文當以“逆取戶來降伴輩”爲一句，“降伴輩”指先前跟戶來一同被迫降於辰韓的一千五百人。這句的意思是，戶來獨自逃回漢地樂浪以後，又領着漢人到辰韓來迎取同伴。

**裴注引《魏略·西戎傳》：其土地有松、柏、槐、梓、竹、葦、楊柳、梧桐、百草。（頁 860）**

　　“梧”，當從宋本、百衲本、元本作“胡”。胡桐是西域的特產，字又作“胡同”。《漢書·西域傳》載鄯善國“多葭葦、檉柳、胡桐、白草”，曹魏時代的學者孟康注云：“胡桐似桑而多曲。”在漢代方言中，“胡同”的讀音或接近“荷”，如《淮南子·説山訓》高誘注：“荷，讀爲燕人‘强’，秦言‘胡同’。”魏晉人也熟知胡桐，見之於《晋書·涼武昭王李玄盛傳》附子士業傳：“又有敦煌父老令狐熾夢白頭公衣帢而謂熾曰：‘南風動，吹長木，胡桐椎，不中轂。’言訖，忽然不見。”不難看出，《魏略》所記的西戎土產，與《漢書》後先相承，原文必作“胡桐”無疑。

**卷三十二　蜀志二　先主傳**

**瓚年長，先主以兄事之。（頁 871）**

　　按文理，“以”字必爲衍文，[16]可據《華陽國志·劉先主志》刪去。《禮記·曲禮》曰：“十年以長，則兄事之。”作爲常用語，“兄事之”文義已足，又如本志《張飛傳》：“羽年長數歲，飛兄事之。”《魏志·王昶傳》：“少與同郡王淩俱知名。淩年長，昶兄事之。”不僅叙事之文不可加“以”，口語的記錄也是這樣，例如《吳志·周瑜傳》注引《江表傳》：“權母曰：‘公瑾議是也。公瑾與伯符同年，小一月耳，我視之如子也，汝其兄事之。’遂不送質。”

**又載羣下上先主爲漢中王表：左將軍(領)長史〔領〕鎮軍將軍臣許靖。（頁 884）**

　　據校點本《校記》可知，這裏將“領”移到“鎮軍將軍”前面，係“從梁章鉅李慈銘説”。實則錢大昕、梁章鉅、李慈銘先後懷疑“領”字有誤，唯一的理由就是本志《許靖傳》中只説“先主克蜀，以靖爲左將軍長史”，而這一理由並不能成立。關於“領”字，有兩點需要澄清：其一，“領”謂兼管某種秩次略低於本官級別的職事，這裏沒有用錯。作爲左將軍劉備的“長史”，其職務雖然特別重要，但畢竟是將軍的屬員，其秩次並不高於“鎮軍將軍”，所以表文原作“左將軍長史、鎮軍將軍",指許靖以鎮軍將軍的職位兼領左將軍長史的職務,這並没有悖於事理的地方。事實上,這種情況在當時很常見,如本志《張裔傳》載其"以射聲校尉領留府長史",後來又"加輔漢將軍,領長史如故"。又《王連傳》載其"拜屯騎校尉,領丞相長史",又《向朗傳》載其"爲步兵校尉,代王連領丞相長史",《魏志·杜襲傳》載其"領丞相長史,隨太祖到漢中討張魯",等等。最能説明問題的事實是,本志《楊儀傳》載其建興八年"遷長史,加綏軍將軍",可見丞相長史的秩次低於綏軍將軍,就像左將軍長史的秩次低於鎮軍將軍一樣;而《李嚴傳》注引諸葛亮的公文稱"領長史、綏軍將軍臣楊儀",則説明一直擔任長史的楊儀在有了綏軍將軍頭銜之後,照例只能稱"領長史",這跟許靖的情況完全相同。其二,"領長史"的"領",史家在記述職官時往往省略。如《魏志·武帝紀》:"二十三年春正月,漢太醫令吉本與少府耿紀、司直韋晃等反,攻許,燒丞相長史王必營。"裴松之注引《魏武故事》載曹操令曰:"領長史王必,是吾披荆棘時吏也……已署所宜,便以領長史統事如故。"對照正文與注文,前者"長史"是省稱,後者"領長史"是全稱,這跟《許靖傳》用省稱而《先主傳》用全稱是一樣的。

**即皇帝位於成都武擔之南。爲文曰:"……告類於天神。"(頁889)**

按照古人的觀念,諸神中的"天神"只是分管天界的神靈,不是人君"告類"的主要對象:《宋書·禮志三》作"大神",近乎得實。《周禮·春官·肆師》:"類造上帝,封大神,祭兵於山川。"鄭玄注:"大神,社及方岳也。"由於大神分管人間的社稷及方岳,所以《左傳·僖公二十八年》載晉、衛的盟文説:"用昭乞盟于爾大神以誘天衷。"三國時代沿用了這一套,曹丕受禪祭天地岳瀆文也説:"告類於爾大神。"劉備告天文的重要內容是痛斥曹丕篡漢的,當然必須讓大神知道,以免大神只聽到曹魏的一面之辭。

## 卷三十三　蜀志三　後主傳

**"錫兹玄牡,苴以白茅。"(頁902)**

這是後主降魏後所受的策文。其中"牡"字顯然有誤,因爲"玄牡"只是用來昭告上天的犧牲,天子不可能把它當作封土的象徵物賜予諸侯。有的注本認爲"玄牡"應作"玄土",[17]就其詞義和用法而言,改"牡"爲"土"誠然可通;但是就其字形而論,我們如果將"牡"定爲"社"的形誤,恐怕更貼近事實。《史記·三王世家》的封策有"小子閎,受兹玄社","小子旦,受慈玄社","小子胥,受兹赤社",這就是後世策文的藍本。《魏志·武帝紀》注引《獻帝傳》載獻帝詔賜曹操以"玄土之社,苴以白茅",所謂"玄土之社",便是"玄社"的擴展,魏晉之際,這類册文常常套用舊文,如《晉書·文六王·齊王攸傳》載晉武帝太康四年策:"錫兹青社,用藩翼我邦家。"《華陽國志》卷十一載晉惠帝封何攀爲西城公策:"錫兹玄社,苴以白茅。"劉禪受封的策文正與此相同。

## 卷三十五　蜀志五　諸葛亮傳

**《諸葛瞻傳》：屢遷射聲校尉、侍中、尚書僕射，加軍師將軍。（頁 932）**

百衲本作"尚書、尚書僕射"，其他版本没有"尚書"二字，蓋傳寫者誤删。《隸釋》卷七載後漢《山陽太守祝睦碑》："辟司空府；北中軍侯；拜大尚書、尚書僕射，喉舌納言。"從尚書或大尚書到尚書僕射有一個升遷過程，此碑一一道來，如數家珍。陳壽記述諸葛瞻履歷，筆法與此碑相同。

**裴注引《蜀記》載李興文："固所以三分我漢鼎，跨帶我邊荒。"（頁 936）**

易培基《補注》指出，宋本、紹熙本"漢"作"九"。按"九"字可取。"我漢鼎"應是漢朝人物的口吻，而本文作者是晋永興中太傅掾李興，他只能以"我九鼎"爲辭。

**卷四十一　蜀志十一　霍王向張楊費傳**

**《霍弋傳》注：《襄陽記》："羅憲，字令則……"此作"獻"，名與本傳不同，未詳孰是也。（頁 1008）**

根據裴松之"此作'獻'，名與本傳不同"的説法，我們可以斷定，《襄陽記》中凡是記述"羅憲"之名的"憲"，本來都作"獻"。現存的《蜀志》傳本之所以作"憲"，無疑是傳寫之訛。現在，如果考察北宋以前的文獻，我們還是可以發現《襄陽記》的原貌。《太平御覽》卷四一七、《初學記》卷十七引《襄陽耆舊記》均作"羅獻"，《華陽國志·巴志》載此事也作"羅獻"，這些資料爲校正今本提供了有力的證據。

關於"獻"、"憲"之異，盧弼《集解》引何焯説："《晋書校文》云：《襄陽耆舊記》作'獻'，以字'令則'推之，當從此傳作'憲'。"實際上，這兩個字同音通用，由來已久，[18]《蜀志》作"羅憲"也好，《襄陽記》作"羅獻"也好，都不必從字面意義上考慮。

**《費詩傳》："孟達小子，昔事振威不忠，後又背叛先主，反覆之人，何足與書邪！"（頁 1016）**

易培基《補注》説"先主宜作先帝"，可從。費詩對諸葛亮説的這段話，不應當稱被謚爲"昭烈皇帝"的劉備爲"先主"。《華陽國志》記此語正作"先帝"，宜據以校正。

**卷四十二　蜀志十二　杜周杜許孟來尹李譙郤傳**

**《譙周傳》載疏文曰：自丞相亮南征，兵勢逼之，窮乃幸從。（頁 1030）**

"幸"，《資治通鑑》卷七十八作"率"，於義爲長。"率"謂順從，《逸周書·大匡解》："以詔牧其方，三州之侯咸率。"是其例。"率從"是古語詞，《詩·小雅·采菽》："平平左右，亦是率從。"[19]又《魯頌·泌宫》："淮夷來同，莫不率從。"其字又寫作"帥從"，《左傳·襄公十一年》："便蕃左右，亦是帥從。"到了魏晋南北朝，"率從"作爲"率服"、"率化"同義詞，常常指外族歸附或亂民降服。

**卷四十四　蜀志十四　蔣琬費禕姜維傳**

**《姜維傳》評曰：老子有云："治大國者猶烹小鮮。"（頁 1069）**

"者猶"二字,通行的舊注本《老子》作"若",魏王弼注:"治大國則若烹小鮮,以道莅天下,則其鬼不神也。"馬王堆漢墓帛書《老子》乙種本⑳作"治大國若亨小鮮",亨,古烹字。鑒於漢魏傳本一致作"若",我們有理由懷疑"者猶"是連鎖式誤文,即傳寫過程中先有人訛"若"爲"者",爾後又有人臆增"猶"字。

## 卷四五　蜀志十五　鄧張宗楊傳

**《張翼傳》注引《續漢書》載張綱謂張嬰曰:鄉郡遠,天子不能朝夕聞也,故民人相聚以避害。(頁1074)**

今本《後漢紀》卷十九也作"鄉",周天游先生校注本改爲"卿",㉑注云:"卿、鄉形近而訛,今正之。"按周說蓋以下文"卿諸人"云云爲證,竊以爲周校頗爲合理。那時官員對平民說話,確有稱其所居之郡爲"卿郡"的,例如《魏志·陳登傳》注引《先賢行狀》:"遷登爲東城太守。廣陵吏民佩其恩德,共拔郡隨登,老弱褓負而追之。登曉語令還,曰:'太守在卿郡,頻致吳寇,幸而克濟。諸卿何患無令君乎?'"

## 卷四十七　吳志二　吳主傳

**裴注引《江表傳》:遂屠其城,梟術首,徙其部曲三萬餘人。(頁1116)**

盧弼說:"《通鑑》'三'作'二'。"今知《建康實錄》卷一作"徙其部曲二萬人從東渡江",可見唐宋人所見的《江表傳》作"二"不作"三"。

**又載漢吳盟書:天降喪亂……普天無統,民神痛怨,靡所戾止。(頁1134)**

"戾止"二字疑倒,按文應作"止戾"。《詩·小雅·雨無正》:"周宗既滅,靡所止戾。"毛傳:"戾,定也。"鄭玄箋:"是時諸侯不朝王,民不堪命,王流於彘,無所安定也。"《左傳·昭公十六年》載叔孫昭子引此詩句,杜預注:"周家舊爲天下所宗,今既衰滅矣,其亂無所止定也。"從漢晉注家用"安定"、"止定"這樣的釋詞,也可看出被釋詞確乎爲"止戾"。盟書在鋪陳了漢末大亂、東漢滅亡的形勢以後,借用詩句"靡所止戾"作結,非常貼切。

**又注引《江表傳》:復書曰:"伏見《漢書·郊祀志》……"(頁1137)**

殿本《考證》說,"復書曰"應作"復奏曰";盧弼說,宋本作"復奏曰";易培基改"書"爲"奏",並指出"紹熙本作復奏曰"。綜而觀之,易校可從。上文先稱"奏議曰",是首次上奏;接着稱"重奏曰",是再次上奏;到了第三次上奏,當然應據百衲本等稱"復奏曰"。

**又注引《吳書》:宮等大喜,即受詔,命使人隨旦還迎羣、德。(頁1140)**

"命"應屬上句讀,"詔命"爲常用詞,不應割裂。"受詔命"的文例也很常見,例如《魏志·董卓傳》注引《獻帝起居注》載皇甫酈宣傳詔命事:"酈先詣汜,汜受詔命。詣催,催不肯。"又《袁紹傳》注引謝承《後漢書》載胡母班書:"僕與太傅馬公、太僕趙岐、少府陰脩俱受詔命。"又《劉放傳》:"帝獨召爽與放、資俱受詔命,遂免宇、獻、肇、朗官。"

**又：宏乃遣咨、固奉詔書賜物與宫。（頁 1140）**

　　“與宫”之上，當據百衲本、吳本、殿本、局本等補“歸”字，“歸”跟前文“宫遣主簿筝咨、帶固等出安平”的“出”互相照應。事情是這樣的：句驪王宫曾向孫權奉表稱臣，孫權就遣使者謝宏等帶着詔書與賜物去拜宫爲單于；謝宏等到了句驪的郊區安平口，宫已變卦而懷敵意，於是遣主簿筝咨、帶固等出句驪城到安平口見謝宏；結果咨、固被謝宏等當成人質給捉住了，宫只得向謝宏謝罪。在這種情況下，謝宏“乃遣咨、固奉詔書賜物歸與宫”，“歸”指咨、固從安平口返回句驪城。校點本没有“歸”，是因爲沿承了金陵活字本的脱文。

**太元元年……秋八月朔，大風，江海涌溢，平地深八尺，吳高陵松柏斯拔，郡城南門飛落。（頁 1148）**

　　這是孫權將死時發生的災異。本文有兩處可議，一是“深”上當有“水”，二是“南門”下當有“瓦”，似宜參考《晋書·五行志下》、㉒《建康實録》卷二校補。由於“瓦”字涉及歷史文化等問題，還有進一步説明的必要：大風卷落城門上的屋瓦，在當時被看成五行災異，是國家將有不幸事件的預兆。例如漢平帝死於元始五年，《漢書·平帝紀》記載元始元年“冬，大風吹長安城東門屋瓦且盡”；又如王莽代漢後，大改漢制，《漢書·王莽傳》記載天鳳元年“七月，大風拔樹，飛北闕直城門屋瓦”。孫權病死前出現的風災與此相類，故本文應作“南門瓦”，即覆蓋南門的屋瓦，它的象徵意義指向上層社會。此外，就字面意義來説，本文不言“起”而特言“落”，“飛落”是物體自上而下的動態，城門本來就植根於地面而屋瓦則高高在上，在大風中飛落到地面的顯然也是後者。

**卷四十八　吳志三　三嗣主傳**

**《孫亮傳》：峻引軍還。二月，及魏將軍曹珍遇於高亭，交戰，珍敗績。（頁 1152）**

　　稱他國的將帥爲“將”或“大將”；是魏、蜀、吳三志的通例。按照史法，本文當書“魏將”。本志《吕據傳》載此事作“與峻等襲壽春，還遇魏將曹珍，破之於高亭”，《宋書·五行志二》作“孫峻又破魏將曹珍於高亭”，以此互校，知本文衍一“軍”字。

**《孫休傳》注引《楚國先賢傳》載太康二年詔：吳故光禄大夫石偉，秉志清白……其以偉爲議郎，加二千石秩，以終厥世。（頁 1159）**

　　根據詔文的内容，“世”應作“身”。“厥世”猶言“厥後”，指子孫後代，如《魏志·后妃·文昭甄皇后傳》載景初元年有司奏曰：“蓋帝王之興，既有受命之君，又有聖妃協於神靈，然後克昌厥世，以成王業焉。”其中“克昌厥世”即《詩·周頌·雝》“克昌厥後”的同義語；“厥身”義同“其身”，如《後漢書·江革傳》載漢章帝詔曰：“常以八月長吏存問，致羊酒，以終厥身。”對石偉説來，“加二千石秩”的優待只能終身享受，不能傳之子孫，跟江革終身享受“八月賜羊酒”相類。元、明學者輯校的《楚國先賢傳》此文作“身”，可資參證。

**《孫皓傳》注引《江表傳》：又破壞諸營，大開園圃。（頁1167）**

盧弼《集解》云："《通鑑》園作苑。"易培基改"園"爲"苑"，《補注》云："北宋本作'大開苑圃'。"按"園圃"義泛，"苑圃"則爲帝王及貴族園林的專稱，易氏據宋本改字，可以成立。今知《太平御覽》卷一七三引《吳志》作"苑圃"，與《資治通鑑》卷七十九相合；上溯之，《建康實錄》卷四也是這樣，可證作"苑"的宋本自有淵源。

**卷四十九 吳志四 劉繇太史慈士燮傳**

**《劉繇傳》注引《續漢書》：他時吏發求不去，民間或夜不絕狗吠，竟夕民不得安。（頁1183）**

山陰縣民回答會稽太守劉寵的這段話，宜標點成："他時吏發求，不去民間，或夜不絕，狗吠竟夕，民不得安。"㉓不去民間，指不離開民間；下文說"明府下車以來，狗不夜吠，吏稀至民間"，前後對比，"吏"之來與不來，"狗"之吠與不吠，兩相呼應。《後漢書·劉寵傳》敘此事云："他時吏發求民間，至夜不絕，或狗吠竟夕，民不得安。"文義簡明，句讀可參。㉔

**卷五十 吳志五 妃嬪傳**

**《孫亮全夫人傳》：時全氏侯有五人，並典兵馬。（頁1200）**

"有"，當從《建康實錄》卷三作"者"。《史記·漢興以來諸侯年表》："高祖子弟同姓王者九國，而侯者百有餘人。"《漢書·高惠高后文功臣表》："漢興自秦二世元年之秋……訖十二年，侯者百四十有三人。"某某王者若干，某某侯者若干，係史文常式。

**《孫休朱夫人傳》：休卒，羣臣尊夫人爲皇太后。（頁1201）**

"卒"當作"薨"。按照陳壽的書法，東吳凡以皇帝或皇后身份終身以及被追諡爲帝、后的人物，如武烈皇帝孫堅、吳大帝孫權、權母吳夫人、權妻步夫人及潘夫人等，㉕書其亡殁均稱"薨"。繼孫權之後，三位嗣主中只有諡爲景皇帝的孫休得以終其帝位，是故本志《三嗣主·孫休傳》曰："休薨，時年三十。"通計《吳志》，敘及孫休亡殁的內容凡六見，其他如《孫皓傳》、《丁奉傳》、《孫和傳》、《濮陽興傳》也書"休薨"，惟獨本文稱"休卒"，"卒"字當出傳寫者之手。

**卷五十一 吳志六 宗室傳**

**《孫桓傳》注引《文士傳》載孫丞、顧榮事曰：常使二人記事，丞答顧問。（頁1217）**

校點本爲"丞"、"顧"加人名線，未妥。"丞"應讀爲"承"，二字通用；局本作"承"，即用本字。承答，指對長上提出的問題作出回答，如曹植《求存問親戚疏》"承答聖問，拾遺左右"。顧問，指對下屬的諮詢；其中"顧"字決不是顧榮的省稱，因爲上文云"與顧榮俱爲侍臣，惟榮、丞獨獲全"，史家既已按常例省稱"榮"，這裏不可能又破例稱"顧"。

**五十二 吳志七 張顧諸葛步傳**

**《步騭傳》：性寬弘得衆，喜怒不形於聲色，而外內肅然。（頁1240）**

易氏《補注》云："'而外內肅然'，《通志》作'而內外肅然'。"今由此上溯，唐代的《建康實録》卷二、敦煌晋寫本《步騭傳》殘卷㉖均作"内外肅然"，可見南宋的《通志》淵源甚古。這類異文雖然無關史義，但有助於考察古今文本的流變及歷史語法的研究。

**《步闡傳》:闡累世在西陵，卒被徵命，自以失職，又懼有讒禍，於是據城降晋。（頁1240）**

晋寫本《步騭傳》殘卷"降"上有"請"字，應據補。投降之前，必有請求對方允許的程序，如本志《吳主傳》："權令都尉徐詳詣曹公請降。"從下文步闡遣人質到洛陽來看，此時尚未辦理降晋的具體手續，顯然還處於"請降"階段。

**又:遣璣與弟璿詣洛陽爲任。（頁1240）**

晋寫本殘卷没有"與"，當據删。理由之一：步闡繼其兄步協之職爲西陵督，是一城之主；步璣嗣其父步協之爵爲臨湘侯，是一宗之主。步闡作爲城主而請降於晋，没有遣宗主爲質的道理。晋寫本作"璣弟璿"，也就是宗主之弟步璿，正合事理。理由之二：晋廷接受步氏的請降以後，以步闡爲"都督西陵諸軍事"，以步璣"監江陵諸軍事"，以步璿爲"給事中"，可見步闡、步璣仍然駐守於原地西陵城，而步璿則在洛陽晋武帝身邊任職。理由之三：下文説，西陵城被陸抗攻克後，步氏族滅，"惟璿紹祀"；步璿之所以獨免於難，當然是因爲只有他一個人"詣洛陽爲任"的緣故。理由之四：《建康實録》卷四記步闡事云："使兄子璿往洛陽爲質。"單言"璿"而不及"璣"，與晋寫本殘卷文異而義同，可見唐人所據的《吳志》未衍"與"字。這一衍文的流行，當不遲於北宋，如《資治通鑑》卷七九曰："遣兄子璣、璿詣洛陽爲任。"如果"璣"字不是後人妄增，那就是編寫者所據本有了誤文。㉗

**卷五十三　吳志八　張嚴程闞薛傳**

**《張紘傳》:令還吳迎家，道病卒……時年六十卒。（頁1245）**

盧弼《集解》在"六十卒"下注云："前已書'卒'，此'卒'字爲贅。"關於這個贅文，從《建康實録》卷二作"年六十一"來看，可能是"一"的傳寫之誤。史家記傳主卒年，有"年……卒"與"卒，時年……"兩種方式。以本志爲例，前式如《劉基傳》"年四十九卒"，《陸績傳》"年三十二卒"；擴張之，"卒"上還可以加些内容，如《太史慈傳》"年四十一，建安十一年卒"。後式如《劉繇傳》"繇尋病卒，時年四十二"，《周瑜傳》"而道於巴丘病卒，時年三十六"；擴張之，"卒"下也可以加些内容，如《朱治傳》"黄武三年卒，在郡三十一年，年六十九"。本文屬於後式的擴張，由於擴張時所加的内容太多，以致傳寫者忽略了前已書"卒"而造成誤文。

**又注引《吳書》:後紘見陳琳所作《武庫賦》、《應機論》，與琳書深嘆美之。（頁1246）**

兩文的篇名都有錯字："庫"當作"軍"，"機"當作"譏"。可參校的資料有四種：一是明人編的《漢魏六朝百三名家集·陳記室集》；二是清人編的《全後漢文》卷九二；三是古注，如《文選》卷四二李善注引《武軍賦》；四是類書，如《藝文類聚》卷二十五引魏陳琳《應譏》、《太平御覽》卷三三六引陳琳《武軍賦》序。

**卷五十四　吳志九　周瑜魯肅呂蒙傳**

《呂蒙傳》：**別賜尋陽屯田六百人。**（頁1276）

　　"人"字來自金陵活字本，而百衲本、吳本、殿本、局本等均作"户"。從版本源流方面考慮，本文似宜取"户"。

**卷五十五　吳志十　程黃韓蔣周陳董甘凌徐潘丁傳**

《周泰傳》：**是日無泰，權幾危殆。**（頁1288）

　　"無"字雖然無礙文義，但未必是原文；原文當從《資治通鑑》卷六八胡三省注引《周泰傳》作"微"，"微"與"幾"構成假設句，是凝固的語法形式。又如《魏志·賈逵傳》："及夾石之敗，微逵，休軍幾無救也。"又《許褚傳》："是日微褚幾危。"均其例證。

**卷五十六　吳志十一　朱治朱然呂範傳**

《朱治傳》：**是時丹楊深地，頗有奸叛，亦以年向老，思戀土風，自表屯故部，鎮撫山越。**（頁1305）

　　"頗"字義指空泛，注譯者據此解讀爲"頗有些"，[28]未能切合史實。丹楊山險，民多果勁，戰則蜂至，敗則深藏，自漢末以來不斷造反，屢仆屢起，一直是東吳的心腹之患，《吳志》諸傳時見記載。本文在百衲本、殿本、局本、金陵活字本中均作"頻有奸叛"，其他舊刻本也作"頻"，正是屢屢不斷的意思。此作"頗"，當屬校點本自身之誤。此外，下文"亦以年向老"一句的前面，易培基指出《通志》有"治"字，也有參校價值。

《朱桓傳》注引孫盛曰：**語曰，得一夫而失一國，縱罪廖刑，失孰大焉！**（頁1314）

　　"得一夫而失一國"引自《左傳·莊公十二年》衛大夫石祁子語，校點本漏加引號。

**卷五十八　吳志十三　陸遜傳**

《陸遜傳》：**射聲校尉松於公子中最親，戲兵不整，遜對之髠其職吏。**（頁1349）

　　"戲兵"云云，不知所謂。[29]易培基指出《通志》作"戲下兵不整"，值得注意。"戲下"通常寫作"麾下"，《史記·項羽本紀》"麾下壯士騎從者八百餘人"，《漢書》"麾"作"戲"；從魏晉學者屢爲"戲"字作注來看，"戲下"已不再爲時人所習用。古書用字本無定規，頗疑本文偶作"戲下"，傳寫不察，遂奪"下"字。"戲下"原指一軍之主所在的地方，因借指主將的部下或主統帥駐旌的營地，本文當指射聲校尉孫松的大本營。本志《呂蒙傳》："蒙麾下士，是汝南人，取民家一笠……遂垂涕斬之。"《魏志·曹純傳》："純麾下騎斬譚首。"又《龐德傳》："德與麾下將一人……乘小船欲還仁營。"《新唐書·逆臣·黃巢傳》載宋威"擅縱麾下兵還青州"，"麾下兵"與本文"麾下士"等語式相同。

又：**江夏功曹趙濯、弋陽備將裴生及夷王梅頤等，並帥支黨來附遜。**（頁1351）

　　王祖彝《三國志人名録》在"裴生"下注云"弋陽蜀將"，將"備"理解爲蜀漢的劉備，實屬大誤。校點本也爲“備”字加了人名線，此後的注家往往因而誤解。㉚考之三國疆域，豫州的弋陽一直是曹魏南方的邊緣城市，與孫吳的北境鄰接；曹操當政時，田豫曾任弋陽太守，見《魏志·田豫傳》；曹丕代漢後，曾封曹彪爲弋陽王，見《武文世王公傳》。由於弋陽不是南境守備軍主力的所在地，當地駐軍只能對孫吳採取守勢，所以《賈逵傳》説：“汝南、弋陽，守境而已。”本文所謂“弋陽備將”，指守備弋陽的將領，“備”不是人名。

**《陸抗傳》：將軍朱喬、營都督俞贊亡詣肇。（頁 1356）**

“將軍朱喬”下不當有頓號。下文載陸抗語曰：“贊軍中舊吏，知吾虛實者，吾常慮夷兵素不簡練，若敵攻圍，必先此處。”從這一敵情判斷中可以看出，“亡詣肇”的人只是營都督俞贊，他是將軍朱喬的“軍中舊吏”。《資治通鑑》卷七九也有此文，中華書局校點本以“將軍朱喬營都督俞贊”爲一讀，也就是把朱喬與俞贊視爲領屬關係，可從。

## 卷六十一　吳志十六　潘濬陸凱傳

**《陸凱傳》：臣聞有道之君，以樂樂民；無道之君，以樂樂身。樂民者，其樂彌長；樂身者，不樂而亡。（頁 1400）**

這裏的點校似應補充兩處：一，“有道”以下凡三十字宜加引號，這是《黃石公記》的内容，《後漢書·臧宫傳論》載光武帝建武二十七年詔引作：“有德之君，以所樂樂人；無德之君，以所樂樂身；樂人者，其樂長；樂身者，不久而亡。”㉛可資參證。二，“不樂而亡”的“樂”，是南監本、金陵活字本一脉相傳的訛字，應據百衲本、吳本、殿本、局本等皆改作“久”。考察南宋以前的資料，《通志》卷一二〇、《册府元龜》卷三二六、《建康實錄》卷三均作“不久而亡”，與光武帝詔的引文相合；以“不久”與“彌長”相對，文情尤佳。

**又：今高通、詹廉、羊度，黃門小人，而陛下賞以重爵、權以戰兵。（頁 1406）**

趙一清説：“‘權’字當時何以不避？”易培基也説：“‘權’字疑訛。”的確，陸凱疏文中不當有“權”字。今見日本鎌倉時代鈔本《羣書治要》卷二十八作“擁”，㉜“擁以戰兵”謂使之擁有可以作戰的軍隊，庶幾可通。

## 卷六十二　吳志十七　是儀胡綜傳

**《是儀傳》：遷偏將軍，入闕省尚書事，外總平諸官。（頁 1411）**

元本“闕”作“關”。何焯以元本爲是，顯然以“關省”爲連文；盧弼則以元本爲非，蓋以“入闕”爲一讀。按何説可取；“入闕”幾乎不成話，盧氏的讀法難以成立。“入”與“外”相對而言，前者指進入宫内，後者指出外辦公；而“關省”與“總平”分係“尚書事”與“諸官”，“關”謂主管。本志《三嗣主·孫休傳》：“布典宫省，興關軍國。”其中“關”與“典”詞異而義近。本志中與“關省”義近的，還有“關平”、“關綜”，如《后妃·孫破虜吳夫人傳》注引《吳書》載吳祺事曰：“祺與張温、顧譚友善，權令關平辭訟事。”《朱治傳》注引《江表傳》載治稱孫賁“剖符大郡，兼建將校,仍關綜兩府,榮冠宗室"。

**《胡綜傳》:黄武八年夏,黄龍見夏口。(頁1414)**

　　"夏口",宋、元、明舊本均作"舉口",三朝本《宋書·符瑞志中》載此事也作"舉口";[33]清刻本中,除了殿本以外,局本、金陵活字本都作"舉口"。校點本獨取殿本,未必得實;因爲殿本來源於明北監本,它改"舉"爲"夏"並沒有版本根據。從地理上講,舉口即舉水入江之口,三國時期正屬東吳所轄的範圍,《水經注·江水》有明確的記載,清代學者趙一清等考證頗詳。《梁書·杜崱傳》也有"進軍大舉口"的記載,《資治通鑑》卷一六三胡三省有詳注,其地在長江上游,與本文的"舉口"爲同一地點,這表明直到六朝後期舉口還没有隱没。唐宋文獻如《北堂書鈔》、《太平御覽》等引此文時,或作"樊口",或作"夏口",如果不屬於傳寫之誤,就是出於唐宋人的臆改。以此類推,本志《吳主傳》"夏口、武昌並言黄龍、鳳凰見"(頁1134)的"夏"字,也應從三朝本《宋書·符瑞志上》作"舉"。[34]

**卷六十三　吳志十八　吳範劉惇趙達傳**

**《吳範傳》注引《會稽典錄》:語見《妃嬪傳》。(頁1423)**

　　"見"應作"在"。"語在某某紀"或"語在某某傳"的模式,始見於《史記》、《漢書》,如《史記·高祖本紀》"語在《齊王》語中",《漢書·成帝紀》"語在《五行志》";陳壽用這樣的術語來表示史文的互見,《三國志》正文中凡二十餘例,如"語在《武紀》"見於《魏志·袁紹傳》,"語在《常林傳》"見於《梁習傳》,無一例外;裴松之沿用這套術語,注文中也二十餘見,只有這一個例外,這必然是傳寫的錯誤。[35]

**卷六十四　吳志十九　諸葛滕二孫濮陽傳**

**《孫綝傳》:吕據聞之大恐,與諸督將連名,共表薦滕胤爲丞相。(頁1446)**

　　盧弼説:"'恐'當作'怒'。《吕據傳》:'太平元年,帥師侵魏,未及淮,聞孫峻死,以從弟綝自代,據大怒,引軍還,欲廢綝。'《通鑑》亦云:'吕據聞孫綝代孫峻輔政,大怒。'"在這裏,盧氏雖然忽略了版本的調查,[36]但他通過比較史文而認定"恐"是"怒"的誤文,意見是可取的。現在要補充的是,易培基《補注》所用的吳本就作"怒",可據以校正各本之誤。此外,《建康實錄》卷三叙此事云:"吕據等至江北,聞綝代峻,大怒。"是唐人所見本不誤,足爲校改的旁證。

**卷六十五　吳志二十　王樓賀韋華傳**

**《韋曜傳》載華覈疏文曰:曜運值千載,特蒙哀識。(頁1463)**

　　宋本、紹熙本、何焯校本没有"運"字,這是易培基、盧弼給讀者提供的消息。敦煌文獻啓示我們,"運"是"遭"的訛文,可據敦煌唐卷子本《韋曜傳》殘卷校正。[37]"遭值"猶今言遇到,"千載"是"千載一時"的省略語,《魏志·公孫淵傳》注引《魏略》載其屬官郭昕等上書於魏曰:"昕等伏自惟省,螻蟻小醜,器非時用,遭值千載,被受公孫淵祖考以來光明之德……感恩惟報,死不擇地。"這是同時代的文例。

**又:非得良才如曜者,實不可使闕不朽之書。(頁1464)**

"闕"不可通,陸敬批跋本、易培基《補注》本均據元本改爲"關",可謂得其本真。今知敦煌殘卷也作"關"。"關"謂主管,已見上文;這裏指負責《吳書》的撰寫工作。

一九九九年八月·滬上

① 參見後漢應劭《漢官儀》等文獻。
② 校點本343頁將"三軍敢有哭之者斬"視爲令文,其中"三軍"也屬引文上溢之例,今改。改動的理由是,"敢有"云云才是令文,如本志《文帝紀》載黄初四年春詔曰:"今海内初定,敢有私復雠者皆族之。"又《王脩傳》注引《傅子》令曰:"敢哭之者,戮及妻子。"又《劉曄傳》云:"曹公有令:敢有動者,與寶同罪。"又《龐淯傳》:猛令曰:"敢有臨商喪,死不赦。"
③ "不替漏"有可能是"不稽漏刻"的訛脱,此句意謂時間很短。《漢語大詞典》第五册"替漏"條引本文爲例,釋爲"缺漏",今不取。
④ 曹丕如果死於"五月七日",那麼到下葬時已停柩三十二天。曹操從死到葬共二十八天,曹叡從死到葬共二十七天,都没有超過一個月;曹丕的喪葬不應超過其父其子的時限。
⑤ 通行的中華書局校點本《晋書》也作"丱"。但是《晋書音義》表明,唐代的本子必定作"丱"。
⑥ 古印的資料,係友人施謝捷所提供,説在拙著《古文獻研究叢稿》221頁,江蘇教育出版社1995年版。
⑦ 中華書局校點本《後漢書》2427頁校記引錢大昭説:《魏志》注引此作"典略"。今按:錢大昭所據的《三國志》是毛本。
⑧ 《漢語大詞典》第一册"保城"條引《張邈傳》:"[袁術]自將千餘騎出戰,敗走,還保城,不敢出。"將"保城"釋之爲"小城"。今按:這裏有三處錯誤,一是釋義不確,二是所引的篇名應作《吕布傳》,三是在引文的開頭誤加了"袁術"。
⑨ 見拙著《三國志校詁》74頁,江蘇古籍出版社1990年版。
⑩ 見《曹操集譯注》145頁,中華書局1979年版。在此書出版以前,明清時代編印的《魏武帝集》及1958年中華書局出版的《曹操集》都作"公叔文子與臣俱升",由此看來,《曹操集譯注》"臣"作"君"者,是取自1959年間世的《三國志》校點本。
⑪ 如果"破别將"指擊破張繡及吕布的别將,則應作"皆破其别將";倘若没有"皆"字,"從征張繡"便没有結果;但如果有了"皆"字,則下文的"擊"係指"從擊"還是指"别擊",又模糊不清了。
⑫ 《中文大辭典》、《漢語大詞典》"斤重"條即引本文,釋爲"重量";這種在孤例基礎上建立起來的條目,即便不是"誤目"、"假目",也屬"疑目"。關於"量"借爲"兩",漢魏之際已有其例,例如《詩·齊風·南山》"葛屨五兩",五兩猶今語五雙;曹操《與太尉楊彪書》"織成韡一量",一量就是一雙。《詩經》的"兩",在曹操書中换成了"量"。
⑬ 見蘇州大學圖書館藏本。
⑭ 例如本志《武帝紀》注:"本紀及《世語》並云公時有騎六百餘匹,繇馬爲安在哉?"裴松之所稱"本紀"指《武帝紀》。
⑮ 《吳志·陸遜傳》載諸將語曰:"孫安東公族,見圍已困,奈何不救?"即此可見,被"圍"不等於受"困"。
⑯ "以兄事之"只能理解爲"用自己的兄長去事奉人家"之類,因爲它跟"以色事之"、"以弓擊之"是同一類句式。
⑰ "玄牡"的注文,見湖南師範大學出版社1991年出版的《三國志今注今譯》1851頁。
⑱ 《逸周書·謚法篇》"博問多能爲獻",《史記正義》作"憲";《隸釋》卷一《成陽靈臺碑》"驛憲"云云,其中"憲"通作"獻"。
⑲ "率從"二字,《詩經》鄭玄箋、《左傳》杜預注都釋爲"相率從於中國"。從魏晋時代"率從"已成了雙音節的成語來看,無論這兩個字原先該如何分解,都不影響它作爲成語的整體意義。
⑳ 據馬王堆漢墓帛書整理小組研究,帛書《老子》是漢惠帝或吕后時期的寫本。
㉑ "鄉郡"的注文,見天津古籍出版社1987年出版的《後漢紀校注》538頁。
㉒ 《太平御覽》卷八七六引《晋書·五行志》有"瓦"字。
㉓ 參見《文教資料》1995年第6期王兵文。

㉔　見元陶宗儀等所輯校的《楚國先賢傳》，《説郛》宛委山堂本。

㉕　孫策生前職爲上將（討逆將軍）、爵爲列侯（吳侯），他死於建安前期，照例應當書“薨”，就像張綉、張燕等書“薨”那樣；但是孫權稱帝時，追謚孫策爲長沙桓王，而《吳志》中王侯例不書“薨”，所以《吳志》有關孫策的書法不太一致：有時書“卒”，有時書“薨”。本文對此姑存而不論。

㉖　晋寫本《步騭傳》殘卷，見《文物教資料叢刊》1977 年第一輯。

㉗　晋寫本殘卷“瑀”作“瑁”，待考。

㉘　這裏的“頗有”，通常已被理解爲“略有”，例如中州古籍出版社 1991 年出版的《三國志今譯》913 頁譯爲“當時丹楊内地頗有些奸賊亂黨”。湖南師範大學出版社的《三國志今注今譯》2774 頁譯爲“這時丹楊邊遠地區，頗有作奸反叛的”。

㉙　關於“戲兵”，河洛圖書出版社（臺北）1980 年出版的《白話三國志》1228 頁譯爲“以游戲的方法治兵”，紅旗出版社 1992 年出版的現代文版《三國志》929 頁及貴州人民出版社 1994 年出版的《三國志全譯》2019 頁都譯成“放任士兵嬉戲逸樂”。前者的譯釋頗爲離奇，後者的理解似嫌牽强。

㉚　中華書局 1984 年出版的《三國志選注》956 頁將“備將”釋爲“守將”，甚是。但是後來的注譯者仍有誤解“弋陽備將”的，例如上海古籍出版社 1996 年出版的《白話三國志》961 頁譯爲“弋陽人劉備的將領”。

㉛　本文的“道”，《後漢書》作“德”，可各存其異；但《後漢書》的“人”字，原本應如《吳志》作“民”，當是避唐諱所改。

㉜　日本鎌倉時代鈔本《羣書治要》，見日本汲古書院影印本。

㉝　舉口，《宋書》中華書局校點本 823 頁《校記》説：“‘夏口’，三朝本作‘舉口’，北監本、毛本、殿本、局本作‘樊口’。今據《三國志·吳主權傳》、《元龜》二〇一改。”今按：三朝本近古存真，“樊”、“夏”都是“舉”的誤文。

㉞　《宋書》中華書局校點本 788 頁《校記》説：“‘夏口’，三朝本作‘舉口’，北監本、毛本、殿本誤作‘舉兵’。今據《三國志·吳主權傳》改正。”今按：實則“兵”是“口”的誤字。

㉟　附帶説一點：“語在《某某傳》”的格式，校點本往往漏標傳名，例如《吳志·黃蓋傳》：“建策火攻，語在瑜傳。”（頁1285）“瑜傳”即《周瑜傳》，應加篇名號。又《胡綜傳》：“綜爲盟文，文義甚美，語在權傳。”（頁 1414）“權傳”即《孫權傳》，應加篇名號。

㊱　盧弼在《三國志集解》的序言中説“西爽無足齒數”，這種貶斥在很大程度上出於意氣用事。

㊲　敦煌唐卷子本《韋曜傳》殘卷的影印件見日本《重要文化財》84 頁，每日新聞社出版。本文在殘卷中作“遭曜值千載”，在“遭曜”二字之間有“乙”字符號；今本多作“曜值千載”，可能是因爲傳寫者忽略了這種符號，以致删落“遭”字。

# 《宋書》時誤補校（續三）

## 牛繼清　張林祥

52.（義熙八年）七月癸亥，月奄房北第二星。占同上。甲申，太白犯填星，在東井。占曰：“秦有大兵。”乙未，月犯井鉞。八月戊申，月犯泣星。（卷二十五頁735）

按七月己巳朔，無癸亥；甲申十六日；無己未。《晋書》卷十三《天文志下》略同，中無甲申；《魏書》卷一百五之三《天象志三》甲申條同；卷之二《天象志二》癸亥條繫正月，然《宋志》上文本有“正月庚戌”條，《魏志》當屬抄録誤置。下文有“八月戊申”條，“癸亥”、“己未”當日干支有誤。

53.（義熙八年）十月辛亥，月奄天關。占曰：“有兵。”十月丁丑，填星犯東井。占曰：“大人有憂。”（卷二十五頁735）

按十月戊戌朔，無丁丑。且“十月”重出，與例不合。《晋書》卷十三《天文志下》作“十一月丁丑”；《魏書》卷一百五之三《天象志三》作：“十一月，土犯井。”十一月丁卯朔，丁丑十一日。此後“十”“月”間脱“一”字。

54.（義熙十年）五月壬寅，月犯牽牛南星。乙丑，歲星犯軒轅大星。占悉同上。（卷二十五頁736）

按是月己未朔，無壬寅。後有“乙丑”（初七日），當爲“壬戌”之誤，壬戌四日。《晋書》卷十三《天文志下》、《魏書》卷一百五之二《天象志二》同誤。

55.（義熙十一年）十一月癸亥，月入畢。占同上。乙未，月入輿鬼而暈。（卷二十五頁737）

按十一月庚辰朔，無癸亥。《晋書》卷十三《天文志下》同誤；《魏書》卷一百五之二《天象志二》作“戊午”，亦無。下有“乙未”（十六日）條，“癸亥”當日干支有誤。

56.晋恭帝元熙元年正月丙午，三月壬寅，月犯太微。占悉同上。乙卯，辰星犯軒轅。（卷二十五頁739）

按該段《晋書》卷十三《天文志下》作：“恭帝元熙元年正月丙午，三月壬寅，五月丙申，月皆犯太微，占悉同上。乙卯，辰星犯軒轅。”《魏書》卷一百五之二《天象志二》亦有泰常四年（當元熙元年）“五月丙申，月犯太微”；卷一百五之三《天象志三》泰常“四年五月，辰星又犯軒轅”。則今本《宋志》極可能脱“五月丙申”條，以致“乙卯”條訛繫“三月”條下。

57.（元熙元年）七月，月犯歲星。己卯，月犯太微。太白晝見。占悉同上。（卷二十五頁739）

按是月己丑朔，無己卯。《晋書》卷十三《天文志下》同誤。《魏書》卷一百五之三《天象志三》：泰常“四年（當元熙元年），自正月至秋七月，月行四犯太微”。正月丙午，三月壬寅、五月丙申、七月己卯恰四，説明月份不誤。疑爲“乙卯”之誤，乙卯二十七日。

# 雍州勢力與梁代政治

張　燦　輝

　　雍州之名，最早見於《禹貢》，直至漢魏，其轄域仍在關中地區。但"永嘉之亂"後，南北紛爭，各對峙政權均於域內設置雍州。本文所言雍州，乃東晋以降南方各代政權於襄陽地區所設僑州；① 所論雍州勢力並非僅指從北方南徙漢沔流域的原雍、司流民，而是指此股流民與當地土著民的融合體，此種勢力亦有其漫長的興衰過程。

　　東晋立國，擁兵相從者王敦、祖逖、劉琨、郗鑒，皆北方豪族；故東晋時，士族仍有以守邊捍敵見稱者，庾亮、庾翼、殷浩、郗超、謝石、謝玄、桓溫、桓玄等是也。

　　但自晋末至陳亡，士族於軍事方面，大爲遜色，戎旅立功，多屬寒門。宋武起自北府，其將帥以南徐人爲多，功臣劉敬宣、劉懷慎、劉懷肅、劉康祖、劉彥之爲彭城人；劉粹、朱齡石、朱超石爲沛郡人；劉穆之爲東莞莒人，皆屬傖楚。雍州人有宗愨、吉翰、魯爽、段佛榮、杜叔文、曹欣之、劉靈遺、蔡那等，僅任邊州刺史而已。齊高因基革命，所用皆宋世舊將，功臣張敬兒、王敬則、陳顯達、崔慧景等非南徐人即雍州人。梁武起兵雍州，故梁世勛貴將官，多爲雍州人，如曹景宗、馬仙琕、韋叡、柳慶遠、柳仲禮、張惠紹、席闡文、馮道根、胡僧祐、杜崱、杜龕等。由此可知，南朝宋齊梁三朝之精兵良將，不曰長江下游之南徐，即數上游之雍州；就朝代而言，宋時以南徐爲盛，齊時徐雍相垺，梁世則雍州人爲多。進而立論：雍州勢力崛起於劉宋、發展於蕭齊、盛於梁初，此後漸衰。本文試就盛衰之際的雍州勢力與梁代政治之關係以陳管見，求得就正於師友。

## （一）沔北五郡之淪陷

　　五世紀前期，北中國在鮮卑拓跋部貴族的旗幟下逐步統一起來，至魏孝文帝時便進入了封建化與漢化階段，其物質文化日漸復興；尤其是遷都洛陽後，勢力向南緊逼，南北政權的雙方邊境狼煙蜂起；而雍州乃南朝兵馬重鎮，域內之樊、鄧兩地威逼洛陽。爲了解除威脅，孝文帝於太和二十一年（齊建武四年）親率三十六軍，號稱百萬雄師，對雍州之沔北地區發動大規模進攻，並對其兩翼之司、梁二州用兵，試圖三面夾擊雍州。爲保家衛土，雍州地方勢力奮起抵抗，房伯玉拒守南陽，劉思忌拚命新野，張睍帥土民萬餘家據柵效力。但南陽、新野仍遭陷没，沔北大震；湖陽蔡道福、舞陽黄瑶起、赭陽成公期、南鄉太守席謙率餘部匆忙南遁。朝廷雖相繼遣崔慧景、裴叔業、陳顯達等領軍馳救，但叔業敗於渦陽，"傷亡不可勝數"；慧景挫於鄧縣，"死者相枕"；顯達亦受阻於南鄉，"死亡三萬餘人"。沔北之南陽、新野、南鄉、北襄城及汝南北義陽等五郡先後淪陷，梁州失守。

　　五郡之陷没，在當時産生了極爲嚴重的影響。就南北對峙政權而言，經過此次軍事大較量，基本上解除了雍州對洛陽的威脅，鞏固了自劉宋中期以來所形成的北强南弱的勢力格局。就蕭齊政權而言，青徐勢力業已衰落，維繫皇權運轉的上游武力遭此重創，而下游的中央軍亦受明顯削弱，原已不平衡的軍事佈局更爲加劇，政局不斷混亂、惡化，各强鎮紛紛擴充武力，心懷異謀，乘機起兵。永泰元年，晋陵王敬則興兵會稽，"百姓擔篙荷鍤隨逐之，十餘萬衆"，②三吴地區順從者雲集。永元元年十一月，江州刺史陳顯達"聞京師大相殺戮"，③大舉起兵，勢力迅速發展到十萬人，順江東下，進圍建康。事隔不久，豫州刺史裴叔業舉壽陽投降北魏；崔慧景稱兵於廣陵，並占據京口，包圍臺城。以上各鎮之起兵雖相繼慘敗，且因都發生在長江下游各地，其結果造成了上下游勢力格局的嚴重失衡，爲蕭衍襄陽起兵提供了有利的條件。就雍州集團而言，五郡之陷没，使許多雍州士民失去桑梓之地，紛紛寄居襄陽；且大批任職京師及其他各州的雍州士大夫爲此亦返歸鄉里，如韋叡任京師右衛將軍，以"齊末多故，不欲遠鄉里，求爲上庸太守。"④柳慶遠亦回鄉任襄陽令。這樣便促進了雍州集團的凝固，易於煽動，戰鬥意志很高。此際，蕭衍臨撫雍州，雲集襄陽地區的雍州勢力便推戴蕭衍，成爲蕭梁禪齊的主要軍事力量。

## (二)荆雍起兵

　　永泰元年七月，蕭衍代曹虎出鎮雍部，此後不久，朝廷"六貴"爭權，"政出多門"，蕭齊中央機構陷入癱瘓；地方强鎮紛紛起兵，"樂亂之民"風從雲集；以致"中外土崩"，"堅冰互漸"。⑤而飽受亡地失家之苦的雍州集團目睹齊末政弊，表現出異乎昔時的政治傾向，擁戴蕭衍，集中地顯示其整體力量，如：

　　王茂，太原祁人，家世起自劉宋；蕭衍鎮雍州，以茂爲輔國長史、襄陽太守。⑥

　　曹景宗，新野人，家世發跡於宋代。蕭衍臨雍部，"景宗深自結附，數請高祖臨其宅；時天下方亂，高祖亦厚和意焉。……表爲冠軍將軍、竟陵太守。"⑦

　　韋叡，京兆杜陵人，時"民心邊駭，未有所定，西土人謀之於叡，叡曰：'陳雖舊將，非命世才；崔顇更事，懦而不武。其取赤族也，宜哉。天下真人，殆興於吾州矣。'乃遣其二子，自結於高祖(蕭衍)。"⑧

　　柳慶遠,河東解人,蕭衍辟之爲別駕從事史。慶遠盡誠協贊,籌備起義事宜。

　　以上諸人,或爲兩晉時北來僑屬,或爲本地土著;且均係宋齊時雍部强宗豪族。蕭衍得到他們的廣泛支持後,才有起兵意圖,派人砍伐竹木,沉於檀溪,便於造船,加强水上進攻力量;不到一年,武力迅速壯大,鐵馬五千匹、船三千艘、甲士三萬人左右。⑨

　　當雍州積極密謀起兵時,緊鄰的荆州又是怎樣呢? 此際,荆州刺史蕭寶融,乃齊明帝第八子,封爲南郡王。他以皇子之尊督鎮荆部,按理不會協同上游素族起兵謀叛;又主持荆州軍政事務的行事蕭穎冑,亦係蕭齊宗室,其父蕭赤斧爲齊高祖從祖弟,倍受皇室尊寵;且穎冑兄弟文武雙全,本也不該公然反齊。即便被蕭衍使計蒙騙,或有"江陵人怕襄陽人"等不利因素存在,但還是可以拚博一番的,並不會俯首貼耳地順從。但事實上,荆州也隨即起兵。爲此,若從當時州府僚佐的構成稍作考察,便可明瞭其協同起兵的主要原因了。

　　宗夬,南陽涅陽人,世居江陵。時爲荆州府別駕,後遷西中郎諮議參軍。⑩

　　劉坦,南陽安衆人,爲劉喬七世孫。時爲西中郎中兵參軍,兼領長流參軍。⑪

　　樂藹,南陽淯陽人,世居江陵,悉知西州風土人俗,城隍基峙,山川險易。時爲西中郎諮議參軍。⑫

　　以上三人均係襄陽地區南徙江陵的豪族,且劉坦先世爲雍州土著士族。據《梁書·宗夬傳》載:"時西土位望,惟夬與同郡樂藹、劉坦爲州人所推信;故領軍將軍蕭穎冑深相委仗,每事諮焉。"於此,不可能不對荆州的發展傾向産生强大的影響。

　　當劉山陽率臺軍赴江陵時,蕭穎冑計無所出,連忙召集西中郎城局參軍席闡文、諮議參軍柳忱謀畫對策。案:柳忱繫齊代尚書令柳世隆之子,河東解人,爲南徙雍州的武力强宗。席闡文,安定臨涇人,"齊初,爲雍州刺史蕭赤斧中兵參軍,由是與其子穎冑善,復歷西中郎中兵參軍、領城局。"⑬據《周書》卷44《席固傳》:其先安定人,高祖衡,因後秦之亂,寓居於襄陽,仕晋爲建威將軍,遂爲襄陽著姓;又《南史》卷56《張纘傳》有:乃要雍州人席引等於西上聚衆。周一良教授認爲:闡文當即此席氏之一支,已爲襄陽人,故充雍州刺史僚屬。⑭他們二人力主穎冑協同雍部起兵;且柳忱爲了籠絡壽陽豪族夏侯詳,不惜將自己愛女嫁給其子。此後,穎冑憂死,席闡文、柳忱等人極力邀請蕭憺(蕭衍弟)入主荆州。由此可見,荆州起兵亦是雍州勢力積極助成的結果。

　　在此前的多次重大政治事件中,雍州勢力總是處於被動地位,附從于荆州勢力的;而此次,雍州勢力已上升至領導者地位,且隨着起兵運動的鋪展而日漸明朗,這正是雍州勢力發展的必然趨勢。

# （三）雍州勢力的鼎盛

　　蕭衍在雍州勢力的全力支持下，於天監元年建立梁朝，是爲梁武帝。南朝的皇權政治再次從低谷中走出來，步入正常發展軌蹟；作爲新朝功臣的雍州士人紛紛粉墨登場，其勢力發展臻於極盛。梁初，詔封文武功臣爲公侯者十五人，雍部占六人：王茂（望蔡縣公）、曹景宗（竟陵侯）、柳慶遠（重安侯）、柳惔（曲江侯）、楊公則（寧都侯）、范雲（霄城侯），受封爲伯、子、男者更多，此是梁以前從未有過的。又在雍州集團中，齊梁以前，均憑武力軍功起家，如河東柳氏，漢魏之際爲河東巨族，胡亡氏亂後南徙襄陽。在東晉門閥政治的序列中，柳氏與河東聞喜裴氏、京兆杜陵韋氏、杜氏及弘農楊氏一樣，同被列爲“晚渡士族”，目爲“傖荒”，摒棄於門閥政治圈外，失去其原有儒雅或玄静的社會風貌，而變得武勇慓悍，淪爲將家。劉宋時，柳元景是柳氏家族中初露頭角的代表，史稱：“元景少便弓馬，數隨父伐蠻，以勇稱。……荆州刺史謝晦聞其名，要之，未及往而晦敗。會荆州刺史江夏王義恭復召之。……累遷義恭司徒太尉城局參軍。”⑮案：晋太元十三年，孝武帝始于襄陽僑置雍州，但直到劉宋文帝元嘉二十六年前，雍州仍是無實土的地方機構，附翼於强鎮荆州之下，故荆州刺史謝晦可以辟舉雍州士人。柳元景幾乎用了二十年時間，才仕至大府參軍，而大府參軍、行參軍才祇是南朝士族的起家官之一。⑯柳氏爲魏晋大姓，其仕途如此艱難，其他寒門庶族的仕途更是無法想象。然而至梁代，雍州集團中，不僅武力强宗，就是寒門庶族亦不必循軍功起家了。如柳元景之侄世隆早在宋齊之際就除爲大府行參軍，後平步青雲，位至宰相。梁代韋叡之子韋正起家南康王行參軍、韋稜起家安成王府行參軍、韋黯起家太子舍人。至於寒門有新野庾詵起家平西府記室參軍。他們均享受資蔭入仕，不再憑武幹、軍功起家，就可步入清途，此亦梁以前所未有。由於起家官的保證，許多武力强宗在梁代似乎是貂蟬滿堂。如杜崱，京兆杜陵人，其先自北歸南，居於襄陽，本係魏晋京兆舊族。崱兄弟九人，兄嵩、岑、嶷、岌、巘、岸及弟㟴、幼安並知名於梁代。杜嶷官至荆州刺史；杜崱位至侍中，爵爲枝江公；杜岸官至北梁州刺史，封江陵縣侯；杜幼安位至西荆州刺史，封華容縣侯；杜崱之侄杜龕位至鎮南大將軍，封溧陽縣侯。此外，從《梁書》、《南史》所載的柳氏、韋氏等家族亦在梁代顯赫。此亦梁以前所不曾有的。而雍州勢力的膨脹，對梁初政治產生了重大影響。楊公則爲湘州刺史時，“湘俗單家以賂求州職，公則至，悉斷之，所辟引皆州郡著姓。高祖班下諸州以爲法。”⑰這裏的著姓，事實上是指類似於雍州集團中爲數極多的中下層士族，試圖讓著姓壟斷州官。日本學者越智重明氏認爲梁武帝以此作爲天監七年職官改革的前奏。我們知道，蕭梁是依憑着中下層士族而建立起來的，改革措施的制訂者也是由這些士族出身的新官僚。職官改革時制訂的流内十八班、流外七班、三品蘊位以下的新勳位制等,構成了一個系統的上下關係。在三品蘊位以下,包括曾應由寒門層擔任的令史、舍人等九品官,但在宋、齊時代,令史、舍人排除在文武九品官之外,這裏的令史與其説是官吏,不如説是差役。《通典·職官》二十陳官品載:"又流外有七班,此是寒微士人爲之。從此班者,方得進登第一班。"這裏的第一班是指流内十八班最下層的第一班;且祇有進入流内十八班者,方可加入士族行列。時雍州集團中,大多居職中外,因官階來劃分班品,使之與原有高門甲族的差距明顯縮小,一則擴大了士族隊伍,鞏固了雍州集團的社會地位,一則拓寬了梁統治的基礎。

# (四)雍州勢力的衰落

雍州勢力之走向鼎盛,似曇花一現;自天監後,便迅速走向衰落,其主要表現有:一,隨武帝起兵的大部分雍州士人(舊姓除外)中,其後代子弟很少能躋身於梁代政治之列的,即他們的政治地位的連續性被打斷,其家族逐漸走向衰落。如尚書僕射王茂死後,其子貞秀因居喪無禮而徙廣州,又與杜景密謀襲州城而失敗被殺;領軍將軍曹景宗的後代無聞;有"大樹將軍"之稱的馮道根之後代亦默默無名。這樣,他們就不能在承平之時保持其祖父輩所開創的功業。其二,一部分雍州士人爲官缺乏治理才能,相反大肆搜刮財貨。曹景宗御兵無方,"其部下多剽輕,因弄人婦女,奪人財貨。"後任郢州刺史三年,"鬻貨聚歛,……而部曲殘橫,民頗厭之。"[18]梁代四大驍將之一的魚弘,襄陽人,曾總結其治理州郡的經驗:"我爲郡,所謂四盡,水中魚鱉盡,山中麞鹿盡,田中米穀盡,村中民庶盡。"[19]而且侍妾百餘人,服翫車馬,都窮一時之絶。柳津之子柳敬禮"少以勇烈聞。粗暴無行檢,恒略賣人,爲百姓所苦,故襄陽有《柳四郎歌》。"[20]此是梁代大臣中少有的。其三,雍州集團隨梁朝皇權政治的伸展而作用日益萎縮。梁初,文臣武將皆有,深深地影響梁武帝的文治武功;但天監以後,雍州勢力的政治作用漸減,任朝官者多爲散職閑官,處方鎮者多係邊州遠郡,充當起起武夫,依憑自己手中擁有的軍事力量來爭尺寸之功。《梁書·康絢傳》載:宋永初中,(康絢祖父)穆舉鄉族三千餘家,入襄陽之峴南。宋爲置華山郡藍田縣,寄居於襄陽,以穆爲秦、梁二州刺史,未拜,卒。絢世父元隆,父元撫,並爲流人所推,相繼爲華山太守。絢少倜儻有志氣,齊文帝爲雍州刺史,所辟皆取名家,絢特以才力召爲西曹書佐。永明三年,除奉朝請。……義兵起,(華山太守)絢舉郡以應高祖。身率敢勇三千人,私馬二百五十匹以從。梁代雖有"天下人半爲部曲"之稱,但像雍州集團中康絢這樣强大的私人武裝卻十分少見,亦可説明雍州集團的軍事地位優越。但至侯景亂梁時,"公卿在位及閭里士大夫莫見兵甲,賊至卒迫,公私駭震。時宿將已盡,後進少年並出在外,城中唯有(羊)侃及柳津、韋黯,津年老且疾,黯懦而無謀。"[21]且大批雍州貴族死於戰亂（見表）：

| 人　名 | 籍　貫 | 死　亡　情　況 | 出　　處 |
|---|---|---|---|
| 杜幼安 | 雍州僑姓 | 景殺平東將軍杜幼安。 | 《通鑑》卷164 |
| 韋　粲 | 雍州僑姓 | 景斬粲首，徇於城下。粲子尼及三弟助、警、構、從弟昂皆戰死。親戚死者數百人。 | 《梁書》卷56 |
| 韋　黯 | 雍州僑姓 | 晝夜苦戰，卒於城中。 | 《梁書》卷12 |
| 柳　津 | 雍州僑姓 | 太清三年城陷，卒。 | 《南史》卷38 |
| 柳敬禮 | 雍州僑姓 | 爲景所害。 | 同　　上 |
| 劉之遴 | 雍州土著 | 侯景亂，還鄉，卒。 | 《梁書》卷40 |

可見，雍州集團中，大批亡於戰亂，尤以韋氏最劇，可説是人物殆盡。所幸存者相繼返還上游，或歸依於梁元帝蕭繹，或附庸於岳陽王詧；在江陵者以京兆杜崱子弟爲盛；但至其侄兒杜龕時，集上游之勢力抗拒陳霸先，竟致敗死。在襄陽者，因蕭詧附于西魏、北周；後來，爲北周吞併，納入以後的隋帝國政治序列之中。

雍州勢力之所以迅速走向衰落，其原因是多方面的。其一，崛起時期的雍州集團，大多善騎射，以勇稱，依武幹、軍功起家通顯；儘管在齊代，他們之中有些家族子弟憑借皇權所賜予的政治權益，極力改變自己將家子弟的形象，崇尚高門士族風雅，注重文教，力圖使本家族逐漸進入門閥勢力的文化圈内，以提高自己的社會地位。[22]但至梁代，此風不競，尚武之俗泛起濫觴。曹景宗幼善騎射，愛好畋獵，以膽勇知名；胡僧祐，南陽冠軍人，有武幹；前述杜崱以膽勇聞於鄉里，兄弟九人均爲驍勇之士；柳慶遠之子弟更是如此，慶遠子柳津，"乏風華，性甚強直。人或勸之聚書，津曰：'吾常請道士上章驅鬼，安用此鬼名邪。'"[23]與齊代柳氏家族的社會風貌形成一鮮明對比。且這些人理政時，就缺乏治理才能，"景宗爲人自恃尚勝，每作書，字有不解，不以問人，皆以意造焉。"[24]任官京師時，更是懷念過去的生活，無心理政。胡僧祐"每在公宴，必強賦詩，文辭鄙俚，多被嘲謔。"[25]直至梁末，雍州的社會風氣是"彼士流骯髒，有關輔餘風；黔首捍格，但知重劍輕死。"[26]我們知道，蕭衍稱帝後，"開五館，建國學，置博士，以五經教授。"[27]經學興盛，"不特江左諸儒，崇習經學，而北之深於經者，亦聞風而來。"[28]詩有宮體，文有四六，均非後世所能造其域，同時還崇尚佛教。故唐代史家李延壽大加贊嘆："自江左以來，年逾二百，文物之盛，獨美於兹。"[29]這樣使雍州集團的發展趨向與梁代社會風氣反差甚大，與蕭梁皇權政治之遞進步伐難於相合。如王茂；"時天下無事，高祖方信仗文雅，茂心頗怏怏。"[30]居職不樂。韋叡："高祖方銳意釋氏，天下咸從風而化，叡自以信受素薄，位居大臣，不欲與俗俯仰。"[31]文風不競致使雍州武力強宗之家業不永。其二，雍州自劉宋元嘉至齊末近六十載,有比較穩定的轄域;但齊末沔北五郡陷没後,終梁一代,雍州日益受到北方政權之兼併。蕭衍起兵時,曾於沔南立新野郡,以安輯沔北難民;然天監六年,馮翊等七郡謀叛於魏。雖普通六年,雍州刺史晉安王蕭綱派安北長史柳津、司馬董當門、壯武將軍杜懷寶、振遠將軍曹義宗等率雍州兵北伐,連克南陽、新野、南鄉等郡,又破馬圈、彫陽二城,將沔北五郡的部分失地收復。侯景亂後,蕭梁國勢日蹙,疆土崩析,雍州大部爲蕭詧所占。如此,雍州勢力大多喪失桑梓故園,致使其伸展缺乏後勁;因爲故土之淪陷使其原有的經濟基礎喪失,而人口之流亡導致其武力削弱,當雍州武力在戰場上不斷損兵折將之際,本地的兵源難於補給。因此,對雍州勢力而言,他們引以爲自豪的軍事重心業已動搖。對蕭梁政權而言,祇能尋求新的軍事依憑力量,正好此際的北魏政權中衰,戰亂泛起,大批王公貴族紛紛率部南附蕭梁。梁統治者便將眼光投在這些將帥身上,重用北方降將來捍疆衛土的策略便應運而生。其三,梁最高統治者對雍州勢力存有疑意,甚至加以限制。蕭衍舉兵東下時,王茂、曹景宗等雍州籍將帥曾勸衍迎南康王寶融於襄陽稱帝,造成挾天子以令諸侯之勢,却未被採納,這一點説明王茂等對政治前途不太明了,亦暗示這一勢力發育不够成熟,對此,蕭衍深有認識,天監初,他曾對文吏范雲、沈約説:"我起兵於今三年矣,功臣諸將,實有其勞,然成帝業者,乃卿二人也。"[32]此後,因爲推行人才本位主義的結果,注重文治,高門士族與中等士族(文吏)紛紛把持朝政大權,迭爲尚書令;而驍勇剽悍的雍州籍士人却無此機緣,因而他們的政治前途日益受限,因各地域軍事的、文化的勢力之膨脹而不斷萎縮,他們更多地祇能在疆場效力,與北方政權作一尺一寸之爭。則就雍州本地而言,蕭衍起兵時,雍部土民均"人懷自竭,輸賦罄産,同致厥城。"[33]即位之初,"以雍爲邊鎮,運數州之粟以實儲倉。"[34]並不斷地派宗室子弟鎮撫該部,但至晉安王蕭綱督鎮雍部時,情形就不及以前了。雍州之地民俗尚武,據《隋書》卷引《地理志》記載:襄陽地區爲紀念屈原而習以相傳的競渡之戲與牽鈎之戲,"云從講武所出。楚將伐吳,以爲教戰,流遷不改,習以相傳。……梁簡文之臨雍部,發教禁之,由是頗息。"競渡與牽鈎均帶有濃厚的軍訓色彩。又據封演《封氏聞見記》云:"拔河,古謂之牽鈎。襄陽風俗,常以正月望日爲之,……古用篾纜,今(唐代)民則以木麻絙長四五十丈,兩頭分繫小索數百條,挂於前,分二朋,兩勾齊挽,當大絙之中,立大旗爲界,震鼓叫譟,便相牽引,以劫者爲輸,名曰'拔河'。"據此,競渡與牽鈎等到後來已演變爲娛樂游戲節目了。可見,一地的社會風俗影響該地居民的個人氣質,而雍部尚武風貌又使其地原有習俗日益泛濫;這種風俗没有引起當局者的重視,禁令的發佈便證明了這一點,即雍部的尚武之風已被否定。最後是雍州集團之分離傾向不斷加強,背離中央集權的意向更爲明顯。早在劉宋孝武帝時,王玄謨臨雍州,實行土斷與九品混通之制,域內百姓嗟怨,謠言四起。而尚書令柳元景弟僧景任新城太守,"以元景之勢,制令南陽、順陽、上庸、新城諸郡並發兵討玄謨。"[35]而朝廷祇得調離王玄謨，以安撫暴動之士民。又劉宋以宗王臨雍部，希冀加強對該地的統治；但事與願違，廬江王褘督雍部，"泰始五年，河東柳欣慰謀反，欲立褘，褘與相酬和。欣慰要結征北諮議參軍杜幼文、左軍參軍宋祖珍、前都令王隆伯等。"柳氏、杜氏乃雍部僑姓強宗。至孝建元年，武昌王渾臨雍州，"與左右人作文檄，自號楚王，號年爲永光元年，備置百官，以爲戲笑。"㊱可見，早在劉宋時期，雍部武力強宗就曾利用宗王進行分離運動。至梁代中後期，此風漸長。據史載："蕭範，梁武帝之從子也。爲都督、雍州刺史，撫循將士，盡得歡心，時論者謂範欲爲賊。"又童謠云："莫忽忽，且寬公。誰當作天子，草覆車邊也。"㊲憑此可證此時的雍州乃是"法律無所施用"之地，衹有州將與當地豪族勾結起來，叛逆爲賊極有可能。當侯景肇亂之際，蕭梁皇室大多死於非命，柳仲禮率雍、司等精兵悍將數萬人，並被各路援軍推舉爲大都督，統帥近百萬大軍進抵京師，聲勢浩大，深爲叛軍忌憚；但據《通鑑攷異》引《典略》記載：仲禮族兄柳暉對他説："天下事勢如此，何不自取富貴！"並建議仲禮堅營不戰，挾天子以令諸侯，構建柳家霸業，"仲禮納之"。㊳後來，湘東王繹又命仲禮率軍襲取襄陽，而他却坐觀成敗而拒不發兵。可見，背離中央政府而"自求富貴"的分裂傾向之加劇是促成其離心於皇權政治運轉軌蹟的主要動機。

正是因爲以上因素之綜合作用，雍州勢力的衰落是必然的。梁亡以後，雍部集團這一南朝的軍事政治力量亦歸於消亡，歷史的風雲際會，便將南川豪帥勢力推上了南朝政治的舞臺。

# （五）結　束　語

我們知道，南朝各代皇權均依維於某一地域軍事政治勢力而起家的。宋武以北府將帥、高齊憑青徐豪族、蕭梁靠雍州勢力、陳氏因南川豪酋；然雍州集團地處上游，遠離南朝政治中心——建康；而北府、青徐以至南川酋帥均處長江下游，挨靠建康，對中央集權的威懾力較上游的雍州勢力要強得多；這在客觀上促成雍州集團的政治生命線短暫，衰落迅速。又南朝的雍州集團與北朝的關隴集團都是影響南北朝歷史進程的地域勢力，都是以軍事起家而發展成政治勢力的。但因各種因素之作用，這兩大集團却呈現出巨大的差異，顯示出不同的盛衰軌蹟。五世紀中後期，在南的雍州勢力經受了艱難歲月之煎熬，積蓄了較強的歷史熱力而步入其發展階段；而北方之關隴集團却在北魏太和改革的旗幟下，進入封建化與漢化過程而處於沉寂階段。至六世紀前期，南方的雍州集團因助梁武立國而成爲新貴，邁入其鼎盛階段，然好運不永，至六世紀中葉，因各種發展潛力紛紛受阻，雍州勢力急劇衰落。而此際的北方關隴集團因內亂無常的激烈撞擊而沉澱、融合，最終團結在鮮卑貴族宇文氏的關隴本位主義的旗幟下而日漸興盛,成爲北周、隋、唐初統一帝國的中堅力量,延續一百多年。而此時的雍州勢力早已煙消雲散,祇得納入關隴集團的卵翼之下。

　　對以武力強宗爲核心的地域軍事政治勢力之研究,是目前中國古史研究的一重要課題。就六朝政治史而論,埋葬舊的皇權政治的是他們,醞釀並發展新興皇權政治的也是他們;且各個地域集團間彼此銜接,依次嬗替,譜寫出六朝皇權政治運轉的歷史。

①　見拙作《雍州勢力之崛起與劉宋政治》,載《湖南師範大學學報》1995 年第 4 期。
②　《南齊書》卷 26《王敬則傳》。
③　《南齊書》卷 26《陳顯達傳》。
④⑧㉛　《梁書》卷 12《韋叡傳》。
⑤　《資治通鑑》卷 142,永元元年條。
⑥㉚　《梁書》卷 9《王茂傳》。
⑦⑱㉔　《梁書》卷 9《曹景宗傳》。
⑨　《南史》卷 6《梁本紀》(上)。
⑩　《梁書》卷 13《宗夬傳》。
⑪　《梁書》卷 13《樂藹傳》。
⑫　《梁書》卷 13《劉坦傳》。
⑬　《梁書》卷 12《席闡文傳》。
⑭　詳見《魏晉南北朝史劄記》第 280 頁,中華書局 1985 年版。
⑮㉑㉓㉟　《南史》卷 38《柳元景傳》。
⑯　詳見王伊同《五朝門第》第 41 頁,金陵大學中國文化研究所 1943 年印行。
⑰　《梁書》卷 10《楊公則傳》。
⑲　《梁書》卷 28《魚弘傳》。
㉑　《南史》卷 63《羊侃傳》。
㉒　見拙作《南朝河東柳氏家族研究》,《晉陽學刊》1995 年第 6 期。
㉕　《梁書》卷 46《胡僧祐傳》。
㉖㉞　《梁書》卷 22《南平王偉附子恭傳》。
㉗　《陳書》卷 33《儒林傳·論》。
㉘　《廿二史劄記》卷 15《南朝經學》。
㉙　《南史》卷 7《梁本紀》(下)。
㉜　《梁書》卷 13《沈約傳》。
㉝　《初學記》卷 20《貢獻》第 3。
㊱　《宋書》卷 79《文王五傳》。
㊲　《南史》卷 52《梁宗室傳》(下)。
㊳　《資治通鑑》卷 162,太清三年條。

# 《宋書》時誤補校(續四)

## 牛繼清　張林祥

58.元嘉十一年二月庚子,月犯畢,入畢口而出,因暈昴、畢,西及五車,東及參。(卷二十六頁746)

按二月甲子朔,無庚子。《魏書》卷一百五之二《天象志二》、之三《天象志三》均作延和三年(當元嘉十一年)"二月庚午",庚午初七日,是。此"庚子"爲庚午之誤。

59.(元嘉十五年)十一月癸未,熒惑入羽林。丁未,月犯東井鉞星。(卷二十六頁747)

按是月丁卯朔,癸未十七日,無丁未。《魏書》卷一百五之二《天象志二》同;之三《天象志三》作:"十一月,月皆犯井。"則"丁未"日干支有誤。

60.元嘉三十年十一月壬午,白鹿見南琅邪,南琅邪太守王僧虔以獻。(卷二十八頁806)

按是月己亥朔,無壬午。下有"十一月癸亥"條,疑"壬午"爲壬子之誤,壬子十四日,癸亥二十五日,"午""子"形近。

61.晉武帝泰始十年四月乙亥,甘露降西河離石。(卷二十八頁815)

按是月壬辰朔,無乙亥。《册府元龜》卷二十二引亦作"十年四月",疑"乙亥"爲己亥之誤,己亥八日。

62.元嘉十九年五月丁卯,甘露降建康司徒參軍督護顧俊之宅竹柳。

元嘉十九年五月乙亥,甘露降馬頭濟陽宋慶之園樹,太守荀預以聞。(卷二十八頁819)

按五月丁丑朔,無丁卯、乙亥二日。該年閏五月丙午朔,丁卯二十二日,乙亥三十日,疑"五月"前脱"閏"。

63.吳孫權赤烏十二年八月癸丑,白鳩見章安。(卷二十九頁848)

按是月丙辰朔,無癸丑。《三國志》卷四十七《吳書·吳主傳》注引《吳錄》同,是年吳閏八月乙酉朔,癸丑二十九日,疑"八月"上脱"閏"。

64.晉愍帝建興三年十二月戊午,白雉見襄平。(卷二十九頁863)

建興三年十二月戊午,白雉見。(同上卷頁864)

按此條重出,後條當屬衍文。且十二月庚申朔,無戊午。《册府元龜》卷二十二引作"十一月,白雉見襄平",十一月辛卯朔,戊午二十八日,當是。此"十二月"爲十一月之誤。

65.考武帝大明五年九月庚戌,河、濟俱清,平原太守申纂以聞。(卷二十九頁872)

按是月甲寅朔,無庚戌。《南史》卷二《宋本紀中》作"庚午,河、濟清",庚午十七日,是。此"庚戌"爲"庚午"之誤。

# 李訓鄭注矛盾與甘露之變

## ——甘露事件研究之二

### 盧 向 前

李訓、鄭注矛盾，史籍所載甚明，但均無深論。本文所欲論者，乃爲李訓、鄭注矛盾及其與甘露事變諸方面人事之關係。

一般以爲李訓、鄭注矛盾要在二人之争權奪利，若從原則上考慮，這樣的説法並無差池，但具體到事實現象，這種説法却忽視了他們的矛盾與宦官王守澄、仇士良矛盾的聯繫。筆者以爲，李訓、鄭注矛盾中以李訓爲主要方面，甘露之變悲劇的主角爲李訓，鄭注乃陪襯而已；宦官中的矛盾，則以仇士良爲主。殺王守澄的主謀爲李訓，但鄭注亦不得不陪襯。因而，《通鑑》書“李訓、鄭注密言於上，請除王守澄”①不够確切，鄭注不得不在殺王守澄事上，表面上與李訓一致，但實際上並無與聞，而二人之矛盾也因此而成。當然，他們的矛盾終於没有釀成激烈之衝突，那是因爲李訓、鄭注有着共同的敵人——以仇士良爲代表的宦官集團。雖則李訓、鄭注之出發點各自不同，但他們還是很快就達成了妥協，並且定下了盡誅宦官的謀約。只是在當時的形勢下，謀約不可能付之實施，才最終爆發了甘露之變。而正是李訓認識到鄭注與王守澄之關係，所以才存有最後除去鄭注之計劃。

因筆者已有《“甘露之變”前後鄭注行踪考辨》一文，②故本文之副標題爲“甘露事件研究之二”云。

## 一、李訓鄭注矛盾之口實與劉從諫上表

岑仲勉先生《通鑑隋唐紀比事質疑》“宦官黨之口吻”條中不信《通鑑》記述李訓忌鄭注、圖鄭注之言，③以爲皆宦官黨之口吻。此甚無謂也。

岑先生稱甘露之變，因舒元輿等當事人皆“蒼猝”而死，因此“誰復知而記之”之論證，似有隙可乘。甘露之變，雖事起倉猝，然知情之諸人非皆倉猝而死也。

查《通鑑》有關記載，事變起於太和九年十一月壬戌(二十一日)，同日，舒元輿、王涯、王

璠、羅立言被捕;癸亥(二十二日),賈餗、李孝本被捕;甲子(二十三日),李訓被逮,死;乙丑(二十四日),舒元輿、王涯、王璠、羅立言、賈餗、李孝本等被殺;戊辰(二十七日),韓約被捕;己巳(二十八日),韓約被殺。觀此種過程,即知二人之矛盾存在着"知而記之"的可能性。

且不說如同王涯"被以桎梏,掠治不勝苦,自誣服,稱與李訓謀行大逆,尊立鄭注"④一樣,知情者在酷刑之下有吐實言之可能;就是在事變發生以後、知情人被捕以前,也不能排除泄漏此種口實之可能。

我們知道,李孝本是在癸亥(二十二日)逃至咸陽西以後才被"追擒"的,而甘露事變的主要策劃者李訓,逃離現場後先投奔終南僧宗密,"宗密欲剃其髮而匿之,其徒不可",才出山,至甲子(二十三日)潛逃到盩厔才被鎮將所抓獲。僅觀此二人,特別是李訓,無論在時間、地點、人物關係上,(終南僧宗密未死,見《新唐書》卷一七九《李訓傳》)應該說都有"知而記之"的可能性,更不必說韓約遲至戊辰(二十七日)才被捕。

當然,以上所說,也僅僅是可能而已,我們尚不能推翻岑先生的"所謂(李訓)忌注、圖注,無非捕風捉影"之說。但是,二人之矛盾果真是空穴來風嗎?

假若我們考察史籍,就會發現,李訓忌鄭注、圖鄭注之記載並非僅見於《通鑑》,比如《新唐書》卷一七九《李訓傳》就說:(《舊唐書》卷一六九《李訓傳》略同)

> 始,(鄭)注先顯,(李)訓藉以進,及勢相埒,賴寵爭功,不兩立。然方事未及,乃出注使鎮鳳翔,外爲助援,内實猜克,待逞,且殺之。

同書同卷《鄭注傳》也說:

> (李)訓與舒元輿謀終殺注。

如此等等,不一而足。而值得引起我們注意的則是《新唐書》卷二〇七《宦者上·仇士良傳》的記載:

> 澤潞劉從諫本與(李)訓約誅鄭注。及訓死,憤士良得志,乃上書言:"王涯等八人皆宿儒大臣,願保富貴,何苦而反。今大戮所加已不可追,而名之逆賊,含憤九泉。不然,天下義夫節士,畏禍伏身,誰肯與陛下共治耶?"即以訓所移書遣部將陳季卿以聞。季卿至,會(李)石遇盜,京師擾,疑不敢進。從諫大怒,殺季卿,騰書于朝。又言:"臣與訓誅注,以注本宦豎所提擢,不使聞知。今四方共傳宰相欲除內官,而兩軍中尉聞,自救死,妄相殺戮,謂爲反逆。有如大臣挾無將之謀,自宜執付有司,安有縱俘劫,橫尸闕下哉?陛下視不及,聽未聞也。且宦人根黨蔓延在內,臣欲面陳,恐橫遭戕害,謹修封疆、繕甲兵,爲陛下腹心。如姦臣難制,誓以死清君側。"書聞,人人傳觀。士良沮恐,即進從諫檢校司徒,欲弭其言。從諫知可動,復言:"臣所陳繫國大體,可聽,則宜洗宥涯等罪;不可聽,則賞不宜妄出。安有死冤不申,而生者荷祿?"固辭。累上書,暴指士良等罪。帝雖

不能去,然倚其言差自彊。

觀此節文字,即可知劉從諫非但不是宦官黨,且是宦官的對立面;⑤而從劉從諫口中説出李訓欲誅鄭注,又"騰書於朝"、"人人傳觀"而言,此種口實必廣爲傳播。史家採擇入書,亦爲常理,恐非能下"捕風捉影"、"無根之詞"之斷語的。

如果我們考慮到時間因素,劉從諫上表均在甘露事變以後,其時李訓、鄭注已死,即使是宦官黨,恐怕也用不着如岑先生所言"爲沮間反對者之計,强捏其内部離心"的了。

當然,《新唐書·仇士良傳》上節文字中,似乎亦有錯訛之處,我們不得不稍加辨析以正視聽。

宰相李石"遇盜"之時間,在開成三年正月五日。⑥如此,則劉從諫遣部將陳季卿挾李訓"所移書"至長安的時間亦在此時,距甘露事件已二年有餘。這是不對的。從情理推斷,李訓之"所移書"該是劉從諫洗宥有關人員的最重要的證據,劉從諫亦因陳季卿"疑不敢進"其書而怒殺之。以此而言,陳季卿至長安的時間斷然不會在開成三年,而新傳所言很有可能將太和九年十二月十二日及以後的一段時間内發生在長安城中的擾亂與之混爲一談了。⑦

由於《新唐書·仇士良傳》有以上所述之錯訛,就不得不使我們以分外審慎的目光來看待劉從諫上章及其内容以證明我們的論點了。

從《新唐書·仇士良傳》上節文字的排列順序看,劉從諫的上書大約在三次以上,《新唐書》作者依次擇録其文而冠以"乃上書言"、"又言"、"復言"之辭,末了總説一句,爲"累上書,暴指士良等罪"。從其他的記載中,我們看到劉從諫的上書有"四上章"、"三上章"的區别。《舊唐書》卷一六一《劉悟傳附從諫傳》稱:

> (太和)九年,李訓事敗,宰相王涯等四人被禍。時涯兼掌邦計,雖不與李訓同謀,然不自異於其間。既死非其罪,(劉)從諫素德涯之私恩,⑧心頗不平,四上章論列,而鄭覃、李石方能粗秉朝政。

這裏是"四上章",而同書卷一六九《王涯傳》則稱:

> 涯之死也,人以爲冤。昭義節度使劉從諫三上章,求示涯等三相罪名,仇士良頗懷憂恐。初,宦官縱毒,凌藉南司。及從諫奏論,兇焰稍息,人士賴之。

這裏是"三上章",同爲"三上章"或"三上疏"記載的尚有《新唐書》卷二一四《劉從諫傳》、《舊唐書》卷一七下《文宗紀》等。於此可見,劉從諫上書論列王涯、李訓等爲不争之事實,《新唐書·仇士良傳》所稱不爲無據。

然而,這些記載都未引録劉從諫上書之内容。可與《新唐書·仇士良傳》作比較的則有《通鑑》,其卷二四五開成元年二月癸未條稱:

> 昭義節度使劉從諫上表請王涯等罪名,且言:"涯等儒生,荷國榮寵,咸欲保身全族,

安肯構逆！訓等實欲討除內臣，兩中尉自爲救死之謀，遂致相殺；誣以反逆，誠恐非辜。設若宰相實有異圖，當委之有司，正其刑典，豈有內臣擅領甲兵，恣行剽劫，延及士庶，橫被殺傷！流血千門，僵尸萬計，搜羅枝蔓，中外恫疑。臣欲身詣闕庭，面陳臧否，恐并陷孥戮，事亦無成。謹當修飾封疆，訓練士卒，內爲陛下心腹，外爲陛下藩垣。如姦臣難制，誓以死清君側！"丙申，加從諫檢校司空。

同卷同年三月條稱：

> 劉從諫復遣牙將焦楚長上表讓官，稱："臣之所陳，繫國大體。可聽則涯等宜蒙湔洗，不可聽則賞典不宜妄加！安有死冤不申而生者荷祿！"因暴仇士良等罪惡。辛酉，上召見楚長，慰諭遣之。時士良等恣橫，朝臣日憂破家。及從諫表至，士良等憚之。由是鄭覃、李石粗能秉政，天子倚之亦差以自彊。

兩相比較，十分明顯，《新唐書》"復言"之內容與《通鑑》開成元年三月條相當；而"上書言"、"又言"之內容則與開成元年二月條有同有異。同者不說，異者，第一，《新唐書》稱"王涯等八人"，《通鑑》僅言"（王）涯等"；第二，《新唐書》稱"臣與訓誅注，以注本宦豎所提挈，不使聞知。今四方共傳宰相欲除內官"，《通鑑》則僅言"訓等實欲討除內臣"。

這樣的差異之産生，或在二書編者行文之取捨，或在二者價值觀念之不同，但通而視之，則《新唐書·仇士良傳》中劉從諫上表含有李訓欲誅鄭注之內容，要爲史實也。

以此而言，不管劉從諫出於何種原因善訓惡注，出於什麼目的爲李訓張目，總而論之，《通鑑》所載李訓忌鄭注、圖鄭注並非空穴來風可斷然無疑矣。

## 二、李訓鄭注矛盾之關鍵

李訓、鄭注之矛盾，《通鑑》中有所反映。其卷二四五太和九年七月條稱：

> 李訓奏僧尼猥多，耗蠹公私。丁巳，詔所在試僧尼誦經不中格者，皆勒歸俗；禁置寺及私度人。

或許，甘露之變後，李訓投奔終南而不見容，即與此有關，且不論。但同書同卷同年十月條則稱：

> 鄭注欲收僧尼之譽，固請罷沙汰，從之。

胡三省似乎窺見了二人矛盾之秘密，特地下注曰："是年七月，李訓乞沙汰僧尼。"一個"乞"字，一個"固"字，其間蘊含之味，我們自可體會得。

當然，從事理上說，是否沙汰僧尼，在當時的形勢下，也並非是什麼大不了的矛盾，但聯繫到李訓在甘露之變後不投鄭注，卻奔終南之事實，則意義非同尋常。那麼，李訓、鄭注矛盾的關鍵又在哪裏呢？

《新唐書·仇士良傳》稱，"澤潞劉從諫本與(李)訓約誅鄭注"，又(上書)言：

> 臣與訓誅注，以注本宦豎所提挈，不使聞知云云。

觀此句，文意似甚不通。

筆者研讀再三，以爲此句或可作二種解釋。(一)，"臣與訓誅注"之"注"爲"宦官"之誤。即讀若"臣(欲)與訓誅宦官，以注本宦豎所提挈，(故)不使聞知(誅宦豎事)。"然而，這樣一來，文理是通順了，却與"澤潞劉從諫本與訓約誅鄭注"以提起下文相矛盾，與事理不符了。(二)，或可理解爲"臣(欲)與訓誅注，以注本宦豎所提挈；(又因注爲宦豎所提挈，故)不使聞知(誅宦豎事)。"如此，則文通事順。但無論如何，劉從諫與李訓不欲使鄭注"聞知"的當是誅宦官事。而這，實在是解開李訓、鄭注矛盾的關鍵所在。

說來奇怪，李訓、鄭注矛盾之關鍵竟在誅殺宦官這點，這就和通常的說法背道而馳了。但是假若分析史料，就會發現，這才是歷史的真實。

# 三、鄭注與王守澄之死的關係

但是，不使鄭注聞知之所誅宦官，是泛指呢，抑或是特指？

筆者初讀上引之文字，以當是泛指，即指唐文宗太和九年十一月二十一日發生之甘露事變，(而實際上，鄭注事先的確不知。)後經細細考校，發現這種想法與史實不符。之所以這樣說，是因爲就連說此話的劉從諫，也不可能事先知道甘露事變事。

甘露之變，事起倉猝，其謀議之成立至事變發生之時間，至多不過是五天工夫，極大的可能僅有二天。

《通鑑》卷二四五太和九年十一月條稱：[⑨]

> 始，鄭注與李訓謀：至鎮，選壯士數百，皆持白棓，懷其斧，以爲親兵；是月戊辰，王守澄葬於滻水，注奏請入護喪事，因以親兵自隨；仍奏令內臣中尉以下盡集，滻水送葬，注因闔門，令親兵斧之，使無遺類。約既定，訓與其黨謀："如此事成，則注專有其功，不若使(郭)行餘、(王)璠以赴鎮爲名，多募壯士爲部曲，並用金吾、臺、府吏卒，先期誅宦者，已而並注去之。"行餘、璠、(羅)立言、(韓)約及中丞李孝本，皆訓素所厚也，故列置要地，獨與是數人及舒元輿謀之，他人皆莫之知也。

觀李訓與其黨與謀議之言，知甘露之變武力之準備爲郭行餘、王璠之赴鎮兵及金吾衛、御史臺、京兆府吏卒(實際上，事變過程中亦正是這些武裝)。然而，李訓黨與上任之時日，據同書同卷同年同月條記載則是：

丙午(五日)，以大理卿郭行餘爲邠寧節度使；

丁巳(十六日)，以户部尚書、判度支王璠爲河東節度使；

戊午(十七日)，以京兆尹李石爲户部侍郎、判度支，以京兆少尹羅立言權知府事；

己未(十八日)，以太府卿韓約爲左金吾衛大將軍。

甘露之變突發於二十一日。若以王璠爲河東節度使之十六日算起，相距五天；若以韓約爲左金吾衛大將軍之十八日計，則僅隔二天。

甘露之變事起倉猝，尚有一證。《舊唐書》卷一六九《羅立言傳》稱：

> (甘露之變後，)長安縣令孟璿貶硤州長史，萬年縣令姚中立朗州長史，以兩縣捕賊官受(羅)立言指使故也。初，立言集兩縣吏卒，萬年捕賊官鄭洪懼禍託疾，既詐死，令家人喪服聚哭。姚中立陰知其故，恐以詐聞，不免其累，乃以狀告洪之詐。仇士良拘洪入軍，洪銜中立之告，謂士良曰："追集所由，皆因縣令處分，予何罪也。"故中立坐貶，洪免死。

此節文字大意爲，鄭洪亦參加了甘露之變，事敗被執。當事變之前，羅立言召集京兆府吏卒時，鄭洪託疾詐死，欲免其禍，姚中立遂以狀告羅立言。而鄭洪被執，姚中立坐貶。

此中曲折，雖頗爲複雜，但要在數日間。羅立言在十七日才代京兆尹李石爲權知京兆府事，有此職才能"集兩縣吏卒"，否則，甘露事件後任宰相之李石恐也難免牽連之累了。由此可見，甘露之變謀議成立與事變發生之時日，必相距甚近也。

既然李訓等舉事倉猝，則肯定不會與遠在千里之外的劉從諫聯繫。[⑩]若從情理推斷，甘露之舉爲"他人皆莫之知"的秘事，爲免走漏風聲，鄭注固然不知其情，然劉從諫亦必定無知之之理。如此，李訓、劉從諫之約似非在此時，[⑪]而不使鄭注聞知的亦必非甘露誅宦豎事。[⑫]

那麽，所謂鄭注没有聞知而李訓、劉從諫相約誅之的宦官又是誰呢？

細察劉從諫上表之"又言"，在"不使聞知"之上有"以注本宦豎所提挈"語。而我們知道，提挈鄭注的宦豎就是"多專"國政的王守澄。[⑬]這就不得不使筆者懷疑，莫非不使鄭注"聞知"而誅之之宦官特指王守澄？

順着這樣的思路，我們考察《舊唐書》卷一六九《李訓傳》、《鄭注傳》，卷一八四《王守澄傳》；《新唐書》卷一七九《李訓傳》、《鄭注傳》，卷二〇七《仇士良傳》，卷二〇八《王守澄傳》；《通鑑》卷二四五太和九年五月、九月、十月諸條，發現三種書籍的記載是不一樣的。

《新唐書》將酖殺王守澄事全都繫於李訓身上，而無片言隻語涉及鄭注。

《舊唐書》亦幾乎全都繫於李訓身上，唯在《王守澄傳》所載：

> (李)訓奏用(仇)士良分守澄之權，乃以士良爲左軍中尉，守澄不悦，兩相矛盾。訓因其惡。太和九年，帝令内養李好古齎酖賜守澄，祕而不發。守澄死，仍贈揚州大都督。

這一段文字下,兼提李訓、鄭注,稱:"守澄豢養訓、注,反罹其禍。人皆快其受佞而惡訓、注之陰狡。"然其下又有:

> 李訓既殺守澄,復惡鄭注,乃奏用注爲鳳翔節度使。

三種記載唯有《通鑑》將李訓、鄭注一例看待,(非但在對待王守澄的態度上,在其他人事上都幾乎如此。)請看:

> (五月乙丑,)訓、注爲上謀,進擢仇士良以分守澄之權……守澄不悦。

> (九月戊辰,)李訓、鄭注爲上謀,以虛名尊守澄,實奪之權也。

> (十月乙亥,)李訓、鄭注密言於上,請除王守澄。

可注意者,其十月辛巳條記載王守澄酖死以後,有這樣的話:

> 訓、注本因守澄進,卒謀而殺之。人皆快守澄之受佞而疾訓、注之陰狡,於是元和之逆黨略盡矣。⑭

此語後半幾與《舊唐書·王守澄傳》兼提訓、注同,而前半則大有差異。《舊唐書》不提二人是否有謀,則"反罹其禍"亦僅爲疑似之詞;《通鑑》則直指二人"謀而殺之",完全指實了。《通鑑》的這種説法似乎表達了司馬光的一種史學觀點。

《新唐書》素有"以識見勝"之美譽,⑮誠非虛言。我意以爲,鄭注未曾"聞知"誅王守澄事,實在是不可抹煞之事實。

當然,在王守澄酖死之事件上,如同《舊唐書·王守澄傳》那樣兼提李訓、鄭注,亦有其社會背景。唐長孺先生説:⑯

> 甘露事變前後,訓、注已成爲牛、李(德裕)兩黨和宦官的"公敵"。

李訓、鄭注既同爲他人之"公敵",則史家強行捏合亦情理中事;司馬光因之敷演成二人同爲酖殺王守澄之主謀亦非爲無因。然其與史實則大相徑庭了。

實際上,史家的強行捏合總會露出一些破綻,甘露事變中二位不知情者的言行就曲折而充分地説明了這種事實。

我們已經知道,鄭注並未參與甘露之變,事先也並不了解舉事之謀劃。然而,除李訓黨與外,非但是宦官仇士良輩,就是如同事變中遇害之宰相王涯等,亦視鄭注爲甘露之變之謀首的。之所以有此種誤解,皆因鄭注與王守澄之密切關係故也。

當王涯被逮,"年七十餘,被以桎梏,掠治不勝苦",而終於"自誣服,稱與李訓謀行大逆,尊立鄭注"了。⑰依此而言,仇士良等是必欲置鄭注於死地而後快的。但是,雖説王涯是"自誣服",然而所謂"尊立鄭注",也是事出有因。

《新唐書》卷一七九《李訓傳》稱:

> (李訓等起事既敗,王)璠聚河東兵環第自衞,(魚)弘志使偏將攻之,呼曰:"王涯等

得罪，起尚書爲相！"璠喜，啓關納之，即行，知見紿，泣曰："李訓累我。"……璠見(王)涯，恚曰："公何見引？"涯曰："君昔漏宋丞相謀於(王)守澄，今焉逃死？"

此節記載，略有錯訛。《通鑑》卷二四五太和九年十一月壬戌條記同事稱：

> 王璠歸長興里私第，閉門，以其兵自防。神策將至門，呼曰："王涯等謀反，欲起尚書爲相，魚護軍令致意！"璠喜，出見之，將趨賀再三，璠知見紿，涕泣而行，至左軍，見王涯曰："二十兄自反，胡爲見引？"涯曰："五弟昔日爲京兆尹，不漏言於王守澄，豈有今日邪！"

由於王涯、王璠均被繫於仇士良爲中尉之左神策軍，而魚弘志爲右軍中尉，故《新唐書》稱"弘志使偏將攻之"，誤。《通鑑》僅稱爲"神策將"，乃司馬光審慎之處。

二書記載，可互爲補充。

王璠"見紿"之原因，據《通鑑》可知，實與仇士良同魚弘志之間、仇士良魚弘志同李訓鄭注之間等矛盾有莫大之干係，非本文所能詳論。要之，仇、魚雖有矛盾鬥争，但一旦危險在即，"迫其起族類之自覺，團結一致，以抗外敵"。[18] 王璠發昏，宜其被逮；而李訓用非其人，宜甘露事變之不能成功也。

還是回到本題上來。王涯答王璠之言，指宋申錫事件。《通鑑》卷二四四太和五年二月條稱：

> 上與宋申錫謀誅宦官。申錫引吏部侍郎王璠爲京兆尹，以密旨諭之。璠泄其謀，鄭注、王守澄陰爲之備。

同書卷二四五太和八年十二月條稱：

> 初，宋申錫與御史中丞宇文鼎受密詔誅鄭注，使京兆尹王璠掩捕之。璠以堂帖示王守澄，注由是得免，深德璠。

從《通鑑》所載看來，宋申錫謀誅宦官(王守澄？)之前，有一翦去羽翼、"掩捕"鄭注之計劃，其情狀恰如同我們下文將要述説的"出鄭注"和"虛尊王守澄"之聯繫一般。而宋申錫没有成功，其原因之一，乃爲王璠泄密。

據此可知，王涯所説，乃指王璠當日泄密，使鄭注漏網，以致釀成今日慘禍，而其意中，亦認鄭注爲甘露事變之謀首。與不知情之王涯形成鮮明對照的是"見紿"之王璠。王璠先喜後泣，最終道出了真相——"李訓累我"，即李訓才是甘露事變的謀首。而王璠乃是知情者。

由此可見，即使在王守澄死後，王涯仍視鄭注、王守澄爲一體。而王涯是必知王守澄酖死之内情的，因爲他是當時之宰相。

假若仔細玩味另一位不知甘露事變内幕而被殺害的宰相賈餗的表現，似乎亦曲折地反映了此一事實。《通鑑》卷二四五太和九年十一月癸亥條稱：

　　　賈餗變服潛民間經宿,自知無所逃,素服乘驢詣興安門,自言:"我宰相賈餗也,爲姦
人所污,(胡注,興安門,大明宮南面西來第一門。)可送我詣兩軍!"門者執送西軍。(胡
注,西軍,右神策軍也,在大明宮西西內苑中。)
賈餗所稱之"姦人",不知確指。雖然,賈餗其時,猶如俎上魚肉,但是其內心深處,尚存一絲
僥倖。其"詣興安門"自投,形同王璠之"見紿",即寄希望於右軍中尉魚弘志,而魚弘志替任
王守澄之職,或許有某種關係存乎其間。若推斷不誤,則賈餗亦同王涯一樣,知王守澄酖死
之內情而視鄭注、王守澄爲一體的。

　　　實際上,王涯、賈餗雖然沒有與聞甘露事而終於難逃一死的一個重要原因,在於在仇士
良等的眼中,是將王涯、賈餗與王守澄、鄭注看作同黨的。[19]仇士良輩的看法,亦有一定道理。
假若我們考察《通鑑》所載太和九年宰相更替時間及王守澄、仇士良之間勢力消長之關係,或
可窺見其中之緣由。

　　　仇士良爲左神策軍中尉在太和九年五月,此前王涯、賈餗即已爲相(王涯在七年七月,賈
餗在九年四月)。王守澄爲左右神策觀軍容使"實虛名尊之"在太和九年九月戊辰,而此後一
日即九月己巳,李訓、舒元輿登上了相座。這就是說,王涯、賈餗之爲相與王守澄有關而與仇
士良無涉;而李訓、舒元輿之爲相則恰好相反。於是,仇士良輩以李訓、舒元輿爲同路而視王
涯、賈餗爲異己了。並且,在鄭注未爲鳳翔節度使時,曾發生過這樣一件事。《通鑑》卷二四
五太和九年九月癸亥條下稱:

　　　　鄭注求爲鳳翔節度使,門下侍郎、同平章事李固言不可。
緊接着,在"丁卯,以固言爲山南西道節度使,注爲鳳翔節度使"下,《考異》曰:

　　　　《開成紀事》:"注引舒元輿、李訓俱擢相庭。注自詣宰臣李固言求鳳翔節度使,固言
　　　　剛勁不許,惟王涯、賈餗贊從其事。"
《開成紀事》所言"注自詣宰臣李固言求鳳翔節度使"事,司馬光將信將疑,故《通鑑》下文又有
李訓出鄭注之紀事,此且不言。[20]而筆者以爲,"惟王涯、賈餗贊從其事"爲可信。以二人之心
態言,因爲他們依違其間,[21]故視鄭注爲禍祟,假若鄭注出鎮,便可免去多少麻煩事,雖則他
們並非就一定是鄭注黨。但由於王涯、賈餗贊從鄭注出鎮,竟然被仇士良輩矚目而視爲王守
澄、鄭注黨而難逃一死了。(附帶說一句,李訓等謀劃甘露事,將王涯、賈餗排斥於外,似乎亦
含有這層因素。)

　　　如此看來,鄭注與王守澄之死無涉明矣。


# 四、李訓鄭注矛盾之發展綫索


　　　現在,我們簡略地考察一下李訓、鄭注矛盾發展之綫索,以期對二人矛盾與甘露事件的

關係有一個較爲清晰的認識。下列材料均據《通鑑》,案語則由筆者作出。

太和九年四月,逐李德裕。鄭注守太僕卿兼御史大夫。

五月,仇士良爲左神策中尉,王守澄不悦,兩相矛盾。

六月,逐李宗閔。宦官韋元素、楊承和、王踐言與王守澄爭權不叶,出爲監軍。

案,當此之際,訓、注矛頭基本一致,尚無尖鋭矛盾,然隨着時間的推移,誠如《通鑑》所言,"然李訓亦忌注,不欲使爲相"(七月條),矛盾初起。牛、李黨則與訓、注之怨隙已成。仇士良、王守澄間矛盾日深,決定着今後的政治動向。

八月,賜楊承和、韋元素、王踐言死。

九月,放鬆對李德裕、李宗閔黨人之貶黜。殺陳弘志。

九月丁卯,鄭注爲鳳翔節度使,然未離京。

九月戊辰,王守澄爲左、右神策觀軍容使等,實虛名尊之。

九月己巳,李訓爲相。

案,當王守澄舊有之對立面相繼誅死之後,李訓的矛頭就直指王守澄了。放鬆對牛、李黨人之貶黜,目的還在收買人心。而九月丁卯、戊辰、己巳,即二十五、二十六、二十七接連三天,出鄭注、虛名尊王守澄、李訓爲相三事,當有內在聯繫。就李訓、鄭注關係而言,《通鑑》説:"李訓雖因注得進,及勢位俱盛,心頗忌注。謀欲中外協勢以誅宦官,其實俟既誅宦官,并圖注也",此種斷語,可謂探取李訓心態之底藴,自不待言。就"出鄭注"與"虛尊王守澄"二事而言,鄭注爲鳳翔節度使,他的翰林侍講學士職位當然被停止,即他在朝廷中的發言權就被剝奪;[22]鄭注一旦被剝奪發言權,王守澄的右神策軍中尉之職亦隨即被解除。如此看來,二事似有必然聯繫,當然,這樣的形勢的出現有自漸的,在王守澄與仇士良的對立中,仇士良取得了決定性的勝利。至於李訓爲相,猶如與四月李德裕被逐、鄭注升官一樣,必爲犒賞其功。而此三事,要與仇士良有關。[23]若判斷不誤,則可説當此之時,以仇士良、李訓爲一方,王守澄、鄭注爲另一方的陣綫已經分明,訓、注矛盾日益尖鋭。

十月辛巳,酖殺王守澄。

十月乙酉,鄭注赴鎮。

案,辛巳爲九日,乙酉爲十三日。此二事當亦有聯繫。假若依李訓鄭注同爲酖殺王守澄謀主的説法,似乎可以解釋爲大功告成,則鄭注赴鳳翔。而依筆者的邏輯判斷,王守澄死,鄭注完全失去靠山,不得不赴鳳翔,另圖他謀。因爲我們已經説明了王守澄之死與鄭注無關的事實。而鄭注可説已無與李訓一起向唐文宗秘密進言的機會了。在赴鎮以前,鄭注曾與李訓達成協議,即本文第三節所引《通鑑》太和九年十一月條,"始,鄭注與李訓謀"之文字。可注意者,爲謀約中誅殺宦官的一個步驟,即"注請入護(王守澄)喪事",于此我們可以窺見鄭注念念不忘恩主王守澄之心態。至於李訓,在王守澄死後,便調整了進攻的方向,他把矛頭指向了仇士良輩,而仇士良輩則尚未知悉。總之,李訓、鄭注的矛盾由於仇士良的關係而得到了緩解、調和。這,正是本文下一節所要叙述的内容。

## 五、李訓鄭注矛盾與王守澄仇士良之關係

李訓、鄭注間之矛盾,因王守澄而尖鋭,又因仇士良而調和。那麼,李訓、鄭注與王守澄、仇士良的關係到底如何呢?

鄭注與王守澄的關係非同一般。鄭注在憲宗元和十三年(818)時就投奔於王守澄門下,[24]其後經歷多次風浪直至飛黄騰達,都與王守澄之庇護分不開,一直到文宗太和九年(835)王守澄被酖死,二人之交誼幾達二十年。

或謂鄭注爲齷齪小人,品質低劣,這實在是封建史家對他的誣蔑之詞,不足爲訓。比如當鄭注得知甘露事變失敗,自顧不暇之時,仍然派出使者去接應李訓,即是明顯一例。[25]

於是,鄭注可謂是王守澄之死黨。

李訓與王守澄之關係自不比鄭注與王守澄之關係。或稱李訓結交王守澄在穆宗長慶二年(823)之際,[26]即使是爲事實,其時李訓亦不過衹是李逢吉門下一走卒,並未得到王守澄之青睞、庇護。[27]李訓與王守澄交結而形成較密切之關係,至早不過太和七、八年(833、834)之際,[28]是時至王守澄之被酖死衹有一、二年光景。因此,可説李訓與王守澄之關係甚淺。

所以,鄭注、李訓對於王守澄之態度當自不同。正由於此種原因,劉從諫稱李訓誅王守澄而不使鄭注聞知,應是歷史事實,李訓鄭注矛盾因王守澄而日益尖鋭自不待言説。

然李訓其人,"實爲天下奇才"。[29]李訓之奇,在於利用閹寺中自分黨派,各個擊破而幾成掃除閹寺之全功。[30]非但如此,李訓頗有戰略眼光。當王守澄被酖死以後,他與鄭注的矛盾應該是十分尖税的。但是,李訓審時度勢,緊緊地把握住了主要矛盾,"謀欲中外協勢,以誅宦官。"[31]出於這種戰略需要,李訓便調和與鄭注之間的矛盾。這種調和,一方面,雖酖殺王守澄,然仍贈以"揚州大都督"官號,並且預定隆重的喪葬儀式,[32]以安撫鄭注之心;另方面,則謀求與鄭注之共同點。不用説,在當時的形勢下,鄭注所謀求的是爲王守澄復仇而殺死仇士良,這也是他謀求自身安全的需要。

王守澄之死,必與仇士良有關。《舊唐書》卷一八四《宦官傳·王守澄傳》稱:

> 時仇士良有翊上之功,爲守澄所抑,位未通顯。訓奏用士良分守澄之權,乃以士良爲左軍中尉,守澄不悦,兩相矛盾。訓因其惡。太和九年,帝令内養李好古齎酖賜守澄,秘而不發,……。

注意,仇士良之爲左軍中尉乃應李訓之奏。從敬宗寶曆二年(826)至文宗太和九年(835),
"有功"而被王守澄所抑,沉寂了十年之久的仇士良,終於有了出頭之日。他與王守澄之"兩
相矛盾",實勢所必然。而所謂"訓因其惡",則隱而顯地説明仇士良亦是酖殺王守澄的主角,
並且還是首謀。

如此看來,説李訓利用了閹寺中的矛盾,僅僅是事物的一個方面,因爲從另一方面來説,
仇士良也利用了李訓。可以説,李訓、仇士良在酖殺王守澄事件中是互相利用的。但是,一
當王守澄被酖,李訓的矛頭便暗暗地轉向了仇士良。而鄭注,則由於王守澄的關係,對仇士
良懷着刻骨仇恨。出於共同的需要,李訓鄭注二人又重新携起手來,在王守澄酖死的十月辛
巳(九日)至鄭注赴鎮的十月乙酉(十三日)的三四天間,定下了謀誅宦官的計劃。

李訓、鄭注矛盾得到調和尚有一有力之傍證。當鄭注爲鳳翔節度使而未離長安之時,曾
有選擇僚佐之舉。《通鑑》太和九年九月丁卯條下,有這樣一段記載:

> 注欲取名家才望之士爲參佐,請禮部員外郎韋温爲副使,温不可。或曰:"拒之必爲
> 患。"温曰:"擇禍莫若輕。拒之止於遠貶,從之有不測之禍。"卒辭之。

當此之時,未見李訓有任何動作。但是,在李訓鄭注謀約既成之後,即鄭注赴鎮以後的第二
天,却有這樣的記録,《舊唐書》卷一七下《文宗紀下》稱:

> (十月)丁亥,禮部郎中錢可復、兵部員外郎李敬彝、駕部員外郎盧簡能、主客員外郎
> 蕭傑、左拾遺盧茂弘等皆授鳳翔使府判官,從鄭注奏請也。

這裏説是"從鄭注奏請",《新唐書》卷一七九《鄭注傳》則稱:

> (鄭注)請僚屬於訓,訓與舒元輿謀終殺注,慮其豪俊爲助,更擇臺閣長厚者,以錢可
> 復爲副,李敬彝爲司馬,盧簡能、蕭傑爲判官,盧弘茂爲掌書記。③

似乎是李訓與其力,甚至其僚屬亦由李訓爲之挑選,而副使的級別也由韋温的禮部員外郎升
爲錢可復的禮部郎中了。《新唐書》中雖有"訓與舒元輿謀終殺注"語,但正如我們所反復强
調的,這僅是問題的一個方面,另一方面,則有中外協勢,以誅宦官的含義。

李訓態度的前後變化,形成鮮明的對照。這種變化,正反映二人矛盾從尖鋭趨向調和的
狀況。

那麽,在誅殺王守澄過程中與李訓結成聯盟的仇士良是否知道李訓鄭注之謀約呢? 從
甘露事變仇士良疏於防範李訓的狀況看,似乎仇士良輩並未了解或確切了解訓、注之計劃。
但由於鄭注與王守澄之關係,仇士良輩的眼睛是緊緊地瞪着鄭注的。關於此點,筆者在拙稿
《"甘露之變"前後鄭注行踪考辨》中已有所論述,讀者可參而閲之。

而正是由於仇士良輩矚目於鄭注而疏忽於對李訓的防範,這就給李訓以極好的機會,讓
他們演出了幾乎全殲宦官的悲壯一幕——甘露之變。

# 六、李訓鄭注謀約與甘露之變

　　鄭注李訓謀約既定，就等着擧事的那一天了。然而，當着十一月十八日，鄭注派遣其妻兄、鳳翔府少尹魏逢至長安再次與李訓確定謀約以誅宦官之際，[34]李訓却推翻了原定計劃而決定提前起事了。這是爲什麽呢？據《新唐書·鄭注傳》説是："訓畏注專其功，乃先五日擧事。"《通鑑》記載亦同。若依此説，則似乎是李訓私心發作，爲了獨攬殺宦官的功勞而改變原定計劃的，[35]也就是説，李訓竟然置"中外協勢"於不顧，爲專其功而不惜鋌而走險了。

　　然而，筆者却以爲，甘露之變的發生（即提前起事）不能説没有李訓私心作怪的原因，但更重要的却是：李訓、鄭注原定之"謀約"並不可行。

　　記載謀約最詳細的還數《通鑑》，筆者在第三節中已經徵引，這裏不妨重出，以便分析：

　　　　始，鄭注與李訓謀：至鎮，選壯士數百，皆持白梃，懷其斧，以爲親兵；是月戊辰，王守澄葬於滻水，注奏請入護喪事，因以親兵自隨；仍奏令内臣中尉以下盡集，滻水送葬，注因闔門，令親兵斧之，使無遺類。

初讀此節文字，覺得注、訓"謀約"，未免如同兒戲。王守澄雖曾爲右神策軍中尉、行右衛上將軍、知内侍省事，[36]但是否能"令内臣中尉以下盡集，滻水送葬"，已是一大問題；即使能够使之送葬，若内臣中尉帶着神策兵士精鋭之卒，又豈區區數百（五百）壯士能够對付？尤其是"注因闔門，令親兵斧之"之門，不論爲宫門、殿門，抑或是城門，均非鄭注所能控制——因而，其謀約不可行。

　　繼而，又覺得此謀約可謂是縝密無比。宦官送葬王守澄實不成問題，因爲既有鄭注之奏章，又有李訓之贊助，加之唐文宗本人亦欲盡誅宦官，一紙詔令便可使宦官盡集；而"注因闔門"之門，乃爲王守澄宅門，鄭注自是熟悉無比，一經闔門，任憑宦官帶有神策軍之千軍萬馬，亦可將其盡行拒之門外，而"内臣中尉以下"斷然插翅難飛，殲滅以後再作計議（甘露事變中，宦官被誘至金吾衛左仗，"闍者將闔扉"，[37]恐即受此謀約之啓發）——於是，便認爲此謀約可行。

　　最終，筆者以爲此謀約還是不可行。其原委就在於此謀約是建立在宦官没有防備的基礎之上，假若有了防備，則謀約再縝密、計劃再周全也將付之東流，失去其意義了。鄭注是王守澄死黨，早爲仇士良輩矚目，帶着數百親兵，必然引起宦官震動。事實上，鄭注的兩次上奏就已經促使仇士良輩作出了戒備反應。[38]以李訓之奇，豈能看不出此中關節——於是，謀約總歸不可行。

　　謀約既然不可行，與鄭注之"中外協勢"亦必成泡影。當此之時，李訓祇能另闢蹊徑，制定提前起事之計劃了。

　　那麼,李訓爲什麼不重演故伎,利用宦官之間的派系矛盾,比如仇士良、魚弘志之間的矛盾,縱橫捭闔,各個擊破呢? 爲什麼非得冒莫大之風險而實施甘露計劃呢? 這實在有其不得已處。

　　一方面,利用矛盾各個擊破須有前提條件。此前提條件即是宦官之派系矛盾必須達到甚深之程度。而是時仇士良、魚弘志之間雖有矛盾,但僅僅若隱若現,遠非形成水火不相容之關係。如果依甘露之變中王璠等人的表現來看,李訓諸人似乎亦曾討論過利用仇、魚矛盾的事,但終於是時機未成熟而被否決。退一步説,即使能利用矛盾,假若形成前門驅虎,後門進狼的局面,恐怕也是李訓不願看到的。

　　另一方面,甘露事變前夕,"今四方共傳宰相欲除内官,而兩軍中尉聞",[39]京城之中亦必沸沸揚揚。[40]雖則仇士良輩矚目於鳳翔鄭注,但於京城之内亦必會有所戒備。時間拖得越久,形勢將對李訓越發不利。何況,鄭注一經入朝,謀約就有敗露之危險。在這樣的情况下,唯有速決速戰,才能解決問題,才是唯一出路。

　　我們説李訓是奇才,李訓之奇,非但表現在戰略方面,亦表現在戰術方面。他充分利用在酖殺王守澄過程中與仇士良結成的同盟關係,乘仇士良疏於對他防範的機會(仇士良更多地防範王涯、賈餗?),周密部署,發動突然襲擊,實欲出奇制勝,畢其功於一役。可惜的是,由於諸如用人不當等因素的制限,甘露之變終以李訓的失敗而告結束,而並未參與事變的鄭注,亦被宦官所殺害。

　　本文爲筆者"甘露之變系列研究"課題中之一篇。本文的結論有下列五點。一、李訓鄭注矛盾是客觀事實,並非空穴來風。二、李訓鄭注矛盾之關鍵在誅殺王守澄事上。三、鄭注與王守澄之死無涉。四、李訓、鄭注矛盾因王守澄關係而尖鋭,又因仇士良關係而調和。五、李訓鄭注之盡殲宦官的謀約不可能實行,於是爆發了甘露之變。

①　《通鑑》卷二四五唐文宗太和九年十月條。
②　刊《文史》第 46 輯,1999 年第一輯。
③　中華書局 1964 年 8 月版第 280—281 頁。
④⑰　《通鑑》卷二四五唐文宗太和九年十一月壬戌條。
⑤　劉從諫之從父劉悟爲澤潞節度使時,就與監軍宦官劉承偕有隙;而劉從諫及其子劉稹均曾庇護甘露之變之受難者親屬。這些,都可作爲證據。見《新唐書》卷二一四《澤潞傳》、《舊唐書》卷一六一《劉悟傳》等。
⑥　《舊唐書》卷一七下《文宗紀》、《新唐書》卷一三一《李石傳》、《通鑑》卷二四六均如是。
⑦　參見《舊唐書》卷一七二《李石傳》、《通鑑》卷二四五太和九年十一月乙丑、十二月庚辰、癸未條等。
⑧　中華書局標點本《校勘記》云:"'從諫',各本原作'悟',據《册府》四〇六改。"
⑨　中華書局標點本此節標點有誤,徑改。

⑩ 《元和郡縣圖志》卷一五《河東道四·澤潞節度使》下載，潞州"西南至上都一千三百三十里"。

⑪ 《新唐書》卷二一四《澤潞·劉從諫傳》亦有"李訓約從諫誅鄭注"語。然首倡與附和之位置顛倒。

⑫ 《新唐書·仇士良傳》提起之文"澤潞劉從諫本與訓約誅鄭注"之"本"字，似乎也點明了這一點。

⑬ 見《舊唐書》卷一六九《鄭注傳》。

⑭ 岑仲勉先生《通鑑隋唐紀比事質疑》"謂訓注陰狡爲失辭"條稱："當云人人皆快守澄之受誅，不應言快其受佞。"見同注③第 282 頁。

⑮ 參見《陳寅恪讀書札記》中，《董衝唐書釋音》第 1 頁，《新唐書之部》第 3 頁，《舊唐書之部》第 232 頁，上海古籍出版社 1989 年 4 月版。

⑯ 唐長孺先生《唐修憲穆敬文四朝實錄與牛李黨爭》，載《山居存稿》，中華書局 1989 年 7 月版第 226 頁。

⑱ 陳寅恪先生語。見《唐代政治史述論稿》，上海古籍出版社 1982 年版第 122 頁。

⑲ 《通鑑》卷二四五太和九年十一月壬戌條稱，左僕射令狐楚因草制，"叙王涯、賈餗反事浮汎，仇士良等不悅"而不得爲相事，可作二人難逃一死之證。

⑳ 鄭注爲鳳翔節度使事，是鄭注自求，抑或李訓排斥，事頗複雜。筆者以爲二者都爲事實。以鄭注自求言，鄭注實在狐疑之中。當王守澄權力漸被剝奪、形勢不利時，他求外出而圖狡兔之窟，然心存希望；待王守澄死，則他已無所顧盼而慨然出鎮以圖發展了。以李訓排斥言，一則忌鄭注，一則亦希望"中外協勢"以求一逞。當然，若以仇士良輩言，則不能容認鄭注之出鎮。因爲鄭注在朝廷，以一夫之力便可擒之，若出鎮則有如出籠之虎，難以把握。而此，亦是王涯、賈餗被仇士良等視作鄭注黨之一因。

㉑ 《舊唐書》卷一六九《王涯傳》稱王涯，"貪權固寵，不遠邪佞之流"；《賈餗傳》稱賈餗，"不能以身犯難，排斥姦纖，脂韋其間"。

㉒ 據《通鑑》，鄭注在太和九年八月丁丑爲工部尚書，充翰林侍講學士。翰林侍講學士可在禁中言事，職權甚重。《通鑑》卷二四四太和七年六月壬申條稱："以工部尚書鄭覃爲御史大夫。初，李宗閔惡覃在禁中數言事，奏罷其侍講。（胡注，覃自工部侍郎進尚書，皆兼翰林侍講學士。）"參見注㉓。

㉓ 王守澄之被剝奪實權與仇士良有關，自不待言，即使鄭注之削去翰林侍講學士之職，亦不能不說與他有很大的關係。《通鑑》卷二三六永貞元年五月辛卯條稱："以王叔文爲户部侍郎，依前充度支、鹽鐵轉運副使。（宦官）俱文珍等惡其專權，削去翰林之職。叔文見制書，大驚，謂人曰：'叔文日時至此商量公事，若不得此院職事，則無因而至矣。'"王叔文因"俱文珍等惡其專權，削去翰林之職"，則鄭注之削去翰林侍講學士，必有仇士良等與其力。而即使鄭注不出爲鳳翔節度使，他的翰林侍講學士之職位恐怕也是保不住的。

㉔ 據《舊唐書》卷一六九《鄭注傳》、卷一三三《李晟附李愬傳》推算而得。

㉕ 《唐大詔令集》卷一二〇《討鳳翔鄭注德音》。參閱拙稿《"甘露之變"前後鄭注行踪考辨》。

㉖ 司馬光已自不信。見《通鑑》卷二四二長慶二年五月條《考異》、卷二四二長慶三年八月條《考異》。

㉗ 李訓（仲言）在敬宗寶曆元年（825 年）十月被流放即是證明，全不似太和七年九月李款彈鄭注，王守澄匿注於右神策軍事。見《通鑑》各條。

㉘ 見《通鑑》太和八年六月丙戌條及其長篇《考異》。

㉙ 陳寅恪先生語。同注⑱第 116 頁。

㉚ 參同注⑱第 114 頁。

㉛ 《通鑑》太和九年九月條。

㉜ 《通鑑》太和九年九月條、十一月條。鄭注以五百兵士護喪，儀式不可謂不隆重。

㉝ 《通鑑》太和九年十一月丙寅條亦作"盧弘茂"，與《舊唐書·文宗紀》作"盧茂弘"不同，未知孰是，存疑。

㉞ 《新唐書》卷一七九《鄭注傳》。參閱同注㉕拙稿。

㉟ 田廷柱先生《爲李訓、鄭注的是非一辯》作如是觀。文載《遼寧大學學報》1983 年第三期。

㊱ 見《通鑑》卷二四五太和九年九月條。

㊲ 見新舊《唐書·鄭注傳》及《通鑑》。

㊳ 參閱拙稿《"甘露之變"前後鄭注行踪考辨》。

㊴ 劉從諫上書中語。見《新唐書·仇士良傳》。

㊵ 萬年縣捕賊官鄭洪詐死即是一例。見《舊唐書·羅立言傳》。

# 《宋書》時誤補校（續五）

## 牛繼清　張林祥

66.晋武帝泰始六年六月，大雨霖。甲辰，河、洛、沁水同時並溢，流四千九百餘家，殺二百餘人，沒秋稼千三百六十餘頃。（卷三十頁885）

按六年六月乙卯朔，無甲辰。《晋書》卷三《武帝紀》泰始七年六月，"大雨霖，伊、洛、河溢，流居人四千餘家，殺三百餘人，有詔振貸給棺。"卷二十七《五行志上》亦作："七年六月，大雨霖，河、洛、伊、沁皆溢，殺二百餘人。"七年六月戊寅朔，甲辰二十七日，當是。此"六年"爲七年之誤。

67.魏明帝青龍三年正月乙亥，隕石于壽光。（卷三十一頁925）

按正月辛巳朔，無乙亥。《三國志》卷三《明帝紀》作："三年春正月戊子，以大將軍司馬宣王爲太尉。己亥，復置朔方郡，京都大疫。丁巳，皇太后崩。乙亥，隕石于壽光縣。三月庚寅，葬文德郭后。"戊子八日，己亥十九日，無丁巳、乙亥。下接三月庚寅，疑"丁巳"前脱"二月"，二月庚戌朔，丁巳八日，乙亥二十六日。據之，疑此"正月"當爲二月之誤。

68.（晋武帝太康十年）十月庚辰，含章鞠室、脩成堂前廡、丙坊東屋，暉章殿南閣火。（卷三十二頁933）

按十月壬辰朔，無庚辰。《晋書》卷三《武帝紀》作"十一月丙辰，守尚書令、左光禄大夫荀勖卒。帝疾瘳，賜王公以下帛有差。含章殿鞠室火。甲申……"云云。十一月壬戌朔，無丙辰；卷二十七《五行志上》原亦作"十月庚辰"，據《武帝紀》校改爲"十一月庚辰"，庚辰十九日，是。此"十月"爲十一月之誤。

69.咸寧五年六月庚戌，汲郡、廣平、陳留、滎陽雨雹；丙辰，又雨雹，損傷秋麥千三百餘頃，壞屋百三十餘間；癸亥，安定雨雹；七月丙申，魏郡又雨雹。（卷三十三頁960）

按六月壬辰朔，庚戌十九日，丙辰二十五日，已近月尾，無癸亥。疑癸亥屬七月，七月壬戌朔，癸亥二日。丙申前"七月"應在"癸亥"前。然七月又無丙申，見"校勘記"。《晋書》卷二十九《五行志下》同誤。

# 王建生平考論

張　耕

　　中唐樂府詩人王建生前才秀人微，其生平史料極爲缺乏。近年經個別學者努力勾勒，已能見其梗概，但問題仍有所遺。其中較重要的有：1.王建籍貫。2.王建求學何地。3.王建有無入幕嶺南、荆南經歷。4.王建《自傷》詩作於何時。等等。皆有爭議。本篇擬以王建作品爲主要依據，以王建的交遊及相關史料爲佐證，利用有關方志、圖籍，參考卞孝萱《王建的生平和創作》（下稱《卞作》）、譚優學《王建行年考》（下稱《譚考》）、李一飛《張籍王建交遊考述》①和其他一些論文，對王建生平做一番考述，以求拾遺補缺，進一步瞭解這位詩人生活、思想和創作的全貌。

## 一、生年、籍貫、家世

　　王建之生年，史料並無記録。宋晁公武《郡齋讀書志》、元辛文房《唐才子傳》及清徐松《登科記考》皆云建爲大曆十年進士，據此推測王建之生年至遲當在肅宗乾元年間。②但證之以王建本人詩章，往往不符。近人聞一多主大曆三年之説，惜無實證。今《卞作》、《譚考》先後據白居易及張籍年譜，依張籍贈王建詩句“年狀皆齊初有髭”③和白居易“張籍五十，未離一太祝”④之語，認爲王建當與張籍同年，爲大曆元年生，其説似較合理。

　　關於王建之鄉里，《唐才子傳》、《全唐詩》作者小傳皆云潁川人。今人卞孝萱亦同此説。⑤但今存王建詩集中無一字涉及其家鄉爲潁川，其朋輩詩中亦未有見，甚爲可疑。若疑潁川爲其郡望，但查《元和姓纂》，書中列王姓郡望十六處，並無潁川。⑥可見稱建潁川人，非爲郡望。

　　王建《送韋處士老舅》詩云：“憶昨癡小年，不知有經籍。常隨童子遊，多向外家劇。偷花入鄰里，弄筆書墻壁。照水學梳頭，應門未穿幘。人前賞文性，梨果蒙不惜。賦字詠新泉，探題得幽石。自從出關輔，三十年作客。風雨一飄搖，親情多阻隔。如何二千里，塵土驅寒瘠。良久陳苦辛，從頭歎衰白。既來今又去，暫笑還成戚。落日動征車，春風卷離席。雲台觀西路，華岳祠前柏。會得過帝鄉，重尋舊行迹。”詩中所提雲台觀、華嶽祠均在華陰縣内，臨京洛大道。⑦觀詩意當是王建成年後返回長安，在華陰縣送別韋處士時所作。王建又有詩《早發渭南》云："橋上車馬發，橋南煙樹開。青山斜不斷，迢遞故鄉來。"渭南在畿内，距長安僅兩驛之程，⑧至渭南而稱"故鄉來"者，則"故鄉"必在長安附近，或即爲長安。凡此皆足以説明，潁川可能爲王建祖籍，或竟屬誤傳。

唐人甚重門第，若有一線可能者，無不自炫家世，挂靠郡望，以致有如白居易、元稹之僞造譜系者。是以李賀雖支裔偏遠，猶云鄭王之後；韓愈家居孟縣，而每稱昌黎。王建不稱其郡望，《元和姓纂》及《新唐書·宰相世系表》又不載其名，王建在詩中也屢屢自歎"孤賤"、⑨"衰門"，⑩凡此種種，皆説明王建出身平民。既無高貴的祖先可以炫耀，又無有力的親族援手。

據岑仲勉《唐人行第録》，王建排行第六，這當然是包括從兄弟在内的一個排行。王建的親人，除父母外，從《留別舍弟》、《原上新居》等詩來看，還有幾個兄弟，但其生平已不可查考。

## 二、求學與仕舉

從《送韋處士老舅》等詩中可以看出，儘管王建出生"衰門"，但早年的家境似乎還足以維持小康，而他當時的生活也是愉快的。但是，"孤賤"的出身和干戈擾攘的時代注定了詩人一生命運的坎坷。建中三年，藩鎮王武俊殺李惟嶽，代領其兵。四月，盧龍鎮朱滔叛唐；十月，李希烈叛唐；十一月，朱滔、田悦、李納皆稱王。建中四年，李希烈陷汝州，東都震恐；十月，朱泚在長安稱帝，圍奉天；十二月，李希烈陷汴州。唐代規模最大的藩鎮連結、對抗中央的戰爭爆發了。⑪四海鼎沸的戰亂之後是接踵而來的災荒：興元元年秋，"螟蝗蔽野，草木無遺"。第二年五月"蝗自海而至，飛蔽天，每下則草木及畜毛無復孑遺，穀價騰踴"，"七月，關中蝗食草木都盡"。⑫世亂年荒，使原本尚可維持生計的王建一家也陷入困境，青年王建不得不像當時許多的人們一樣，遠離家鄉，到異地去謀生。

貞元元年⑬秋，王建出關輔往河南。他在《留別舍弟》一詩中説："孤賤相長育，未曾爲遠遊。誰不重歡愛，晨昏缺珍饈。出門念衣單，草木當窮秋。非疾有憂歎，實爲人子尤。世情本難合，對面隔山丘。況復干戈地，懦夫何所投。與爾俱長成，尚爲溝壑憂。豈非輕歲月，少小不勤修。從今解思量，勉力謀善猷。但得成爾身，衣食寧我求。固合受此訓，惰慢爲身羞。歲暮當歸來，慎莫懷遠愁。"詩人完全没有想到，這次"遠遊"竟是他"三十年作客"⑭生活的開始。

出關後，王建先赴洛陽，在這裏與年青的詩人張籍相識，隨後輾轉來到邢州，投靠刺史元誼，⑮入當地學館就學。《新唐書·選舉志》云："唐制，取士之科，多因隋舊，然其大要有三：由學館者曰生徒,由州縣者曰鄉貢,皆升於有司而進送之……每歲仲冬,州縣館監舉其成者,選之尚書省,而選舉不由館學者,謂之鄉貢,皆懷牒自列於州縣。……既至省,由户部集閱,而于考功員外郎試之。"可見想舉進士,其途有二:一入各州縣館學,二爲地方官特別舉薦。不管哪條路,地方長官都起着關鍵作用。而對地方官來説,設館授徒,舉薦鄉貢,既可培植勢力,又可造成聲望,所以也往往樂於施行。[16]

　　至於王建爲何前往邢州一帶求學,原因只能從歷史上去尋找。唐時的河北道南部,曾是一個經濟富庶、文教發達因而人才勃興的地區。據曾大興《中國歷代文學家之地理分佈》一書所作統計,在隋唐五代時期,河北僅深州、定州、貝州、趙州和幽州一帶就出現了 70 多位文學家。像孔穎達、盧照鄰、宋璟、李華、李吉甫、李翱、崔護、賈島等,都是頗有影響的文學家和政治家。而據丁文江《歷史人物與地理的關係》一文統計,唐代河北所出"人物"僅次於關中,居全國第二位。其次,從著名人物樊澤、于鵠、張籍、李肇先後均有在邢州求學的經歷中,[17]我們大體可以推知:在王建的時代,邢州必有規模較大或聲望較高、條件較優越的館學。既然如此,王建的選擇就不是偶然的了。

　　當時管轄邢州的昭義節度使李抱真是個喜歡招攬賢俊的人,"聞人之善,必令持貨幣千里邀致之。"[18]刺史元誼也是個能員,[19]且與館學諸生保持着密切的聯繫。在他們的庇護下,王建開始了緊張的讀書生活:"使君坐下朝聽易,處士庭中夜會詩"。[20]這一時期他寫下的《勵學》、《壞屋》、《宋氏五女》等詩,都充溢着高昂的進取精神。在《壞屋》一詩中,王建把腐敗的朝廷比成快要倒塌的房子,想象自己及第之後"必使换椽楹,先須木端直。永令雀與鼠,無處求棲息。"也就在這一時期,他受同窗張籍的影響,開始學習寫作樂府詩。

　　邢州學成後,王建曾經應試,但没有成功。他在《人家看花》中自述:"年少狂疏逐君馬,去來憔悴到京華。"爲了能够舉薦及第,他遍謁諸侯,却没有什麼結果。在《將歸故山留別杜侍御》一詩中他氣憤地寫道:"有川不得涉,有路不得行。沈沈百憂中,一日如一生,錯來干諸侯,石田廢春耕。虎戟衛重門,何因達中誠。日月俱照耀,山川異陰晴。如何百里間,開目不見明。"由於没有出路,王建遂隱居山中,過起"半學修心半讀書"[21]的日子。

　　關於王建此段經歷,學術界目前尚有不同意見,爭論主要集中在王建求學和隱居何地的問題上。李一飛認爲王建求學和隱居皆當在邢州附近,《譚考》則以爲王建"出關輔,往山東求學",其根據是張籍有《逢王建有贈》詩,詩云:"年狀皆齊初有髭,鵲山漳水每追隨。使君坐下朝聽易,處士庭中夜會詩。新作句成相借問,閑求義盡共尋思,經今三十餘年事,却説還同昨日時。"這首詩是元和八年張籍在長安見到王建時追述早年交往而作。詩中提到鵲山、漳水,《譚考》據《中國古今地名大辭典》以爲"鵲山在山東歷城縣二十里濼口鎮",但對"漳水"未能給出解釋。其實,詩中所及之鵲山、漳水均在邢州境内。《元和郡縣志》卷十五《邢州·内丘縣》:"南至州五十八里","鵲山,在縣西三十六里,昔扁鵲同號太子遊此山採藥,因名。"同書同卷《邢州·平鄉縣》,"西至州九十里。……濁漳水,今俗名柳河,在縣西南十里。"明李攀龍《登邢臺》詩"春樹萬家漳水上,白雲千載太行來",皆足明證。另外,張籍、王建詩還有提到邢州、襄國(邢州曾名)的,亦可旁證二人"每追隨"之地,即在邢州附近。中國歷史悠久,地域遼闊,地名重複者甚多。考察詩文中地名之所在,《元和郡縣志》的記載應較《中國古今地名大辭典》可靠。

至於王建之歸隱地點,《譚考》認爲地點當在"魏州或相州漳水邊",似不妥當。聯繫王建以前的一段生活來看,這個隱居地更可能在邢臺西部與山西交界之太行山中。王建在《七泉寺上方》、《山居》等詩中對所居環境作過一些描述,特別值得注意的是詩中所提到的石門、瀑泉,均在邢臺附近太行山之黃榆嶺一帶。據《邢臺縣志》卷一《山川》:瀑泉,即瀑布泉,在黃榆嶺東北。石門,即石門山,在邢臺縣西。又據《萬山綱目》卷五"黃榆嶺"條:"(太行山)分一支東北走直隸邢臺縣……其分支異名,曰老翁石門諸山。"金元好問亦有《下黃榆嶺》詩:"……摩圍可望不可到,青壁無梯猿叫絕……石門細路無澗泉,行人饑寒挽不前。"[22]凡此皆可資證明。要之,《譚考》僅據王建"一代甘爲漳岸老"[23]之句就揣定其隱居地在魏州或相州,證據不足。

總的看來,王建的山居生活是平靜的。詩人在《山中惜花》一詩中透露出某種閒適:"忽看花漸稀,罪過酒醒遲。尋覓風來處,驚張夜落時。遊絲纏故蕊,宿葉守空枝。開取當軒地,年年樹底期。"不過,王建畢竟不願終老山林,"男兒富邦家"[24]的理想不久又成了他思想的主導。

在中唐,一個人要想獲得做官的資格,主要通過以下幾種途徑:一是科舉考試,二是門蔭,三是流外入流,四是行伍和入幕。通過這些途徑取得做官的資格,就能够參加吏部主持的銓選。[25]科舉的道路在中唐已越來越窄,對出自衰門的王建來説,又毫無門蔭可言。他只能和當時多數人一樣,走從事幕府"先辟於征鎮,次升於朝廷"[26]這條路。幕府之選"異日爲大夫公卿者,十八九焉。"[27]

貞元十五年左右,清河張實前往幽州節度使劉濟幕府中投效。王建寫了一首《寄李益少監兼送張實遊幽州》的詩,托張實帶給李益,請這位聲名早著的詩人幫忙引薦:"古來難自達,取鑒在賢良。""幸君達精誠,爲我求回章。"

# 三、從軍與出使

約在貞元十六年,[28]王建沿太行東麓南北驛道,途經定州、范陽、良鄉,到達幽州,[29]開始了他"從軍走馬"㉚的幕府生活。當他告別多年的山居生活時,心中並不是沒有矛盾。他在《別藥欄》中寫道:"芍藥丁香手裏栽,臨行一日繞千回。外人應怪難辭別,總是山中自取來。"難舍的並不僅僅是辛苦建成的藥欄,更重要的是平和安寧、自由自在的隱居生活。唐代幕府雖然是人們求仕的一條捷徑,但幕府對人員的管制很嚴,工作十分緊張,再加上從事係幕主私人召募,在很大程度上要看幕主的顏色行事,㉛這些對於生性樸直狂疏的王建來説,都不是容易適應的。

　　王建所以想入幽州劉濟幕,除了有李益、張實的推薦外,還因爲劉濟"接士必下以詞氣,推賢而容其出處",㉜對一般士人較有吸引力。幽州節度幕與室韋、奚等少數民族地區毗鄰,處於當時國防前線,唐軍經常與這些少數民族發生摩擦和衝突。㉝作爲軍府低級從事的王建,生活是異常艱苦和緊張的。"愛山無藥住溪貧,脫卻山衣事漢臣。夜半聽雞梳白髮,天明走馬入紅塵。村童近去嫌腥食,野鶴高飛避俗人。勞動先生遠相示,別來弓箭不離身。"㉞這位曾經隱居山中,與青山綠水爲伴的讀書人此時早已面目全非。嚴寒的氣候,殘酷的戰鬥,士兵的哀傷,内心的酸痛,很快取代了"終日潺湲"的南澗、㉟"芍藥丁香"的藥欄,成爲他詩歌新的主題:"漫漫復凄凄,黃沙幕漸迷。人當故鄉立,馬過舊營嘶。斷雁逢冰磧,回軍占雪溪,夜來山下哭,應是送降奚。"㊱他的詩風也由幽秀平和轉爲激越哀苦:"關山月,營開道白前軍發,凍輪當磧光悠悠,照見三堆兩堆骨。"㊲"渡遼水,此去咸陽五千里。來時父母知隔生,重著衣裳如送死。"㊳他的詩歌現實主義色彩愈來愈明顯。同時,惡劣的環境與卑賤的地位也使他的幻想日逐破滅。貞元十九年,"林胡率諸部雜種浸淫于檀薊之北",㊴劉濟領兵討伐,勝利而還。王建隨軍遠征後,寫下《遠征歸》:"萬里發遼陽,處處問家鄉。回車不淹轍,雨雪滿衣裳。行見日月疾,坐思道路長。但令不征戍,暗鏡生重光。"這次戰役後,王建離開幽州幕府,返回邢州,前後大約經過三年多時間。當他在歸途中重過定州的時候,不禁十分感慨:"回看佛閣青山半,三四年前到上頭。省得老僧留不住,重尋更可有因由。"㊵

　　返鄉後不久,王建舉家遷往魏州,開始了他與魏博田家"五侯三任"㊶關係密切的一段生活。

　　王建從軍魏博,很可能靠的還是在邢州讀書時的老關係。"貞元十年秋,昭義行軍司馬、攝洺州刺史元誼聞王虔休爲留後,意不平,表請以磁、邢、洺別爲一鎮。昭義精兵多在山東,誼厚賚以悦之,上遣中使諭之,不從。""貞元十二年春,正月,庚子,元誼、石定蕃等帥州兵五千人及其家人萬餘口奔魏州,上釋不問,命田緒安撫之。"㊷元誼與田緒本是兒女親家,元誼的女兒嫁給了田緒之子、後來成爲魏博節度使的田季安。㊸王建在邢州讀書時曾和時任邢州刺史的元誼有過交往,並作過《從元太守宴西樓》、《和元太守遊七泉寺》等詩。從"願爲顏氏徒,歌詠夫子門"的詩句來看,二人大概還有師生之誼。此時王建來到魏博,自然能比在幽州

時多受些關照,待遇有所改善,而他也一度曾有了終老於此的念頭。㉔

　　約在貞元末年的一個夏末,王建奉命出使淮南,經滑州入汴州,而後經運河到達揚州,第二年春才返回。從《題誠法師院》等詩來看,大約他還到過蘇州、常州。㊺他在揚州告別詩人竇常㊻時說:"戀戀春恨結,綿綿淮草深。病身愁至夜,遠道未逢陰。忽還酒杯會,暫同風景心。從今一分散,還是繞枝禽。"似乎此次出使私下裏頗有些另謀高就的打算,可惜並沒有成功。

　　關於王建出使淮南,《譚考》未及此事。李一飛《張籍王建交遊考》則斷此事爲貞元十三年,云:"王建貞元十三年冬由幽州奉使淮南,一至揚州,十四年春北返,作《揚州尋張籍不見》。"但據卞孝萱《張籍簡譜》,張籍於貞元十一年返鄉後,十二年與孟郊在和州桃花塢別墅遊賞唱和。十四年方北遊,十月至汴州,識韓愈。若王建於貞元十三年冬由魏州使淮南,十四年春北返,則恰可在揚州與張籍相會,可見李說年份不合(李作論及張籍出處亦主要據卞譜,惜此處竟未能對照)。另外,李說季節時令亦與王建有關詩中所敘不符。經過整理、歸類,現存王建詩集中有明顯兩組反映出行的詩,在反映的時間和路線上高度一致。其中一組即爲經汴州、運河至揚州路線。"離家尚苦熱,衣服唯輕綌,時節忽復遷,秋風徹經脉。"(《早發金堤驛》)"晚泊水邊驛,柳塘初起風。蛙鳴蒲葉下,魚入稻花中。"(《汴路水驛》)"空賞野花無過夜,若看琪樹即須秋。紅珠落地求誰與,青角垂階自不收。"(《題江寺兼求藥子》)"秋天盆底新荷色,夜地房前小竹聲。"(《題誠法師院》)皆說明此次出使時令是在夏末秋初,並非冬天。此時張籍已居喪服除,赴洛陽選調,㊼故而王建未遇。乃作《揚州尋張籍不遇》云:"別後知君在楚城,揚州寺裏覓君名。西江水闊吳山遠,却打船頭向北行。"此"却打船頭向北行"當指張籍,非王建自指。因此時王建剛到揚州,不可能尋不見張籍就"打船"北返(從《淮南使回》等詩來看,他是盤桓到第二年春的)。

　　元和五年,王建再使江陵。㊽他本是個敦於情誼、喜愛家居生活的人,不喜遠行。"但令在家相對貧,不向天涯金繞身。"㊾此次出使未免有些身不由己。再加上久居北方,對荊襄一帶生活不甚習慣,所以詩中常透出思鄉之情:"壯年留滯尚思家,況是白頭在天涯。"㊿"夜半獨眠愁在遠,北看歸路隔蠻溪。"(51)不過,沿途獨特的風土人情還是給他留下了深刻印象:"江村水落平地出,溪畔漁船青草中。"(52)"水面細風生,菱歌慢慢聲。"(53)"蜀女下沙迎水客,巴童傍驛賣山雞。"(54)詩中透出的清氣,當是得南方江山之助。在荊州,王建結識了從事杜元穎,一再作詩寄意。他還會見了亡妻李氏的同族李肇,寫下了《荊南贈別李肇著作轉韻詩》。這首詩與《荊門行》是現存王建古體詩中最長的兩首。

　　這裏應該提及的是王建此數年間是否曾入幕別府的問題。照筆者看來,王建自入魏博後至元和八年返長安,其間約八、九年均在魏博幕中,中間兩次出使,尋即返回。但有不少人以爲王建此間尚有入幕嶺南、荆南二府之經歷，⑤在此需稍加辨析。

　　王建曾入幕嶺南，此係《譚考》提出，後戴偉華《唐方鎮文職僚佐考》據以錄入。《譚考》云：“貞元十八年壬午，三十六歲，王建嶺南幕府從事，來去取道荆州。”其實《譚考》這一論斷所憑藉的材料皆有問題：第一，《譚考》以爲王建《寄分司張郎中》一詩是證明此說的最直接證據。其詩云：“一別京華年歲久，卷中多見嶺南詩。聲名已壓衆人上，愁思未平雙鬢知。江郡遷移猶遠地，仙官榮寵是分司。青天白日當頭上，會有求閑不得時。”譚云“末句指分司張郎中，其他幾句都説自己。作者離開長安二十餘年，故云‘年歲久’，是可證王建曾在嶺南數年，且輾轉於嶺南五府間至少兩處。”譚説對此詩似有曲解。觀詩意，通篇都是相慰之辭。此“張郎中”雖難以確考，但從詩中看大約是曾被貶嶺南，幾經遷徙，今被命爲分司郎中，王建故爾去詩祝賀並示安慰。因此，如“聲名已壓衆人上”“卷中多見嶺南詩”之類，我們還是把它們看成是對張郎中客氣的推許似更合情理。第二，王建《南中》詩云：“天南多鳥聲，州縣半無城。野市依蠻姓，山村逐水名。瘴煙河上起，陰火雨中生。……”《譚考》以爲“此固北人眼中之嶺南風物景物矣。”其實，“南中”本泛指中國南方地區，從駱賓王《從軍中行路難》詩“滄江綠水東流駛，炎洲丹徼南中地”到譚用之《送丁道士歸南中》、棲蟾《南中懷友生》詩皆可證實這一點。白居易有《送客南遷》詩，云：“我説南中事，君應不願聽。曾經身困苦，不覺語丁寧。燒處愁雲夢，波時憶洞庭。春畬煙勃勃，秋瘴露冥冥。蚊蚋經冬活，魚龍欲雨腥。水蟲能射影，山鬼解藏形。穴掉巴蛇尾，林飄鶴鳥翔。颶風千里黑，蠻草四時青。……”此詩説“曾經身困苦，不覺語丁寧”，蓋以親身經歷講述南中生活。白有江州司馬、忠州刺史經歷，並未到過嶺南。是南中非專指嶺南之又一證明。王建《荆門行》描寫的是從襄樊到荆州的一段路程，詩中所提荆州、峴亭、荆門、章臺等地皆在湖北境内，無一在嶺南，但亦以“南中”稱之：“南中三月蚊蚋生，黃昏不聞人語聲。”可見“南中”實乃泛稱。比較《荆門行》、《南中》和白居易《送客南遷》諸詩所寫風物，大同小異，很難看出《南中》詩所寫“固北人眼中所見之嶺南風物。”第三，《譚考》以爲《江館對雨》亦是嶺南詩，並在“草館門臨廣州路”“廣州路”下加著重號，意爲依據。但廣州路乃指通向廣州方向的驛道，非如我們今日所言指廣州境内之大道。這一點我們可以從連《譚考》都認爲是記作者“從襄樊到荆州”這段路程的《荆門行》中得到證明：“向前問個長沙路，舊是屈原沈溺處。誰家丹旐已南來，逢著流人從此去。”“長沙路”此處當然是從湖北江陵通往湖南長沙方向的驛道，而不是長沙城中的道路，所以“廣州路”云云仍不足據。實際上，在江陵驛館仍可門臨“廣州路”，因爲在唐代兩廣地方官員返長安或長安官員赴兩廣皆須過江陵、經洞庭而後可。⑤第四，《譚考》據《武陵春日》云：“作者由荆州南去，過武陵。”但據《元和郡縣志》及《舊唐書·地理志》，武陵在朗州，屬山南道，爲荆南節度使轄區。要之，王建可能曾遠至今湖南北部，但沒有任何證據證明他走出荆南節度使轄地進入嶺南東、西道。第五，《譚考》又云：王建離開幽州後，即經荆州赴嶺南，在荆州曾稍事逗留，臨行作《荆南贈別李肇著作轉韻詩》。並引詩句"莫歎各從軍，且愁歧路分"云："説明王建遠赴嶺南，是在節度使軍中任武職。"其實，這詩本是王建由江陵返歸魏博前爲與李肇作別而寫。"各從軍"指王建在魏博鎮爲從事，而李肇在荆南府爲從事。"且愁歧路分"只是説二人將要分手，沒有根據表明將去嶺南。"從軍"係唐人對入幕軍府的習慣説法，並不一定要"擔任武職。"王建在任職昭應縣丞後作《別楊校書》云"從軍走馬十三年"，而據《譚考》，王建在元和二年至八年間在魏博爲田弘正"賓佐"之一，"講論古今言行可否"，顯然也並非武職。

　　總之，《譚考》雖提出王建曾入幕嶺南，但幾乎沒有靠得住的根據。也正因爲如此，連引用譚説頗多的李一飛也將此一部分摒落不提。

　　關於王建是否入幕荆南的問題，《譚考》及李一飛《張籍王建交遊考》皆持肯定態度。《譚考》云："元和初數年間，王建已從嶺南回到荆州。從事荆南使府數載，始回魏州或相州家中。"李一飛云："（王建）元和初先後入裴均荆南幕和田弘正魏博幕爲從事。"《卞作》認爲王建並非入幕，而是出使，可惜未能舉出證據。今細查譚、李二文，雖主入幕之説，其證據無非王建集中有多首江陵之作。顯然這種論證是非常脆弱的，二文得出的結論也表明未對這些詩作深入考究，並從整體觀照。

　　如前所論，王建詩集中有相當數量的作品，就其描寫的景物、反映的時令、行走的路線和表現的情感而言，非常一致，可以看成是一段時間內集中完成，亦可以看成組詩，其中一組就是反映江陵之行的。《江陵使至汝州》中説："回看巴路在雲間，寒食離家麥熟還。日暮數峰青似染，商人説是汝州山。"《荆門行》云："江邊行人暮悠悠，山頭殊未見荆州。峴亭西南路多曲，櫟林深深石鏃鏃。"據《元和郡縣志》："汝州，屬河南道，西北至東都一百七十里，西南至鄧州四百七十五里。""峴亭，在襄陽縣東南九里，山東臨漢水古今大路。"荆門，即荆門關，在湖北宜都縣西北[57]。由此兩詩分析，王建此行路線必是由河南入湖北、經襄陽到達江陵，方向東北西南。時間是在寒食至麥熟即四至六月之間，正當南方梅雨季節。我們且看王建另一首詩《道中寄杜書記》："西南東北幕天斜，巴字江邊楚樹花。珍重荆州杜書記，閑時多在廣師家。"路線正與我們分析的結果相合。再看時令："菱葉參差萍葉重，新蒲半折夜來風。"[58]"半夜思家睡裏愁，雨聲滴滴屋檐頭。照泥星出依前黑，淹爛庭花不肯休。"[59]"竹煙細雨兩相和，看著閒書睡更多。"[60]"鳥聲愁雨似秋天，病客思家一向眠。"[61]"障雲梅雨不成泥，十里津頭壓大堤。"[62]"秦女洞桃欹潤碧，楚王堤柳舞煙黃。"[63]"雨裏雞鳴一兩家，竹溪村路板橋斜。婦姑相喚浴蠶去，閑著中庭栀子花。"[64]"女兒停客茅屋新，開門掃地桐華里。犬聲撲撲寒煙起，人家燒竹種山田。"[65]等等。所寫時令景物皆與"寒食離家麥熟還"相符。因此我們當然應該把這些詩看成是反映此次出使的紀行詩。所以，稱王建"從事荆南使府數載"其實並無依據。

　　從貞元十六年入幕幽州到元和八年左右返回長安,王建度過了十三年"從軍走馬"的軍府生活。

# 四、春明門外做卑官

　　在驕兵悍將為禍甚烈的中唐,魏博衙內兵馬使田弘正似乎是個較為特殊的人物。他"少習儒術,頗通兵法,善騎射,勇而有禮。""聞前代忠孝立功之事。于府舍起書樓,聚書萬餘卷。視事之隙,與賓佐講論古今言行可否。"⑥⑥從王建後來寫給田弘正之子田布的詩《贈田將軍》中"自從書院別先生"等句來看,王建很可能就是田弘正的賓佐之一。

　　元和七年十月,原魏博節度使田季安死去,三軍舉田弘正知軍州事。田弘正早有歸順朝廷之意,他知軍州事後,"即日移懷諫(季安子)於外,令朝京師。"⑥⑦時憲宗在位,正全力解決藩鎮問題,故對田弘正的舉動格外重視,迅速作出反映:"甲辰,以魏博都知兵馬使、兼御史中丞、沂國公田興(弘正係朝廷賜名)為銀青光祿大夫、檢校工部尚書,兼魏州大都督府長史,充魏博節度使。"⑥⑧並于十一月派中書舍人裴度前往宣慰。張籍在後來寫給王建的詩中稱許他"早在山東聲價遠,曾將順策佐嫖姚"。⑥⑨則作為賓佐之一,王建可能為田弘正的歸正做過某些謀劃。當裴度宣慰魏博時,二人曾經結識。⑦⑩由於王建與田弘正的關係,所以歸正之後,田即薦他到長安謀職。這對王建來說,不啻是個喜訊。他在《留別田尚書》詩中寫道:"擬報平生未殺身,難離門館起居頻。不看匣裏釵頭古,猶戀機中錦樣新。一代甘為漳岸老,全家卻作杜陵人。朝天路在驪山下,專望紅旗拜路塵。"詩中表達了對魏博幕府的依戀,充滿了對田弘正的感激之情。中唐藩幕形成以來,客僚與幕主一家往往成私人關係。當初李益感激劉濟知遇,曾有"感恩知有地,不上望京樓"之句;盧綸在渾瑊幕,亦有不少詩為瑊子而作。王建的這種"殺身"難報的感情,自是當時常態。後來,他還給田弘正寫過許多詩,讚揚他歸正之後為國家統一做出的新貢獻。⑦⑪

　　元和八年,王建終於離開魏博,沿兩京大道奔赴長安。在渡過了多年"月行一年十二月,強半馬上看盈缺"⑦⑫的動蕩的從軍生活後,就要回到闊別三十多年的長安,王建心中是非常興奮的:"夜過深山算驛程,三回黑地聽泉聲。自離軍馬身輕健,得向溪邊盡足行。"⑦⑬"明發竹間亭,天暖幽桂碧。雲生四面山,水接當階石。隔樹浴鳥痕,破苔臥鹿迹。不緣塵駕觸,堪作商皓宅。"⑦⑭似乎沿途的景物也變得可愛起來。

　　返回長安後,王建並沒有馬上獲得任職。畢竟,他只不過是一個外府低級從事,雖然有人保薦,也難以得到朝廷的重視。他一面在長安附近置下田地,安頓下家小;一面不停地尋找門路,向當道權貴獻詩,希望引起他們的注意。這一時期,他寫下了《上武元衡相公》、《上李吉甫相公》、《上裴度舍人》、《上張弘靖相公》等詩。終於,元和九年,他被朝廷任命爲昭應縣丞。這時他已經近五十歲了。"喜得近京城,官卑意亦榮。"[75]"從軍走馬十三年,白髮營中聽早蟬。故作老丞身不避,縣名昭應管山泉。"[76]詩人失望的心情中竟也雜有一絲淡淡的滿足。

　　任職昭應是王建一生的轉捩點。從此他結束了奔波的外府從事生活,安居下來。昭應距長安很近,只有一驛的路程。[77]境内風景優美,名勝衆多。尤其是這裏有唐代規模最大的皇家行宫——温泉宫,"驪山温泉,自秦漢周隋相繼崇飾。唐貞觀中始營御湯,天寶六載築羅城于湯所,置百司公卿邸第,治湯爲池。增起台殿環列山谷。因改宫爲華清宫,明皇歲幸焉。殿曰九龍以待上,浴曰麗霜以奉御寢。曰長生以備齋祀,其他樓觀殿閣不可勝紀。"[78]安史亂後,皇帝遊幸雖較前大爲減少,但偶爾仍會駕臨。[79]温泉宫就在昭應縣治之南,正與縣署相對。王建做昭應丞後,公門兩衙,[80]朝夕過往,這道特殊的風景很快贏得了詩人的心,成爲他這一時期詩歌的重要題材。由於轄境内名勝衆多,生活又相對安定,王建常常在公事之餘四處遊覽。石甕寺、逍遥翁亭、柱國寺、降聖觀等地都留下了他的足迹,[81]有一次他甚至約好韋處士,帶足乾糧去遊覽新豐故城東的靈台寺。[82]這期間,除了和在長安任職的老友張籍、楊巨源保持着聯繫外,他還和寄居在石甕寺中的秀才于汝錫結成好友,後來調任京職時還一再寫詩往返酬答。[83]

　　由於華清宫留下了唐明皇衆多的痕迹,而唐明皇本人又與唐王朝的盛衰直接相關,所以自肅、代時候起,就有關於他與華清宫的故事流傳。懷念盛唐的人們把他看成是一個繁榮時代的象徵加以紀念,慨歎國勢式微的批評者把他視爲"啓亂階"的禍首予以譏刺。但不管怎樣説,唐明皇悲劇性的經歷在當時是受到人們廣泛關注的,許多詩人已經把它寫入自己的作品。[84]王建在昭應安居下來後,由歌詠華清故迹逐漸產生了創作組詩以表現唐明皇生活的想法,這就是《霓裳詞》十首。這組詩以絶句的形式描述了唐明皇和楊貴妃教授梨園子弟歌舞霓裳的情形,從一個側面反映了唐明皇的生活。最後一首説:"知向華清年月滿,山頭山底種長生。去時留下霓裳曲,總是離宫別館聲。"詩中巧妙地把華清宫、長生殿、唐朝國運的衰落與唐明皇、楊玉環愛情的象徵——霓裳曲結合在一起,既優美又感傷,婉而多諷,風情怊悵,有很高的藝術性。由於《霓裳羽衣曲》在當時還深爲人們所熟悉,[85]所以王建之組詩寫出之後,很快傳唱出去,至元和末"謳歌已入雲韶曲"。[86]這組詩的寫作爲後來百首《宫詞》的完成做好了技術上的準備。

　　王建這一時期創作了大量詩歌。同時,由於生活的安定,年齡的增加,閲歷的豐富,使得王建此時的詩藝更加成熟,詩風也較前有了較大變化。由樸直轉向婉轉,更加追求構思的精巧和語句的錘煉。《曉望華清宫》、《同于汝錫遊降聖觀》等詩就體現了這種變化。

也就在這一時期,王建寫下了著名的《自傷》:

> 衰門海內幾多人,滿眼公卿總不親。
>
> 四授官資元七品,再經婚娶尚單身。
>
> 圖書亦爲頻移盡,兄弟還因數散貧。
>
> 獨自在家長似客,黄昏哭向野田春。

詩中回顧了自己大半生的經歷,透露出中唐時代一個出身寒門的知識分子家散人亡的悲哀和蹭蹬官場的酸痛。由於這首詩具有較高的藝術概括力和感染力,又密切地與王建一生的行止相關,"簡直是他的自傳的詩",⑧所以關於這首詩的寫作時間的爭論一直没有停止過。《譚考》以爲當作于"渭南尉"任上:"王建正式入流作昭應丞,正八品下,渭南尉,正九品下,當然是七品以下官。但非'四授'。今云'四授'或統幽州、嶺南使府從事而言。則所謂'元七品'者,謂七品以下。"《卞作》認爲當作于"侍御史"任上:"'四授官資'指昭應縣丞、太府寺丞、秘書郎、侍御史四任職事官,'元七品'指散官(散位、本品)仍是七品。"其實,上述二説推論的出發點都是據《舊唐書·職官志》這一條記載:"正第八品下階,京兆、河南、太原府諸縣丞。"以爲昭應既屬京兆,縣丞必爲八品,與"元七品"不符,乃强爲之説。但二文作者並没有看到《舊唐書·職官志》中另外一條記載:"從第七品上階,京縣丞。注:萬年、長安、河南、洛陽、奉先、會昌、太原、晋陽。"會昌即昭應,天寶十載後更名。⑧這八縣雖亦分屬京兆、河南、太原三府所轄,但由於位置特别重要,故縣丞品級較三府其他縣有異,要高一個品級,由此可知"元七品"指王建任昭應縣丞時爲七品官。

# 五、春水池邊看柳條

可能在元和十五年左右,⑧王建結束了昭應任職,來到長安,擔任太府寺丞。太府丞主要協助管理長安市場和國家倉儲,事多而雜,⑨官階從六品上,並不被時人所重。等待了七年得到這個職務,王建並不滿意。他在《初授太府丞言懷》⑨詩中説:"除書亦下屬微班,喚作官曹便不閑。檢案事多關市井,聽人言不在雲山。病童嗔著唯行慢,老馬鞭多轉放頑。此去仙宫無一里,遥看松樹衆家攀。"讓性情"疏狂"的王建去管理集市、裁決交易,自然使他厭倦。看着太府寺不遠處尚書省諸機構的郎官們神氣地出出進進,更是覺得自己倍受冷落。⑨幸虧時隔不久就轉官秘書郎。⑧

秘書郎雖然屬於"清職",但"清而不要",⑨所以十分悠閑。王建身體不好,⑨年紀又大了,宦情未免冷淡。公事之餘,或外出遊賞,或與僧道往來。"難求買藥價,此外更無機。扶病看紅葉,辭官著白衣。斷籬通野徑,高樹蔭鄰扉。時復留僧宿,餘人得見稀。"⑨王建同時的著名詩人朱慶餘對他的生活作了生動的勾畫。不久，王建又轉官太常丞、秘書丞。⑨

王建任職長安，得以和當時居住長安的許多詩人來往。就中既有張籍、楊巨源這樣的老友，也有元宗簡、姚合、朱慶餘、雍陶、賈島這樣的新知。⑱他還結交了當時文壇著名的領袖韓愈和白居易。⑲此外，一些喜歡作詩的官員如駙馬都尉崔杞、金吾將軍胡証等也常常與他相互寫詩酬和。大約就在這個時期，王建開始了與宦官王守澄的交往。王守澄是元和末著名宦官，由於與中尉馬進潭、梁守謙等定册立穆宗皇帝而發迹。長慶中，知樞密事，直至文宗太和元年都始終受到重用。⑩由於地位尊崇，久在内廷，王守澄對皇宫内的事情非常熟悉。在交往過程中，王建獲知了不少這方面内容並有意識地以七絶的形式表現出來，逐漸積成百首。百首《宫詞》完成後，爲詩人贏得了廣泛的聲譽，也給詩人招惹了一場糾紛："王建校書爲渭南尉，⑩作宫詞……渭南先祖内宫王樞密，盡宗人之分。然彼我不均，後懷輕謗之色。忽因過飲，語及桓靈信任中官，多遭黨錮之罪，而起興廢之事。樞密深憾其譏。詰曰：吾弟所有宫詞，天下皆誦於口。禁掖深邃，何以知之？建不能對。元公親承聖旨，令隱其文。朝廷以爲孔光不言温樹，何其慎静乎！二君將遭奏劾，爲詩以讓之，乃脱其禍也。"⑩宫詞百首以大型七絶組詩的形式廣泛反映了鮮爲人知的皇宫生活，爲後代開拓了詩的題材。而王建在這組詩中樹立起來的委曲深摯的藝術風格，也爲後代詩人所接受和繼承。自王建以後，五代、宋至於明清，宫詞作者代不絶人，這不能不説是王建繼早年樂府詩創作後對詩歌的又一大貢獻。

關於這組詩的寫作時間，《卞作》據楊巨源《寄昭應王丞》詩句"謳歌已入雲韶曲"認爲"應是王建從元和中開始寫作，到元和末已廣爲流傳。"就《宫詞》描摹宫内生活的豐富、具體和忠實程度⑩來看，應是王建與王守澄長期交往的結果。但元和末以前王建未任京職，與王守澄交往並不容易："知無自來分，一驛是遥程"、⑩"莫道長安近於日，升天却易到城難。"⑩昭應離京雖近，職責所在，並不能常往。何況元和末以前王守澄雖已入宫，地位究未顯赫，與王建交往亦會受到限制。唐人多以絶句入歌，⑩則如《華清宫前柳》、《霓裳詞十首》之類，情辭俱美，很容易被樂人傳唱開去，"謳歌已入"云云並不一定就指宫詞。當然，《宫詞》採用七絶的形式，恐怕也是考慮到了便於入樂傳唱的因素。

# 六、陝州司馬

太和二年，王建任陝州司馬，開始走上他生命中最後一段旅程，陝州治所在今陝縣，爲北通河東，東走洛陽，西入潼關之要樞。⑩司馬爲從四品官，實際是優遊禄位的閒職，品高俸厚而無職事。⑩此次外任，恐怕主要是經濟上的原因。大約王建年事已高，爲退隱籌備"買山"

之資。白居易《送陝州王司馬》詩云：“陝州司馬去何如，養静資貧兩有餘。公事閑忙同少尹，料錢多少敵尚書。”個中就透出這個消息。唐代地方官員收入遠過於中央官員，所以外任常常是解決經濟困難的一個途徑。[⑩]王建的此番升遷，據劉禹錫《送王司馬之陝州》“府公既有朝中舊，司馬應容酒後狂”句來看，恐和陝虢觀察使王起的征辟有關。王建早年曾在淮南結識時爲從事的王起，並作《贈王侍御》詩極其推贊，二人可能有舊。王起太和二年出爲陝虢觀察使，[⑪]遂辟王建爲司馬。

王建告别長安的時候，張籍、白居易、劉禹錫等著名詩人都賦詩相送。就中以老友張籍的詩最爲深情：“京城在處閒人少，唯共君行並馬蹄。更和詩篇名最出，對傾杯酒興常齊。同趣闕下聽漏鍾，獨向軍前聞鼓鼙。今日春明門外别，更無因得到街西。”[⑫]早在邢州時期，張籍與王建就是“十年爲道侣”[⑬]的親密同窗，儘管後來爲謀生各赴風塵，但他們“升沈不改故人情”，一直保持着密切的聯繫。兩人同在長安任職後，更是親密非常。如今二人皆已年過花甲。此番分手，不同往昔。“生平少年日，分手易前期。及爾同衰暮，非復别離時。”[⑭]二人再未能够會面。

太和三年三月，白居易罷刑部侍郎，以太子賓客分司東都。四月，居易赴東都，過陝州，王建相迎宴叙。白居易爲作《别陝州王司馬》：“笙歌惆悵欲爲别，風景闌珊初過春。争得遣君詩不苦，黄河岸上白頭人。”不知爲什麽，這位大詩人讀王建的詩總離不開“苦”的感覺。[⑭]從此之後再也没有了王建的消息。《譚考》推斷他逝於太和四年至六年，大約與實際情形相差不遠。

王建的思想基本屬於儒家。還是在青年時代他就認爲“若使無六經，賢愚何所托。”[⑮]他性情樸直，交友敦于情誼，行爲方式也基本遵循正統的儒家觀念。他曾寫詩給一位遭讒害的官員説“莫以曾見疑，直道遂不敦。”[⑯]這很能代表他的風格。在中唐“外爲君子儒，内修菩薩行”[⑰]普遍風氣的影響下，王建晚年與僧道交往增多。但多是出於健康的考慮，修心養静，對佛道的學説並不相信。

① 卞文載《貴州大學學報》1987 年第 3 期，譚文載《西南師院學報》1983 年第 4 期，李文載《文學遺産》1993 年第 2 期。
② 唐人極重進士科，故競争尤其激烈，二十歲前中第者極罕見。王維算是很早的，亦十九歲進士。即以王維爲例，王建大曆十年，二十歲左右及第，其生年亦在乾元元年。
③ 張籍《逢王建有贈》。
④ 白居易《與元九書》。
⑤ 卞孝萱《王建的生平和創作》。
⑥ 岑仲勉《元和姓纂四校記》第 416—418 頁，國立中央研究院歷史語言研究所專刊之二十九。按書中原列王姓郡望六處，岑氏補添十處，共十六處。
⑦ 《古今圖書集成·方輿編·山川典·華山部·藝文四》：“明范守巳《自雲台觀之青柯坪記》云：‘雲台觀在華陰城南

八里許,唐宋舊址也。觀分左右,凡二,皆鴻構。"華岳祠又名華岳寺、華嶽廟,具體情形參見元稹《華嶽寺》,王建《華嶽廟二首》,李益《華岳南廟》諸詩。

⑧　參見嚴耕望《唐代交通圖考》第一卷,中央研究院歷史語言研究所專刊之八十三,民國七十四年。

⑨　王建《留別舍弟》。

⑩　王建《自傷》。

⑪　《資治通鑑·唐紀》。

⑫　《舊唐書·德宗本紀》上。

⑬　《譚考》認爲王建出關輔時間在建中四年,但當時兩河用兵。正月,李希烈陷汝州,東都震恐,十月,復陷汴州。王建冒險往洛陽的可能不大。其出關輔當在興元元年至貞元元年,如定于貞元元年,時朱已經敗走。

⑭　王建《送韋處士老舅》。

⑮　《新唐書·地理志三》"邢州平鄉縣"注:"貞元中,刺史元誼徒漳水,自州東二十里出,至鉅鹿北十里入故河。"據《舊唐書·德宗本紀下》,貞元十年七月,元誼以昭義軍節度使别將權知洺州,則其爲邢州刺史在貞元十年前,正王建與張籍在州境求學期内。

⑯　如韓愈就曾雙管齊下:一方面他舉張籍等人爲鄉貢,另一方面又延攬學子入館。他在《招揚之罘》一詩中説:"之罘南山來,文字得我驚。館置使讀書,日有求歸聲。"寫的就是後一種情形。

⑰　參見李一飛《張籍王建交遊考》,載《文學遺産》1993年第2期。

⑱　參見《舊唐書》本傳。

⑲　參見《嘉慶重修一統志·直隸·順德府·名宦》。

⑳　王建《送薛蔓應舉》。

㉑　王建《寄舊山僧》。

㉒　參見《邢臺縣志》卷十《藝文志》。清竇景燕原纂修,沈蓮生增修。同治十一年補刻印本。

㉓㊹　王建《留別田尚書》。

㉔　王建《送薛蔓應舉》。

㉕　參見張國剛《唐代官制》第139頁,三秦出版社,1987。

㉖㉗　白居易《温堯卿等授官賜緋充滄景江陵判官制》。

㉘　王建《别楊校書》:"從軍走馬十三年。"元和八年王建離開戎幕。據此逆推,其開始從軍應在貞元十六年左右。

㉙　王建有《金臺驛有題》:"水北金臺驛,年年行客稀。近聞天子使,多取雁門歸。"又有《望定州寺》詩。按定州、金臺皆邢州至幽州驛站,參見嚴耕望《唐代交通圖考》第五卷《相州至幽州詳程》。

㉚㉟　王建《别楊校書》。

㉛　參見戴偉華《唐代幕府與文學》,現代出版社,1990。

㉜㊴　《全唐文》卷五百五權德輿《故幽州盧龍軍節度副大使、知節度事、管内支度、營田、觀察、處置、押奚契丹兩番、經略盧龍軍等使、開府儀同三司、檢校司徒、兼中書令、幽州大都督府長史、上柱國、彭城郡王、贈太師劉公墓誌銘(並序)》。

㉝　《新唐書·藩鎮盧龍傳》,"奚數侵邊,(劉)濟擊走之,窮追千餘里,至青都山下,斬首二萬級。其後又掠檀薊北鄙,濟率軍會室韋破之。"

㉞　王建《從軍後寄山中友人》。

㉟　王建《南澗》。

㊱　王建《塞上》。

㊲　王建《關山月》。

㊳　王建《渡遼水》。

㊵　王建《望定州寺》。

㊶　自田承嗣至田弘正共六人統治過魏博。王建先後在田季安,田懷諫、田弘正三人幕府中任職,故云。田懷諫未得朝廷任命,不能稱"侯"。

㊷　《資治通鑑》唐紀五十一。

㊸　《舊唐書·列傳》第九十一。

㊺　參見《宋高僧傳》第102頁《唐錢塘天竺寺法詵傳》,〔宋〕贊寧撰,范實雍點校,中華書局,1987。

㊻　參見戴偉華《唐方鎮文職僚佐考》第360頁,天津古籍出版社,1994。

㊼　見卞孝萱《張籍簡譜》,《安徽史學通訊》第4—5期,1959。

㊽　據吳廷燮《唐方鎮年表》卷五,元和四年四月至六年四月趙宗儒爲荆南節度使。又據趙璘《因話録》卷二,趙宗

儒“鎮南”奏杜元穎爲從事。

㊾ 王建《遠將歸》。

㊿(65) 王建《荆門行》。

(51)(54)(62) 王建《江陵即事》。

(52)(58) 王建《江陵道中》。

(53) 王建《江館》。

(55) 主此意者有譚優學《王建行年考》、戴偉華《唐方鎮文職僚佐考》,李一飛《張籍王建交遊考》等。

(56) 參見杜甫《廣州段功曹到得楊五長史譚書功曹却歸聊寄此詩》及《送段功曹歸廣州》詩。《杜詩詳注》第927頁,中華書局,1979。

(57) 《水經注》三四《江水》。

(59) 王建《聽雨》。

(60) 王建《江樓對雨寄杜書記》。

(61) 王建《江館對雨》。

(63) 王建《武陵春日》。

(64) 王建《雨過山村》。

(66)(67) 《舊唐書》本傳。

(68) 《舊唐書·憲宗本紀》。

(69) 張籍《寄王秘書》。

(70) 參見王建《上裴度舍人》。

(71) 參見王建《朝天詞十首寄魏博田尚書》詩。

(72) 王建《行見月》。

(73) 王建《喜過祥山館》,並參見嚴耕望《唐代交通圖考》第一卷。

(74) 王建《題壽安南館》。

(75)(77)(104) 王建《歸昭應留别城中》。

(78) 〔宋〕宋敏求《長安圖志》,乾隆甲辰校刊,靈岩山館藏板。

(79) 如實曆元年十一月,敬宗不顧李絳、張仲方勸諫。“幸温湯”(《通鑑·唐紀》)。

(80) 《譚考》認爲王建《昭應官舍書事》中“兩衙早被官拘束”中“衙”字應爲“年”,則“文從字順”,“兩衙則嫌不辭”。其實“兩衙”並非“不辭”。白居易《郡齋旬假命宴呈座客示郡僚》云:“公門日兩衙,公假月三旬。衙用决簿領,旬以會親賓。公多及私少,勞逸常不均。”《舒員外遊香山寺》亦云:“白頭老尹府中坐,早衙才遲暮衙催。”則“兩衙”指早衙、暮衙,猶今之上午班、下午班。譚説不足據。

(81) 參見王建《題石甕寺》、《逍遥翁溪亭》、《題柱國寺》諸詩。

(82) 參見〔元〕駱天驤《類編長安志》,黄永年點校,中華書局,1990。

(83) 參見王建《同于汝錫遊降聖觀》、《曉雪酬于汝錫》、《寄石甕寺二秀才》諸詩。

(84) 陳寅恪云:“明皇與楊妃之關係,爲唐世文人公開共同習作詩文之題目。”參見陳氏《元白詩箋證稿·長恨歌》,上海古籍出版社,1978。

(85) 白居易有《霓裳羽衣歌》,元稹有《霓裳羽衣譜》(《白居易集校箋》第410—414頁,朱金城,上海古籍出版社。)

(86) 楊巨源《寄昭應王丞》。

(87) 參見徐澄宇《張王樂府》序言。

(88) 《舊唐書·地理志》第1396頁。

(89) 《譚考》定爲元和十二年,《卞作》定於元和十三年。但王建《寄廣文張博士》云“春明門外作卑官,病友經年不得看。”據卞孝萱《張籍簡譜》,張籍約於元和十五年末因韓愈推薦始遷國子博士,則王建任京職不得早於元和十五年。

(90) 參見《舊唐書·職官志》。

(91) 《譚考》謂“初授不知何意”。按初授即“首授”“始授”之意。參見白居易《初加朝散大夫又轉上柱國》及《妻初授邑號告身》文。

(92) 此“仙宫”即“仙署”也,乃唐人對尚書省之稱謂。常衮《授楊晋洛陽令制》:“敕:朝議郎守尚書金部郎中楊晋……仙署回翔,士林握重。”(轉引自《盧綸詩集校注》,劉初棠校注,上海古籍出版社,1989。)

(93) 參見白居易《授王建秘書郎制》及日人池田温編《唐代詔敕目録》“長慶元年至二年”(三秦出版社,1991)。

(94) 《唐會要》第1239頁引唐高宗語,〔宋〕王溥,上海古籍出版社,1991。

(95) 參見王建《眼病寄同官》、《早春書情》、《早春病中》、《晚秋病中》諸詩。

(96) 朱慶餘《題寄王秘書》。

(97) 參見李一飛《張籍王建交遊考》。

(98) 參見王建《和元郎中從八月十一至十五夜玩月》、《題元郎中新宅》、《贈盧汀諫議》,雍陶《贈秘書王丞見寄》,賈島《酬張籍王建》,姚合《送王建秘書往渭南莊》,朱慶餘《題寄王秘書》諸詩。

(99) 參見韓愈《玩月喜張十八員外以五六秘書至》詩及白居易《寄王秘書》詩。

(100) 見《舊唐書·宦官傳》及萬斯同《唐大臣將相年表》(《二十五史補編》第五册第7247頁)。

(101) 王建未嘗爲渭南尉,此係范攄之誤,今人多有辨明。參見《唐才子傳校箋·王建傳校箋》及李一飛《張籍王建交遊考》。惟李文以爲姚合"長慶中有《送王建秘書往渭南莊》詩",或即范攄謂建爲渭南尉所本。並云"渭南係指王建所居山莊坐落在渭水之南。時姚合爲武功縣主簿,縣在長安西約百里的渭水北岸,當是王建經武功歸莊,姚合以詩送之。"按據李嘉言《賈島年譜》,姚合元和十一年進士及第,十二年調武功主簿,長慶元年官萬年尉。王建長慶元年前後始由渭南鄰縣之昭應任職調京,所以王建未必有莊在渭水武功之南。且彼時渭南既爲京縣名,姚合亦不會輕用。此渭南莊或即王建爲昭應縣丞時於附近購置之别業,王建調爲秘書後賃宅長安縣内,因多閒暇,故常可探視,其途中必經萬年,故姚合有此作。

(102) 范攄《雲溪友議》卷下"琅琊忤"。上海涵芬樓景印常熟瞿氏鐵琴銅劍樓藏明刊本。

(103) 王建《宫詞》反映内容之忠實準確,歷代有口皆碑,歐陽修《歸田録》中力贊其"多言唐宫中事,群書闕記者,往往見於其詩。"(蔡絛《西清詩話》引)今人吴企明博採史籍,一一按察,爲做《王建〈宫詞〉劄迻》,亦很少發現訛誤。

(105) 王建《寄廣文張博士》。

(106) 何琇《樵香小記》卷下:"唐人歌詩,宋人歌詩,其法皆不傳,白香山稱《何滿子》,一曲四聲歌八疊,……又古樂府多長篇,而唐人惟歌絶句,即律詩亦僅取半首,古詩長篇如李嶠《汾陰行》,高適《哭單父梁少府》詩,亦僅取四句……。"(朱金城《白居易集校箋》第2458頁《何滿子》箋下引)

(107) 參見嚴耕望《唐代交通圖考》第一卷及譚其驤主編《中國歷史地圖集》第五册。

(108)(109) 參見張國剛《唐代官制》第121頁。

(110) 《舊唐書》卷一六四本傳。

(111) 張籍《贈别王侍御赴任陜州司馬》。李一飛《張籍王建交遊考》謂此詩中"街西""指張籍當時寓居的靖安坊。"李説非。靖安坊在"朱雀門街東第二街"(《唐兩京城坊考》),不得謂街西。《唐兩京城坊考》長安縣所領延康坊有"水部郎中張籍宅"。白居易《酬張十八訪宿見贈》詩:"遠從延康里,來訪曲水濱",張籍《移居靖安坊答元八郎中》詩:"長安寺裏住多時。"按籍先居延康里,後寓寺中,又遷靖安坊。唐朱雀街西長安所領引渭水,多水渠,生活便利,而東城多爲百官居所(參見《唐代長安與洛陽資料》及《唐代長安與洛陽地圖》,日人平岡武夫主編,上海古籍出版社,1989),故張籍《寄昭應王丞》詩"借得西街宅,開門渭水頭",時乃卜居延康里也。至《送陜州王司馬》時已遷居靖安坊,豈得仍謂"街西"?必指王建宅也。

(112) 張籍《登城寄王建》。

(113) 沈約《别范安成》。

(114) 參見白居易《寄王秘書》詩。

(115) 王建《勵學》。

(116) 王建《寄崔列中丞》。

(117) 白居易《祭中書韋相公文》。並參見李斌城《論唐代士大夫與佛教》(《魏晋隋唐史論集》)第二輯,中國社會科學出版社,1983)。

# 中華書局校點本《新唐書》
# 質疑一百一十則(上)

## 馬 俊 民

中華民族擁有光輝燦爛的文化遺產,二十四史是其重要的組成部分,他記載了這一偉大民族悠久的歷史,形成了宏大的著作體系。而中華書局校點本二十四史,是解放後老一輩史學家們耗費無數心血整理的結晶,他不僅吸收了前人研究的眾多成果,而且在標點校勘中糾正了大量訛誤,賜惠于後學者匪淺。但終因篇幅浩大,難以畢其功于一役,仍殘存下衍漏錯訛處。近期"中華民族文化促進會"主持編纂《今注本二十四史》,對"舊校本剔雜除蕪,糾錯正誤,綜述前人校注,爲無注本加新注,形成一套代表當代學術水平的二十四史新注本",以宏揚民族文化,激勵民族精神。筆者有幸參予此盛事,因此,願將平日習讀中華書局校點本《新唐書》時發現的疑點提出,並加以粗略考訂,以供校注該書的師友參閱,或對整理此歷史典籍的宏偉工程不無補益。當然,由于自己的功力淺薄,錯考在所難免,也望方家指正。

另需說明,爲便于翻閱《新唐書》,下列質疑考訂無論巨細,均按卷次前後順序排列。考訂中引用的《舊唐書》、《資治通鑑》、《通典》、《全唐文》、《册府元龜》、《唐會要》、《隋書》、《魏書》、《北史》、《南史》、《北齊書》、《南齊書》、《陳書》、《周書》、《白居易集》、《元稹集》、《大唐新語》、《登科記考》等皆是中華書局校點本,《大唐六典》爲廣池本,《韓昌黎全集》爲世界書局本,《元和姓纂》爲古歙洪氏校藏本,《古今姓氏書辨證》爲叢書集成初編本。

1.《新唐書》(後簡稱《新書》)卷1《高祖紀》載:武德六年四月癸酉"吏部尚書趙恭仁兼中書令、檢校凉州諸軍事。"按:同書卷61《宰相上》載同一時間任此職的是"楊恭仁"。再檢同書卷100《楊恭仁傳》、《資治通鑑》(後簡稱《通鑑》)卷190均是"楊恭仁"。由此可斷前引《高祖紀》"趙恭仁"實是"楊恭仁"之訛。

2.《新書》卷3《高宗紀》載:顯慶二年八月"辛未,衛尉卿許敬宗爲侍中"。按:同書卷61《宰相表》所載與此同。考《舊唐書》(後簡稱《舊書》)卷4《高宗紀》、《通鑑》卷200均載其此時是由"禮部尚書"提升爲侍中。(《册府元龜》卷72《帝王部·命相二》也載其升"侍中"是由"禮部尚書",但將"顯慶二年八月"訛爲"顯慶三年八月"。)另,《舊書》卷82《許敬宗傳》載:"高宗嗣位,代于志寧爲禮部尚書",後因被劾貶爲鄭州刺史。"永徽三年,入爲衛尉卿","六年,復拜禮部尚書。"隨後于顯慶中"尋册拜侍中"。《通鑑》卷199也載:永徽六年"九月戊辰,以許敬宗爲禮部尚書",而其前的官銜是"衛尉卿";後又由"禮部尚書"升爲"侍中"。總之,這些資料記許敬宗由"禮部尚書"升任"侍中"頗詳確,故斷《新書》之《高宗紀》、《宰相表》中"衛尉卿許敬宗爲侍中"是"禮部尚書許敬宗爲侍中"之訛。

3.《新書》卷4《中宗紀》載:景龍三年"九月戊辰,吏部尚書蘇瓌爲尚書左僕射、同中書門下三品。"按:《舊書》卷7《中宗紀》載:景龍三年九月"戊辰,吏部尚書、懷縣公蘇瓌爲尚書右僕射、同中書門下三品。"兩者官職不同。考《通鑑》卷209載:景龍三年"九月,戊辰,以蘇瓌爲右僕射、同中書門下三品"。《新書》卷61《宰相上》載同《通鑑》。另據兩唐書《中宗紀》和《通鑑》載:景龍三年二月壬寅"韋巨源爲尚書左僕射,楊再思爲右僕射同中書門下三品。"六月癸卯楊再思死,推斷蘇瓌是代替其位,自然以"右僕射"任相;況韋巨源時仍任"左僕射"(《舊書·中宗紀》載景龍三年十一月乙丑祀南郊,"左僕射舒國公韋巨源爲終獻"可證),蘇瓌不可能同時任此職。故可斷前引《新書·中宗紀》載"蘇瓌爲尚書左僕射"乃"右僕射"之訛。

4.《新書》卷8《文宗紀》載:"寶曆二年十二月,敬宗崩,……壬寅,内樞密使王守澄……奉江王而立之,率神策六軍、飛龍兵誅克明……"按:"神策"非"六軍"之數,因"六軍"是羽林、龍武、神武的固定稱謂,此唐長孺先生于《唐書兵志箋證》卷3已考明。故前文應標點爲"率神策、六軍、飛龍兵誅克明。"

順提一句,《舊書》卷13《德宗下》標點也誤。原標點:貞元七年三月"辛巳,詔神威、神策六軍將士自相訟",應標點爲"詔神威、神策、六軍"云云。其理由同上。

此外,《新書》卷49《百官四》載:"開元二十六年,分羽林置左右神武軍。"《唐書兵志箋證》卷3已考清此"神武軍"乃"龍武軍"之訛。另《百官四》還載:"左右龍武、左右神武、左右神策,號六軍。"《箋證》卷3也考清"肅宗以後以羽林、龍武、神武爲六軍",並指出《新書·兵志》和此條關于"六軍"記載的歧異,肯定《兵志》記"六軍者左右龍武、神武、羽林"確。于此順便説明。

5.《新書》卷42《地理志》載:"漢州德陽郡,……土貢:交梭,雙紃,彌牟、紵布,衫段,綾,紅藍,蜀馬。"按:本書《地理志》區分各種土貢物品皆以"頓號"爲别,而于此條却"頓號"、"逗號"相混,不合體例。應全改爲"頓號"。

6.《新書》卷50《兵志》載:"開元十二年,詔左右羽林軍、飛騎闕,取京旁州府士,……爲二籍,羽林、兵部分掌之"。按:據《大唐六典》卷5《兵部》載:"左右羽林軍有飛騎及左右萬騎、壙騎。"可知"飛騎本爲羽林軍"所屬一支,並非平列。另,此從《新書·兵志》引文前後文意也可知：正因"飛騎"爲"羽林軍"所轄，故從府士選取後，才爲"二籍"，由"羽林、兵部分掌之。"總之，應標點爲："詔左右羽林軍飛騎闕"云云。

7.《新書》卷61《宰相上》載："（貞觀二十三年五月）庚午，（張）行成兼侍中，檢校刑部尚書（高）季輔兼中書令，禮部尚書于志寧爲侍中。"按：據此標點，則"刑部尚書"是高季輔官職。然考兩唐書《張行成傳》均載此時張行成"遷侍中，兼刑部尚書。"而《舊書》卷4《高宗紀》所記更詳："二十三年五月己巳，太宗崩。庚午，以禮部尚書、兼太子少師、黎陽縣公于志寧爲侍中，太子少詹事、兼尚書左丞張行成爲兼侍中、檢校刑部尚書，太子右庶子、兼吏部侍郎、攝户部尚書高季輔爲兼中書令、檢校吏部尚書。"由此可知"刑部尚書"是張行成官職，高季輔的是"吏部尚書"。兩唐書《高季輔傳》也記高季輔"遷中書令，兼檢校吏部尚書"，而從未任過"刑部尚書"。若此，《新書·宰相表》前引文應標點爲："庚午，行成兼侍中檢校刑部尚書，季輔兼中書令，禮部尚書于志寧爲侍中"。另《通鑑》卷199載：貞觀二十三年五月，"辛未，……以太子左庶子于志寧爲侍中，少詹事張行成兼侍中，以檢校刑部尚書、右庶子、兼吏部侍郎高季輔兼中書令"。似此也將張行成的"刑部尚書"官職誤加在高季輔身上。

8.《新書》卷61《宰相上》載：永徽四年"九月甲戌，（褚）遂良爲尚書左僕射、同中書門下三品，仍知選事。"按：兩唐書《高宗》和《通鑑》卷199均載永徽四年九月甲戌，褚遂良由吏部尚書、同中書門下三品升爲"尚書右僕射"，依舊任相。兩唐書《褚遂良傳》所載同。特别是《舊書·褚遂良傳》詳云："四年，代張行成爲尚書右僕射，依舊知政事"。而《新書·宰相表》也載張行成從永徽二年八月至永徽四年九月死所任官職是"尚書右僕射"，兩者完全相符。故可斷《宰相表》前引文中"左僕射"是"右僕射"之訛。

9.《新書》卷61《宰相上》載聖曆二年八月丁未陸元方再次任相，然不載其罷相時間，此不符本表體例。檢同書卷4《則天皇后紀》和《通鑑》卷206均記陸元方于"久視元年臘月庚寅"罷爲司禮卿。故前引《宰相表》此誤屬脱漏。

10.《新書》卷61《宰相上》記：天授元年九月丙戌，"宗秦客檢校納言"。按：兩唐書《則天皇后紀》均載天授元年九月丙戌武則天任命宗秦客爲"内史"。《通鑑》卷204記載完全同此。另，同書卷109《宗楚客傳》和《舊書》卷92《宗楚客傳》也均載宗秦客在武則天朝所任的是"内史"，而從未任過"納言"。故可斷前引《宰相上》"檢校納言"是"檢校内史"之訛。

11.《新書》卷61《宰相上》載：久視元年三月"甲戌，（吉）頊加左控鶴内供奉"。按：據《通鑑》卷206和兩唐書《吉頊傳》可知，吉頊在聖曆二年正月，以左臺中丞加"控鶴監内供奉"。又據《新書》卷4《則天皇后紀》、卷61《宰相表》和《通鑑》卷206，皆記吉頊于聖曆二年臘月戊子升任宰相，而于久視元年正月貶爲琰川尉（《通鑑》據《御史臺記》云"固安尉"）。《新書》卷117《吉頊傳》還載其貶職後，"尋徙始豐尉，客江都，卒"。說明吉頊貶到地方後至死未回京城,不可能再任京官。再檢兩唐書《則天皇后紀》、《吉頊傳》和《通鑑》也皆不載吉頊第二次任"左控鶴內供奉"。故可斷前引《宰相表》"甲戌,頊加左控鶴內供奉"是衍文。又,據本表體例,宰相兼職才有這種寫法;而吉頊前已注明罷相,又未再任相,此處加這樣內容也不合體例。

12.《新書》卷 61《宰相上》載:弘道元年"十二月甲戌,(劉)仁軌罷爲左僕射、京師留守"。按:同表前載:開耀元年"七月甲午,仁軌罷左僕射,以太子少傅同中書門下三品"。其後至"弘道元年十二月甲戌"前未曾再任"左僕射"職,爲何又"罷爲左僕射"? 于理不通。考兩唐書《則天皇后紀》、《通鑑》卷 203 均載弘道元年十二月甲戌,劉仁軌爲"尚書左僕射"。兩唐書《劉仁軌傳》也載:則天臨朝,"復拜尚書左僕射"。由此可斷前引《新書·宰相表》"罷爲左僕射、京師留守"中之"罷"字爲衍文。

13.《新書》卷 61《宰相上》載:景雲二年"四月甲申,(韋)安石爲中書令,……庚戌,安石加開府儀同三司。壬戌,殿中監竇懷貞爲左臺御史大夫、同中書門下平章事"。按:同書卷 5《睿宗紀》載:景雲二年"四月甲申,韋安石爲中書令。……五月庚戌,復昊陵……壬戌,殿中監竇懷貞爲左御史臺大夫、同中書門下平章事"。《舊書》卷 7《睿宗紀》載:景雲二年四月"甲申,韋安石爲中書令……五月庚戌,復武氏昊陵……庚申,韋安石加開府儀同三司。辛丑,改西城公主爲金仙公主,……壬戌,殿中監竇懷貞爲左臺御史大夫、同中書門下平章事。"《通鑑》卷 210 載:景雲二年"四月,甲申……以韋安石爲中書令。……五月,……辛酉,更以西城爲金仙公主……壬戌,殿中監竇懷貞爲御史大夫、同平章事"。比較這些資料可知:其一、《新書·宰相表》記竇懷貞任相在景雲二年"四月壬戌",而其他資料均記在該年"五月壬戌"。再檢《二十史朔閏表》,景雲二年四月丙子朔,五月乙巳朔,故知"壬戌"只能在五月。由此可斷"五月壬戌"確。其二、《宰相表》記韋安石加開府儀同三司在景雲二年"四月庚戌",《舊書·睿宗紀》載于該年"五月庚申"。據《二十史朔閏表》知"庚戌"或"庚申"日均只能在五月,《新書·睿宗紀》也云"五月庚戌"。由此可斷《宰相表》中"四月庚戌"誤,當爲"五月庚戌"或"五月庚申"。另,這裏附提一筆,即《舊書·睿宗紀》記"改西城公主爲金仙公主"在景雲二年五月"辛丑",而《通鑑》載于"辛酉"日。據《二十史朔閏表》五月有"辛酉"而不可能有"辛丑"。故《通鑑》所記確。

14.《新書》卷 61《宰相上》載:姚璹于長壽元年八月爲相,同年"九月辛丑",罷爲司賓少卿。按:同書卷 4《則天皇后紀》和《通鑑》卷 205 均記載姚璹罷相時間是在"長壽二年九月辛丑"。且《通鑑》卷 205 記:長壽二年正月"戊申,姚璹奏請令宰相撰《時政記》",正因此時他仍身爲宰相。另,《舊書》卷 89《姚璹傳》載:"長壽二年,遷文昌左丞、同鳳閣鸞臺平章事。……是歲九月,坐事轉司賓少卿,罷知政事"。姚璹任相時間在"長壽元年八月",此記"長壽二年"

誤(其考見拙文《中華書局校點本〈舊唐書〉質疑五十五則》,載《天津師大學報》1999 年 1 期);後文云"是歲九月"罷知政事,也當改爲"長壽二年九月"罷知政事。總之,姚璹罷相時間當以《新書·則天皇后紀》所記爲確。

　　15.《新書》卷 62《宰相中》載:開元元年十二月"癸丑,(劉)幽求罷爲太子少師,……(開元四年)閏十二月己亥,元之、幽求罷爲開府儀同三司"。按《新書·宰相表》的體例,宰相罷職後即不再記其官職的變更,但上述劉幽求的情況有違此。考《舊書》卷 8《玄宗紀》,《通鑑》卷 210、211 均記劉幽求于開元元年十二月癸丑罷爲"太子少保"(《新書》卷 121《劉幽求傳》也記"太子少保"),此後再未爲相。且《舊書》卷 97《劉幽求傳》載其罷相後由太子少保貶授睦州刺史,又遷杭州刺史,"開元三年"轉桂陽郡刺史時死于道中(《通鑑》卷 211 詳記其死期是此年"十一月甲申")。再考兩唐書《玄宗紀》、《通鑑》卷 211,知開元四年閏十二月己亥僅姚元之罷爲開府儀同三司。由上可斷,《宰相中》載劉幽求"罷爲太子少師"乃"太子少保"之訛;而"姚元之、幽求罷爲開府儀同三司"中"幽求"是衍文。

　　16.《新書》卷 63《宰相下》載:長慶二年三月"戊寅,(李)夷簡分司東都"。按:據同表和同書卷 7《憲宗紀》、《舊書》卷 15《憲宗紀》均載李夷簡于元和十三年七月辛丑罷相,出任使相,且此後在穆宗朝再未入朝任相。另,同書卷 70《宰相世系》只云其相憲宗。同書卷 131《李夷簡傳》也不載其在穆宗朝任相。按《新書·宰相表》體例,"使相"不應列入職務遷轉等内容。故斷前引《宰相下》中文字"戊寅,夷簡分司東都"當屬衍文,應刪除。另,《唐會要》卷 1《帝號》在穆宗朝宰相列李夷簡名也誤,應改列在"使相"名下。

　　17.《新書》卷 63《宰相下》載:文宗太和元年六月癸巳王播任相,然不載其罷相時間。考同書卷 8《文宗紀》載其于太和四年正月甲午死。兩唐書《王播傳》也皆載其在文宗朝從太和元年起連任宰相至太和四年死時止。故《宰相表》脱載了王播罷相時間。應在表中太和四年正月辛卯牛僧孺任相條後,增"甲午,王播薨"。

　　18.《新書》卷 70《宗室世系上》載:"新興郡王德良",孫"新興郡公、户部尚書晋"。按:同書卷 78《宗室傳》載:"新興郡王德良,……孫晋,先天中……襲王"。《舊書》卷 60《宗室傳》載:"德良孫晋,先天中,……甚有威名,紹封新興王"。《通鑑》卷 210 開元元年六月、七月條兩次均記"新興王晋"。由此可證前引《宗室世系》"新興郡公、户部尚書晋"乃"新興郡王、户部尚書晋"之訛。

　　19.《新書》卷 71《宰相世系一上》載:"(裴)談,相中宗"。按:據本書卷 61《宰相上》、兩唐書《中宗、睿宗紀》、《通鑑》卷 209 均載裴談于神龍四年(或云"景龍元年")六月癸未(或"壬午")任相(名義上在中宗朝,但中宗已被毒死而韋后總政,裴談實韋后所擢),直至睿宗朝景雲元年八月罷相。另,《唐會要》卷 1《帝號》在中、睿兩朝宰相中也全列其名。故可斷前引

《宰相世系》中"相中宗"不確,應爲"相中宗、睿宗"。

20.《新書》卷71《宰相世系一上》載:"(裴)遵慶字少良,相代宗"。按:據兩唐書《肅宗、代宗紀》、《新書》卷62《宰相中》、《通鑑》卷222,均記裴遵慶于肅宗上元二年四月己未任相,至代宗廣德元年十二月乙未罷相。且《唐會要》卷1《帝號》于肅宗、代宗兩朝宰相中均列其名。由此可斷前引《宰相世系》"相代宗"不確,應爲"相肅宗、代宗"。

21.《新書》卷71《宰相世系一上》載:"(裴)伯鳳,後周光、汾二州刺史、琅邪郡公"。子,"(裴)定高,襲琅邪郡公、馮翊郡公"。子,裴仁基。按:《舊書》卷84《裴行儉傳》"校勘記四"已考裴仁基父名"定","高"字是衍文。此也當糾正。另,《舊書·裴行儉傳》記裴定爲"馮翊郡守,襲封琅邪公"。且裴定父裴伯鳳只有"琅邪郡公"(簡稱"琅邪公")一爵號,裴定如何能襲"琅邪郡公、馮翊郡公"兩個爵號? 由此也可斷前引《宰相世系表》中"馮翊郡公"乃"馮翊郡守"之訛。

22.《新書》卷71《宰相世系一上》載:"(劉)仁軌字正則,相高宗"。子名"滔"。滔子名"濬,工部員外郎"。濬子名"晃"。又載劉仁軌五世祖名"通",但其高祖則空欄無名。按:據兩唐書《劉仁軌傳》均記劉濬爲劉仁軌之子。《元和姓纂》卷5也記"軌生滔、濬,濬工部員外"。由此可斷前引《宰相世系》將"濬"列于仁軌孫輩誤,應提到子輩欄中,濬子"晃"等也應隨之提上。又,《宰相世系》不記劉仁軌高祖名,而將劉通列于其五世祖欄中。然據《元和姓纂》載:"通,即仁軌高祖"。若此,《宰相世系》也誤記。其三、據《新書》卷4《則天皇后紀》、《通鑑》卷203、兩唐書《劉仁軌傳》可知,劉仁軌不僅在高宗朝任相,而且武則天朝依然如此,直到垂拱元年正月死。《唐會要》卷1《帝號》卷3《皇后》于高宗、武后兩朝宰相中也均列其名。由此可斷前引《宰相世系》云劉仁軌"相高宗"不確,應爲"相高宗、武后"。另,順提一句,《新書》之《劉仁軌傳》、《宰相世系》和《元和姓纂》均記濬子名"晃",僅《舊書·劉仁軌傳》寫作"冕",似"晃"確。

23.《新書》卷71《宰相世系一上》載:"(劉)晏字士安,相肅宗、代宗"。按:據同書卷6《代宗紀》、卷62《宰相中》以及《通鑑》卷222,均記劉晏于代宗廣德元年正月癸未始爲相,兩唐書《劉晏傳》所記與此相合。另《唐會要》卷1《帝號》也僅在代宗朝宰相中列其名。故可斷前引《宰相世系》載"相肅宗、代宗"不確,應是"相代宗"。

24.《新書》卷71《宰相世系一上》載:"劉氏定著七房……宰相十二人。……尉氏房有仁軌,琢;……"按:查尉氏房劉氏表中無"(劉)琢",而有"(劉)瑑","相宣宗"。人名前後不一。再檢本書卷182和《舊書》卷177《劉瑑傳》,均記爲宣宗宰相者是劉瑑。故可斷前引"琢"是"瑑"之訛。

25.《新書》卷71《宰相世系一上》載:"(劉)瞻字幾之,相懿宗"。按:據同書卷63《宰相表》載劉瞻除在懿宗朝任相外,還在僖宗"乾符元年五月乙未"再次爲相,《通鑑》卷 252 所記同此。而同書卷 181《劉瞻傳》也記其在僖宗朝再次任相,"居位三月卒"。故可斷前引《宰相世系》"相懿宗"不確,應是"相懿宗、僖宗"。

26.《新書》卷 71《宰相世系一下》將蕭悟載于蕭嵩之子、蕭華之弟、蕭恒叔父欄中。考同書卷 101《蕭瑀傳》、《舊書》卷 99《蕭嵩傳》卷 172《蕭俛傳》所列世系,均記蕭悟爲蕭恒之弟、蕭華之子、蕭嵩之孫。故可斷前引《宰相世系》蕭悟一欄誤,應將蕭悟及其子孫等均下移一欄才確。另,《宰相世系》中記蕭悟曾孫名"須,字子登"。《舊書·蕭俛傳》寫作名"頋"。《唐五代人物傳紀資料綜合索引》第 489 頁注 2、3 考作名"蕭頋"、字"子澄"。于此順便説明。

27.《新書》卷 71《宰相世系一下》載:"(楊)懿,洛州刺史,弘農簡公。"其子:"順字延伯,冀州刺史、三門縣伯";"津字羅漢,後魏司空、孝穆公"。楊津子:"愔,字遵彦,北齊尚書令、開府王";"暐字延孝,後魏安南將軍";"岐,吕州刺史"。按:《魏書》卷 58《楊播附暐傳》、《北史》卷 41《楊播附暐傳》皆載:"津弟暐"。且《北史》卷 41《楊播附愔傳》和《北齊書》卷 34《楊愔傳》均載楊津爲楊愔父,而又載楊暐爲楊愔"季父",也證楊暐是楊津弟而非其子。由此可斷前引《新書·宰相世系》列楊暐爲楊津子誤。另,前引《魏書》和《北史》均載楊暐"字延季"而非"延孝",似"延季"確。再者,《宰相世系》記楊順"字延伯",而《魏書》卷 58《楊順傳》、《北史》卷 41《楊順傳》均記其字"延和",也似後者確。

28.《新書》卷 71《宰相世系一下》載:"(竇)懷貞,相中、睿"。按:據兩唐書《睿宗紀》和《通鑑》卷 210,可知竇懷貞于景雲二年五月任相(《新書》卷 61《宰相上》記于"四月",誤。其考見第 13 條),而在先天二年(或云"開元元年")七月甲子自殺,任相期全在睿宗朝。若以景雲三年八月玄宗即位、睿宗爲太上皇以后視爲玄宗朝,也可云"竇懷貞相睿、玄"。但上引各資料以及兩唐書《竇懷貞傳》均不載竇懷貞在中宗朝任相。《唐會要》卷 1《帝號》在睿、玄宗兩朝宰相列其名,而中宗朝宰相中也無。總之,這些均可證前引《宰相世系》"相中、睿"誤,當作"相睿宗"或"相睿、玄"。

29.《新書》卷 71《宰相世系一下》載:"(竇)易直字宗玄,相穆、敬"。按:據兩唐書《敬宗紀》、同書卷 63《宰相下》、《通鑑》卷 243、《舊書》卷 167《竇易直傳》,可知竇易直于長慶四年五月乙卯任相,時已在敬宗朝;又知其于文宗太和二年十月癸酉罷相。另,《唐會要》卷 1《帝號上》、卷 2《帝號下》于敬宗、文宗朝宰相中列其名而穆宗朝不列。這些均可證前引《宰相世系》"相穆、敬"不確,應爲"相敬、文"。

30.《新書》卷 72《宰相世系二上》載:杜秀"二子:果、皎。皎生徽,徽字暐,隋懷州長史、豐鄉侯。生吒、淹。吒,隋昌州司馬。淹字執禮,相太宗。(吒子)如晦字克明,相太宗"。《新書》卷 96《杜如晦傳》載:杜如晦,"祖果,有名周、隋間"。《元和姓纂》卷 6 載:杜果,"後周尹興太守、當陽侯"。又云:"義興公果,隋兵部尚書。兄曄,隋懷州刺史。生吒、淹。吒,隋昌州司馬,生如晦、楚客"。《舊書》卷66《杜如晦傳》載:杜如晦"曾祖皎,……祖徽,周河內太守。祖果,周溫州刺史,入隋,工部尚書、義興公,《周書》有傳。父吒,隋昌州長史"。《舊書》卷66《杜淹傳》載:"如晦叔父淹。淹字執禮。祖業,周豫州刺史。父徵,河內太守"。《周書》卷36《杜杲傳》、《北史》卷70《杜杲傳》均云:杜杲"父皎,儀同三司、武都郡守"。又云杜杲在北周時"賜爵義興縣伯"。隋開皇元年"進爵爲公。俄遷工部尚書。二年,除西南道行臺兵部尚書"。

按:上引諸資料記載杜如晦家世多有錯訛,現並考如下:其一、兩唐書、《元和姓纂》所云的"杜果",和《周書》、《北史》所云的"杜杲"實是一人,此從其地望、在隋爵同爲"義興公"、以及官爲"工部尚書"或"兵部尚書"(《元和姓纂》之"兵部尚書"當是"西南道行臺兵部尚書"的簡稱)等所證,惜不知"果"、"杲"兩字誰訛。其二、《舊書·杜淹傳》載杜淹祖父名"徵"。但《舊書·杜如晦傳》、《元和姓纂》、《新書·宰相世系表》均云杜淹是杜如晦親叔父,而又同記杜如晦祖父名"徽",故可斷"徵"是"徽"之訛。其三、《舊書·杜如晦傳》前記杜如晦祖父名"徽",後又記其祖父名"果"。此不合情理。據《元和姓纂》可知"杜果"是"杜徽"(即"杜曄",《宰相世系表》載"徽字曄"可證)之弟,且《元和姓纂》、《宰相世系表》均記杜如晦祖父是杜徽。故可斷《舊書·杜如晦傳》所載"祖果"當是"從祖果"之訛。(《舊書》卷66"校勘記七"也指出:"祖果,'祖'字疑當作'從祖'",此確。但其所根據的是《新書》卷72《宰相世系表》,而此表誤列杜果是杜如晦的"曾從祖"。漏指出。詳後考。)其四、《元和姓纂》、《舊書·杜如晦傳》均記杜徽、杜果是兄弟,獨《宰相世系表》列"果"和"徽"父"皎"爲兄弟。再考《周書》、《北史》之《杜杲傳》,均記"杲"是"皎"之子,也證"杲(果)"和"皎"決非兄弟輩。故可斷《宰相世系表》載秀二子:"果、皎"誤。其五、前已說明杜淹是杜如晦親叔,若此,杜淹祖即是杜如晦曾祖。但《舊書·杜如晦傳》、《宰相世系表》均記杜如晦曾祖名"皎",獨《舊書·杜淹傳》記杜淹"祖業",或"業"是訛文? 若上考不誤,杜如晦這段世系當是:杜皎生徽(字曄)、果(杲);徽生吒、淹;吒生如晦等。而《宰相世系表》將杜如晦"從祖"果誤爲"曾從祖";《新書·杜如晦傳》將"從祖"果誤爲"祖";《舊書·杜如晦傳》誤記"徽"、"果"均是杜如晦"祖",其"祖果"當是"從祖果"之脫文。《舊書·杜淹傳》將其父"徽"訛爲"徵",而"祖業"似也是"祖皎"之訛。

31.《新書》卷72《宰相世系二上》將杜審禮列于杜元穎孫輩欄中,將杜審權列于杜元絳孫輩欄中。考兩唐書《杜元穎傳》和《元和姓纂》卷6皆記杜審權是杜元絳子,而《元和姓纂》也記杜審禮是杜元穎子,故可斷《宰相世系》上引內容有誤,應將杜審禮載于杜元穎子欄、杜審權載于杜元絳子欄,而杜審權子杜讓能也應隨着變更。其二、前引《宰相世系》載:"(杜)讓能字群懿,相昭宗"。據同書卷63《宰相下》和卷9《僖宗紀》均載杜讓能于僖宗光啓二年三月爲相,直至昭宗朝。故《宰相世系》應改爲"相僖宗、昭宗"。其三、《宰相世系》中將杜蔚列于杜元絳叔父欄中,然據《舊書》卷 177《杜審權傳》載:"絳生二子,審權、蔚,並登進士第"。在無其他更有力證據的情況下,似《舊書》所記更確些。其四、《宰相世系》中還將杜用礪列于杜審權子欄中,然據《元和姓纂》卷 6 載杜用礪爲杜審權孫、杜彥林子。另,《舊書·杜審權傳》和《新書》卷 96《杜如晦附元穎、審權傳》均記杜審權三子,即讓能、彥林、弘徽,不見有用礪。似可斷前《宰相世系》中此點也誤,當以《元和姓纂》所記爲確。

32.《新書》卷 72《宰相世系二上》載(節取相關部分):

| | | 充穎,後周滑州刺史、流江郡公 | 充信 | | | 充節,隋朔州刺史、武陽公 |
|---|---|---|---|---|---|---|
| 敬本,豫州刺史 | 玄明,濟州刺史、成紀縣公 | 義本,宣州刺史 | | 大亮,右衛大將軍、武陽懿公 | 大辯 | 大通 |
| | | 迴秀字茂實,相武后 | | | | |

按:兩唐書《李大亮附迴秀傳》皆云李迴秀是李大亮"族孫",按此表則是父輩,不合。又《舊書》卷 62《李大亮附迴秀傳》載:迴秀"祖玄明,濟州刺史。父義本,宣州刺史"。則玄明是義本父,而充穎是玄明父。若此,玄明和大亮是叔伯兄弟,而迴秀恰是大亮族孫,合乎兩唐書《李大亮附迴秀傳》中"迴秀,大亮族孫也"的記載。因此,表應改爲:

| 充穎,後周滑州刺史、流江郡公 | 充信 | | | 充節,隋朔州刺史、武陽公 |
|---|---|---|---|---|
| | 玄明,濟州刺史、成紀縣公 | 大亮,右衛大將軍、武陽懿公 | 大辯 | 大通 |
| 敬本,豫州刺史 | 義本,宣州刺史 | | | |
| | 迴秀字茂實,相武后 | | | |

另,《古今姓氏書辨證》卷 21 李氏條記載同前引《宰相世系》之誤,也當更正。

33.《新書》卷 72《宰相世系二上》載:"(李)逢吉,字虛舟,相憲宗"。按:同書卷 63《宰相表》載:李逢吉憲宗元和十一年二月乙巳爲相,十二年九月丁未罷爲劍南東川節度使。但穆宗長慶二年六月甲子再任相,直至敬宗寶曆二年十一月甲申,以檢校司空、同平章事銜出任山南東道節度使爲止。再檢兩唐書之憲、穆、敬三朝《本紀》和《李逢吉傳》,均載其在憲、穆、敬三朝任過宰相。故可斷前引《宰相世系》中"相憲宗"不確,應是"相憲、穆、敬宗"。

34.《新書》卷 72《宰相世系二上》載:"(李)日知,相玄宗"。按:據同書卷 61《宰相上》載:李日知于景雲元年六月壬寅爲相,時在睿宗朝,直至景雲二年十月甲辰罷相任户部尚書止。檢兩唐書《睿宗紀》載李日知在睿宗朝任相時間與《宰相上》所記完全相同。《通鑑》卷 209、210 記此事與上述所異僅任相時間相差一日,即"癸卯"。另,《舊書·睿宗紀》和《通鑑》皆確切記載李日知任户部尚書後"罷知政事",此後再未任相。《唐會要》卷 1《帝號》載睿宗朝宰相有李日知,玄宗朝宰相中不列。總之,上述資料均證《宰相世系》中"相玄宗"乃"相睿宗"之訛。此外,前引資料(除《唐會要》不載具體官職外)全記景雲元年六月壬寅李日知的官銜是"同中書門下三品",但兩唐書《李日知傳》記"同中書門下平章事",似前者確。再者,兩唐書《李日知傳》載其罷相在"先天元年"也誤。這是因其行文中略過景雲二年十月罷相任户部尚書一事,而將罷相和其後轉任刑部尚書籠統記在一起所至。

35.《新書》卷 72《宰相世系二上》載:李敬玄父"孝卿,穀州治中"。按:《舊書》卷 81《李敬玄傳》載:"李敬玄,……父孝節,穀州長史"。兩者有異。考《古今姓氏書辨證》卷 21 載:敬玄父名"孝卿,穀州治中",即同前引《新書》。"孝卿"、"孝節",難斷誰訛,留疑待考。

36.《新書》卷 72《宰相世系二上》記遼東李氏,云李綸子名"長"。按:據《北史》卷 60《李弼傳》、《周書》卷 15《李弼傳》和《隋書》卷 54《李衍傳》均載李綸子名"長雅"。故可斷前引《宰相世系》中"長"爲"長雅"之脱文。

37.《新書》卷 72《宰相世系二中》載:"(王)摶字昭逸,相昭宗"。按:據同書卷 116《王縱附摶傳》、卷 63《宰相表》、卷 10《昭宗紀》,以及《通鑑》卷 260 乾寧二年三月條皆載相昭宗者爲"王摶",可知《宰相世系》中"搏"乃"摶"字之訛。

38.《新書》卷 72《宰相世系二中》載:"(王)正雅,山南東道節度使,謚忠惠"。按:同書卷 143《王翊傳》載:"(翊)卒,贈户部尚書,謚曰忠惠"。《舊書》卷 165《王正雅傳》也載王正雅"伯父翊,……卒謚曰忠惠"。而兩唐書《王正雅傳》皆不載王正雅有"忠惠"謚號。另,《唐會要》卷 80《朝臣復謚》載:"忠惠,贈户部尚書、太原公翊"。"王翊"是"王翃"弟,《唐會要》云翊謚"忠惠"誤,因《新書》之《王翃傳》和《宰相世系二中》均記王翃謚號爲"肅",且翃死後贈"户部尚書",翊從未任過此職。《唐會要》因"翊"、"翃"字型相近雖誤,但也證"忠惠"不是王正雅的謚號。由此可斷前引《宰相世系》中"正雅,……謚忠惠"誤,其"謚忠惠"三字當删去。

39.《新書》卷 72《宰相世系二中》載:"(王)播字明敭,相文宗"。按:同書卷 63《宰相下》記王播除相文宗外,而且于穆宗長慶元年十月丙寅至二年三月戊午任相。再檢兩唐書《穆宗紀》及《王播傳》也均載其在穆宗朝任過宰相。故可斷前引《宰相世系》中"相文宗"應是"相穆、文宗"。

40.《新書》卷72《宰相世系二中》載："（魏）知古，相玄宗"。按：據同書卷61《宰相表》、兩唐書《睿宗、玄宗紀》、《通鑑》卷210均載魏知古于睿宗朝景雲二年十月甲辰任相，直至玄宗開元二年五月辛亥罷。另，《唐會要》卷1《帝號》于睿宗、玄宗兩朝宰相中也均列其名。由此可斷前引《宰相世系》中"相玄宗"不確，應爲"相睿宗、玄宗"。附提一筆，《舊書》卷98《魏知古傳》記其景雲二年以"同中書門下平章事"銜拜相，然上引資料以及《新書》卷126《魏知古傳》均記是"同中書門下三品"，當以後者爲確。

41.《新書》卷72《宰相世系二中》載："（岑）長倩，相武后"。按：考本書卷61《宰相表》、兩唐書《高宗紀》均載岑長倩于高宗"永淳元年四月丁亥"任相，直至武則天朝天授二年十月被殺。故可斷前引《宰相世系》中"相武后"應爲"相高宗、武后"。

42.《新書》卷72《宰相世系二下》在清河東武城張氏房中列張虔雄四子，即文禧、文瓘、文琮、文收。考兩唐書《張文瓘傳》均云張文收是張文琮的"從父弟"，且《舊書》卷85《張文瓘傳》還明確記載張文收是"隋内史舍人虔威子也"。檢《隋書》卷66《張虔威傳》可知，虔威是虔雄親兄，《新書·宰相世系二下》所列也如此。由此可斷，前引《宰相世系》中列文收爲虔雄子誤，應列在虔威子欄中。

43.《新書》卷72《宰相世系二下》載河間張氏："（張）濬字禹川，相昭宗"。按：兩唐書《張濬傳》、《新書》卷9《僖宗紀》卷62《宰相表》均載張濬在僖宗朝"光啓三年九月"已任相，直至昭宗朝。《唐會要》卷2《帝號》于僖宗、昭宗兩朝宰相中也均列其名。故前引《宰相世系》"相昭宗"，應改爲"相僖宗、昭宗"。

44.《新書》卷72《宰相世系二下》載：崔綜子"佶，太子中允"。子"陲，御史中丞"。子"郃，字處仁，太常卿"。按：《舊書》卷155《崔郃傳》載：崔郃"祖結、父倕"。《新書》卷163《崔郃傳》載崔郃"父倕"。兩條與前引文不同。再檢《古今姓氏書辨證》卷5崔氏條載同前引《宰相世系二下》。"佶"、"結"，"陲"、"倕"，音、形相似。尚難斷誰訛，留疑待考。

45.《新書》卷72《宰相世系二下》載："（崔）鄲，相宣宗"。按：據同書卷63《宰相下》、兩唐書《文宗紀》、《通鑑》卷246載，崔鄲于文宗開成四年七月甲辰任相，至武宗會昌元年十一月癸亥出爲"使相"，此後再未入朝爲相。且《唐會要》卷2《帝號》于文、武兩朝宰相中均有其名，而在宣宗朝宰相中不列。另，兩唐書《崔鄲傳》也不載其在宣宗朝任相。由此可斷前引《宰相世系》中"相宣宗"乃"相文宗、武宗"之訛。

46.《新書》卷72《宰相世系下》載：清河青州房"（崔）圓，相肅宗"。按：據兩唐書《玄宗紀》、《新書》卷62《宰相表》均載崔圓于"天寶十五載六月丙午"被玄宗任命爲相，而當年七月肅宗才即位于靈武，因此他是玄宗朝宰相之一。故《唐會要》卷1《帝號》載玄宗朝宰相三十四人中有其名。由此可斷前引《宰相世系》"圓，相肅宗"，應改爲"圓，相玄宗、肅宗"。

47.《新書》卷 72《宰相世系二下》載:"(崔)湜,相中宗"。按:據同書卷 61《宰相上》記崔湜于中宗景龍三年三月爲相,五月丙戌罷相。韋后臨朝即景雲元年六月壬午再次任相,至睿宗朝景雲元年六月壬寅罷相。隨後于六月戊申第三次任相,七月壬戌罷相。景雲二年十月甲辰第四次任相,直至玄宗完全掌握大權後于開元元年七月庚午將其流放爲止。觀兩唐書《崔仁師附湜傳》載崔湜任罷相過程與此相符。且《唐會要》卷 1《帝號》于中、睿兩朝宰相中也均列其名。故可斷前引《宰相世系》中"相中宗"應爲"相中宗、睿宗"。另,《唐會要·帝號》在玄宗朝宰相中也列崔湜名,此是以景雲三年八月庚子睿宗傳位于皇太子自稱太上皇爲據。但考慮睿宗當時並没將最高權力轉交玄宗,實仍屬睿宗朝。而玄宗于先天二年(即開元元年)七月甲子執掌全權後,隨即將崔湜流放。由此看來,玄宗朝宰相不列崔湜更確。

48.(1)《新書》卷 72《宰相世系二下》載:崔仲方子"濤字大德";濤子"安上字敦禮";敦禮弟"餘慶"。(2)《北史》卷 32《崔仲方傳》載:崔仲方子"濤"。(3)《隋書》卷 60《崔仲方傳》載:崔仲方"子民壽"。(4)《新書》卷 106《崔敦禮傳》載:"崔敦禮字安上"。"弟餘慶"。(5)《舊書》卷 81《崔敦禮傳》載"敦禮本名元禮,高祖改名焉"。"子餘慶"。按:上引資料多有歧異,現考訂如下(爲省篇幅,上引資料皆以其前標號爲記;後者也按此體例,不再注明):其一、(1)(4)(5)有關崔敦禮的"名"和"字"記載不同,汪籛先生考訂爲:"敦禮本名安上,字元禮,以字行,後高祖賜改爲敦禮"(《汪籛隋唐史論稿》第 185 頁注 19)。其二、(1)(4)云崔餘慶是敦禮"弟",(5)云是其"子"。檢《古今姓氏書辨證》卷 5 崔氏條也不載崔敦禮有子名"餘慶"。另,(1)所載崔敦禮子和崔餘慶子均以"業"字排輩。由此似可推斷敦禮和餘慶當是兄弟輩,故"弟"確。其三、(1)(2)皆云崔仲方子名"濤",而(3)云名"民壽"。此存疑待考。

49.《新書》卷 72《宰相世系二下》載:"(崔)日用,相睿宗、玄宗"。按:據同書卷 61《宰相上》、兩唐書《睿宗紀》、《通鑑》卷 209 均載崔日用于睿宗景雲元年(或云"神龍四年")七月癸丑爲相,而于同月"戊辰"(一曰"己巳")罷相,此後不載其于玄宗朝再任相。兩唐書《崔日用傳》還載其"先天後,復求入相,竟也不遂"。《唐會要》卷 1《帝號》僅睿宗朝宰相中列其名。以上均證崔日用未在玄宗朝任相。故可斷前引《宰相世系》中"相睿宗、玄宗"不確,應是"相睿宗"。

50.《新書》卷 73《宰相世系三上》載:"(韓)弘,相憲宗"。考兩唐書《憲宗紀》、《穆宗紀》均載:韓弘于憲宗元和十四年八月"守司徒、兼中書令",至穆宗朝元和十五年六月丁丑以本官兼河中尹、河中晋絳慈隰等州節度使,即由"宰相"出爲"使相"。《舊書》卷 16《穆宗紀》還載:長慶二年十月壬戌,韓弘又由使相入朝"守司徒、兼中書令",即再次爲相,直至同年十二月庚寅死。且兩唐書《韓弘傳》記其這段任職情況與上述相符。另,《唐會要》卷 1《帝號》于憲宗、穆宗兩朝宰相也均列其名。故可斷前引《宰相世系》中"相憲宗"應爲"相憲宗、穆宗"。

這裏順便指出:《新書》卷62《宰相中》僅載韓弘于元和十四年八月任相,然遺漏其于元和十五年六月丁丑罷相,也漏記其于長慶二年十月壬戌再次任相,和于同年十二月庚寅死。應補。

51.《新書》卷73《宰相世系三上》載:"(許)敬宗字延族,相高宗"。按:同書卷61《宰相上》載:貞觀十九年二月乙卯許敬宗"掌機務"。兩唐書《許敬宗傳》、《通鑑》卷197貞觀十九年條所記內容與此相符,稱"知機要"、"典機劇",即獲宰相之任。另,《唐會要》卷1《帝號》在太宗、高宗兩朝宰相中均列其名。由此可斷前引《宰相世系》中"相高宗"應爲"相太宗、高宗"。

52.《新書》卷73《宰相世系三下》載:"(姜)寶誼,左武衛大將軍、永安剛公"。按:同書卷88《姜寶誼傳》載其生前所任官職是"右武衛大將軍",死後"贈左衛大將軍、幽州總管、諡曰剛"。與此有異。考兩唐書《高祖紀》均載其武德二年九月死前的官職是"右武衛大將軍"。《冊府元龜》(後簡稱《冊府》)卷373《將帥部·忠四》記載同。又,《唐會要》卷79《諡法上》載,"剛:贈右武衛大將軍、永安郡公姜寶誼"。這些資料均證姜寶誼生前、死後從未任"左武衛大將軍"職。故前引《宰相世系》中"左武衛大將軍",或是"右武衛大將軍"(生前),或是"左衛大將軍"(死後)之訛。再思文中"永安剛公",即在爵中書其諡號"剛",推斷此官名應是死後贈官。若此,"左武衛大將軍"中之"武"字當是衍文。總之,表中應寫"左衛大將軍、永安剛公"爲最確。

53.《新書》卷73《宰相世系三下》載:"(陸)琛字潔玉,陳黃門侍郎"。三子:"柬之,司議郎,崇文侍書學士;靜之;玄之,字又玄,豫章尉"。玄之子"元方,相武后"。按:據上引《新書·宰相世系》可推算出陸琛當是陸元方之祖父。但《舊書》卷88《陸元方傳》載:陸元方"曾祖琛,陳給事黃門侍郎。伯父柬之,以工書知名,官至太子司議郎"。《新書》卷116《陸元方傳》載:陸元方"陳給事黃門侍郎琛之曾孫。伯父柬之,善書名家,官太子司議郎"。後兩條材料均說陸琛是陸元方的"曾祖"。再檢《元和姓纂》卷10陸氏條載:"(陸)琛生仁公,仁公生柬之、元(玄)之,……元之生元方"。此也證陸琛是陸元方"曾祖",而其祖是"陸仁公"。總之,前引《宰相世系》漏記陸琛子陸仁公,並將其孫陸柬之、玄之等誤列在陸琛子欄中。

54.《新書》卷73《宰相世系三下》載:"(趙)武蓋,監察御史"。子"彥昭字奐然,相中宗"。按:據同書卷61《宰相上》載,趙彥昭于中宗景龍三年三月任相,至睿宗景雲元年六月壬寅罷相;而于同月戊申再次任相,至七月壬戌爲止。且同書卷5《睿宗紀》、《通鑑》卷209載趙彥昭在睿宗朝任、罷相與《宰相上》所載完全相符。《唐會要》卷1《帝號》于中、睿兩朝宰相也全錄其名。故可斷前引《宰相世系》中"相中宗",應爲"相中宗、睿宗"。另,《宰相世系》中說趙彥昭父名"武蓋",《大唐新語》卷12《勸勵二十六》所記同此。然兩唐書《趙彥昭傳》、《新書》卷

59《藝文三》、《登科記考》卷 27 均記其名爲"武孟"。尚難斷定是非。

55.《新書》卷 74《宰相世系四上》載:"(武)攸暨,相中宗"。按:同書卷 206《武攸暨傳》、卷 61《宰相上》和兩唐書《中宗紀》均不載武攸暨在中宗朝任相。《舊書》卷 183《武攸暨傳》也不載。此外,《唐會要》卷 1《帝號》于中宗朝宰相中不列其名。《元和姓纂》卷 6 武氏條記武攸暨官職也無"相中宗"一説。故可斷前引《宰相世系》云"攸暨,相中宗"誤,其"相中宗"應删除。

56.《新書》卷 74《宰相世系四上》載:"(韋)雲起,司農卿、益州行臺僕射"。按:兩唐書《韋雲起傳》均載韋雲起在益州所任最高官爲"行臺兵部尚書",直至被殺。而本傳還載當時任"行臺僕射"的是竇軌。再考兩唐書《竇軌傳》也載韋雲起所任爲"益州行臺尚書",竇軌任"益州道行臺左僕射",兩者所記相合。由此可斷前引《宰相世系》中"益州行臺僕射"乃"益州行臺兵部尚書"(或簡稱"益州行臺尚書")之訛。

57.《新書》卷 74《宰相世系四上》載:"(郭)元振,相睿宗"。按:據同書卷 61《宰相上》、同書卷 5《睿宗、玄宗紀》、《通鑑》卷 210 均載郭元振于睿宗景雲二年正月己未爲相,至同年十月甲辰罷相。然又于先天二年(或云"開元元年")六月丙辰再次爲相,直至玄宗先天二年十月"癸卯"因驪山講武"軍容不整"罷相,由姚元之代其位。另,《唐會要》卷 1《帝號》于睿宗、玄宗兩朝宰相也均列其名。故可斷前引《宰相世系》"相睿宗"應是"相睿宗、玄宗"。這裏順便指出《舊書》卷 8《玄宗上》有關記載的錯誤。即書中記:先天二年"冬十一月甲申,(玄宗)幸新豐之溫湯。癸卯,講武于驪山。兵部尚書、代國公郭元振坐虧失軍容,配流新州;……甲辰,畋獵于渭川。……姚元之爲兵部尚書、同中書門下三品。乙巳,至自溫湯"。由此看來,郭元振似先天二年十一月癸卯罷相。然對比《新書·睿宗紀》和《通鑑》卷 210,均記玄宗到新豐是在該年"十月己亥",而且把"癸卯"講武于驪山,流郭元振于新州,直至"乙巳"日的事也均記在"十月"。另據《二十史朔閏表》,先天二年十月"辛卯"朔,十一月"辛酉"朔,也可推出"癸卯"、"甲辰"、"乙巳"日只能在此年十月,而不可能在十一月。由此可斷前引《舊書·玄宗上》記"冬十一月甲申"誤,當以《新書·睿宗紀》、《通鑑》所記時間爲確。若此,郭元振罷相時間上述各資料也就完全吻合了。

58.《新書》卷 74《宰相世系四下》載:"(唐)休璟,相中宗"。按:據本書卷 61《宰相上》載:唐休璟于武則天朝長安三年七月庚戌爲"夏官尚書、同鳳閣鸞臺平章事"(同書卷 4《則天皇后紀》同。兩唐書《唐休璟傳》、《通鑑》卷 207 稍異處是"同鳳閣鸞臺三品"),至中宗神龍二年三月戊申罷相;而于景龍三年十二月壬辰再次任相,至睿宗景雲元年(或曰"景龍四年")七月丁卯罷相(兩唐書《中宗、睿宗紀》、《通鑑》卷 208、209 所記同此)。由此可斷前引《宰相世系》"相中宗"應爲"相武后、中宗、睿宗"。另,《唐會要》卷 1、3 于武后、中宗、睿宗宰相中均列"唐

"休璟"也證。

59.《新書》卷74《宰相世系四下》載："（袁）憲字憲章，隋開府儀同三司，謚曰簡"。按：《陳書》卷24《袁憲傳》、《南史》卷26《袁湛附憲傳》皆記袁憲"字德章"，且前引兩書傳中兩次稱其字均是"德章"。故可斷《宰相世系》中"憲章"乃"德章"之訛。

60.《新書》卷74《宰相世系四下》載："（袁）智弘，相高宗"。按：據同書卷4《則天皇后紀》、卷61《宰相表》及《通鑑》卷205，皆載袁智弘于"長壽元年二月戊午"以秋官尚書同平章事爲相，時在武則天朝，按本書體例應作"相武后"。故前引《宰相世系》中"相高宗"是"相武后"之訛。另，《唐會要》卷3《皇后》于武則天朝宰相中有其名，而卷1《帝號》于高宗朝宰相中不列，也證。

61.《新書》卷75《宰相世系五上》載："（鄭）絪字文明。相德宗"。按：《新書》卷62《宰相中》、兩唐書《憲宗紀》、《通鑑》卷236均載"永貞元年十二月壬戌"鄭絪爲相。永貞元年八月乙巳憲宗即帝位，此後即是憲宗朝，故鄭絪當相憲宗。另，兩唐書《鄭絪傳》也均記其在憲宗即位后爲相。《唐會要》卷1《帝號》也僅列其爲憲宗朝宰相。而且上列各書均不記其在德宗朝任相。故可斷前引《宰相世系》中"相德宗"乃"相憲宗"之訛。

62.《新書》卷75《宰相世系五上》載："（宋）璟，相玄宗"。按：據同書卷61《宰相上》、兩唐書《睿宗紀》、《通鑑》卷210載，宋璟于睿宗朝景雲元年七月丁巳任相，至景雲二年二月甲申（一曰"甲辰"）罷，後于玄宗開元四年閏十二月再次任相。可斷前引《宰相世系》中"相玄宗"應爲"相睿宗、玄宗"。

63.《新書》卷75《宰相世系五上》載："（源）直心，司刑太常丞"。按：檢《舊書》卷98《源乾曜傳》載："（源）直心，高宗時爲司刑太常伯"。《新書》卷127《源乾曜傳》也記"（源）直心，高宗時太常伯"。另，據《大唐六典》（后簡稱《六典》）卷6載，龍朔二年改刑部尚書爲"司刑太常伯"，而唐無"司刑太常丞"官名。由此可斷前引《宰相世系》"司刑太常丞"乃"司刑太常伯"之訛。

64.《新書》卷75《宰相世系五上》載："遼允，後周工部尚書、臨淮公"。按：《隋書》卷49《牛弘傳》、《北史》卷72《牛弘傳》、《周書》卷37《裴文舉傳》均記，遼（《北史》同；《隋書》、《周書》作"寮"）允在西魏、北周的封爵是"臨涇縣公"（簡稱"臨涇公"）。另，各書也均載其故籍是"安定郡"，此郡治所在"臨涇縣"，符合當時以地望封爵的制度。而"臨淮"非遼允的地望。再者，《隋書》、《北史》載其子"弘"所襲爵名也是"臨涇公"。由此可斷前引《宰相世系》"臨淮公"乃"臨涇公"之訛。

65.《新書》卷75《宰相世系五下》載："（令狐）楚字殼士，相憲宗"。按：據兩唐書《憲宗紀》、《穆宗紀》和《新書》卷62《宰相中》載：令狐楚于憲宗元和十四年七月丁酉爲相，至穆宗朝元和十五年七月丁卯罷相。此外,《唐會要》卷1《帝號》也在憲宗、穆宗兩朝宰相中均列其名。故可斷前引《宰相世系》中“相憲宗”應是“相憲宗、穆宗”。

66.《新書》卷75《宰相世系五下》載:“(白)敏中字用晦,相宣宗”。按:據同書卷63《宰相下》、卷8《宣宗紀》、《通鑑》卷248,白敏中于宣宗會昌五年六月乙巳爲相,而于懿宗朝大中十三年十二月丁酉再次爲相,直至咸通二年二月罷。《唐會要》卷2《帝號》宣、懿兩朝宰相中皆有其名。兩唐書《白敏中傳》也記其在宣、懿兩朝任相。由此可斷前引《宰相世系》“相宣宗”不確,應爲“相宣宗、懿宗”。另,這裏順便指出,《舊書》卷18《宣宗紀》載白敏中于宣宗會昌六年“四月”初任相,而上引資料凡有時間者均記在“五月乙巳”,應以後者爲確。又,《舊書》卷166《白敏中傳》載白敏中“(咸通)三年罷相,爲河中尹、河中晋絳節度使”。而前引其他資料皆載其于“咸通二年”(有些還詳記是該年“二月庚戌”)罷相,出爲“鳳翔節度使”。似也應以衆者所記爲確。

67.《新書》卷75《宰相世系五下》載:畢栩子“浚,汾州長史”。按:同書卷183《畢諴傳》載:“(畢)栩生凌,凌生匀”。人名有異。再檢《舊書》卷177《畢諴傳》載:畢栩“生凌。凌爲汾州長史。生匀”。兩傳所記相合,且傳中行文數處皆記爲“凌”。故疑前引《宰相世系》中“浚”乃“凌”之訛。

68.《新書》卷75《宰相世系五下》載:“什翼犍七子:一曰寔君、二曰翰、三曰閼婆、四曰壽鳩、五曰紇根、六曰力真、七曰窟咄”。考《北史》卷15《魏諸宗室》載:昭成皇帝(即“什翼犍”)九子:庶長曰寔君,次曰獻明帝,次曰秦王翰,次曰閼婆,次曰壽鳩,次曰紇根,次曰地干,次曰力真,次曰窟咄。比前引《宰相世系》所載多兩子,即“獻明帝”和“地干”。再考《北史》卷1《昭成帝紀》,可知獻明帝即“拓拔寔”,爲“昭成帝太子”。而“地干”在《北史·魏諸宗室·昭成子孫》中也有其子《毗陵王順傳》。另,《魏書》卷15的《昭成子孫列傳》宋代已缺,今所見雖是後人所補,而上述內容與《北史》相合,也可作參考。故可斷前引《宰相世系》中什翼犍“七子”誤,當作“九子”;後文也應增進第二子“獻明帝”和第七子“地干”。此外,前《宰相世系》還記“寔君生道武帝珪”。考《北史》卷1《太祖道武帝紀》載:珪是“獻明帝之子也”。而前考獻明帝名“寔”,非“寔君”。可知《宰相世系》將兩人混同而至誤,當改爲“寔生道武皇帝珪”。

69.《新書》卷75《宰相世系五下》載孔戣子中有兩人名“溫孺”、“溫憲”。檢同書卷163《孔巢父附戣傳》載名爲“遵孺”。再檢《舊書》卷154《孔巢父附戣傳》、卷176《孔緯傳》也記名“遵孺”。另,《登科記考》卷27和《韓昌黎全集》卷33《孔公(戣)墓誌銘》,均記孔戣此兩子名“遵孺”、“遵憲”。由此可斷前引《宰相世系》中“溫孺”、“溫憲”乃“遵孺”、“遵憲”之訛。

70.《新書》卷76《韋后傳》載:韋后“族弟濯、播,宗子捷、璿,璿甥高崇及武延秀,分領左右屯營、羽林、飛騎、萬騎”。按:韋璿非韋后“宗子”,實是“族弟”。另,韋播非韋后“族弟”,應是"從子"。其考詳《中華書局校點本〈舊唐書〉質疑五十五則》第46條。

71.《新書》卷76《玄宗貴妃楊氏傳》載:"開元二十四年,武惠妃薨。"《舊書》卷51《玄宗楊貴妃傳》也載武惠妃死于"開元二十四年"。按:武惠妃實死于"開元二十五年十二月丙午"。此陳寅恪先生于《元白詩箋證稿》第一章《長恨歌》中已考清,此不贅述(然行文中有一小誤,即書中第十五頁云:"第一,舊唐書武惠妃傳薨于開元二十四年之紀載與其他史料俱不合",應作"舊唐書楊貴妃傳薨于開元二十四年之紀載與其他史料俱不合"。此從先生前面行文中可知)。"校勘記"似應注明。

72.《新書》卷83《諸帝公主》載:"玄宗二十九女"。按:細數"玄宗二十九女"後所列具體人名則爲三十人。再考《唐會要》卷6《公主》也云"元(玄)宗三十女"。兩者所列人名除"咸宜公主"《唐會要》爲"咸直公主"外(考兩唐書《玄宗貞順皇后武氏傳》、《册府》卷300《外戚部·選尚》知"咸宜公主"確),其他均同。故可斷"玄宗二十九女"當爲"玄宗三十女"之訛。

# 《宋書》時誤補校（續六）

## 牛繼清　張林祥

70.晋愍帝建興元年十一月戊午,會稽大雨震霆。己巳夜,赤氣曜於西北,是夕,大雨震霆。庚午,大雪。（卷三十三頁 962—963）

按十一月壬申朔,無戊午、己巳、庚午三日。《晋書》卷五《孝愍帝紀》:"冬十月……己巳,大雨霆。庚午,大雪。"卷十三《天文志下》:"十月己巳夜,有赤氣曜於西北。""庚午、大雪"《宋書》同卷及《晋書》卷二十九《五行志下》又繫于"永嘉七年十月"條下,永嘉爲晋懷帝年號,七年四月壬申改元建興,永嘉七年即建興元年。所以,此處"十一月"當爲"十月"之誤,十月癸卯朔,戊午十六日,己巳二十七日。庚午二十八日。《晋書》卷二十九《五行志下》同誤。

71.晋成帝咸康二年正月丁巳,皇后見于太廟。其夕雨霆。（卷三十三頁 963）

按正月甲子朔,無丁巳。《晋書》卷七《成帝紀》作:"夏四月丁巳,皇后見于太廟。雨霆。"四月壬辰朔,丁巳二十六日,當是。此"正月"爲四月之誤。《晋書》卷二十九《五行志下》同誤。

72.晋穆帝升平元年十一月庚戌,雷。乙丑,又雷。（卷三十三頁 967）

按十一月丁巳朔,無庚戌,乙丑九日。當係"庚申"、"壬戌"之一誤。庚申四日,壬戌六日,均在乙丑前。《晋書》卷二十九《五行志下》同誤。

73.（晋元帝）太興三年五月癸丑,徐州及揚州江西諸郡蝗,吳民多餓死。去年,王敦并領荊州,苟暴之釁,自此興矣。又是年初,徐州刺史蔡豹帥衆伐周撫。（卷三十三頁 972）

按三年五月甲子朔,無癸丑。《晋書》卷六《元帝紀》:"（二年）五月癸丑,太陽陵毀,帝素服哭三日。徐楊及江西諸郡蝗。吳郡大饑。"卷二十九《五行志下》:"二年五月,淮陵、臨淮、淮南、安豐、廬江等五郡蝗蟲食秋麥。是月癸丑,徐州及揚州江西諸郡蝗,吳郡百姓多餓死。是年,王敦并領荊州,苟暴之釁自此興矣。"又《元帝紀》王敦領荊州事在太興元年,"太山太守徐龕斬周撫"事在太興二年二月。則此"三年"當爲"二年"之誤,二年五月辛丑朔,癸丑十三日。

# 敦煌表狀箋啓書儀探源

## 吴　麗　娛

在唐代敦煌寫本書儀中,有一類被稱爲"表狀箋啓書儀"。關於此類書儀的性質和源流問題,很早即引起研究者注意。王重民先生在《敦煌古籍叙録》中分析 P.3723《記室備要》指出:"《記室備要》三卷,記三(二)百八十六首,原題鄉貢進士郁知言撰。上中兩卷爲官牘,上自天子慶賞,下至内外百官,各具一式。下卷爲四季書儀,惜已殘缺過半。知言不見史傳,其書亦失著録,唯賴其自序,得知在咸通中,曾遊護軍常侍太原王公幕府耳。考《新唐書·藝文志》文史類,有李太華《掌記略》十五卷,《新掌記略》九卷,林逢《續掌記略》十卷。《宋史》同,唯林書作十五卷,又增張鉶《管記苑》十卷,均當與知言書爲近。今諸書並佚,而知言書反出於石室,允當寶貴,以存唐代記室格式於萬一。"八十年代初,周一良先生撰寫系列文章,對於 P.3449《刺史書儀》中的官文書剖作了專門研究,並指出表狀箋啓書儀作爲一種書儀類型存在的意義。[①]他還在《書儀源流考》一文中,特别指出屬於《記室備要》系統,羅列公私文書所用詞語的書,有宋任廣《書叙指南》、清代胡吉豫《四六纂組》,及《姓氏連珠》、《輿圖輯玉》、《尺牘含芳》等。[②]近年趙和平《敦煌表狀箋啓書儀輯校》一書輯録有包括上述兩卷在内的共計三十餘種同類書儀,對它們逐一作了介紹和研究,使得對此類書儀的認識更爲深入。鑒於有關表狀箋啓書儀的淵源和發展脉絡問題迄無更系統的論述,本文即擬在前人基礎上,試對此作進一步探索。

## （一）表狀箋啓書儀的漢魏南北朝之源

根據學者以往的研究,我們得知表狀箋啓書儀與專叙朋友契闊的月儀(或《朋友書儀》)和以婚喪禮儀、節慶儀規等爲主而綜合性較强的吉凶書儀不同,其内容基本上是屬於官場往來酬應的文牘範疇。且產生年代也在其他兩類書儀之後——敦煌發現的這種專門的表狀儀幾乎無一例外地都屬晚唐五代作品。

表狀箋啓書儀大多產生於晚唐五代。但是,除了以上學者所談到的幾部書外,文獻記載中唐五代或者唐以前是否還有其他相類的作品? 要弄清這一點,即必須首先瞭解此類書儀在文獻中的歸屬問題。已知《隋書·經籍志》經部小學類有"《月儀》十二卷",作爲已佚書記載在東漢蔡邕、孫吴項峻的著作之後;而綜合性的吉凶書儀則基本都被《隋志》或兩《唐書·經籍(藝文)志》放到史部儀注類。經部小學類是文字音韻訓詁類的著作,其中也包括一些童蒙教育讀物,《月儀》是屬於後者。③史部儀注類是歷代官修私修禮書,吉凶書儀列入其中,顯然是被作爲禮書對待的。

但是表狀箋啓書儀則不同。據王重民先生指出性質與《記室備要》相近的李太華《掌記略》等及敦煌所見劉鄴《甘棠集》都没有與月儀或吉凶書儀放在一起,而是出現在《新唐書·藝文志》、《宋史·藝文志》的文集類之中,這説明,傳統上表狀箋啓書儀是被看作文集的。

表狀箋啓書儀被歸爲文集類並不奇怪。其形式大體可以分成兩種,即一種爲實用過的表、狀、箋、啓書信集成。敦煌書儀中《甘棠集》(P.4093)、《新集雜别紙》(P.4092)都比較典型。《甘棠集》作者劉鄴,曾任陝虢參軍充觀察判官。其書表、狀、箋、啓之作均有明確的致書對象。如卷二有《賀令狐相公加兵部尚書》,當給令狐綯;《賀魏相公加禮部尚書》,當給魏暮;其所賀加官也與史載相符,説明書狀確曾爲實用而作。又《新集雜别紙》内"知聞往來别紙八十八首"的大部分也有具體收書人,如《賀荆南□□》、《賀榷鹽王司空》等等。《賀荆南□□》中即涉及高從誨歸順後唐的具體史事。

另一種則是無具體人名、事件,按照表、狀、箋、啓規定套式設計的範文樣本。屬於這種類型的有《記室備要》、《刺史書儀》等。《記室備要》現存書狀都是按不同名目、官職爲對象寫作的。如《賀册徽號》、《賀破賊》、《賀正》、《賀冬》、《賀散騎常侍》、《賀中尉》等。所有收書人是按官職劃分的,有時統稱"厶官",可以是相同背景下的任何一人。《刺史書儀》内除有得官上任給皇帝的謝狀,又有給節度使或其他相關官員的書狀,如《謝本道[節]度使已到任後狀》、《與本道官員謝上書》等,這些書狀都是預先設計用來應付某種關係、場合的官文形式,不是即時創作。類似情況還有歸義軍時期的《雜謝賀語》等。這種書儀只規定了謝、賀的名目,並大致約定了致謝賀的對象(如歸義軍節度使、曹議金妻天公主、或中原朝廷所派"天使"等),但内容語言也是約定俗成的一定之規。

將兩種類型加以比較,前者顯然更具備個性風格,且帶有即時或即興創作的色彩,可以認爲是書信合集或文集;而後者却是一般意義上標準化的書儀。但是,後者無疑又是在前者基礎上的歸納和定型。兩者在形式内容上也常常是互有交叉而不可分的。如《甘棠集》雖多有具體書狀而屬前者,但也有《賀冬與翰林學士兼丞郎給舍書》、《賀冬上諸道節察正》等一般套式的書儀。同樣,《新集雜别紙》中也有着從正月到十二月,收書人題爲"尚書"、"司空",事實上却可套用于任一高官節度使的《月旦賀官》儀。相反的例子是,《刺史書儀》雖多數對象不具體,却混入《與馬司徒》一首,可見其書儀在創作之前,一定也有具體的書範成例。這種內容形式的交叉反映從書信集到標準化的表狀箋啓書儀之間是有過渡的。這一過渡還可以P.3931《靈武節度使表狀集》說明。《表狀集》中有上後唐朝廷的"表本"、僧牒及普化大師遊五臺山記、月賀書及其它書狀等，涉及不少具體事件。但是，它們的名稱却被規範爲"起居"、"書本"、"正月賀"等十二月賀，及"謝馬書"、"送謝物"、"別紙"、"賀官"等書儀化的類目，原來的收書人亦多隱去而一律寫作"厶官"。可見所謂書儀，不過是具體表狀箋啓文集的抽象化，而在性質上亦與文集相似，兩者的目的其實都是爲了供他人模仿。所以舊史家並沒有將兩種情況加以區分，而是皆列入文集類，今人則從其製作目的出發劃歸書儀，兩者其實並無太多差別。

表狀箋啓書儀既與文集相通，則如從文集的角度尋覓，便不難發現其淵源。事實上表狀專集的製作早已有之。在《隋書》卷三五《經籍志》總集類部分，即列入漢魏南北朝此類文集多部，與詔制集並行，唯數量較之略少；但所記修書時尚存有虞和撰《上法書表》一卷、梁邵陵王撰《梁中表》十一卷、《雜露布》十二卷、《山公啓事》三卷、《范寧啓事》三卷、《梁、魏、周、齊、陳皇朝聘使雜啓》九卷、晋散騎常侍王履撰《書集》八十八卷、《書林》十卷、徐爰撰《雜佚書》六卷、《後周與齊軍國書》二卷、《高澄與侯景書》一卷等十數餘種，此外還有從阮孝緒《七錄》中輯錄的佚書。如《梁中表》下注曰："梁邵陵王撰。梁有《漢名臣奏》三十卷；《魏名臣奏》三十卷，陳長壽撰；《魏雜事》七卷、《晋諸公奏》十一卷、《雜表奏駁》三十五卷，《漢丞相匡衡、大司馬王鳳奏》五卷、《劉隗奏》五卷，《孔羣奏》二十二卷、《晋金紫光祿大夫周閔奏事》四卷、《晋中丞劉邵奏事》六卷、《中丞司馬無忌奏事》十三卷、《中丞虞谷奏事》六卷、《中丞高崧奏事》五卷，又《諸彈事》等十四部，亡。"《雜露布》十二卷下注曰："梁有《雜檄文》十七卷，《魏武帝露布文》九卷，亡。"《范寧啓事》三卷下注："梁有《雜薦文》十二卷，《薦文集》七卷，亡。"《雜佚書》六卷下注："梁二十二卷，徐爰撰；《應璩書林》八卷，夏赤松撰；《抱樸君書》一卷，葛洪撰；《蔡司徒書》三卷，蔡謨撰；《前漢雜筆》十卷，《吳晋雜筆》九卷，《吳朝文》二十四卷，《李氏家書》八卷，晋左將軍《王鎮惡與劉丹陽書》一卷，亡。"以上記載說明表狀箋啓文集漢魏以來已十分豐富。其中分門別類，從名稱看，除稱爲"書"、"雜筆"、"家書"等有可能屬於私人書信雜集，其他表奏檄書等則多關係軍國政事，作者也多爲官員。它們是典型的官書文集，其名稱與內容適相一致。

漢魏以降是表狀箋啓公式文的成熟期。今見東漢蔡邕《獨斷》已有關於"漢天子正號曰皇帝……其命令一曰册書，二曰制書，三曰詔書，四曰戒書"，和"凡羣臣上書于天子者有四名，一曰章，二曰奏，三曰表，四曰駁議"的分別及對各種公式文的說明。劉勰《文心雕龍·書記第二十五》論其發展緣由曰："若夫尊貴差序，則肅以節文。戰國以前，君臣同書；秦漢立儀，始有表奏；王公國內，亦稱奏書；張敞奏書於膠後，其義美矣。迄至後漢，稍有名品，公府奏記,而郡將奏(奉)箋。"可見隨着專制體制和尊卑等級的確立,官文已經開始成熟而有了不同的名目。表狀文集的出現看來與公式文的成熟是同步的,但它們同樣也有各自的內容和意義。正如上面所說公式文集中,既有章表、彈奏,也有軍國書、檄書、露布、啓事等不同的名目。軍國書、檄書、露布從名稱即知常用於敵國之間和交戰之際。漢末以迄南北朝,國家形勢常常處於分裂之中,戰亂頻仍,以上文集無疑是這一複雜多變政局下的產物。但表奏與啓事者則與之不同,它們是上于朝廷和皇帝的章表奏事(內含御史中丞的彈奏),而啓事又有其特殊的含義。《晉書》卷四三《山濤傳》記"濤再居選職十有餘年,每一官缺,輒啓擬數人,詔旨有所向,然後顯奏,隨帝意所欲為先。故帝之所用,或非舉首,衆情不察,以濤輕重任意。或譖之於帝,故帝手詔戒濤曰:'夫用人惟才,不遺疏遠單賤,天下便化矣。'而濤行之自若,一年之後衆情乃寢。濤所奏甄拔人物,各為題目,時稱《山公啓事》"。據傳言山濤所居選職為吏部尚書,從"甄拔人物,各為題目"及晉武帝所要求的"不遺疏遠單賤"來看,專為舉薦而形成的"啓事"類著作,可能還是與魏晉以降所實行的九品中正制有關。

　　表狀箋啓文集雖來源不同,但與魏晉南北朝重文的傳統和風氣顯然分不開。在這種風氣下,事實上已形成了表章奏議等的專門之學。如《文心雕龍》所說,"原夫章表之為用也,所以對揚王庭,昭明心曲。既其身文,且亦國華。章以造闕,風矩應明;表以致禁(策),骨采宜耀;循名課實,以章(文)為本者也。""夫奏之為筆,固以明允篤誠為本,辨析疏通為首。強志足以成務,博見足以窮理,酌古禦今,治繁總要,此其體也。""啓者開也。高宗云,'啓乃心,沃朕心',取其義也。……自晉來盛'啓',用兼表奏。陳政言事,既奏之異條;讓爵謝恩,亦表之別幹。必斂飭入規,促其音節,辨要輕清,文而不侈,亦啓之大略也。"至於檄書露布等,更別具一格:"檄者,皦也。宣露於外,皦然明白也。……或稱露布。露布者,蓋露板不封,播諸視聽也。""凡檄之大體,或述此休明,或叙彼苛虐,指天時,審人事,算強弱,角權勢,標蓍龜於前驗,懸鞶鑒於已然,雖本國信,實參兵詐。……故其植義揚詞,務在剛健。插羽以示迅,不可使詞緩,露板以宣衆,不可使意隱;必事昭而理辨,氣盛而辭斷,此其要也。"④

　　各類公式文既有不同的用途與要求,又大為時世所須,則相關它們的製作也就倍受重視。但並不是每一個文人詞臣都會寫這類文章。如曹魏王粲才學曾為蔡邕所欣賞,《三國志》卷二一《王粲傳》裴注引《典略》曰:"粲才既高,辯論應機。鍾繇、王朗等各為卿相,至於朝廷奏議,皆閣筆不能措手。"與鍾、王相反的例子還有陳琳和阮瑀。陳琳曾為袁紹典文章,袁敗歸曹;阮瑀少學于蔡邕,"太祖並以琳、瑀為司空軍謀祭酒,管記室,軍國書檄,多琳、瑀所作也。"膾炙人口、而曾令孫權衆將失色的曹操"近者奉辭伐罪"之赤壁戰書不知是否出自其人之手,⑤然文帝《與吳質書》曾稱讚道:"孔璋(琳)章表殊健,微為繁富。……元瑜(瑀)書記翩翩,致足樂也。"《典論》亦曰:"琳、瑀之章表書記,今之儁也。"⑥可見表章製作已成為一種特殊的才能。今見昭明太子《文選》尚收陳琳(孔璋)《答東阿王牋一首》、《爲曹洪與魏文帝書一首》、《爲袁紹檄豫州一首》,及阮瑀(元瑜)《爲曹公作書與孫權一首》。前揭《隋書·經籍志》記有已佚《魏武帝露布文》九卷,相信内中也有他們的作品。

表章之作既爲人所重,則相關人才自也不乏用武之地。特別是當戰爭中。《北史》卷八三《文苑傳》論東晋十六國之亂,"既而中州板蕩,戎敵交侵,僭僞相屬,生靈塗炭,故文章黜焉。""其能潛思於戰爭之間,揮翰於鋒鏑之下,亦有時而間出矣"。不少文學之士"皆迫於倉促,牽於戰鎮,章奏符檄,則粲然可觀;體物緣情,則寂寥於世"。可見彼時文人雖未必發達,但表章製作却特然秀出。而南北朝的政局尤爲此類人士提供了機會。其時表狀箋檄雖有不少是中朝重臣所爲(如《隋書·經籍志》所見漢匡衡王鳳、晋劉陸劉邵等作),但也有相當一部分證明是像陳琳、阮瑀那樣的宰相將軍記室之作。《文選》卷三八有傅亮(季友)《爲宋公至洛陽謁五陵表一首》、《爲宋公求加贈劉前軍表一首》,任昉(彦升)《爲齊明帝讓宣城郡公表一首》及同人其他四表;卷四十有任昉(彦升)《到大司馬記室牋一首》、《勸進今上牋一首》,及謝朓(玄暉)《拜中軍記室辭隨王牋一首》。按據《宋書》卷四三《傅亮傳》謂"亮博涉經史,尤善文詞",曾爲劉毅輔軍記室參軍,後爲中書侍郎。從劉裕討司馬休之,"以爲太尉從事中郎,掌記室"。表當爲此後所作。劉宋建國,"入直中書省,專典誥命","高祖登庸之始,文筆皆是記室參軍滕演,北征廣固,悉委長史王誕;自此後至於受命,表策文誥,皆亮辭也"。是從掌記室文翰到掌中朝詔誥的實例。謝朓據《南齊書》卷四七本傳曾爲隨王蕭子隆府屬,以文才尤被賞愛,"遷新安王記室,牋辭子隆",即上述也。傳載齊"高宗(明帝)輔政,以朓爲驃騎諮議,領記室,掌霸府文筆,又掌中書詔誥",爲中書郎,轉吏部郎。曾撰敬皇后遷祔哀策文,"齊世莫有及者"。任昉少時即有文采,《南史》卷五九本傳説他"八歲能屬文,自製《月儀》,辭義甚美"。後爲司徒竟陵王記室參軍,齊明帝時,掌東宮書記。"昉尤長爲筆,頗慕傅亮才思無窮,當時王公表奏無不請焉。昉起草即成,不加點竄。沈約一代辭宗,深所推挹。""梁武帝克建業,霸府初開,以爲驃騎記室參軍,專主文翰。……梁臺建,禪讓文誥,多昉所具。"除上述作品外,《文選》還載有他的啓與彈奏。從《月儀》到朝廷官文表誥,任昉顯然是在公私箋劄方面都有建樹的大家。

按據《後漢書·百官志》,三公、大將軍置記室,記室"主上表章報書記"。故自東漢以來,記室爲掌文之要職,且戰亂割據中最得發揮。如《南史》卷二四《王晏傳》記齊武帝爲晋熙王鎮西長史時,板晏爲記室。晏後隨武帝征戰,"專心奉侍,軍旅書翰皆見委"。同書卷六八《蔡景厯傳》記景厯少"家貧好學,善尺牘,工草隸"。侯景平,陳武帝以書要之,"景厯對使人答書,筆不停綴(輟?),文無所改。帝得書,甚加欽賞,即日授征北府中記室參軍,仍領記室"。武帝將討王僧辯,"部分即畢,詔令草檄,景厯援筆立成,詞義感激,事皆稱旨"。同卷《毛喜

傳》,毛喜曾爲陳建與周通好之策,並迎柳皇后及後主返國。是周陳通和的重要人物。"天嘉
三年至都,宣帝時爲驃騎將軍,仍以喜爲諮議參軍,領中記室,府朝文翰,皆喜詞也"。此外又
有沈炯、丘巨源、韓晃等人,皆有任掌書記歷史,其或以羽檄軍書,或以筆翰、表奏詔誥知
名,⑦爲當時所重。北朝人士如魏收、薛道衡、劉臻等人大致也有相同的經歷。⑧

　　漢魏南北朝文學之士被用爲太子諸王或將軍記室,於征戰多事之秋及朝廷興替之際,其
表奏軍書適時而作,乃至入朝掌制誥,由之文章聲名被播於天下,可能就是表章之學得以興
盛,且表狀箋啓文集得以出現形成的一個原因和基礎。這一點無疑會對唐人後來文集的製
作有所啓發。所以唐李德裕作爲文章大家和表狀等實用文的推崇者,在其《掌書記廳壁記》
一文中,仍盛讚後漢班彪爲竇融製表,被光武所重,"及竇憲貴寵,班固傅毅之徒,皆置之戎
幕,以典文章,憲邸文章之盛,冠於當代。魏氏以陳琳、阮瑀管記室。自東漢以後,文才高明
之士,未有不由於是選,其簡才是用,亦金馬石渠之亞"的事實。⑨可見漢魏記室文章已開後
來唐藩鎮幕府文學之先河,而表狀箋啓及其文集製作唐人也必步前人之後塵。儘管上面所
談到的文集還僅僅是某一種類文章的合集而與書儀不同,且作爲記室的個人專集也少見,但
它們作爲文範的意義不可低估。當然就表狀文之製作而言,更不應忽視唐代"選學"的作用。
《文選》以詔、冊、令、教、文、上書、表、啓、彈事、牋、奏記、書、檄等的分目和所收大量篇幅,足
以證明這類公式文的地位,它所造成的影響是更深遠的。從總的情況看,表狀文集的出現不
過是時代的需要,唐代在這方面的發展只是時間問題。但時代不同,兩者並非簡單重複,這
一點也是下面將要談到的。

## (二)唐代表狀箋啓文集書儀的産生年代與分類

　　有唐一代,對於制誥表章之重視不言而喻。《唐六典》卷一載唐制,將公式文分爲"上之
所以逮下"的"制、敕、冊、令、教、符"和"下之所以達上"的"表、狀、箋、啓、牒、辭",對於它們的
使用對象作了嚴格區分。而隋末戰亂之際與唐初記室有文名者仍甚多。如唐高祖記室溫大
雅,太宗記室房玄齡、虞世南、薛收、元敬;史稱溫大雅爲高祖"專掌文翰。禪代之際,與司錄
竇威、主簿陳叔達參定禮儀"。房玄齡"在秦府十餘年,常典管記,每軍書表奏,駐馬立成,文
約理贍,初無稿草"。薛收則"時太宗專任征伐,檄書露布,多出於收,言辭敏速,還同宿構,馬
上即成,曾無點竄。"⑩但是承平之際,善作表章制誥的人才還是逐漸被集中至中朝。其如太
宗、高宗朝"以文翰俱知"的"來[濟]、李[義府]",武則天時被"深加接待"的"蘇[味道]、李
[嶠]"和陳子昂,玄宗朝號稱"燕、許大手筆"的"蘇[頲]、張[說]"和李乂,⑪還有開天之際"爲
時流歎服"的齊澣、蘇晋、賈曾、孫逖、張九齡及韓休等一批人,他們多是中書舍人和中朝名

士,其製作被視爲"王言之最"。⑫

　　王言和表章製作雖多,然就詔誥集或表狀集的單獨製作而言,唐前期却似乎已歸於消歇。《舊唐書·經籍志》所載開元四部書目中,關於前期的此類專集,尚存《書集》、《書林》、《山濤啓事》、《范寧啓事》和《梁中書表集》(此書著録爲二百五十卷,似爲後人所集,與前揭《隋書》所記《梁中表》非一書)等數種,但唐人的新作却幾乎不見。即使是《新唐書·藝文志》,關於唐前期表狀集也只有郭元振《九諫書》、吳兢《唐名臣奏》及《崔融表集》數部,其中尚不排除有唐後期五代人纂集的成分。因此制誥表狀集的製作唐前期顯非時尚。唐前期表狀類專集製作之少,反映了此類專集鮮明的時代性。在極端重視"王言"的中央集權時代,表狀與制誥同樣圍繞皇帝爲中心,它們的製作迄無分别。而承平之際的表狀,以群臣所作禮儀性的賀、謝、讓、勸表等居多,其製作顯然被視作與詔書制册一體,故似乎已無分别單出之必要。加之此期對公式文不同類型、層次的需要也不似後來那樣突出,所以包括某些大家(如陳子昂、張説、張九齡)的章表之作,即使極有特色,也只是收入其個人文集而不是另成專集。

　　但是唐後期的情況顯然不同。如細閲《新唐書·藝文志》的文集部分,可發現載録有相當多的表狀箋啓類文集。其中可以從名目確定内容者即不下三十餘種,時間則自中唐至晚唐。除劉鄴《甘棠集》和王重民先生已指出的李太華《掌記略》、《新掌記略》、林逢《續掌記略》之外,又有諸如陸贄《論議表疏集》十二卷、馬摠《奏議集》三十卷、蔣偕集《李絳論事集》三卷、令狐楚《表奏集》(自稱《白雲孺子表奏集》)十卷、趙璘《表狀集》一卷、武元衡西川從事撰《臨淮尺題》二卷、温庭筠《漢南真稿》十卷、李商隱《樊南甲、乙集》各二十卷、臧家猷《羽書》三卷、沈常《總戎集》三十卷、顧雲《啓事》一卷(另有《集遺具録》一卷,内容不詳)、黄台《江西表狀》二卷、李巨川《四六集》二卷、薛逢《別紙》十三卷、夏侯韜《大中年與涼州書》一卷、崔致遠《四六》一卷、《桂苑筆耕》二十卷、及《李程表狀》一卷、《吳武陵書》一卷、《劉三復表狀》十卷、《李磎表疏》一卷、《張濬表狀》一卷、還有不知撰人名的《類表》(注云"亦名《表啓集》"。《崇文總目》題曹恩撰,《宋史》卷二〇九《藝文志》題李吉甫撰)五十卷,以及封敖《翰藁》八卷,鄭畋《鳳池藁草》、《續鳳池藁草》各三十卷(後三部可能雜有制誥,不詳)等。如再參以《宋史·藝文志》、《崇文總目》等其他目録書,則唐五代可稱爲"表狀箋啓"類的書目至少已有百餘部之多(參輔表),足證此類文集中晚唐以降十分普遍。

　　表狀箋啓類文集名目衆多,但就内容而言仍大致可分爲兩種。一種即題名爲表狀、奏議或論事集者。這種文集是以給皇帝和朝廷的表狀爲主。它們中的相當一部分,是朝廷重臣或中朝名士所作。如陸贄《論議表疏集》、令狐楚《表奏集》,以及《李絳論事集》、《李程表狀》、《李磎表疏》、《張濬表狀》等大都應屬此類。此類作品從製作者和内容看層次較高。它們與同時出品的制誥集性質十分接近。《新唐書·藝文志》所載制誥集亦有多部,如楊炎《制集》、常衮《詔集》、權德輿《制集》、武儒衡《制集》、李虞仲《制集》、段文昌《詔誥》、崔嘏《制誥集》、劉崇望《制集》、李磎《制集》等多部。此外，還有如陸贄《翰苑集》(注云“韋處厚纂”)那樣的詔敕表奏合集。

　　制誥是中書舍人、翰林學士之作，而制誥集的作者更是其中的名士。內中不少人，如楊炎、常袞、權德輿、段文昌、劉崇望都任至宰相。而表狀集的作者陸贄、李絳、李程、李磎、張濬等身份也與之相當。如前所述，制誥、表狀只不過是上傳下達的功能不同，它們同是政治生活的產物，在唐代的中央朝廷，它們的製作很難截然分開，所以制誥集與表狀集的作者不僅身份相同，有時也合二爲一。如李磎既有制誥集又有表疏集。《全唐文》卷四九三權德輿《唐贈兵部尚書宣公陸贄翰苑集序》謂《翰苑集》有制誥一十卷、奏表七卷、奏議七卷、別集十五卷，其《論議表疏集》應是其中的一部分。總之出自中朝的這些表狀集與制誥集同樣是大製作、大手筆的代表。

　　不過有一點却不可否認，表狀集的製作背景畢竟不完全等同制誥，這是由於它們的來源並不都是在中朝。一些表狀集的作者在入朝前已有在藩鎮任職的歷史。《舊唐書》卷一七二《令狐楚傳》言其早年隨父在河東，相繼爲節度使李説、鄭儋、嚴綬辟爲從事，自掌書記至節度判官。“楚才思俊麗，德宗好文，每太原奏至，能辨楚之所爲，頗稱之。”楚後雖入朝爲官，任翰林學士知制誥等，但其《奏議集》又稱《白雲孺子表奏集》的創作應包括在藩鎮部分。今集雖佚，但保存下來的文作尚有《爲鄭儋尚書謝河中節度使表》、《代太原李僕射慰義章公主薨表》等，可以推測其《奏議集》有相當部分是任掌書記時作品。同樣，曾有《奏議集》問世的馬揔，雖然亦爲朝廷重臣，但一生多任外職，曾相繼爲淮西、忠武、天平軍節度使。《舊唐書》卷一五七本傳説他“理道素優，軍政多暇，公務之餘，手不釋卷”。《奏議集》的主要部分，應爲在藩鎮所作。此外，更有一些如黃台《江西表狀》，從書名看即知表狀來自江西。作者事據《新唐書·藝文志》乃是僖宗時任過江西觀察使(昭宗朝升爲鎮南軍節度使)的鍾傳從事，表狀應代鍾傳所作。這種來自地方的表狀集雖也名爲表狀，但有些在性質上顯然與我們所説的下面一種文集更爲接近。

　　表狀箋啓文集中的另一類較前類數量爲多，它們的內容比較龐雜，規格較前者爲低，且與前者的多出中朝相反，此類文集的一個突出特點就是地方特色極爲明顯。正如王重民先生所指出，類似《記室備要》、《甘棠集》之類的作品從題目中即反映是出自藩鎮掌書記之手，一些作品也是因爲標注地名而顯示了鮮明的地域性。如《漢南真稾》、《吳越掌記集》、《湘南應用集》等，使人一望而知這些作品產生的地區。其中，《漢南真稾》的作者溫庭筠曾爲襄陽節度使巡官，襄陽在漢水之南，故集稱“漢南”。同樣，《吳越掌記集》和《湘南應用集》的作者羅袞也曾從事吳越錢鏐及湖南于瓊，其作品也是掌記文學的產物。

　　指出這類文集規格較前類爲低，除了作者的層次以外，還由於它們的內容常常不是表狀或主要地不是表狀。這一點，從它們被名爲“啓事”、“書詞”、“軍書”、“羽書”、“羽檄”、“尺題”，甚至“刀筆”、“別紙”、“四六集”等即可得知。結合史料記載和敦煌所見表狀箋啓書儀文集，知這些名稱下反映的內容已不是圍繞皇帝和朝廷爲中心，而是多爲藩鎮和各級官府官員所用，帶有相當的地方政治實用色彩。例如其中的羽檄、軍書固爲藩鎮混戰中所常見，而所謂刀尺、別紙者更證明是掌書記們的看家之作。《北夢瑣言》卷四載盧光啓“受知於租庸張濬，清河出征并汾，盧每致書疏，凡一事別爲一幅，朝士至今效之。蓋八行重疊別紙，自公始也。”根據學者考證，別紙乃是于“先修寒溫，後便明體氣”的寒暄書信之後，再用另紙叙正事。別紙可以附於公事文之後，故常用於藩鎮和各級官吏之間，實爲一種特殊的“複書”形式。⑬在敦煌表狀箋啓書儀中已可見到它的大量使用，而傳世文獻如崔致遠《桂遠筆耕集》中也有許多稱爲別紙的書啓。崔致遠爲淮南節度使高駢的掌書記，文集亦爲表狀箋啓集的代表。

刀尺、刀筆也常常見與掌書記相連。《舊唐書》卷一九〇下《文苑傳》記李巨川“乾符中應進士，屬天下大亂，流離奔播，切於祿位，乃以刀筆從記室府”。被王重榮辟爲掌書記，當“軍書奏請，堆案盈積。巨川文思敏速，翰動如飛，傳之藩鄰，無不聳動。”《舊五代史》卷一八《敬翔傳》稱“翔好讀書，尤長刀筆，應用敏捷”，後爲梁太祖“專掌檄奏”。“刀筆”最早是指書寫工具，但逐漸衍爲作書的本領，意爲文字快捷，筆鋒犀利。刀筆吏在漢朝是指專掌文法的小吏，“刀尺”自然也是指文如刀鋒般的尺牘。在唐代特別是晚唐五代，它們是藩鎮掌書記必備之專能。掌書記之職與漢魏將軍記室差可比擬，但時代賦予他們更多的職任和發揮。這個發揮就是將刀筆刀尺之功具體運用於所謂“朝廷章奏，臨道書檄”。⑭

“朝廷章奏，臨道書檄”，顧名思義，是藩鎮處理政務，應對朝廷及四方關係的公私文書、尺牘；也即韓愈所說，凡關係節度使“鎮守邦國，贊天子施教化，而又外與賓客四鄰交，其朝覲聘問慰薦祭祀祈祝之文，與所部之政，三軍之號令升黜”的一應“文辭之事，皆出書記”。⑮其所包括者，敦煌本《甘棠集》最有代表性。《甘棠集》前三集中既有代陝虢觀察使上于皇帝的表狀，又有給宰相、朝廷官員及四方藩鎮節度使的書狀、賀啓，和藩鎮官員彼此往來的書疏，充分體現了這類文集所含內容的複雜性。此外，從傳世李商隱《樊南四六》的遺存部分及崔致遠《桂苑筆耕集》也能見到同類的表狀書啓與一些相關地方祠祀的內容和齋文、“墨敕”授官的擬“敕”牒文和辟署文牒，即所謂“慰薦祭祀祈祝”之文，其以藩鎮政務關係爲中心的特色明顯與前所舉中朝人士所作表狀集不同。而敦煌所見大多數書儀都屬於這第二類的性質。

第二種文集的內容反映了圍繞藩鎮需要製作的特色。從文獻所記載的這類文集看，它們的產生雖然從唐中期（如武元衡西川從事作《臨淮尺題》）已逐漸開始，但是大量的作品多在晚唐以後，而唐末五代藩鎮割據動亂年代尤多。這種情況，與敦煌表狀箋啓書儀出現的時間相一致。史料對這類作品的產生也有記載。岑仲勉《金石論叢》錄《唐故清海軍節度掌書記太原王府君[渙]墓誌銘》，稱王渙曾先後從事中書令、僖宗朝任討黃巢都統的王鐸及以京

兆尹充京城招葺制置使的鄭延昌，爲之掌羽檄章奏；又受知於嶺南東道節度使徐彦若和門下
侍郎韋昭度，"捧記室之辟書，被金章之華寵"，"所以今標表之内，有《燕南筆藁》一十卷，奉王
公也；有《西府筆藁》三卷，遵鄭公也；有《從知筆藁》五卷，乃褒梁與南海途路之次及大明、東
館申職業也。"類似的情况又有《北夢瑣言》卷七所記唐榮陽鄭准，"以文章依荆州成中令
(汭)，常欲比肩陳、阮，自集其所作爲三卷，號《劉表軍書》。"還有唐末"推奉李茂貞"的鳳翔判
官王超，"挾曹馬之勢，賤奏文檄，恣意翶翔"，有《鳳鳴集》行於世。此類文集伴隨着藩鎮從事
和掌書記們的軍旅生活産生，顯然與唐末五代混亂局勢下對此類文集的特殊需要有關。其
時藩鎮與朝廷、藩鎮與藩鎮彼此關係敏感而複雜，則表狀箋啓書檄乃處理這類關係必不可
少，關於此，筆者將另撰《略論表狀箋啓書儀文集與晚唐五代政治》一文，這裏即不再贅述了。

　　第二種表狀箋啓文集既多是掌書記們的"隨計"或"馬上"之物，則此類文集的撰成基本
上便是原來實用過的表狀箋啓集合。以李商隱《樊南甲、乙集》爲例。其《樊南甲集序》稱自
投令狐楚門下"敕定奏記，始通今體"，後至"大中元年，被奏入嶺當表記，所爲亦多。冬如南
郡，舟中忽復括其所藏，火爇墨汙，半有墮落。因削筆衡山，洗硯湘江，以類相等色得四百二
十三件，作二十卷，喚曰《樊南四六》。"《樊南乙集序》亦謂是自桂廣鄭亞處至劍南西川柳仲郢
幕下任掌書記，"所爲已五六百篇，其間可取者，四百而已。"後因友人收集，懇請索要，故"會
前四六置京師不可取者，乃强連桂林至是所可取者，以時以類，以爲二十編，名之曰《四六
乙》。"[16] 是知其《樊南文集》實爲收集舊作而成。無獨有偶，羅隱《湘南應用集序》也説道咸通
中，"河南公(于瓌)按察長沙郡，隱因請事筆硯，以資甘旨"(即任掌書記)，及得衡陽縣主簿，
"乞假歸覲，阻風於洞庭青草間。因思湘南文書，十不一二，蓋以失落於馬上軍前故也。今分
爲三卷，而舉牒祠祭者亦與焉"的創作始末。[17]

　　從李商隱及羅隱的文集序以及前舉數人製作文集的情况，我們可以瞭解到一個以往不
曾被注意到的問題，那就是這些表狀箋啓集常常都是由掌書記們自己製作，而不是由他人收
集的。也就是説在此之前，其中的書信都是由他們本人敝帚自珍地保存於馬上軍前。這些
書信多是代筆，有些是公事應酬，對於個人而言，其内容並無意義，唐人出於怎樣的心理要保
存它們並不是完全清楚。但有一點可以肯定，即這些作品在社會上意義很大，所以唐人當作
個人成就看待它們，並不下於詩詞歌賦，有些甚至還是可以常常拿出炫耀的資本和供人學習
模仿的榜樣。從上至下，從朝廷到地方，表狀箋啓的官文書信也是所謂大手筆、大文章而受
到重視，這是晚唐五代社會一個不爭的事實。而唐五代會出現這樣多的掌書記個人文集，也
是與前朝的極大不同之處。

　　但李、羅二人的序也説明，他們的著作不過是集兵爇散失之餘。由此可以想見，今所見
文獻目録中的表狀箋啓文集及此類文作也是歷次劫餘僅存，是當時衆多文集製作中的一小

部分。敦煌文獻中的表狀箋啓書儀文集爲之作了大量補充，並提供實例引起我們的重視。當然除了此類專集外，今存正史和唐人詩文集中還有表狀箋啓的大量製作，如李德裕的《會昌一品集》即保存了作者這方面的重要文作。結合文集和文作，不難使人對唐代表狀箋啓類文章的發展產生更深的印象。

這裏還有必要指出的是，由於上述表狀文集大多爲掌書記的馬上軍前之作，屬於舊作集成性質，且目錄記載的文集已多佚失，所以僅憑目錄，已很難分辨當中究竟有哪些是與《記室備要》類似的已形成標準化的書儀。估計此類書儀就數量而言，恐怕比單純文集要少。不過《記室備要》及同類敦煌書儀(如《刺史書儀》、歸義軍時代表狀集等)出現，已足可證明它們的存在。這類在前述文集基礎上產生，而又進一步程式化、規範化的書儀更加表明了表狀箋啓類文作和文集在晚唐五代中央地方複雜政治關係下運作的意義。它們的出現和發展也表明表狀箋啓類的公牘文範已是官僚社會形成和成熟後不可缺少的一部分。

正因爲如此，表狀箋啓類文集和書儀在宋以後依然存在。《宋史》卷二〇八《藝文志》七在《丁謂集》和《宋祁集》之下各錄有《刀筆集》二卷和二十卷，又有劉筠《中山刀筆集》三卷、《表奏集》六卷，范仲淹《尺牘》二卷、《奏議》十五卷，黃庭堅《書尺》十五卷等多部，類似文集應是唐五代表狀箋啓類文集的繼續。而正如周一良先生已指出的，沿着《記室備要》系統，從宋到清(事實上也包括近代)的官僚社會，也始終有着應用文式的文牘書儀存在。不過這些文牘已抽去了它們曾有過的時代政治色彩，而成爲官僚文人和一般人民應付官場及各種社會關係的書牘參考。在這個意義上，官文形式的書儀也就真的只是書儀而不是文集了。

### 附：史籍所載唐五代表狀箋啓類文集書目[18]

| 作者 | 書名 | 卷數 | 史料來源 |
| --- | --- | --- | --- |
| 郭元振 | 《九諫書》 | 1 | 《新唐書》卷 60《藝文志》四。 |
| | 《崔融表集》 | 4 | 《崇文總目》卷 5。 |
| 吳兢編 | 《唐名臣奏》 | 10 | 《新唐書》卷 60《藝文志》四。《崇文總目》卷 5 作 7 卷。《宋史》卷 209《藝文志》八亦有同名書 7 卷，不注撰人。 |
| 題顏師古、張九齡等撰 | 《唐初表草》 | 1 | 《崇文總目》卷 5，《宋史》卷 209《藝文志》稱《唐初表章》。 |
| | 《賀知章入道表》 | 1 | 《宋史》卷 208《藝文志》七。《崇文總目》卷五。 |
| 釋不空 | 《代宗朝贈司空大辨正廣智三藏和尚表制集》 | 6 | 《大正新修大藏經》52 冊。 |
| | 《郭子儀表奏》(《郭子儀奏議》?) | 5 | 《宋史》卷 208《藝文志》七，並見《秘書省續編到四庫闕書目》卷 1。 |

續表

| 作者 | 書名 | 卷數 | 史料來源 |
|---|---|---|---|
| 戴叔倫 | 《書狀》 | 1 | 《郡齋讀書志》卷 18。 |
| 陸贄 | 《論議表疏集》⑲ | 12 | 同上。 |
| | 《唐于公異奏記》 | 1 | 《宋史》卷 208《藝文志》七。 |
| 武元衡西川從事撰 | 《臨淮尺題》 | 2 | 《新唐書》卷 60《藝文志》四。《宋史》卷 209《藝文志》八有不注撰人名《臨淮尺題集》2 卷,應爲同一書。 |
| 馬摠 | 《奏議集》 | 30 | 《舊唐書》卷 157《馬摠(摠)傳》、《新唐書》卷 60《藝文志》。《玉海》卷 61《藝文》、《宋史》卷 209《藝文志》八均作 20 卷。 |
| 蔣偕(集) | 《李絳論事集》 | 3 | 《新唐書》卷 60《藝文志》四。並另有《李絳集》20 卷。《宋史》卷 208《藝文志七》有《李司空論事》17 卷,疑爲同人。《崇文總目》則作《李絳論》3 卷,下《表奏集》10 卷,未言作者。 |
| | 《類表》(亦名《表啓集》) | 50 | 《新唐書》卷 60《藝文志》四不注撰人名,《崇文總目》卷 5 題曹恩撰,《宋史》卷 209《藝文志》作李吉甫撰。 |
| 令狐楚 | 《表奏集》(自稱《白雲孺子表奏集》) | 10 | 《新唐書》卷 60《藝文志》四。《宋史》卷 208《藝文志》作《令狐楚表奏》。《崇文總目》作《令狐楚章奏集》20 卷。 |
| | 《吳武陵書》 | 1 | 《新唐書》卷 60《藝文志》四,《崇文總目》卷 5。 |
| 令狐絢 | 《令狐絢表疏》 | 1 | 《宋史》卷 208《藝文志》七。 |
| | 《薦子集及諫疏》 | 1 | 《崇文總目》卷 5。 |
| 崔嘏 | 《管記集》 | 10 | 《宋史》卷 208《藝文志》七。 |
| 溫庭筠 | 《漢南真藁》 | 10 | 《新唐書》卷 60《藝文志》四,《宋史》卷 208《藝文志》同。 |
| | 《記室備要》⑳ | 3 | 《宋史》卷 208《藝文志》七。 |
| 李商隱 | 《樊南甲集》 | 20 | 同上,《宋志》作《四六甲乙集》40 卷。 |
| | 《樊南乙集》 | 20 | |
| 夏侯韞 | 《大中年與凉州書》 | 1 | 同上。《宋史》卷 208《藝文志》七無"大中年"三字。 |
| 郭洪 | 《記室袖中備要》 | 3 | 《宋史》卷 208《藝文志》七。 |
| 李程 | 《李程表狀》 | 1 | 《新唐書》卷 60《藝文志》四。並見《宋史》卷 208《藝文志》七。 |
| 劉三復 | 《劉三復表狀》 | 10 | 同上。《宋史》卷 208 有同人《景臺雜編》,亦 10 卷。 |
| | 《別紙集》 | 5 | 《秘書省續編到四庫闕書目》卷 1,《宋史》卷 208《藝文志》七僅《別集》1 卷。《崇文總目》卷 5 有《劉三復文》1 卷。 |
| 李磎 | 《李磎表疏》 | 1 | 《新唐書》卷 60《藝文志》四。《宋史》卷 208《藝文志七》作《李磎奏議》。 |
| 張濬 | 《張濬表狀》 | 1 | 《新唐書》卷 60《藝文志》四,《宋史》卷 208《藝文志》七。 |
| 臧家猷 | 《羽書》 | 3 | 《新唐書》卷 60《藝文志》四,《崇文總目》卷 50《宋史》卷 209《藝文志》八作《羽書集》。 |

續表

| 作者 | 書名 | 卷數 | 史料來源 |
|---|---|---|---|
| 沈常 | 《總戎集》 | 30 | 《新唐書》卷 60《藝文志》四。《宋史》卷 208《藝文志》七、《崇文總目》卷 5 作 10 卷。 |
| 封敖 | 《翰槀》 | 8 | 《新唐書》卷 60《藝文志》四。 |
| 鄭畋 | 《鳳池槀草》 | 30 | 同上。《崇文總目》另有同人《玉堂集》5 卷。 |
|  | 《續鳳池槀草》 | 30 | 同上。 |
|  | 《論事》 | 5 | 《宋史》卷 208《藝文志》七。 |
| 黃台 | 《江西表狀》 | 2 | 《新唐書》卷 60《藝文志》四。 |
| 李善夷 | 《表集》 | 1 | 《宋史》卷 208《藝文志》七。 |
|  | 《裴休狀》 | 3 | 《秘書省續編到四庫闕書目》卷 1。 |
|  | 《張道古諫疏》 | 1 | 同上 |
| 趙璘 | 《表狀集》 | 1 | 《新唐書》卷 60《藝文志》四。《宋史》卷 208《藝文志》七作《表狀》。 |
|  | 《咸通初表奏集》 | 1 | 《宋史》卷 209《藝文志》八,《崇文總目》卷 5。 |
| 鄭昌士 | 《四六集》 | 1 | 《宋史》卷 208《藝文志》七。 |
| 劉鄴 | 《甘棠集》 | 3 | 《新唐書》卷 60《藝文志》四。《宋史》卷 208《藝文志》七載"《劉鄴集》4 卷,又《從事》3 卷"。 |
|  | 《鳳池刀筆》 | 5 | 《秘書省續編到四庫闕書目》卷 1。 |
| 崔致遠 | 《四六》 | 1 | 《新唐書》卷 60《藝文志》四。《崇文總目》卷 5 多一"集"字。 |
|  | 《桂苑筆耕集》 | 20 | 同上。《宋史》卷 208《藝文志》七無"桂苑"二字。 |
| 顧雲 | 《啓事》 | 1 | 同上。 |
| 獨孤霖 | 《玉堂集》? | 20 | 《新唐書》卷 60《藝文志》四。 |
| 薛廷圭 | 《鳳閣書詞》 | 10 | 《新唐書》卷 60《藝文志》四,《舊五代史》卷 68《薛廷圭傳》作《鳳閣新書》。 |
| 王渙 | 《燕南筆槀》 | 10 | 見《唐故清海軍節度掌書記太原王府君[渙]墓誌銘》,岑仲勉《金石論叢》。 |
|  | 《西府筆槀》 | 3 | 岑仲勉《金石論叢》。 |
|  | 《從知筆槀》 | 5 | 同上 |
| 王超 | 《鳳鳴集》 | 30 | 《北夢瑣言》卷 7,《崇文總目》、《宋史·藝文志》均作 3 卷 |
| 鄭准 | 《劉表軍書》 | 3 | 《北夢瑣言》卷 7。 |
| 朱樸 | 《雜表》 | 1 | 《新唐書》卷 60《藝文志》四,《宋史》卷 208《藝文志》七。 |
| 薛逢 | 《別紙》 | 13 | 《新唐書》卷 60《藝文志》四。《崇文總目》卷 5 作《薛逢別紙》。《宋史》卷 208《藝文志》"紙"作"集",僅 9 卷。 |
| 彭霽 | 《彭霽啓狀》 | 1 | 《宋史》卷 208《藝文志》七,《崇文總目》卷 5 作《雜狀啓》,卷數同。 |
| 敬翔 | 《表奏集》 | 10 | 《宋史》卷 208《藝文志》七,"敬"避諱作"恭",並另有《恭翔集》10 卷。 |
| 蔣文或 | 《記室定名集》 | 3 | 同上。 |

續表

| 作者 | 書名 | 卷數 | 史料來源 |
|---|---|---|---|
| 鄭嶼 | 《表狀略》 | 3 | 同上。 |
| 羅隱 | 《吳越掌書記集》 | 3 | 同上。《崇文總目》卷 5 無"書"字。 |
| | 《湘南應用集》 | 3 | 同上。 |
| | 《啓事》 | | 同上。 |
| 張澤 | 《斂河集》? | 15 | 《新唐書》卷 60《藝文志》,《宋史》卷 208《藝文志》"斂"作"飲"。 |
| 李太華 | 《掌記略》 | 15 | 《新唐書》卷 60《藝文志》,《宋史》卷 209《藝文志》八。 |
| | 《新掌記略》 | 9 | 《新唐書》卷 60《藝文志》,《宋史》卷 209《藝文志》同,《崇文總目》卷 5 作 5 卷。 |
| 林逢 | 《續掌記略》 | 10 | 《新唐書》卷 60《藝文志》。《崇文總目》作 1 卷,《宋史》卷 209《藝文志》作 15 卷。 |
| 竇夢徵 | 《東堂集》 | 10 | 《舊五代史》卷 68《竇夢徵傳》。《宋史》卷 208《藝文志》七"徵"誤作"證",書作 3 卷;並另有《表奏集》10 卷。 |
| 張鉶 | 《管記苑》 | 10 | 《宋史》卷 209《藝文志》八,《崇文總目》卷 5。 |
| 李巨川 | 《四六集》 | 2 | 《新唐書》卷 60《藝文志》。《宋史》卷 208《藝文志》七作《啓狀》2 卷,疑爲一書。 |
| 嚴虔崧 | 《表狀》 | 5 | 《宋史》卷 208《藝文志》七。 |
| 康駢 | 《九筆雜編》 | 15 | 同上。 |
| | 《磨盾集》? | 1 | 《崇文總目》卷 5。 |
| | 《雜表疏》 | 1 | 同上。 |
| 樊景 | 《四六集》 | 5 | 《崇文總目》卷 5,《宋史》卷 208《藝文志》七作《樊景表狀集》5 卷。 |
| 沈文昌 | 《記室集》 | 3 | 同上。 |
| 田霖 | 《四六》 | | 《宋史》卷 208《藝文志》七。 |
| 鄭准 | 《四六集》 | 1 | 《崇文總目》卷 5。 |
| 李琪 | 《應用集》 | 3 | 《崇文總目》卷 5,《宋史》卷 208《藝文志》七。 |
| | 《白巖四六》 | 5 | 同上。 |
| 林鼎 | 《吳江應用集》 | 20 | 同上。 |
| 湯篈 | 《戎機集》? | 5 | 同上。 |
| 羅貫 | 《羅貫書啓》 | 2 | 《崇文總目》卷 5、《宋史》卷 208《藝文志》七作《羅貫啓狀》。 |
| 湯文圭 | 《從軍稿》 | 20 | 《宋史》卷 208《藝文志》七作商文圭,湯、商爲"殷"之避諱。又有《鏤冰録》、《筆耕詞》各 20 卷。《崇文總目》卷 5 亦另有《筆耕》1 卷。 |
| 趙化基 | 《止戈書》 | 50 | 《宋史》卷 209《藝文志》八,《崇文總目》卷 5。 |
| 朱濤 | 《昌吳啓霸集》 | 30 | 《宋史》卷 208《藝文志》七。《崇文總目》卷 5 無"昌吳"二字。 |
| 王紹顔 | 《軍書》 | 10 | 《宋史》卷 209《藝文志》八。《崇文總目》卷 5。 |

續表

| 作者 | 書名 | 卷數 | 史料來源 |
|---|---|---|---|
| 馬　氏<br>（失名）<br>編 | 《李洪皐表狀》 | 1 | 《崇文總目》卷5。《宋史》卷208《藝文志》即作李洪皐撰。 |
| | 《續羽書》 | 6 | 《宋史》卷209《藝文志》八。 |
| 李緯 | 《縱橫集》 | 20 | 《宋史》卷209《藝文志》八。 |
| 周慎辭 | 《周慎辭表狀》 | 5 | 《宋史》卷208《藝文志》七。 |
| 孫光憲 | 《筆傭集》 | 10 | 同上。另有《荆臺集》40卷、《鞏湖編翫》3卷、《桔齋集》2卷，内容不詳。 |
| 劉韜美 | 《從軍集》? | 40 | 同上。 |
| 梁震 | 《梁震表狀》 | 1 | 同上。 |
| | 《金臺倚馬集》? | 9 | 同上。《崇文總目》作"朱閲撰"。 |
| | 《章表分門》 | 3 | 同上。 |
| | 《擬狀制集》 | 3 | 同上。 |
| 韋莊 | 《諫疏牋表》 | 4 | 同上，同卷又有《韋文靖諫表》1卷，應爲一書。《崇文總目》卷五有常莊《諫疏集》3卷，疑即韋莊。 |
| 李　氏<br>（失名）<br>編 | 《金臺鳳藻集》 | 50 | 《崇文總目》卷5，《宋史》卷208《藝文志》七。 |
| 庾傳昌 | 《金行啓運集》? | 10 | 同上。 |
| 陳致雍 | 《曲臺奏議集》 | 20 | 同上。 |

① 見《敦煌寫本書儀考》之一、之二，收入《唐五代書儀研究》，中國社會科學出版社，1995，53—93頁。
② 見《唐五代書儀研究》94—108頁。
③ 按此處《月儀》是列於蔡邕《勸學》之下，同列又有朱育《幼學》和項峻《始學》等著作，當皆屬童蒙讀物。
④ 參見《文心雕龍》一書《章表第二十二》、《奏啓第二十三》、及《檄移第二十》等節。
⑤ 見《三國志》卷四七《吳主傳第二》裴注引《江表傳》，1118頁；《資治通鑑》卷六五建安十三年，2088頁。檄書原文爲："近者奉辭伐罪，旌麾南指，劉琮束手。今治水軍八十萬衆，方與將軍會獵于吳。"
⑥ 以上引文均見《三國志》卷二一《魏書·王衞二劉傳第二十一》及裴注。
⑦ 參見《南史》卷六九《沈炯傳》，1677頁；卷七二《丘巨源傳》、《顔晃傳》，1769、1787—1788頁。
⑧ 參見《北史》卷五六《魏收傳》，2026頁；卷三六《薛道衡傳》，1340頁；卷八三《文苑·劉臻傳》，2809頁；並同傳史臣論，2779—2782頁。
⑨ 《會昌一品集·別集》卷七，商務印書館，國學基本叢書本，223頁。
⑩ 參見《舊唐書》卷六一《温大雅傳》，2359頁；卷六六《房玄齡傳》，2460頁；卷七三《薛收傳》，2587頁。
⑪ 參見《舊唐書》卷八二《李義府傳》，2766頁；卷九四《李嶠傳》，2992頁；卷八八《蘇頲傳》，2880頁；卷九七《張説傳》，3056頁。
⑫ 《舊唐書》卷一九〇中《孫逖傳》，5044頁。
⑬ 見陳静《"別紙"考釋》，《敦煌學輯刊》1999年1期，105—114頁。
⑭ 語出《北夢瑣言》卷一五韓建語李巨川，中華書局，1960，120頁。
⑮ 《韓昌黎集》卷一三《徐泗濠三州節度掌書記廳石記》，商務印書館《國學叢書》本，1958。
⑯ 《全唐文》卷七七九，中華書局，8136—8137頁。
⑰ 《全唐文》卷八九五，9344頁—9345頁。
⑱ 表的製作參考《新唐書》與《宋史》的《藝文志》、《文獻通考》、《玉海》及《崇文總目》等。並參考《唐研究》第一卷

載陳尚君《〈新唐書·藝文志〉補——集部別集類》，北京大學出版社，1995，109—192 頁。對肯定屬中書制誥類的
文集一般不載。

⑲　《新唐書·藝文志》陸贄另有《翰苑集》十卷。注云"韋處厚纂"。《論議表疏集》晁公武《郡齋讀書志》作《陸贄奏
議》，《文獻通考經籍考》作《陸宣公奏議》，卷數同。按據晁氏云，"舊《翰苑集》外，有《牓子集》五卷，《議論集》三
卷。元祐中，蘇子瞻乞校正進呈，改從今名。疑是時裒諸集以成之。"又《直齋書錄解題》卷十六著錄《陸宣公
集》二十二卷，曰："權德輿爲序，稱《制誥集》十三卷、《奏草》七卷、《中書奏議》七卷，今所存者《翰苑集》十卷、
《牓子集》十二卷。序又稱別集文賦表狀十五卷，今不傳。"趙希弁《讀書附志》卷下著錄亦作《陸宣公文集》二十
二卷，曰"《讀書志》云《陸贄奏議》十二卷，希弁所藏制誥十卷、表章六卷、奏議六卷，凡二十二卷云。"中華書局
《郡齋讀書志校證》據此指出，宋時所存陸贄集當有二十二卷。其中《翰苑集》十卷，即希弁所稱之制誥，奏議十
二卷，即《新唐志》之《論議表疏集》、《讀書附志》之奏章、奏議，並認爲《奏議集》也即《牓子集》。

⑳　《記室備要》三卷，《宋史·藝文志》記在溫庭筠下，疑即敦煌所見郁知言《記室備要》。

# 宋張孝祥《六州歌頭》詞繫年考辨

## 鍾 振 振

南宋張孝祥的《于湖居士文集》(《四部叢刊》影宋本),卷三一至卷三四凡四卷是詞,以《六州歌頭》(長淮望斷)篇冠首。單行的《于湖先生長短句》五卷《拾遺》一卷(陶湘涉園影宋本),《六州歌頭》編次仍爲第一,可謂名副其實的壓卷之作。而現代的各種文學選本,凡選收宋詞者,也幾乎都少不了張孝祥的這首《六州歌頭》。它在文學史特別是詞史上的地位,于此可見一斑。

可是,關于這首詞的繫年,還是一個有爭議的問題。

究其起因,首先要追溯到一則宋人筆記。無名氏《朝野遺記》載:

> 《六州歌頭》,在國初時,京東張、李二生能之,凡作四闋。……自後少有繼者。然聲調雄遠,哀而不怨,于長短句中殊雅麗。近張安國在建康留守席上賦一篇云:"長淮望斷,關塞莽然平。征塵暗,朔(《于湖居士文集》、《于湖先生長短句》作"霜")風勁,悄邊聲。黯銷凝。追想當年事,殆天數,非人力,洙泗上,絃歌地,亦膻腥。隔水氈鄉,落日牛羊下,區脫縱橫。看名王宵獵,騎火一川明。笳鼓悲鳴。遣人驚。  念腰間箭,匣中劍,空埃蠹,竟何成!時易失,心徒壯,歲將零。渺神京。干羽方懷遠,靜烽燧,且休兵。冠蓋使,紛馳騖,若爲情?聞道中原遺老,常南望、翠葆霓旌。使行人到此,終(《于湖居士文集》、《于湖先生長短句》皆作'忠',是)憤氣填膺。有淚如傾!"歌闋,魏公爲罷席而入。

從文中的"近"字來看,《朝野遺記》作者所生活的年代與張孝祥相去不遠。因此,歷來的學者們都認爲其記載是可信的,可以拿來作爲此詞繫年的依據。

然而,文中的"建康留守"指誰?在這個問題上,後世的學者看法頗不一致。清沈雄《古今詞話·詞評》卷上曰:

> 安國在建康留守魏公席上賦《六州歌頭》,感憤淋漓,魏公爲之罷飲而入,則其詞之足以動人者也。

紀昀等《四庫全書總目》卷一九八《于湖詞》提要亦曰:

> 《朝野遺記》稱其在建康留守席上賦《六州歌頭》一闋,感憤淋漓,主人爲之罷席。則

　　其忠憤慷慨,有足動人者矣。

　　後來,馮煦的《宋六十一家詞選·例言》、近世錢基博先生的《中國文學史》第五編,也都沿襲了這一説法。他們認爲"建康留守"就是"魏公"。按魏公即張浚,孝宗即位初,封他爲魏國公。因此,再往後,夏承燾、盛弢青二先生《唐宋詞選》、宛敏灝先生《張孝祥年譜》及《張孝祥詞箋校》便直截了當地指稱"建康留守"爲張浚。但現代的多數學者却認爲"建康留守"是張孝祥(詳見下文)。

　　對這個問題的不同看法,導致了對此詞的不同繫年。

　　認爲"建康留守"是張孝祥的學者,多繫此詞于"隆興北伐"之後。若再細分,又有"隆興元年"與"隆興二年"兩説。持"隆興元年"説者,如胡雲翼先生《宋詞選》曰:

　　　　宋孝宗隆興元年(一一六三),北伐軍在符離潰敗後,主和派得勢,與金國通使議和。這時張孝祥在建康(南京)任留守,作此詞。①

朱東潤先生主編的高等學校文科教材《中國歷代文學作品選》中編第二册曰:

　　　　宋孝宗隆興元年(一一六三),以張浚都督江淮軍馬,張孝祥爲都督府參贊軍事,並繼張浚兼領建康留守。此詞當作于是年北伐軍在符離潰敗、和議復起之後。②

劉永濟先生《唐五代兩宋詞簡析》曰:

　　　　此孝宗隆興元年孝祥任建康留守時,因朝廷忍辱求和,憤慨而作。時張浚以都督江淮軍事駐建康,孝祥于其宴席上作此詞。張浚聞之,罷飲而入。③

而夏承燾、盛弢青二先生《唐宋詞選》雖認"建康留守"爲張浚,却亦持"隆興元年"説,故附録于此:

　　　　宋孝宗隆興元年(一一六三)南宋軍隊在符離被金軍擊敗,主和派得勢,與金通使議和,這時張孝祥在建康(南京)作此詞。……據宋無名氏《朝野遺記》説,這詞是在建康留守(官名)席上作的,當時張浚(擔任建康留守,是主戰的大臣之一)聽唱這詞,連酒也吃不下去。可見這詞在當時是如何的震動人心了。④

　　持"隆興二年"説者,則有林庚、馮沅君二先生主編的高等學校文科教材《中國歷代詩歌選》,其下編(一)曰:

　　　　詞約作于宋孝宗隆興二年(1164),時張孝祥為建康留守。隆興元年,宋伐金大敗,主和派得勢,次年冬和議成。⑤

　　上引諸家都没有交代立論的根據。筆者推測,他們的根據不外乎《于湖居士文集》所附録的《張安國傳》、《宣城張氏信譜傳》以及《宋史》卷三八九《張孝祥傳》。《張安國傳》,撰人及時代不詳。但既附于宋本《于湖居士文集》,則作者必爲宋人。《宣城張氏信譜傳》,末署"紹熙五年甲寅,歷陽居士陸世良書于蕪湖介清堂"。"紹熙",宋光宗年號。"紹熙五年",即公元

1194年，爲孝祥死後之二十五年。⑥茲以《張安國傳》爲底本，其餘二傳中的異文爲參校，摘録有關文字如下：

孝宗即位，復（陸傳作“除”）集英殿修撰，知平江（陸傳作“知平江府軍事”，《宋史》作“知平江府”）。……張浚自蜀還朝（陸傳作“張魏公還朝”，無“自蜀”二字，是），薦孝祥（陸傳作“乃首薦公”），召赴行在。……除中書舍人。尋除直學士院（陸傳作“遷直學士院”）兼（陸傳作“俄兼”）都督府參贊軍事，俄兼領建康留守。（陸傳作“時魏公欲請帝幸建康，以圖進兵，復薦公領建康留守”）。言者（陸傳作“湯思退言”，《宋史》作“以言者”）改除敷文閣待制，留守如舊。會金再犯邊，孝祥陳金之勢不過欲要盟。宣諭使劾孝祥落職罷（陸傳無“會金再犯邊”二句，作“及魏公罷判福州，宣諭劾公爲黨，落職”）。

由于這三傳都未明載張孝祥任建康留守的年月，因此諸家乃各自推算，或作“隆興元年”，或作“隆興二年”，産生了一個年頭的出入。

其實，張孝祥任“建康留守”的年月，並非不可考知。南宋有行宮在建康，故知建康府例帶“行宮留守”的頭銜。“知建康府”和“建康留守”，不過是同一差遣的不同稱呼罷了。而張孝祥知建康府的年月，宋周應合《景定建康志》卷十四《建康表》十有明確的記載：

隆興二年甲申：三月七日，之茂（陳之茂）召赴行在，左承議郎、充敷文閣待制張孝祥知府事，十月十二日罷。

宋洪遵所輯《翰苑群書》亦載張孝祥于隆興二年三月自直學士院知建康。所記孝祥知建康的起始時間，正與《景定建康志》合，可證知《建康志》具有相當的可信度。

搞清楚了張孝祥任建康留守的時間，再來一一審視上引諸家之說，那我們就可以發現，只有林庚、馮沅君二先生所編《詩歌選》說，亦即“隆興二年”說，是不違背歷史事實的。而其他先生所持的“隆興元年”說以及與此相關的種種描述，證之于史，則都有明顯的失誤。

首先是共同性的失誤。隆興元年，張孝祥並不在建康留守任！其次是個別性的失誤。如朱東潤先生主編的《作品選》說隆興元年張孝祥爲都督府參贊軍事，並繼張浚兼領建康留守云云。但據本文前引《張安國傳》等三傳，孝祥爲都督府參贊軍事，在自知平江府召赴行在後。而其知平江府的起訖時間，宋范成大《吳郡志》卷十一《題名》中有記載：

張孝祥：左承議郎，充集英殿修撰。隆興元年五月到，二年二月赴召。⑦

因此，其爲都督府參贊軍事的具體時間，不得早于隆興二年二月。又據前引《建康志》，孝祥領建康留守，其前任實爲陳之茂，而非張浚。

又如劉永濟先生《簡析》說隆興元年孝祥任建康留守，張浚以都督江淮軍事駐建康，孝祥于其宴席上作此詞云云。據《宋史》卷三三《孝宗紀》一載：

隆興元年春正月……庚子……張浚進樞密使、都督江淮東西路軍馬。……八月丙寅,張浚復都督江淮軍馬。……十二月……丁丑……浚仍都督江淮東西路軍馬。

則張浚此項差遣名曰"都督江淮軍馬",而非"都督江淮軍事"。又《朝野遺記》實謂張孝祥在"建康留守席上"賦詞,而按劉先生的叙述,則變成在"都督江淮軍馬席上"賦詞了,顯然與事實不相符合。

又如夏承燾、盛弢青二先生《唐宋詞選》說隆興元年南宋軍隊在符離被金軍擊敗,當時張浚擔任建康留守云云。此亦不確。按符離之敗在隆興元年五月,而《景定建康志·建康表》十載:

> 隆興元年癸未:五月十六日,左朝散大夫、直徽猷閣陳之茂知府事,兼主管安撫司公事。

> 隆興二年甲申:三月七日,之茂召赴行在。

可知當時建康留守實爲陳之茂,而非張浚。至于張浚當時的官職、差遣,則據《宋史》卷三三《孝宗紀》一及卷三六一本傳所記,隆興元年五月北伐前爲少傅、樞密使、都督江淮東西路軍馬。同月符離之敗後,兼都督荆襄軍馬。六月,降授特進,仍前樞密使,更江淮東西路宣撫使。八月,復都督江淮軍馬。十二月,爲尚書右僕射、同中書門下平章事兼樞密使,仍都督江淮軍馬。

綜上所述,如果我們假定《朝野雜記》中的"建康留守"確是張孝祥,那麼此詞當從林庚、馮沅君二先生所編《詩歌選》,繫在隆興二年。如果考得更細一點,我們還可以推定,其繫年上限爲隆興二年三月七日,前此孝祥尚不是建康留守。下限則爲同年四月六日(庚申),因爲據《宋史·孝宗紀》一記載:

> (隆興二年)夏四月庚申,召張浚還朝。……戊辰,罷江淮都督府。……丁丑,張浚罷。

後此,張浚就不在建康了。

不過,這僅僅是一種假定。我們再來看一看另一種假定,如果《朝野雜記》中的"建康留守"不是張孝祥,而是張浚的話,情況會怎樣?

指"建康留守"爲張浚的諸多學者,清沈雄、紀昀、馮煦及近世的錢基博先生,並未給此詞繫年,可置之不論;夏承燾、盛弢青二先生誤繫此詞于隆興元年,前文已辨其非,也不再贅論;惟有宛敏灝先生提出了一種與大多數學者相去較遠、也較新穎的意見——此詞作于"隆興北伐"前的高宗紹興三十二年(1162)。其《張孝祥年譜》說:

> 據《續資治通鑑》記載:紹興三十一年十一月,張浚以觀文殿大學士、新判潭州改判建康府兼行宮留守。至三十二年正月,高宗到建康府,詔浚仍舊兼行宮留守。孝祥前往建康,可能即在此時。……史載此年正月,金主雍遣書來聘,二月,宋亦遣洪邁使金。⑧

其《張孝祥詞箋校》又説：

> 宋高宗紹興三十一年(一一六一)十一月，金主完顏亮舉兵突破宋淮河防綫，直趨長江北岸。在向采石(今屬安徽馬鞍山市)渡江時，被虞允文督水師迎擊，大敗而走。宋金兩軍遂夾江東下，完顏亮至揚州爲部下所殺。于是金兵退回淮河流域，暫時停戰。宋主戰派張浚奉詔由潭州(今長沙市)改判建康府(今南京市)兼行宫留守。次年正月五日高宗到建康，浚入對，詔浚仍舊兼行宫留守(浚未到前曾以湯思退充任)。孝祥于去年六月自撫州罷歸蕪湖，聞采石戰勝作《水調歌頭》，結句云：“我欲乘風去，擊楫誓中流。”其赴建康在浚幕作客並預宴賦詞，當即在此時。這年正月，金遣使來聘，宋亦遣洪邁使金，高宗于二月六日還臨安。當代常見的《宋詞選》以至《鑒賞》、《賞析》等書，多謂此詞爲孝宗隆興二年(一一六四)孝祥領建康留守時作。首先是對“在建康留守席上”這句文言文説的是誰賓誰主未能正確理解；其次也由于缺乏史地常識，把兩個戰役混爲一談。符離之潰時間在六月，地點在淮北(符離集今屬安徽宿縣)，盛夏如何有“霜風勁”？從建康如何能看見遠在淮北的“名王宵獵，騎火一川明”並聽見“笳鼓悲鳴”呢？明顯錯誤，不可從。⑨

由于宛先生此説最晚出，又由于宛先生是研究張孝祥的專家，他的意見當然是格外值得我們認真對待的。但筆者經過反復考證，仍不敢苟同，兹質疑如下：

其一、張詞謂“冠蓋使，紛馳騖”，明顯是指南宋派使者赴金求和，且所派使者不止一批，否則何以稱“紛”？但據《宋史》卷三二《高宗紀》九、《宋史紀事本末》卷七四《金亮南侵》、《續資治通鑑》卷一三七，紹興三十二年正月，南宋並未遣使赴金。而洪邁使金，《宋史·高宗紀》九所載爲：

> (紹興三十二年三月)丁巳，遣洪邁等賀金主即位。

> (四月)戊子，洪邁等辭行，報聘書用敵國禮。

《宋史紀事本末·金亮南侵》所載爲：

> (紹興三十二年四月)遂遣洪邁充賀登極使。……邁行，書用敵國禮。

《續資治通鑑》所載爲：

> (紹興三十二年三月丁巳)起居舍人兼國史院編修官洪邁假翰林學士，充賀大金登寶位國信使。

> (四月)戊子，起居舍人充大金國賀登寶位使洪邁等辭行。

宛先生《年譜》謂其事在紹興三十二年二月，《箋校》謂其事在紹興三十二年正月，皆誤。何況僅此一次遣使，也當不得“紛馳騖”三字！因此，所謂張孝祥詞作于紹興三十二年二月或正月説，實在不能成立。

　　其二,符離之潰,事在隆興元年五月。宛先生《箋校》謂"六月",是誤記。當然,五月也是夏季,仍着不得"霜風勁"三字。但並没有人説此詞作于"符離之潰"時!不過,説此詞作于隆興二年張孝祥任建康留守時,一如本文前面所考,等于説此詞作于隆興二年三、四月間,其時爲春、夏之交,也還是着不得"霜風勁"三字。就此而言,宛先生的批評雖有偏差,却不無可取。問題在于,他繫此詞于紹興三十二年正月至二月,時屬春季,同樣着不得"霜風勁"三字!

　　其三,符離固在淮北,從建康確實不可能看見遠在淮北的"名王宵獵,騎火一川明"并聽見"笳鼓悲鳴"。但要知道,這是寫詩啊!"寂然凝慮,思接千載;悄焉動容,視通萬里",[⑩]正是作家的本分!當紹興三十一年(1161)十一月完顏亮的軍隊與宋軍夾江對峙之時,張孝祥正在宣城。[⑪]宣城今屬安徽,距當時的江防前沿當塗(今安徽當塗、馬鞍山一帶)至鎮江(今屬江蘇)一綫,尚有一百五十至三百里左右的直綫距離。他同樣不可能看見"近"在江北的"名王宵獵,騎火一川明"並聽見"笳鼓悲鳴"!而當他于紹興三十二年正月至二月在建康張浚幕府作客時,金兵業已北還,長江對岸雖在其耳目所及的範圍之内,却已不可能再有"名王宵獵,騎火一川明,笳鼓悲鳴"!説白了,這與詞人在哪裏寫這首詞本來就没有太大的關係。只要仔細玩味此詞的行文脉絡,便可以得出"名王宵獵"之地正在淮北的結論。"洙泗上,絃歌地,亦膻腥"云云,明點了淮河以北在金人統治下的山東,接下來的"隔水氈鄉,落日牛羊下,區脱縱横"三句,當然還是説淮河北岸,含有金人"以夷變夏",漢民族之農田已成爲女真人之牧場的意味。——完顏亮之南侵,首尾不過兩個月,長江北岸斷無稱"氈鄉"之理!既然如此,再往下的"名王宵獵,騎火一川明,笳鼓悲鳴",又怎麼會突然跳過淮河,出現在長江北岸呢?

　　否定了宛先生的"紹興三十二年"説,是否意味着筆者最終還是回過頭來認可了林庚、馮沅君二先生所編《詩歌選》的"隆興二年"説?亦不盡然。

　　愚意以爲,《朝野遺記》既稱張孝祥"在建康留守席上"賦詞云云,則張孝祥的身份只是參加宴會的客人,而不是"建康留守"。在這個問題上,宛先生的意見倒是對的。但他附和清沈雄、紀昀、馮煦等的看法,認"建康留守"即"魏公"張浚,却不一定正確。從行文上判斷,張浚的身份似乎也只是參加宴會的客人。否則,《遺記》何不直書張孝祥"在魏公席上"或"在建康留守魏公席上"賦詞?可見當日宴會的東道"建康留守"另有其人。

　　考張孝祥和張浚二人同在建康且二人都非建康留守的情形,只可能出現在隆興二年二月張孝祥任江淮都督府參贊軍事後、三月七日兼領建康留守前的若干天内。當時張浚都督江淮軍馬,駐節建康;孝祥爲督府僚佐,自然也在建康;建康留守則爲陳之茂。

　　陳之茂設宴,營妓歌張孝祥《六州歌頭》,張浚爲之罷席,這些都應該是事實。但該詞却不可能是此次宴會上的即席之作。因爲"朔風"是北風,冬天的風。(如據《于湖文集》、《于湖長短句》作"霜風"，則是秋風。)而"歲將零"是一年將盡。明顯與宴會時的季節——春天不合。最切近情理的解釋是，此詞爲隆興元年冬天的舊作，隆興二年春天，張孝祥在建康留守席上寫付歌女，當筵歌唱。自此盛傳，遂爲《朝野遺記》的作者記錄了下來。

關于隆興元年五月北伐失敗後，主和派復據要津，朝廷遣使與金人議和的詳情，《宋史紀事本末》卷七七《隆興和議》載：

> 帝以符離師潰，乃議講和。
>
> 八月……戊寅，金紇石烈志寧復以書貽三省、樞密院，求海、泗、唐、鄧四州地，及歲幣，稱臣，還中原歸正人，即止兵，不然，當俟農隙往戰。
>
> 丙戌，遣盧仲賢持報書如金師。……帝戒以勿許四郡，而(湯)思退等命許之。
>
> 十一月……庚子，湯思退奏以王之望充金國通問使，龍大淵副之，許割棄四州，求減歲幣之半。
>
> 癸丑，以胡昉、楊由義爲金國通問所審議官。

自秋至冬，遣使凡三批。張孝祥詞所謂"冠蓋使，紛馳騖"，似即指此而言。宋使自臨安北上赴金，平江爲必經之地。孝祥時知平江府，使者過境，地方長官例當接待，他一定目睹了"冠蓋使，紛馳騖"這令人痛心的實況！

爲了與金人議和，隆興元年八月，孝宗"仍命諸將毋遣兵人出境"。[12]張孝祥詞所謂"干羽方懷遠，靜烽燧，且休兵"，也正與此相符。

---

① 上海古籍出版社 1978 年版第 229 頁。
② 上海古籍出版社 1980 年版第 64 頁。
③ 上海古籍出版社 1981 年版第 89 頁。
④ 中國青年出版社 1981 年版第 119 頁。
⑤ 人民文學出版社 1979 年版第 733 頁。
⑥ 此當是《宣城張氏信譜》所載陸世良撰張孝祥傳，原傳未必即以《宣城張氏信譜傳》爲題。
⑦ "吳郡"即平江府，今蘇州一帶。
⑧ 見《詞學》第二輯，華東師範大學出版社 1983 年版第 36—37 頁。
⑨ 黃山書社 1993 年版第 1–2 頁。
⑩ 《文心雕龍·神思》篇。
⑪ 據宛先生自己的考證，詳見《張孝祥年譜》，《詞學》第二輯，華東師範大學出版社 1983 年版第 35 頁。
⑫ 《宋史·孝宗紀》一。

# 《宋書》時誤補校(續七)

## 牛繼清　張林祥

74.元康五年四月庚寅夜,暴風,城東渠波浪;七月,下邳大風,壞廬舍;九月,雁門、新興、太原、上黨災風傷稼。明年,氐、羌反叛,大兵西討。(卷三十四頁982)

按五年四月庚申朔,無庚寅。《晋書》卷二十九《五行志下》同誤;卷四《惠帝紀》只載七月、九月大風,四月條無載,然元康六年載:"夏四月,大風。"六年四月甲申朔,庚寅七日,疑"四月庚寅"條本六年事,誤羼入五年。

75.晋惠帝永康元年二月,大風拔木。三月,愍懷被害。己卯,喪柩發許還洛,是日,大風雷電,幃蓋飛裂。(卷三十四頁982)

按《晋書》卷四《惠帝紀》作:"三月,尉氏雨血,妖星見于南方。癸未,賈后矯詔害庶人遹于許昌。"三月壬戌朔,己卯十八日,癸未二十二日,焉有發喪在前被害在後之理?《惠帝紀》四月"癸巳",梁王肜、趙王倫矯詔廢賈后爲庶人",甲午,"追復故皇子位","六月壬寅,葬愍懷太子顯平陵。"《資治通鑑》卷八十三晋紀五作五月"己卯,謚故太子曰愍懷",則發喪還洛在五月。五月辛酉朔,己卯十九日,此"己卯"上脱"五月"。《晋書》卷二十九《五行志下》同誤。

76.晋惠帝永興元年正月癸酉,趙王倫祠太廟,災風暴起,塵沙四合。其年四月,倫伏辜。(卷三十四頁982)

按正月己亥朔,無癸酉。《晋書》卷二十九《五行志下》作:"永興元年正月乙丑,西北大風。趙王倫建始元年正月癸酉,趙王倫祠太廟,災風暴起,塵四合。其年四月,倫伏辜。"(卷三十四頁982)

建始元年即惠帝永寧元年,是年四月齊王冏誅趙王倫,改元永寧,該年正月丁巳朔。癸酉十七日。永興元年尚在三年後。今本《宋志》誤脱"乙丑,西北大風,趙王倫建始元年正月"諸字;或誤"永寧"爲"永興"。

77.(晋元帝永昌元年)十一月,宫車晏駕。(卷三十四頁983)

按《晋書》卷六《元帝紀》作:"閏(十一)月己丑,帝崩于内殿。"閏十一月庚辰朔,己丑七日。此"十一月"上脱"閏"。

# 兩宋政府與印刷術關係初探

皮 慶 生

　　宋代是中國印刷發展史上的黃金時代,學者們對宋刻本的内容、形式,刻書地點、刻工等都做了大量研究,使我們對兩宋雕版印刷的情況有了一個較爲清晰的認識。但是,對這一時期政府與印刷術關係的探討,則相對薄弱,基本停留在單維的官方政策影響印刷術發展的層面。過去的研究表明,印刷術最早可能興起於民間,直到唐末,官方的使用仍主要局限於宗教及一些實用材料的印行。而到了南宋,不僅形成了一個官方與民間相互配合補充的印刷、發行體系,而且,印刷術已經滲透到政治運作的各個層面,官方也完全介入對新技術使用的控制和管理。技術與政治的這一相互介入過程應是雙向的、漸進的。據筆者所知,對印刷術是如何逐漸進入並影響兩宋政治運作的具體過程,目前尚無專門論文加以討論。[①]至於兩宋政府對印刷術使用的控制和管理,七十年代以來,朱傳譽、李致忠、趙勝、祝尚書等人已有專文討論,[②]90年代前後的《中國印刷史》、《中國禁書大觀》[③]也有專門章節介紹兩宋的書禁問題。他們的研究尤其是朱傳譽先生的文章使筆者受益匪淺,但他們對某些材料的理解、禁印材料的分類及被禁原因分析、兩宋對印刷術使用的控制管理政策的價值評判等問題亦有可商討之處,筆者不揣淺陋,擬對上述問題略加討論,不妥之處,尚乞方家批評指正。

## 一、印刷術介入兩宋政治運作的進程及其影響

　　首先,有必要對本文所說的"政治運作"做一說明。我們所說的兩宋政治運作含義比較寬泛,不僅包括兩宋政治的制度層面,也涉及具體運作過程。考慮到儒家禮教在傳統社會中與政治的特殊關係,儒家經典、科舉考試中使用印刷術對兩宋地方與中央政治都產生了巨大影響,所以也應加以討論。當然,由於印刷術對兩宋政治運作的滲透是在不知不覺中進行的,當時的相關記載很少,材料的不足使我們只能做初步的描述性工作。

　　根據上面的限定,印刷術最早介入官方的政治運作是在五代時期,標志性事件爲後唐馮道、後蜀毋昭裔主持印行儒家《九經》,即監本《九經》。這是有文獻可考的最早由官方印行、而且與官府政治運作有一定關係的印刷品。官方整理、印行儒家經典的政策爲兩宋繼承並

有所發展。仁宗初年,國家正式規定科舉考試"只於國子監有印本書内出題。"④監本儒經及注疏逐漸强化了其對於其他官私刻書的權威地位。與此同時,科舉試題也逐漸從手抄改爲印刷,⑤而且很快制度化。⑥儒家經典的廣泛印行推動了儒學的復興,也使得兩宋教育空前發達。而且,印刷術的使用爲更多的讀書人投入科舉考試提供了技術保障。據美國學者賈志揚(J.W.Chaffee)統計,宋代地方教育單位 1068 個,州學 189 所,縣學 464 所,私學 425 所,進士總人數達 4 萬人以上,而曾經參加考試的知識分子在 12 世紀約 20 萬人,13 世紀更達到40 萬人。⑦數量龐大的知識階層對官方政治産生了重大影響,以至清人稱兩宋太學生曾一度"挾持朝局"。⑧此外,未入仕的讀書人形成的鄉紳階層也構成兩宋政治運作中不可小視的一股力量,他們往往利用自己的經濟實力及其在地方宗族、文化、禮儀事務中的顯著地位,對地方州縣政務施加影響,逐漸成爲官方向民衆傳達政令、徵收賦税等的中間勢力。士紳在兩宋社會的崛起與新技術密切相關,同時也影響着兩宋政府印刷出版政策的走向(詳後)。

　　如果説,印刷術在教育、考試等方面的運用對政治所起的作用尚可視爲間接影響的話,那麼,兩宋政府將之運用於法律及國家日常政令等方面,技術對政治發揮的作用則是直接、具體的,它直接關係到中央政令下達的速度與廣度,影響着中央政府對地方政權、官吏的控制與管理。這也許是印刷術對國家政治運作介入的最重要體現。

　　太祖建隆四年(963)八月,刑統敕律編成,"詔並模印頒行",印板屬於大理寺。這就是我國第一部印本法律——《宋刑統》。國家法律頒行天下,是各級官員斷案的依據,非同小可,這説明印刷術在技術上已日漸成熟,開始贏得官方信任。⑨除了法律條文,仁宗天聖七年(1029),還印行了與律並行的音義、文義,改變了此前法律注、疏無印本的局面。⑩由於是印刷品,法律文書發行的面較以往有所擴大,如要學習法律,參加律學考試,所需"刑統編敕律令格式及應係刑法文字",可到"合屬去處取索"。⑪同以往朝代相比,宋代知識分子,乃至普通百姓獲得法律知識的途徑大大拓寬了,一些地方甚至出現了私人的法律學校,客觀上推動了法律知識、觀念的普及。⑫

　　陳亮曾説:"漢,任人者也;唐,人法並行者也;本朝,任法者也",並説,"神宗皇帝思立法度以宰天下。"⑬他認爲宋代是封建時代的法治社會,而且主要是從神宗時期開始的,這是符合歷史事實的。據統計,"神宗編敕最多,共有 86 種,約占全宋編敕總數的 40%,是宋代編敕的最高峰,這一現象,反映出神宗朝編敕與變法改革之間的密切關係。"而宋代編敕的内容十分廣泛,其"調整的範圍遍及社會生活的各個領域。"⑭需要説明的是,這一法治局面的形成,當然首先要制定比較完備的法律條文,但其廣泛頒行、推廣則更爲重要,而這正是印刷術之所長。

　　兩宋編敕一般十年頒行一次,在印行過程中有足夠時間進行修正,但國家日常政令就不

同了,它必須及時傳達到全國各地,對技術的要求更高。官方政令通過印刷頒行始於仁宗時期。天聖二年(1024)十月辛巳詔云:

> 自今敕書,令刑部摹印頒行。時判部燕肅言,舊制,集書吏分録,字多舛,四方覆奏,或致稽違,因請鏤版宣佈。或曰:版本一誤,則誤益甚矣。王曾曰:勿使一字有誤可也。遂著於法。(注:王子融云:寇萊公嘗議模印敕書以頒四方,衆不可而止。其後四方覆奏敕書字誤,王沂公始用寇議,令刑部鎖宿雕字人模印宣佈。)⑮

最早提出刻印敕書的是燕肅還是寇准已無法詳考,但可以肯定的是,這一建議提出後遇到很大阻力,只是由於有王曾的大力支持才得以實現。有趣的是,提倡者是想改變手抄敕書"字多誤"的弊端,而反對者擔心的同樣是印刷敕書的準確性。然而,手抄的弱點在印刷術不斷成熟的對照下顯得日益突出,後者可能出現的"一本誤則千百本誤"的缺陷則可通過仔細校勘予以解決,北宋前期印刷經書、法典、試卷等重要材料的經驗也爲印刷官方日常政令鋪平了道路。可以説,這場爭論的結果反映了印刷術進入官方日常政治運作的不可阻擋的趨勢。目前國內一些新聞傳播學的研究者對兩宋進奏院下發的政令、邸報是否爲印刷品尚有很大分歧。但最晚到神宗時期,通過進奏院發行的詔敕、各部門的條例已經有相當一部分是印發的。熙寧四年(1071)五月十八日詔:

> 自今朝省及都水監司農寺等處凡下條貫並令進奏院摹印頒降諸路,仍每年給錢一千貫,充鏤版紙墨之費。⑯

徽宗時更將"制書手詔(告)[誥]詞、並同賞功罰罪事迹"由進奏院印發州軍,並"委博士教授揭示諸生",則不僅各級官員,連一般的知識分子也可以及時瞭解朝廷政局走向。⑰

日常政令下達强調其廣泛性,若屬緊急機要公文,則使用抄寫,速度可能要比雕印快,且更有利於保密。南渡之初,下達有關邊防的條例十六條,"令刑部鏤板,起居郎張守疏其失有五,且曰機事尚神秘,而鏤板頒行,非也。"⑱張守的批評正好從另一角度説明,鏤板印行或許是當時處理常規文件的慣例,張反對印行邊防條例只是因爲例行公事與戰時環境不符。⑲

總的説來,兩宋官方對印刷術的使用是五代官印儒經的延續與發展,在這一過程中特別值得注意的是一些地方勢力和改革派的態度。張詠知益州時,"蜀中喜事者論次其詞,總爲《誡民集》,鏤板傳佈。"真宗稱"得卿在彼,朕無西顧之憂也。"⑳《誡民集》或詠平日推行政教之語録彙編,"喜事者"應屬鄉紳之類在當地有一定影響力的階層,蜀地是當時印刷術最發達的地區之一,故鄉紳們能較早認識到新技術的優越性,並將之運用於推行地方的政治教化。一些官員還開始使用新技術以改變地方陋俗。如蔡襄在福建做官時,將《聖惠方》中"便於民用者得方六千九十六"刊行,"又曉人以依巫之謬,使之歸經常之道。"㉑而在此之前,地方官對當地巫風陋俗多簡單地將之取締,然後勒令巫師改業,如仁宗天聖初由夏竦發起的對南方各地巫師的打擊。㉒當然,有的地方官也採取其他一些辦法,如范旻在邕州下令禁止當地淫祠,並"出俸錢市藥物,親爲和合,民有言病者給之。"還將一些醫方刻在碑上置於"廳壁"之中㉓,但其受益面及影響力顯然不如蔡劉二人的做法。

　　兩宋自中央到地方都曾針對一些南方山區及邊遠地區的陋俗如巫術、殺人祭、溺子等頒發了大量官方文告,目前只有部分可以確定是印行的,但是,既然印刷術已廣泛運用於官方政令的頒佈,而巫術等習俗在南方又相當普遍,相關文告的大量印行亦在情理之中。

　　改革派對新技術的關注亦開始于仁宗、神宗時期。自此,各種政治力量均運用印刷宣傳自己的政治主張及支持其政治觀點的學術思想,打擊政敵。王安石變法過程中對印刷術的運用很有代表性。熙寧八年(1075)六月,王氏所注《詩》、《書》、《周禮》義"送國子監鏤版頒行",利用印刷力量及國子監的權威推廣自己的學術政治思想,欲圖達到所謂"一道德"的目的。㉔不久就出現了學子"專誦熙寧所頒新經字説"的局面。㉕新法條文法規的大量印行則是爲了"一法度",如前引郭東旭的統計數位可知,如果沒有使用印刷手段,改革派固然可能制訂足夠的法律條文,但其下達的範圍則可能大打折扣。爲了推行新法,改革派還利用印刷品能夠大量發行的優點打擊政敵。《續資治通鑑長編》卷 210,熙寧三年(1070)四月注引《公著家傳》云:

　　　　三月十一日壬寅,諫官孫覺見上論青苗事,且言條例司駁韓琦疏鏤板行下,非陛下所以待勳舊大臣意。㉖

另,紹興三年(1133)正月官員上書時,曾引"祖宗法":"應賞功罰罪事可爲勸懲者令左右司下六曹取索鏤板頒降"。此處之"祖宗法"即肇端于熙寧變法時期。㉗傳統政治運作中,朝廷對某一官吏的獎懲主要是針對具體個人的行爲,其影響大多局限於本地區或本部門——除特殊事例中央會通過下達詔敕等方式通報各級政權外——若要越出這一範圍只能靠口耳相傳或私人書信交換資訊。印刷的出現與廣泛使用使官方對個體官員的處罰或獎勵不再是小範圍的事實性的勸化,而是全局性的行爲。中央朝廷或執掌政權的階層、派別通過這一新舉措既表明了其決定的公正合理性,同時又對各級官吏維持着一種新型的、且十分强大的監控力,當然也是一種實實在在的更爲普及的政治道德勸化。這一制度的數廢數行也説明,印刷術在兩宋政治中的這一運用改變了傳統政治的某些運作機制,對介入政治運作的個人、階層、集團的政治社會利益都帶來了很大衝擊。

　　改革派位居臺上,自可利用官方力量實現自己的目的。但是,如要反對某位當權者,以往只可採取散佈"謠言"等傳播方式,影響面及其力度都相對有限。至遲在仁宗後期,已經有人使用印行、張貼傳單的方式對政敵進行打擊。至和元年(1054)九月十日趙抃奏稱"有以匿名文字印百餘本在京諸處潛然張貼,謗讟大臣,"並懷疑事後有人操縱,提議重賞捉拿。事情很快"聞達聖聽",足見當時在社會上影響甚大。[28]此後這類事件時有發生,一直延續到南宋末,[29]並爲以後的政治鬥争者所繼承。

在思考當時技術使用對政治運作影響時,我們還發現,新的知識、思想載體的廣泛使用使學術思想與政治的關係日益密切。兩宋學術之禁與政治鬥争相互關聯,新學、元祐學術、"僞學"之禁都是如此。一種思想昌行時固然可以通過國子監頒行全國,作爲科舉考試的出題解題標準,一旦失勢何嘗不可由皇帝"詔名儒之能辟其説者以書來上",然後"頒之學官,鏤板以傳,使士大夫曉然知是非當否之所在。"[30]在一個朝代如此頻繁地出現所謂的"學術"之禁,人們習慣性地將之視爲黨争的副産品,但我們知道,宋以前亦不乏黨争,却並未因此出現學術之禁(較多的只是人身打擊),這是否同兩宋時期學術與政治不同尋常的關係有聯繫呢?而後者正是在仁宗以後印刷術廣泛運用的新背景下出現的,新技術與相關制度、組織力量(科舉、學校等)相結合,使得學術思想的影響力,尤其是廣度上大大超出以往任何時代,一派政治力量得勢時不僅要從政治上打擊敵人,還要壓制、禁止反對派學術思想的傳播,如此解釋兩宋的學術之禁或許可以作目前各種詮釋的一點補充?[31]

## 二、政府對印刷術使用的控制與管理

在印刷術介入官方的政治運作的過程中,兩宋政府也開始了對這一新技術的控制管理,並形成了一套比較完善的制度。一般來説,這一制度包括普通書籍的常規審查與特殊材料印行的控制以及相應的處罰規定,以下,我們即圍繞這兩方面來討論兩宋政府關於印刷術使用的控制與管理政策。

兩宋政府限制或禁止印刷的文字資料按其原因主要有三類:

### 1.天文圖讖、宗教異端

天文曆法在我國從來就不是單純的天文學知識問題,"頒正朔"乃統治權力的象徵,"改正朔"往往可以用作改朝換代的代名詞。天象與國運相關,故天文學乃官學,私習自然不可,更不用説廣泛印行天文書籍了。日曆是最早的印刷品之一,也是文獻可考的最早的禁印品。據《續資治通鑑長編》卷102,仁宗天聖二年(1024)十月辛巳條云:

> 詔自今赦書,令刑部摹印頒行。……因之日官亦乞模印曆日。[32]

則在仁宗天聖二年前,曆日的印刷可能主要是民間行爲,官方對之雖有約束,只要不搶在官頒定本之前即可。[33]但在此之後,私印刷曆日的行爲本身即屬違法。仁宗天聖七年(1029)十月開封府向朝廷建議:

> 欲乞禁止諸色人自今不得私雕造小曆,印版貨賣,如違並科違制,先斷罪。[34]

此時曆日印賣的途徑主要有官印民賣與官本民印(必須得到官方特許)兩種,王安石變法時將二途歸一,官自印賣,以收其利,於民不便,亦爲反對者批評。㉟於是,在元豐三年(1080)再度恢復到變法前的情形。㊱這一制度爲南宋所繼承,並有所放寬。《慶元條法事類》卷17云:

> 諸私雕或盜印律……曆日者各杖一百(增添事件撰造大小本曆日,雕印販賣者准此,仍許阡裏編管),許人告,即節略曆日雕印者杖八十(止雕印月分大小及節氣國忌者非)。㊲

日曆上只雕印月分大小和節氣、國忌已屬合法行爲了。由此看來,宋代對曆日雕印的限制經歷了一個由限制民間搶先雕印——官本民印、官本民賣(一度官方完全壟斷印賣)——南宋時放鬆控制的過程。

兩宋天文圖讖之禁主要是爲防止人們用它來鼓動百姓,推翻自己的統治。據岳珂《桯史》,"五季之亂,王侯崛起,人有幸心,故其學益熾。"宋太祖即位後,"懼其惑民志",於是"詔禁讖書"。㊳在整個北宋前期,對於私自擁有與學習天文圖讖的打擊一直很嚴厲,㊴至遲到神宗時,相關法禁已有鬆動,熙寧八年(1075)四月,李逢、世居挾圖讖妖妄書相搖惑,按編敕要"流三千里",結果遇赦只作罷官處理。㊵渡江以後對民間學習天文的人材更從打擊、限制轉變爲吸納。建炎三年(1129)三月詔:"紀元曆經等文字如人户收到並習學之家,特與放罪,赴行在太史局送納,當議優與推恩。"㊶尚須申明"特與放罪",而到嘉定年間則"特降詔旨,搜求天下精通曆書之人。"㊷這主要與北宋中期以後反政府力量越來越多地利用異端宗教而不是傳統的天文圖讖來鼓動民心有關。㊸所以,與天文圖讖之禁的逐漸鬆弛相反,自北宋末年起,官府一再申明嚴禁民間印刷異教典籍。

徽宗崇寧三年(1104)四月十九日,中書省、尚書省勘會"近知廉州張壽之繳到無圖之輩撰造《佛説末劫經》,言涉訛妄,意要惑衆。"立即下令"荆湖南北路提點刑獄司,根究印撰之人",但擔心這部經已經流傳到其他地區,於是詔令開封府界及諸路州軍協助查禁焚毁。㊹一部《佛説末劫經》印本居然使官府在全國範圍展開了一場大搜捕,政府的重視程度亦由此可以想見。然而,官方的打擊並未使民間雕印異教典籍的行爲杜絶,政和三年(1113)八月十五日臣僚言:

> 軍馬敕:諸教象法謄録傳播者,杖一百;訪聞比年以來,市民將教法並象法公然鏤板印賣,伏望下開封府禁止。詔印板並令禁毁,仍令刑部立法申樞密院。㊺

這一狀況一直持續到南宋前期,陸游呼吁將異教的"經文印板,日下焚毁。仍立法凡爲人圖畫妖像,及傳寫刊印明教等妖妄經文者,並從徒一年論罪,庶可陰消異時竊發之患。"㊻在《宋會要輯稿》刑法部分,此類禁令有數十條,且大多是北宋末、南宋初頒佈的,足見當時官府對民印異教經籍禁令之嚴。

## 2.與國家權威、國家機密有關的材料

這類材料包括法律、詔令、邊機文字,程文中部分策試文章,實錄、國史、部分私史。

法律文書、國家政令、涉及國家軍政機密的所謂"邊機文字"在兩宋始終嚴禁民間雕印。朱、李、張等先生言之已詳,這裏補充三點:一是與法律文書相關的注釋學習材料也屬於禁印品。哲宗紹聖二年(1095)刑部言:

> 諸習學刑法人,合用敕令式等,許召官委保,納紙墨工[真](具),赴部陳狀印給,詐冒者論如盜印法。從之。㊼

並多次下令"編敕及春秋頒降條具勿印賣","禁民庶傳録編敕"。㊽仁宗慶曆初知仁和縣太子中舍翟昭應將刑統律疏正本改爲《金科正義》,鏤板印賣。結果,"詔轉運司鞫罪,毀其板。"㊾南宋初,還禁止過民間的法律教材《四言雜字》。㊿其二,禁止民間私印國家政令及與軍政國防有關的材料貫徹整個兩宋時期,一旦發現都將遭到處罰。51其三,此類材料之禁印屬正常的國家行爲,目的在維持正常社會秩序與保證國家安全,不可一筆抹殺。我們不能苛求古代統治者對國家軍政機密的開放程度超過今人。

兩宋經常將部分科舉考試的策論文章與"朝廷大臣之奏議,臺諫之章疏,内外之封事"52相提並論,有的官員甚至說,"舉人程文,其間陳說利害,蓋多有可采者。"則是將策文當奏議了。53有關策文的禁令南宋孝宗之後發佈最多,主要與當時的對外形勢及當政者對道學的態度演變有關。54

國史、實錄之禁一直是印刷術使用管理政策的重要部分。55但其嚴格執行主要在北宋,哲宗時規定:雕印本朝會要、實錄,徒二年,告者賞緡錢十萬;國史實錄仍不得傳寫。56南宋禁令的執行有所鬆動,原因之一是南渡之後,大量官方文籍散落民間,官方所藏典籍文書殘缺不全,所以程俱上書請求"除去私蓄之禁,……於所在州委官"抄録。57所以,南宋國史之禁並不嚴,當時知識分子大多有機會看到國史。58私史的情況與國史差不多,北宋一度禁王安石《日録》主要是因黨爭而起,59秦檜之打擊李光、禁私史也是一時之舉。《續編兩朝綱目備要》"寧宗嘉泰二年(1202)二月癸巳,禁行私史"條注稱當時"郡國皆鋟本,人競傳之",可知當時私史之盛,寧宗再度禁私史完全是因一偶然事件引起,目的是借機整頓印刷業,打擊一下那些"事干國體"的出版物,並非專門針對私史。60

## 3.與政治鬥争有關的材料

如前所述,印刷術的廣泛使用使學術與政治更爲密切,而兩宋政治中的一個突出現象即黨爭不斷,由此,與政治鬥爭有關的書禁也頻頻發生,其中最重要的是徽宗時期的元祐學術之禁與南宋的道學之禁。二者前人論列甚詳,但有兩點尚需説明。

其一,禁元祐學術文章純屬黨派利益爭鬥,但此時對立的政治勢力既已存在,禁書就不

能得到真正貫徹,我們常常從史料中看到禁而不止的消息,朱弁《曲洧舊聞》卷八云:

> 崇寧、大觀間,海外詩盛行,後生不復有言歐公者。是時,朝廷雖嘗禁止,賞錢增至八十萬,禁愈嚴而傳愈多,往往以多相誇。士大夫不能誦坡詩,便自覺氣索,而人或謂之不韻。[51]

事實上,這類與黨派有關的書禁往往在黨争尚未結束時即可能名存實亡,不能達到目的。但打擊對手時兼及學術,一方面固然是因學術有了技術的支持而在現實政治生活中變得愈來愈重要,另一方面也開了以後利用書籍打擊政敵的先例。

其二,程文之禁常與黨争有關。以前研究比較注意爲避免泄漏時政軍機和防止抄襲的程文之禁,[52]但許多時候二者只是爲找個堂而皇之的理由,真正目的則是打擊反對派及其學術主張。如徽宗時黃潛善提議禁毀《決科機要》之類時文編集,借機打擊元祐學術。[53]而孝宗時期的程文之禁更與學術政治鬥争交熾,禁令能否實施往往取決於各方政治力量的對比。[54]

對上述三類受兩宋官方控制的印刷材料進行分析之後,我們有必要從制度層面對當時政府關於印刷術使用的政策做一些探討。爲了更好地理解這一制度的演進過程,特將部分材料列表如下:

| | 時間 | 事件或法令條例 |
|---|---|---|
| 1 | 大中祥符二年(1009) | 轉運司擇官看詳已鏤板文集。[65] |
| 2 | 天聖五年(1027) | 雕印文集,於逐處投納,附遞聞奏,候差官看詳,別無防礙,許令開板,方得雕印,如敢違犯,必行朝典,仍候斷遣乞,收索印板,隨處當官毀棄。[66] |
| 3 | 景祐二年(1035) | 令兩制審查駙馬都尉柴宗慶印行的《登庸集》。[67] |
| 4 | 至和二年(1055) | 將鄧州繳進的王沿的《春秋通義》交兩制學士看詳。[68] |
| 5 | 至和二年(1055) | 書鋪如有不經官司詳定,妄行雕印文集,不得貨賣。許書鋪及諸色人陳告,支與賞錢貳百貫文,以犯事人家財充。其雕板及貨賣之人並行嚴斷。[69] |
| 6 | 嘉祐四年(1059) | 將龍昌期所著書下兩制審查。[70] |
| 7 | 元祐五年(1090) | 欲雕印書籍,納所屬申轉運司選官詳定、開封府由國子監審查,印訖以所印書一本具詳定官姓名送秘書省;如詳定不當,取勘施行。……委州縣、監司、國子監覺察。[71] |
| 8 | 崇寧二年(1103) | 國子監制定有關時文印行的條例,開封府負責執行。[72] |
| 9 | 大觀二年(1108) | 雕印書鋪,昨降指揮,令所屬看驗無違礙然後印行,可檢舉行下。仍修立不經看驗、校定文書擅行印賣告捕條例,頒降,其沿邊州軍仍嚴行禁止。應販賣、藏匿出界者,並依銅錢法出界罪賞施行。[73] |

| | 時間 | 事件或法令條例 |
|---|---|---|
| 10 | 大觀二年(1108) | 程文由皇上御定合格者付國子監並諸路學事司鏤板頒行,餘悉斷絕禁棄,不得擅自賣買收藏。⑭ |
| 11 | 紹興十三年(1143) | 由禮部審查《四言雜字》。⑮ |
| 12 | 紹興十四年(1144) | 諸州軍應有開板書籍並用黃紙印造一部發赴秘書省。⑯ |
| 13 | 紹興十五年(1145) | 民間書坊刊行文籍,先經所屬看詳,又委教官討論,擇其可者許之鏤板。⑰ |
| 14 | 紹興十七年(1147) | 紹興令:諸私雕印文書,先納所屬轉運司,選官詳定,有益學者聽印行。⑱ |
| 15 | 淳熙二年(1175) | 舉人程文令禮部委太學官點勘訖申取指揮刊行。⑲ |
| 16 | 淳熙七年(1180) | 國學程文依舊法從國子監長貳看詳,可傳示學者方許雕印。⑳ |
| 17 | 紹熙元年(1190) | 州郡無得妄用公帑,刊行私書,疑誤後學,犯者必罰。㉑ |
| 18 | 紹熙四年(1193) | 雕印文書,須經本州委官看定,然後刊行。仍委各州通判,專切覺察,如或違戾,取旨責罰。㉒ |
| 19 | 慶元二年(1196) | 國子監傳令諸州及提舉司將非法書籍毀板。㉓ |
| 20 | 慶元四年(1198) | 福建運司將非法印刷品印版上繳國子監焚毀,並將雕行印賣人送獄根勘。㉔ |
| 21 | 慶元四年(1198) | 將不經國子監看詳的書籍毀板。仍具數申尚書省並禮部。㉕ |
| 22 | 慶元五年(1199) | 書坊雕印時文,必須經監學官看詳。㉖ |
| 23 | 慶元年間 | 諸私雕印文書先納所屬申轉運司選官詳定,有益學者聽印,仍以印本具詳定官姓名送秘書省、國子監。㉗ |
| 24 | 嘉泰二年(1202) | 將私史下之史館審查。㉘ |
| 25 | 嘉熙二年(1238) | 雕書合經使臺(即地方運司)申明。㉙ |

　　根據上表及相關材料,我們不難發現,早期對印書的管理只是比較簡單地限制、禁止部分材料的印刷。至遲在仁宗時期,由於印刷術不僅廣泛運用於民間,且日益介入官方經典、法律與日常政令等的印行,所以官府開始全面考慮制定印刷術使用的政策、法規,並最終形成一套比較完備的制度。㉚按照規定,所有材料雕印前都須送審,即"看詳",地方統一由轉運司派官員審查,開封府(或臨安)則由國子監派人審查。前述三類材料的印行控制更嚴。自哲宗時起,各地印書需送一部(寫明審查人姓名)給秘書省。個別書籍還要由中央派專人檢查,書籍的最高審查人員爲擔任內外制起草的兩制學士。不經審查即雕印出售皆屬違法行爲,官府常將這類出版物的印板毀劈,並視情節輕重處以相應的刑事或經濟處罰。在管理條例的制定上,國子監的位置十分突出,這與當時印刷品中以儒經、考試參考資料(時文等)爲大宗有關。地方轉運司、州縣長官副佐是這些條例的主要執行者,但他們出於地方利益常常不能將中央的命令完全貫徹。在印刷品流傳方面,越境出售一般受到嚴格限制。㉛

　　南宋對雕板印刷的管理制度基本沿襲北宋,除一些具體違法行爲處罰力度有所不同外,
最突出的變化是國子監在雕印書籍審核程式中地位大增,成爲幾乎所有印刷材料的最終裁
定機構,各地除按慣例要送一部給秘書省之外,還要送一部給國子監,⑨大部分打擊非法印
刷書籍的事件都由國子監發起或執行。印書未經國子監批准即屬非法,轉運司、州縣常常在
國子監的監督指導下具體負責打擊地方非法出版物。至遲在寧宗時,國子監已經確立了其
在政府印刷管理體制中的主導地位。

　　此外,兩宋印刷管理的對象也是一個長期未被注意的問題。前述三類管制印刷的材料
除少數是針對普通百姓和外部的敵人外,其矛頭所向多爲知識階層,尤其是中下層知識分
子。在印刷術不斷發展的宋代,新技術的最大受益者正是這些中下層知識分子。這個空前
龐大的知識分子群體除了一部分參加國家政權機構,更多的則是游離於政權之外(包括退休
官員),通常以士紳的身份存于官方與普通民衆之間。兩宋各種印刷品的製造、銷售、使用
者主要是這個階層,⑨士紳們往往採用刊印自己作品的方式宣傳學術政治主張、提高社會地
位,而兩宋小報風行及私史的大量產生則反映了士紳階層關心、瞭解國事甚至參與朝政的强
烈願望。官方對士紳的態度是矛盾的,各級政權正常職能的推行有賴這一階層的支援,而他
們對朝政的關注甚至干預又必須嚴格限制。官方的這一矛盾態度在印刷出版的控制和管理
上也有所體現。一方面逐漸制定完善書籍審查制度,對士紳用以瞭解、批評時政的私史、策
文、小報等印刷材料加以限制乃至禁止;另一方面通過官方的印刷機構大量印行支持現存秩
序、反映統治階層觀念價值的書籍,並規範史書、時文、邸報的出版發行。士紳與官方在印刷
出版問題上的這種複雜關係在南宋後期的江湖詩禍一案有所體現。江湖詩派主要成員基本
屬於知識分子的中下層,組織者陳起則身兼士人和書商二重身份,江湖詩人和陳起通過寫
詩、刊印詩集的形式表現了他們對國事的深切關注和對時政的批評。詩集毀版、陳起罹罪的
主要原因即在於此。⑨面對官方的政策,士紳與書籍印刷者們或出於獨立意志,或爲利益驅
使,"公然抵禁"者固然有之,⑨然而我們切不可因史書中記載了一些打擊違反官方刻印管理
制度的事例,便推論大多數書籍印刷商反對這一制度。比較合理的估計是,大部分印刷商還
是採取了合作態度的,一些人還開始利用官方力量來保護自己的利益,處於萌芽狀態的版權
意識亦由此出現。⑨而政府的介入在約束、限制印刷術的使用範圍的同時,固然會給文化出
版事業帶來許多消極影響,客觀地說,也不斷規範着印刷行業的秩序,對之不可一概抹殺。⑨

# 三、餘　論

　　通過對印刷術與政治的互動關係的考查,我們發現,北宋仁宗到神宗時期是趙宋成爲印

刷史之黃金時代的關節點。在這幾十年中,印刷術逐漸進入政府運作的各個層面,充分顯示了它的優越性能,強化了官方控制社會秩序、學術思想的機制;而政府對印刷術的使用及管理,又推動了印刷術的發展,運用新技術的制度亦由此確立。在傳統社會,一項技術的社會效應往往取決於官方的支持程度。印刷術出現後百餘年方大規模進入政府運作,一方面與政治力量對新技術慣有的狐疑態度有關,也可能與當時長期的社會不穩定有關,<sup>⑱</sup>趙宋至仁神宗時期政府大規模介入印刷術的使用與管理,或許受到改革家們勵精圖治的政治氣度影響。何況,印刷術作爲一種新的傳播媒介,其優勢是以往傳播手段無法比擬的,改革者無疑認識到這一新技術在政治管理、思想控制等方面的廣闊前景。由於對印刷術與政治的關係缺乏應有的關注,以往的印刷史研究常常將兩宋印刷業的繁盛前推至真宗時期。其實,真宗時可能有了一定數量雕板,但印數甚少,流傳不廣,故有韓琦少時"印板書絕少"與蘇軾所見老儒先生手抄《史記》、《漢書》,<sup>⑲</sup>許多材料均可證明此說。<sup>⑩</sup>所以,在討論兩宋(或中國)印刷史時,傳統的說法或可改作:"板本至仁宗、神宗時始盛"?

① 許多文章對官方刻書之機構、地點及所刻書籍的內容、形式等作了研究,但不是所有官方刻印之印刷品都與政治運作有關。參見張秀民《中國印刷史》第一章"宋代雕板印刷的黃金時代"部分,上海人民出版社,1989 年;李致忠《宋代刻書考略》,《文史》第 14 輯,中華書局,1982 年。

② 朱傳譽《宋代出版法研究》,《先秦唐宋明清傳播事業論集》,台灣商務印書館,1988 年;前揭李文;趙勝《宋代的印刷禁令》,河北師範大學學報,1982 年第 4 期;祝尚書《試論宋代圖書出版的審查制度》,《傳統文化與現代化》1997 年第 6 期。

③ 安平秋、章培恒編《中國禁書大觀》,宋代部分由陳正宏撰寫,上海文化出版社,1990 年。

④ 徐松《宋會要輯稿》(以下簡稱《宋會要》)選舉 3,19 頁 A,國立北平圖書館影印本,民國二十五年。

⑤ 最早的一次使用印刷試題進行科舉考試在大中祥符五年(1012),但只限於詩賦、論題,見李燾《續資治通鑑長編》(以下簡稱《長編》)卷 77,第 1759 頁,中華書局點校本;范仲淹等人推行慶曆新制之後,推廣到各科試題,見《長編》卷 158,慶曆六年(1046)正月癸卯條,第 3819 頁;不僅試題,有人甚至提議將考試說明印發以確保考試的公正性,《宋會要》選舉 3,14 頁 B。

⑥ 一般是"以十七字爲行,二十五行爲紙",釋智圓《閑居編》卷 9《詳勘金剛般若經印板後序》,據漆俠先生考證,是書成於乾興元年(1022),見漆俠《釋智圓〈閑居編〉跋》,河北大學學報,1998 年第 3 期。

⑦ 轉引自錢存訓《印刷術在中國傳統文化中的作用》,第 154,155 頁,《文獻》1991 年第 2 期。

⑧ 《影印文淵閣四庫全書》第 1090 冊,第 182 頁(以下類此簡作四庫 1090—182)。台灣商務印書館,1986 年。

⑨ 當然早期法律印本也存在一些問題,如斷獄律中"八十"印成了"十八",所以此後法律文本印刷前常常抄寫數份向各地轉運發運司徵詢意見,有時數年之後才正式印行全國,見《宋會要》,刑法 1,4 頁 B。

⑩ 《宋會要》崇儒 4,7 頁 A。

⑪ 《宋會要》崇儒 3,8 頁 B。

⑫ 南宋時民間有傳授法律知識的民辦"訟學"和專門的訟師團體"業嘴社"。見周密《癸辛雜識》續集上,第 159 頁,中華書局,1988 年。

⑬ 《陳亮集》卷 11《人法》,第 124 頁;卷 12《銓選資格》,第 133 頁;中華書局,1987 年。

⑭ 郭東旭《宋代法制研究》,第 28,30,31 頁,河北大學出版社,1997 年。

⑮ 《長編》卷 102,第 2368 頁。

⑯ 《宋會要》職官 2,46 頁 B。

⑰ 《宋會要》職官 28,15 頁 B。此外,有時民間還自發印行傳播一些官方的政令,元祐元年(1086)二月流行於民間的所謂"快活條貫"以及靖康二年欽宗赦的印賣,分見《范忠宣奏議》卷下,四庫 1104—765;徐夢莘《三朝北盟會

編》卷 95,四庫 350—737。這類事件或許有某派政治勢力參與,原則上民印官赦是不允許的,詳後。

⑱　徐夢莘《三朝北盟會編》卷 130,四庫 351—211。

⑲　此外,南宋前期的一則材料也透露出:印刷術的使用甚至影響官方的機構改革。孝宗隆興元年(1163)正月,中央各部上報裁減人員,其中管理和書寫文字的官吏裁減最多,如諸房原有書寫文字人員 130 人,現減作 100 人。我們認爲,這很可能與印刷術在中央各部門運用範圍擴大有關。參見《宋會要》職官 3,42 頁 B、43 頁 A。

⑳　《長編》卷 61,第 1357 頁。

㉑　蔡襄《端明集》卷 29,四庫 1090—584。劉彝知虔州時曾刊印醫書《正俗方》散發給本州巫師三千七百多人每人一册,並勒令他們"以醫爲業",見曾敏行《獨醒雜志》卷 3,四庫 1039—543,《宋史·劉彝傳》同。

㉒　《宋會要》禮 20,12 頁;夏竦打擊江西巫師一事並見《獨醒雜志》卷 2,四庫 1039—533。

㉓　《長編》卷 12,開寶四年(971)十月,第 271 頁。

㉔　《長編》卷 265,第 6493 頁。

㉕　《宋會要》選舉 3,49 頁 A。

㉖　甚至神宗聽了孫覺等人的意見後也一度認爲"不當鏤板",《長編》卷 210,第 5098 頁。

㉗　《宋會要》職官 2,48 頁 A,紹聖元年曾稱之爲"熙寧舊條";另李心傳《建炎以來繫年要錄》卷 62 載此事稱之爲"舊典",四庫 325—815。

㉘　《清獻集》卷 6,四庫 1094—828。

㉙　參見《長編》卷 295,第 7187、7188 頁;《四朝聞見録》戊集,第 189 頁,中華書局,1989 年。

㉚　廖剛《高峰文集》卷 1,四庫 1142—315。

㉛　在著名的烏臺詩案中,蘇軾的罪名最突出的一條是將其批評時事的詩文"小則鏤板,大則刻石,傳播中外",反對者還特意將蘇軾印行的詩集三卷上交朝廷以供定罪,《長編》卷 299,元豐二年(1079)七月己巳條,第 7266 頁;另參朋九萬《東坡烏臺詩案》第 1–5 頁,叢書集成本。

㉜　《長編》卷 102,第 2368 頁。

㉝　過去的研究往往誤以爲自唐末官方即禁止民印日曆,其證據爲太和九年(835)東川節度使馮宿的"禁印時憲書奏"(《全唐文》卷 624)。其實,當時針對的並非私印日曆,而是官頒前雕印,這種態度至後周仍未改變,周廣順三年(953)敕文說"所有每年曆日,候朝廷頒行後,方許私雕印傳寫"。見《宋刑統》卷 9 疏議引,第 156 頁,中華書局,1984 年。

㉞　《宋會要》運曆 1,7 頁 A。

㉟　《長編》卷 220,熙寧四年二月詔及李燾注所引《司馬光日記》云,第 5360 頁。

㊱　《長編》卷 303,元豐三年三月甲戌詔,第 7366 頁。

㊲　謝深甫《慶元條法事類》卷 17,9 頁 A,燕京大學圖書館藏版,民國三十七年印行。

㊳　岳珂《桯史》第 2、3 頁,中華書局,1981 年。

㊴　參見《宋刑統》卷 9,第 155 頁;開寶四年(971)九月,《長編》卷 12,第 290 頁;開寶五年(972)十一月癸亥,《長編》卷 13,第 291 頁;太宗太平興國二年(977)十月,《長編》卷 18,第 414、416 頁;景德元年(1004)正月,《長編》卷 56,第 1226–1227 頁;天禧元年(1017)三月,《長編》卷 89,第 2045 頁;天禧三年(1019)六月甲午,《長編》卷 93,第 2149 頁;《宋會要》職官 31,1 頁 A,2 頁 B,3 頁 B;崇儒 4,8 頁 A。

㊵　據御史中丞鄧綰所言,則此時的讖書之禁已經是"人不知畏,士庶之家,亦或收藏傳說,不以爲怪。"見《長編》卷 262,第 6403 頁。

㊶　《宋會要》職官 31,5 頁 B。

㊷　《宋會要》運曆 1,12 頁 B。

㊸　另,黃一農認爲兩宋之交天文學下移是天文之禁鬆弛的主要原因。參見黃一農:《蘇州石刻"天文圖"新探》,《宋史研究集》第 21 輯。寧宗時的《慶元條法事類》仍保留着禁止天文圖讖的相關條文,但《宋會要》刑法部分則未有事例說明其在南宋中後期得到有效實施,具體原因待考。

㊹　《宋會要》刑法 2,43 頁 B,44 頁 A。

㊺　《宋會要》刑法 2,60 頁 A。朱文將這條材料解釋爲禁民間傳寫雕印政府頒布的刑書,不確。"教法""象法"即宗教經文與圖像。見朱文第 259 頁。

㊻　陸游《陸放翁全集》卷 6,第 28 頁,中國書店,1986 年。

㊼　《宋會要》刑法 2,40 頁 B。

㊽　《宋會要》刑法 2,37 頁 B。

㊾　《宋會要》刑法 2,26 頁。

(50) 《宋會要》刑法 2,150 頁 B。
(51) 李致忠認爲此類文字禁印之寬鬆與嚴格與對外形勢相浮沉,其實所舉材料不具代表性,自仁宗起,兩宋各個時期都發布或重申過相關禁令,且往往在出現違反禁令行爲之時,而這種情况又常常是邊境關係相對穩定時期,而非李文所云緊張時期。參見李文 168—171 頁。
(52) 《宋會要》刑法 2,125 頁 B。
(53) 廖剛《高峰文集》卷 1,四庫 1142—310。
(54) 如淳熙九年(1182)三月二十日詔,《宋會要》刑法 2,121 頁 A。
(55) 《宋會要》刑法 2 之 38;86 頁 B;87 頁 A;132 頁;《慶元條法事類》卷 17,9 頁 A 敕。
(56) 《宋會要》刑法 2,38 頁。
(57) 程俱《北山集》卷 35,四庫 1130—346,347。
(58) 參見朱文,第 274—275 頁。
(59) 《宋會要》刑法 2,86 頁 B。
(60) 《續編兩朝綱目備要》,第 126 頁,中華書局,1995 年;又見《宋會要》,刑法 2 之 132 頁。
(61) 四庫 863—339。類似材料很多,如《晝墁集》,四庫 1117－2;《太倉稊米集》卷 67,四庫 1141—481,482;《宋會要》刑法 2,88 頁 A;徐度《却掃編》卷下,四庫 863—783;王明清《揮麈三録》卷 2,四庫 1038—547;費衮《梁溪漫志》卷 7,四庫 864—742。
(62) 朱文第 270—272 頁;趙文第 42 頁。
(63) 《宋會要》刑法 2,62 頁。
(64) 《宋會要》刑法 2,127 頁 A。
(65) 《宋史》卷 7《真宗本紀二》,第 140 頁,中華書局,1977 年。
(66) 《宋會要》刑法 2,16 頁 A。
(67) 《宋會要》刑法 2,21 頁。
(68) 《容齋隨筆》三筆"侍從兩制"條,第 559,560 頁,上海古籍出版社,1996 年。
(69) 《歐陽修全集》卷 108,奏議 12,"論雕印文字札子",第 854 頁,中國書店,1986 年。
(70) 《公是集》卷 32,四庫 1095—677。
(71) 《宋會要》刑法 2,38 頁;《欒城集》卷 42,"北使還論北邊事札子五道",第 747 頁,中華書局,1990 年。
(72) 《宋會要》選舉 4,3 頁 B。
(73) 《宋會要》刑法 2,47 頁 B。
(74) 《宋會要》刑法 2,48 頁。
(75) 《宋會要》刑法 2,150 頁 B。
(76) 《宋會要》職官 18,27 頁 B。
(77) 《宋會要》刑法 2,151 頁 B。
(78) 葉德輝《書林清話》卷 6"宋監本書許人自印並定價出售"條。
(79) 《宋會要》刑法 2,118 頁 A。
(80) 《宋會要》崇儒 1,43 頁 B。
(81) 《宋會要》刑法 2,124 頁 B。
(82) 《宋會要》刑法 2,125 頁 B。
(83) 《宋會要》刑法 2,127 頁 A。
(84) 《宋會要》刑法 2,129 頁。
(85) 《宋會要》刑法 2,129 頁 B。
(86) 《宋會要》選舉 5,21 頁 B。
(87) 《慶元條法事類》卷 17,9 頁 B 雜令。
(88) 《宋會要》刑法 2,132 頁。
(89) 《書林清話》卷 2"翻板有例禁始于宋人"條。
(90) 祝尚書則認爲宋代的圖書審查制度尚處在萌芽狀態,因爲當時既無一部完整的圖書審查法規,也無專職管理機構。參見祝文第 92 頁。
(91) 關于兩宋對印刷材料外傳的政策朱、李、趙文都有論述,另參李孟晋《宋代書禁與槧本之外流》,《宋史研究集》,第 13 輯。
(92) 朱傳譽認爲"北宋任何書籍,都得請國子監審閱"(朱文第 286 頁),並將地方送呈秘書省與國子監的印本等同

（朱文第 287 頁）。考朱先生所舉材料，唯一可能支持其觀點者只有元祐五年（1090）禮部下達的命令（見上表〔7〕），然朱文將之讀爲“即其他書籍欲雕印者，著納所屬申轉運使開封牒國子監選官詳定，有益于學者，方許鏤板。”（朱文第 282 頁）意在説明國子監在書籍審查程序上位居各地轉運司之上，是最終裁定機構，殊覺扞格難通，不如讀爲“……著納所屬申轉運使、開封牒國子監選官詳定……”文義貫通，而且，上表〔1〕、〔13〕、〔14〕、〔18〕亦可證此説。北宋至南宋初，送交印本給秘書省主要目的爲藏書，送呈國子監則更多地帶有審查的意味（上表〔12〕、〔23〕）。至於此一轉變何時出現，據現有材料尚難斷言，何況國子監在北宋即負責審查首都地區的書籍出版，在當時書籍管理體系中有相當地位，至南宋中後期則進一步獲得了凌駕於地方轉運司之上的最後審查權，但即便此時，地方轉運司、州縣官員也是書籍審查的主要執行者（上表〔18〕）。朱先生得出這一觀點與羅璧看法相似，羅氏云：“宋興，治平（1064—1067 年）以前猶禁擅鋟，必須申國子監。熙寧後方弛此禁。”（羅璧《識遺》卷 1，四庫 854—510）這條材料張秀民（張著第 189 頁）、李孟晋（李文第 328 頁）、李瑞良（《中國古代圖書流通史》第 327，328 頁，上海人民出版社，2000 年。）等都引以爲證。其實熙寧後弛擅鋟之禁固然不對，印書必須申國子監也恐怕是南宋中後期的制度。四庫提要據羅氏全書内容考其書成于宋亡前十餘年（四庫 854—507），南宋末年的人在談論一百多年前的治平、熙寧年間的事弄點誤會也是難免的。

㉝　如張末就曾説：“近時印書盛行，而竄書者往往皆士人躬自負儋”。見《道山清話》，四庫 1037—913。

㉞　參見張宏生《江湖詩派研究》，中華書局，1995 年。

㉟　《宋會要》選舉 6，49 頁。

㊱　《書林清話》卷 2“翻板有例禁始于宋人”條；朱文“版權”部分。

㊲　安平秋《中國禁書大觀》將兩宋的出版管理徑稱爲“文治的陰影”（第 34 頁）、“嚴密的文網”（第 56 頁）。

㊳　亦不排除材料的缺失引起的誤解。但若唐末五代印刷術已進入政治運作，應該保留下來相當材料的。

㊴　張秀民《中國印刷史》第 57 頁。

⑩　徐鉉《騎省集》卷 23，四庫 1085—179；田錫《咸平集》卷 27，四庫 1085—528；周必大《文忠集》卷 55，四庫 1147—583；蔡襄《端明集》卷 29，四庫 1090—584；無名氏《道山清話》，四庫 1037—669；《嘉定赤城志》卷 29，《宋元方志叢刊》第 7508 頁，中華書局，1990 年。

# 見于《永樂大典》的若干宋集三考(上)

## 孔 凡 禮

余嘗撰《見于永樂大典的若干宋集考》,載《文史》第十六輯;復撰《續考》,載《文史》第二十六輯。今撰成《三考》。其《四考》亦在撰寫中。《永樂大典》寶藏無窮,余當續掘之。二〇〇〇年十二月九日。

## 一 梅 山 集

《大典》一處引"元顧世名《梅山集》",一處引"元顧世名詩",一處引"顧世名《梅山集》",一處引"顧名世《梅山集》"("名世"當爲"世名"之誤)。另一處引"顧先生詩"。

《大典》卷七千五百零六所引《梅山集·太倉道中二首》,見影印《詩淵》第三册第二〇二三頁,謂"宋梅山顧先生"作。卷一萬四千三百八十三所引《梅山集·懷寄碧瀾趙右之由柞》,見《詩淵》第一册第七六九頁,作者係"宋梅山先生";同卷所引《梅山集·寄光福老磻古溪》,見《詩淵》第一册第七三一頁,謂"宋梅山顧先生"作。卷七千二百三十六所引《顧先生詩·三賢堂》,見《詩淵》第五册第三三〇八頁,謂"宋顧先生"作。此顧先生當即梅山顧先生。

《文淵閣書目》卷十月字號著録《顧梅山集》,謂"一部一册,缺",未云其名、字。《詩淵》第三册第二二四九頁詩題:"顧君際,號梅山。"《元詩選癸集·甲》謂君際名逢,《宋詩紀事》卷七十九同。

但是,顧君際和顧逢是兩人。

其一,上面提到的《顧君際號梅山》詩,《詩淵》謂爲"宋顧逢"作。

其二,《詩淵》第一册第四一七頁《史雲麓先生席上贈顧梅山》,乃"宋顧逢詩"。

其三,《詩淵》第六册第四二一三頁引《顧君際近集》詩,謂出自"宋顧逢詩"。

其四,《詩淵》第六册第四一八三頁引"宋顧逢"詩《御覽所同顧君際檢書》:

> 金鎖朱門次第開,萬籤黄册絶塵埃。
>
> 此中亦有先生稿,應是曾經御覽來。

這首詩寫於臨安。說明二人的關係很密切,顧逢略小於君際,對君際很尊敬。顧君際非顧逢,證據很充分。

世名與君際孰爲名,孰爲字,已經弄不清楚。爲叙述方便起見,姑以世名爲名。

《元詩選癸集》和《宋詩紀事》的作者没有見到過《梅山集》。前者只是在顧逢小傳中説逢"有詩十卷",後者只説逢有"詩集"。《詩淵》各册共引《宋顧逢詩集》詩達一百餘首。由於二書作者混顧世名、顧逢爲一人,由於他們所見到的是第二手資料或第三手資料,他們所説的詩集究竟指什麽書,現在也已經弄不清楚。

現在,結合顧世名的作品及有關資料,對他作一些考察。

上引世名《寄光福老礎古溪》首云:

　　藏一諸公相聚日,鬢毛尚黑齒牙堅。

這裏寫的是青年時代的事情。

藏一乃陳郁之號,郁字仲文,臨川人。理宗朝充緝熙殿應制。有《藏一話腴》,今傳。嘗賦翁仲詩,以抒忠憤之情。見《隨隱漫録》。

顧世名、顧逢都是吴郡人,《元詩選癸集》可信。世名的青年時代大約是在吴中度過。《詩淵》第六册第三九二六頁引"宋梅山顧先生"《題吴田園雜興詩》:"一卷田園雜興詩,世人傳誦已多時。其中字字有來處,不是箋來不得知。"《田園雜興》乃范成大的作品,成大乃吴郡人,寫的是吴郡田間的事情。世名箋注成大詩,當爲在吴郡時事。

後來,世名住居臨安。《詩淵》第一册第四九七頁引"宋雷苦齋"《贈顧梅山》,末云:"武林(臨安)今有梅山老,五字才高筆代耕。"同上第一册第四一七頁引"宋徐容齋"《贈梅山顧先生》首云:"錢塘詩老顧梅山。"《元詩選癸集》所説嘗"學詩於周弼,弼稱爲顧五言"、"放情山水間,隱於臨安,別號梅山樵叟",皆可信。

上面提到顧逢所作《顧君際近集》詩,首二句云:

　　有詔曾求魏仲先,草堂升鶴避茶煙。

借用北宋魏野(仲先)的故事,説明元代統治者曾經想用顧世名,但爲世名所拒絶。他是宋遺民,應從《詩淵》,定世名爲宋人。

這首詩的末句是:

　　弱冠詩名六十年。

如果照字面解釋,那顧逢寫詩時,世名已經八十歲。詩人類多誇張,但從這裏,恰恰證明了《元詩選癸集》所説梅山"卒年七十四",是可信的。

世名與楊鎮有交往。《詩淵》第一册第七二八頁有鎮《寄詩交顧梅山》詩。鎮字子仁,嚴陵人。自號中齋。尚理宗周漢國公主。書學張即之,工丹青墨竹。《圖繪寶鑑》卷四有傳。元至元十三年(1276),鎮赴大都。見拙撰《汪元量事迹編年》,見《增訂湖山類稿》附録。

世名與鄭思肖（所南）有交往。《珊瑚木難》卷六《顧梅山詩》有《雪中同鄭所南訪趙溪梅》。思肖以“肖”名，乃表示思念趙宋，從“趙”。其號所南，表示以“南”爲“所”，示不忘故國。有《鄭所南先生文集》等傳於世。

《珊瑚木難》尚有世名《和文本公先生贈許端甫》詩。本公乃文及翁，及翁字時舉，號本心。稱本公，尊之也。德祐元年正月，及翁嘗爲簽書樞密院事。見《宋史·宰輔表》。宋亡後，隱身著書，元累徵不起。《宋史翼》卷三十四有傳。世名與及翁交往，當爲宋亡後事。

《珊瑚木難》尚有世名《嚴月澗（礴）同飲湖邊》詩。月澗名中和，《浩然齋雅談》卷中稱之爲“近世詩人”。《詩淵》第四册第二四六四頁有中和《月夜看桂》詩。

世名與杜汝能（北山）有交往。《詩淵》第六册第四三五八頁有杜汝能《送顧梅山之揚州》詩。汝能稱世名爲“高人”，贊其詩“絶妙”。《詩淵》第五册第三四九六頁有世名《過杜北山老友舊居》詩，以“詩家”稱汝能。汝能有詩名，《端平詩儁》卷二、《月洞吟》均有詩及之。

世名與馮去非（可遷，深居）有交往。《詩淵》第一册第七二八頁有去非《寄顧梅山》詩，首云“童鶴相隨歷歲深”，知二人自幼即有交往。據《全宋詞》第二七二一頁去非小傳，知去非生於紹熙三年（1192）。世名當小於去非，約生於寧宗時。

## 二　飯　牛　稿

《大典》卷二千二百六十四、一萬四千三百八十一引“汪濟《飯牛稿》”詩，卷一萬三千三百四十四引有“元汪濟詩”。《文淵閣書目》卷十月字號著録“汪濟《飯牛稿》”，謂“一部一册，缺”。《大典》所引汪濟詩，當出自《飯牛稿》。《詩淵》所收詩，有署“元汪濟叔”作，有署“元《飯牛稿》汪濟叔”，約有一百首。知濟爲名，濟叔爲字。

汪濟，《宋史》、《元史》、《宋詩紀事》、《宋詩紀事補遺》、《宋詩紀事續補》及《元詩紀事》均未見。現在，根據他的作品及有關資料，對他作一些考察。

《詩淵》第六册第四二五九頁有汪濟《得先世瑞柏碑》詩，是研究濟的家世的極爲重要的資料。

詩之序云：“先太中三七先生，元豐間，以秘書丞簽書寧國節度判官，昭亭雙柏，天予奇葩，寺僧净覺大師，繪爲圖，丐公作詩，鑱之堅珉（以下録三七先生之詩及詩之長序，略）。”詩有云：“家集載牛腰，乃獨遺此篇。”“寧國”後脱去“軍”字。寧國軍節度，屬江南東路宣州宣城郡，見《元豐九域志》卷六；治宣城縣（今屬安徽）。“太中”乃太中大夫簡稱，元豐改制前爲從四品上階文散官，見《宋史·職官志》。説明汪濟的祖上在社會上有一定地位。“牛腰”，器具之名，用於盛物。《蘇軾文集》卷六十九《書贈王十六二首》其一即有“王十六秀才禹錫，好蓄余書,相從三年,得兩牛腰"之語,以下又云"重不可致"。家集既然用牛腰來"載";説明汪濟的祖上文學或學術很有成就,著述不少。這裏説的是"家集",大約没有刊刻出來,流傳不廣。查有關方志,亦未載其人,蓋湮没已久。

汪濟的詩和詩序還叙及他父親和叔父對宣城的深厚關係。詩序云:"咸淳(1265—1274)中,叔父忝郡户曹。"以下寫他叔父與他父親把祖上的作品從碑上拓下來帶回去。詩中寫道:"嗟我先君子,來往屢翩翩。"

汪濟本人也到過宣城,他在詩序中寫道:

至元癸巳(1293),濟如金陵,道出宛水。欲一訪[碑之]遺跡而不可,逆旅主人有揭是碑者,往往能道先叔爲户曹時事。

於是"感歎"寫詩。詩有"往事三十載"之句,是説叔父仕宣時,距今已三十載。三十載乃舉成數,由此可知其叔父仕宣爲咸淳初事。這時,他父親和叔父皆已成爲古人。而他自己呢? 則是"江湖風景惡,蚊虻費撲緣。亦欲遄歸耕,郭無二畝田。故園好松菊,誰予買山錢。"爲衣食流落江湖,欲歸耕而無田,欲歸隱而無山。但是,還是決定回去,"已已行歸休,長吟抱犢眠。"他把他的集子名爲《飯牛稿》,正是反映實際生活情況。作者没有出仕。至元癸巳,距宋亡不過十餘年。宋亡時,濟已過成人。細味濟之詩,他流落江湖,已經有相當長的時間。

《詩淵》第一册第二八〇頁有汪濟《懷竹所》詩,首四句云:

狂歌只自聞,誰與共朝曛。天地可憐客,江山何處雲。

此竹所,乃趙時儦之號。時儦,見《宋詩紀事》卷八十五,宋宗室。時儦宋末帥越州,《大典》卷一萬五千一百三十九引《余謙一文安家集》有送行詩,中有"還教牙纛傍天京"之句,蓋越州、臨安密邇故也。

《詩淵》第一册第七六五頁有佚名《寄呈飯牛翁》詩,首云:

早計關防意氣犒。

此飯牛翁即指汪濟。此句不知是作者自謂,還是指汪濟。但不管怎樣,這裏寫的是宋未亡時的事情,表達的是宋遺民的感情。

《詩淵》第一册第二四六頁有汪濟《淮陰懷友二首》,中有"故國此爲邊"之句。宋、金隆興和議以後以淮河爲界,這裏回憶歷史,對"故國"充滿了感情,這是宋遺民的心聲。

根據以上所叙,可以定汪濟爲宋人。

汪濟的交遊另一個可考的是戴表元。

表元字帥初,一字曾伯,奉化人。生於宋理宗淳祐四年(1244),度宗咸淳七年(1271)登進士第。爲建康府教授。元成宗大德六年爲信州教授。武宗至大三年(1310)卒。有文名。事迹詳元袁桷《清容居士集》卷二十八《戴先生墓誌銘》及《元史》本傳。

表元所撰《剡源戴先生文集》卷三十有《汪濟秀才飯牛稿》詩，爲贈濟而作。詩云：

> 冰雪玲瓏汪太中，吟詩十葉有家風。天寒日暮江東道，逢此犟伸牛口翁。

宋、元間，“秀才”一詞的使用很廣泛。一些讀書人，不願意從科第尋求出路，隱居不仕，即使年齡很大，亦稱秀才。《蘇軾詩集》卷十二有《李行中秀才醉眠序三首》。行中字無悔。《中吳紀聞》卷四《李無悔》謂行中“高尚不仕，獨以詩酒自娛，晚治園亭，號醉眠。”這裏説的情況與汪濟有相似處，汪濟這時已經是“翁”了。

戴表元詩中所説的“太中”，就是上面提到的汪濟的祖上太中公。從太中公到表元寫詩時，已經有二百年，説“十世”，是大體符合實際情況的。從這裏得知，汪濟家的讀書傳統，從來沒有中斷。

上面説到汪濟到金陵去，道出宣城，其家當不出今安徽徽州地區或今浙江西北、江西東北地區。查有關方志，未見關於汪濟的記載。

上面説到，汪濟到過宣城、金陵。除此以外，他到過長沙，《詩淵》第三册第二〇一四頁有濟《長沙道中》詩。他客居福建同安，《大典》卷一萬四千三百八十一《寄曉山·序》提及此事；《詩淵》第二册第一一一八頁有《同安孔道古松，不知其幾百年，不免於斤斧之厄，明自悞也，余過而哀之，賦古松歌》。《詩淵》第四册第二七五六頁《虎頭嶺石牛》有“詩擔橫挑上楚州”之句。他到過浮山，《詩淵》第三册第二〇八五頁有《浮山》詩；他登過皖嶽，《詩淵》第三册第二一〇四頁有《題皖嶽》詩，中有“一峰天柱聳雲端”之句；他到過四面寺，《詩淵》第五册第三八二六頁有《題四面寺》詩。據《輿地紀勝》卷四十六《安慶府》：浮山在安慶府桐城；皖嶽即潛嶽，有天柱峰，在懷寧；四面山在太湖，有大中寺，唐建。這些都是安慶府的名勝。他到過池州的東流，《詩淵》第六册有《題東流縣庠》詩。這些，都是汪濟江湖生活的記録。

# 三　陳靖集

《大典》卷三千三引《陳靖集》的《上太宗聚人議》（題下原注：淳化二年上，時爲將作監丞）。

按：靖字道卿，興化莆田人。真宗時以秘書監致仕卒。靖平生多建畫，而於農事尤詳，嘗取淳化、咸平以來所陳章表，目爲《勸農奏議録》上之。事迹見《宋史》卷四百二十六、《莆陽文獻傳》卷八傳。

靖集，《郡齋讀書志》、《遂初堂書目》、《直齋書録解題》未著録，傳世不廣。《莆陽比事》卷三“以詩名家有文行世”條下謂：“陳靖《勸農奏議》二卷、《經國集》十卷（原注：熙寧元年，吳充以《勸農奏議》上下篇奏聞，神宗詔，藏之中書，復索《經國集》，進呈，特贈左僕射）。”《宋史》卷二百八《藝文》七著録《陳靖集》十卷；此《陳靖集》當即《經國集》。《大典》以後未見著録，已早佚。

## 四　李沆集

《大典》卷一萬三千四百九十九引《李沆集》制文一篇。

按：沆字太初，洺州肥鄉人。太平興國五年（980）進士。景德元年（1004）卒，年五十八。事迹詳《武夷新集》卷十《李公墓誌銘》、《宋史》卷二百八十二傳。前者謂“嘗所著述，遺稿頗多，季弟維論次編聯成二十卷”，知其集之刊行在卒以後。

《皇朝文鑑》卷三十四有沆《除吕蒙正中書侍郎兼户部尚書平章事制》，當自沆文集中録出。沆集不著録於《崇文總目》、《郡齋讀書志》、《直齋書録解題》、《宋史·藝文志》，知流傳不廣。自《大典》引録以後，未見公私書目著録，蓋已久佚。

## 五　張子野集

《大典》卷二千二百六十四引《張子野集》詩三首，五千八百三十九亦引《張子野集》詩一首。此外，尚有多處引張先詩。

按：子野名先，湖州烏程人。天聖八年（1030）進士。以都官郎中致仕。元豐元年（1078）卒，年八十九。事迹詳《唐宋詞人年譜》中的《張子野年譜》。

紹興間改定的《秘書省續編到四庫闕書目》卷一著録《張子野集》十二卷。《嘉泰吳興志》謂先“有集一百卷，唯樂府傳於世”。《通志·藝文略》著録先《湖州碧瀾堂詩》一卷；今人夏承燾謂“《紹興書目》此書不著撰人，或非子野一人詩”。《宋史》卷二百八《藝文》七著録《張先詩》二十卷，《文淵閣書目》卷十《詩詞》著録《張子野集》，謂“一部，二册，缺”。此後未見著録。

《兩宋名賢小集》卷四十八有《張都官集》一卷，收詩才六首。《齊東野語》卷十五《張氏十詠圖》謂其家“偶藏子野詩一帙，名《安陸集》，舊京本也，郡守楊嗣翁見之，因取刻之郡齋”。今《四庫全書》詞曲類收有《安陸集》，附先詩八首，非楊刻。無論楊刻，或今庫本《安陸集》，均與《張子野集》無涉。

《蘇軾文集》卷六十八《題張子野詩集後》首云：“張子野詩筆老妙，歌詞乃其餘技耳。”熙寧四年（1071），蘇軾爲杭州通判。五年，開始與張先交往。八年，知密州時，張先尚寄詩與之，《蘇軾詩集》卷十三有《和張子野見寄三絶句》，稱先爲詩人，然先原作竟不傳，先詩集在當時影響很大，可惜没有流傳下來。

# 六　王堯臣文集

《大典》卷八千四百一十三引《王堯臣文集》的《上仁宗乞用涇原路熟户劄子》。

按：王堯臣，字伯庸，虞城人。天聖五年（1027）進士第一。典内外制十餘年。嘉祐三年（1058）卒，年五十六。事迹詳《公是集》卷五十一行狀、《歐陽文忠公集·居士集》卷三十二墓銘、《宋史》卷二百九十二傳。墓銘並謂“有文集五十（原校：一作“六十”）卷”。

《王堯臣文集》未見公私書目著録，已久佚。《全宋文》卷四百九十五、四百九十六自《續資治通鑑長編》、《太常因革禮》、《歷代名臣奏議》等書中，輯得堯臣文二十三篇。

# 七　陳文惠公集

《大典》卷二千二百六十四引《陳文惠公集》的《有懷杭州西湖一絶》，卷五千三百四十五引《赴潮陽倅》等詩共九首。

按：陳文惠公乃堯佐之謚。堯佐字希元，號知餘子，世稱潁川先生，閬州閬中人。太宗端拱元年（988）進士。景祐四年（1037），拜同中書門下平章事。慶曆四年（1044）卒，年八十二。事迹詳《歐陽文忠公集·居士集》卷二十《太子太師致仕贈司空兼侍中文惠陳公神道碑銘》、《宋史》卷二百八十四傳。

《神道碑銘》謂堯佐“平生奏疏尤多，悉焚其稿。其他文章，有《文集》三十卷，又有《野廬編》、《潮陽編》、《愚丘集》。多慕韓愈爲文，與修《真宗實録》，又修國史”。慶曆元年（1041），王堯臣、歐陽修等編成《崇文總目》，未著録陳堯佐撰著，知其時尚未刊行。紹興間改定的《秘書省續編到四庫闕書目》卷一著録堯佐《愚丘集》二卷、《野廬雜編》一卷（原注：闕）、《潮陽編》一卷、《遣興小詩》一卷（原注：闕）。《郡齋讀書志》卷四中著録“陳文惠（堯佐）《愚丘集》二卷、《潮陽編》一卷”；並謂堯佐“喜爲二韻詩，辭調清警”，則以上二集爲詩集。其集，《遂初堂書目》、《直齋書録解題》均未著録。《宋史》卷二百八《藝文》七著録“陳堯佐《愚丘集》二卷，又《潮陽新編》一卷”。

《大典》以後，影印明抄本《詩淵》第一册第六七一頁尚有引録，此後即佚。

# 八　孫僅詩

《大典》卷二千六百四引《宋孫僅詩·步虚臺》七律一首。

　　按:僅字鄰幾,蔡州汝陽人。咸平元年(998)進士第一。天禧元年(1017)卒,年四十九。事迹詳《宋史》卷三百六傳。

　　《宋史》謂僅"有集五十卷"。《直齋書録解題》卷二十《詩集類》著録僅《甘棠集》一卷。據此,《宋史》本傳所云五十卷集本,或家藏未刊。《宋史》卷二百八《藝文》七著録《孫僅詩》一卷。此《孫僅詩》當即《甘棠集》。

　　《皇朝文鑑》卷二十二選録僅《勘書》詩。宋人引録者頗多,詳《全宋詩》卷一百九。足見僅詩在宋代頗爲流傳。

　　《大典》以後,《孫僅詩》未見著録,蓋佚於明代。

# 九　杜衍集

　　《大典》卷七千五百七引《杜衍集》的《上仁宗乞詳定常平制度》。

　　按:衍字世昌,山陰人。大中祥符元年(1008)進士。嘉祐二年(1057)卒,年八十。諡正獻。事迹見《歐陽文忠公集·居士集》卷三十一《太子少師致仕杜祁公墓誌銘》、《嘉泰會稽志》卷十五傳、《宋史》卷三百十傳。三者皆未言及衍之著述,蓋衍以政事道德爲世所重,故略之耳。

　　《杜衍集》晚出。《四庫全書》本《兩宋名賢小集》卷六十九有《杜祁公摭稿》,收詩才七首。《宋史·藝文志》著録《杜衍詩》一卷,與《杜祁公摭稿》非一書,足見流傳亦不廣。《宋史·藝文志》總集類著録《送王周歸江陵詩》二卷,謂"杜衍等所撰"。

　　《杜衍集》自《大典》以後,未見著録,久佚。《杜衍詩》、《送王周歸江陵詩》亦久佚。

# 一〇　趙槩集

　　《大典》卷九百十九引《趙槩集》的《金紫光禄大夫太子少師張化生墓誌》。

　　按:槩字叔平,虞城人。天聖五年(1027)進士。仁宗時累官樞密使、參知政事。元豐六年(1082)卒,年八十八。諡康靖。事迹詳《蘇軾文集》卷十八《趙康靖公神道碑》、《王華陽集》卷三十八《趙康靖公墓誌銘》、《宋史》卷三百十八傳。

　　碑、傳皆云趙槩集古今諫諍事,爲《諫林》一百二十卷,未云有集。《趙槩集》,公私書目皆未著録。已久佚。

　　槩之文,今散見《續資治通鑑長編》、《宋大詔令集》、《蘆浦筆記》、《宰輔編年録》、《言行龜鑑》、光緒《費縣志》等書。《全宋文》輯入卷四百三十六。

# 一一　范景仁集

《大典》卷五千八百三十八引"宋《范景仁集》"的《李才元寄示蜀花圖》詩。

按：范景仁乃鎮之字，成都華陽人。仁宗寶元元年(1038)進士。元祐三年(1089)卒，年八十一。謚忠文。事迹見韓維《南陽集》卷三十《忠文范公神道碑》、《蘇軾文集》卷十四《范景仁墓誌銘》、《宋史》卷三百三十七傳。

《墓誌銘》謂鎮"有《文集》一百卷，《諫垣集》十卷，《内制集》三十卷，《外制集》十卷，《正言》三卷"等。《郡齋讀書志》卷四下著錄范鎮《范蜀公集》十卷，《遂初堂書目》亦著錄《范蜀公集》，無卷數。《直齋書錄解題》卷二十二《章奏類》著錄《范蜀公奏議》二卷。《宋史·藝文志》著錄《諫垣集》十卷，又《奏議》二卷。《大典》卷八千四百一十三引《范蜀公奏議》的《論束兵劄子》。《文淵閣書目》卷四《經濟》著錄《范蜀公奏議》，謂："一部，二册，完全。"據此，知《墓誌銘》所云《文集》，當係家藏本，並未刊行。《郡齋讀書志》、《遂初堂書目》之《范蜀公集》，當即《大典》之《范景仁集》，所收爲詩及除奏議、内外制以外的各種文字。

《四庫全書》本《兩宋名賢小集》卷三十九有《范蜀公集》，收詩三十三首，當出自十卷本《范蜀公集》。

《大典》以後，影明抄本《詩淵》第一册第五九六頁、第四册第三〇二一頁、第五册第三四九八頁皆引錄范鎮詩，當出自《范景仁集》或《范蜀公集》。

《皇朝文鑑》各卷收范鎮制策之類文字十一篇，《歷代名臣奏議》各卷收鎮奏議達四十一篇，知鎮之文頗流傳。《范景仁集》及《諫垣集》、《奏議》當佚於明代末葉。

# 一二　李師中集

《大典》卷九千七百六十五引《宋李師中集》的《中隱巖》詩二首。

按：師中字誠之，楚丘人。師中徙鄆，遂爲鄆人。官至右司郎中。元豐元年(1078)卒，年六十六。事迹詳劉摯《忠肅集》卷十二《右司郎中李公墓誌銘》、《宋史》卷三百三十二傳。前者謂師中有文集三十卷、奏議二十卷。

《郡齋讀書志》王先謙刊本卷十九："《李誠之集》三卷。"《宋史》卷二百八《藝文》七著錄"《李師中詩》三卷"。知三卷本乃詩集，三十卷本蓋合詩、文而言。

《兩宋名賢小集》卷二十七有師中《珠溪集》一卷，或出自《李師中集》。影印明抄本《詩淵》第六册第四三五八頁引有師中《送唐介》詩，知其集明初尚在較大範圍内流傳。《李師中集》之佚,當爲明代。

## 一三　孫覺詩

《大典》卷二千六百四引《孫覺詩》的《集仙臺》五古一首;卷三千五引《孫覺詩》的《寄黄山故人》一首。

按:覺字莘老,高郵人。皇祐元年(1049)進士。元祐五年(1090)卒,年六十三。《東都事略》卷九十二、《宋史》卷三百四十四有傳。

《宋史》覺傳謂覺有《文集》、《奏議》六十卷。《郡齋讀書志》卷四下著錄"《孫莘老奏議》十卷",則《文集》爲五十卷。《宋史》卷二百八《藝文》七著錄《孫覺文集》四十卷,又《奏議》十二卷,《外集》十卷,知《文集》五十卷,蓋合《外集》而言,所略異者,《奏議》多出二卷。《宋史》卷二百九《藝文》八著錄孫覺《荔枝唱和詩》,爲總集,與友人合撰。同上卷復著錄"孫氏《吳興詩》三卷",謂"不知名"。查《嘉泰吳興志》卷十四,孫覺於熙寧四年(1071)到知吳興任。覺到任以後,"網羅遺逸,得前人賦詠數百篇,以爲《吳興新集》"(《蘇軾文集》卷十一《墨妙亭記》)。疑此"孫氏"即孫覺。

孫覺詩,南宋時頗流傳。《皇朝文鑑》卷十七引錄覺《介亭》詩,《輿地紀勝》卷二十四《江南東路·廣德軍》錄覺《題范公堂》詩,《詩人玉屑》卷十一引覺知福州時所作《荔枝》詩之句(當即出以上所云《荔枝倡和詩》)等。

自《大典》以後,覺詩未見影印明抄本《詩淵》引錄,亦未見著錄,已久佚。

## 一四　鮮于子駿集

《大典》卷三千五百七十九引《鮮于子駿集》的《風土行》一首。

按:鮮于子駿名侁,閬州人。景祐四年(1037)進士。元祐二年(1087)卒,年六十九。事迹見《淮海集》卷三十六《鮮于子駿行狀》、《宋史》卷三百四十四傳。

《行狀》謂侁有《文集》二十卷、《諫垣奏稿》二卷、《刀筆集》三卷。《郡齋讀書志》卷四下著錄《鮮于諫議集》三卷;謂神宗初即位時侁上書,神宗愛其文;侁治經術有法,論著各出新意;晚年爲詩與楚詞尤工。知其集收有奏疏、論著、詩與楚詞,乃詩文綜集。並謂其集乃族人之武編,"編次有法"。據《行狀》,侁各子皆能自立。其集之編刻,當在侁各子去世之後,其時或已及南宋之初。南宋吕祖謙編選《皇朝文鑑》選其詩達十三首,《國朝二百家名賢文粹》選有侁《超然臺賦》。知其集在南宋頗爲流行。《宋史》卷二百八《藝文》七著錄"《鮮于侁集》二卷”，疑“二”爲“三”之誤。其集，爲明陳第《世善堂藏書目録》卷三所著録，同《郡齋讀書志》。第爲明萬曆時人，知此集其時猶在。其亡當在明末清初。

據《行狀》，侁之著作，尚有《周易聖斷》七卷、《典説》一卷、《詩傳》六十卷、《治世讜言》七卷，此外尚有未編次者。其亡佚已久。

## 一五　葉祖洽集

《大典》卷三千一百四十二引《宋葉祖洽集》的陳襄行狀一文。

按：祖洽字敦禮，邵武人。熙寧三年(1070)進士第一。嘗官中書舍人、給事中。政和末卒。事迹見《宋史》卷三百五十四、《八閩通志》卷七十傳。

《葉祖洽集》，《郡齋讀書志》、《直齋書録解題》、《宋史·藝文志》、《文淵閣書目》均未著録，知流傳不廣。自《大典》引録以後，亦未見公私書目著録，知其佚已久。

## 一六　朱之純集

《大典》卷二千五百三十八引《朱之純集》的《縣齋》詩，卷二千五百三十九引“宋《朱之純詩》的《湖齋》詩。

《縣齋·序》謂“彭城劉侯，元祐庚午來宰雲間”，據《紹熙雲間志》卷中，此劉侯乃劉鵬。此詩亦載《雲間志》卷中。詩序又云“予圃隱湖西”，知作者爲雲間人。《至元嘉禾志》卷十五謂之純爲元祐六年(1091)進士。《紹熙雲間志》卷下有之純《思吳堂》詩，詩之序首云“思吳堂，嘉祐中太常丞吳公幾道之所作也，初曰環碧亭”，中云“吳公之來，予生方七歲”。查《雲間志》，吳及(幾道)知雲間，乃皇祐四年(1052)事。據此，知之純生於慶曆六年(1046)。

《朱之純集》，《直齋書録解題》、《宋史·藝文志》均未著録。《大典》以後，亦未見著録，已久佚。

## 一七　得得戀草

《大典》卷二萬二千一百八十一引任德翁《得得戀草》的《言衛州進瑞麥奏狀》。

按：德翁名伯雨，眉州眉山人。立朝時，力發章惇、曾布、蔡京、蔡卞之罪，無所畏忌。宣和初卒，年七十三，《宋史》卷三百四十五有傳。

《遂初堂書目》著録此書，稱《任德翁奏議》。《直齋書録解題》卷二十二《章奏類》著録此書,稱《得得居士戀草》,蓋爲全名,謂一卷。《郡齋讀書志》卷五下附志著録此書,入《別集類》,亦稱《得得居士戀草》,謂爲二卷。

《宋史》卷二百八《藝文》七著録此書,謂二卷。《文淵閣書目》卷四著録,謂"一部一册,完全"。其書之佚,當在明代。

伯雨又有《乘桴集》,《渭南文集》卷二十九有跋;《遂初堂書目》著録此書,無卷數。據跋,此乃詩集。《郡齋讀書志》、《宋史》同上卷亦著録,謂爲三卷。其詩,《大典》殘本未見,知流傳不廣,已久佚。

《宋史》卷二百二《藝文》一著録伯雨《春秋繹聖新傳》十二卷。

# 一八　張魏公奏議

《大典》卷一萬八百七十六、卷一萬九百九十九録《張魏公奏議》達十餘篇。

按:張魏公乃張浚。浚字德遠,世稱紫巖先生,綿竹人。政和八年(1118)進士。孝宗即位,封魏國公。隆興二年(1164)卒,年六十八,謚忠獻。事迹詳朱熹《晦庵先生朱文公文集》卷九十五《張魏國公行狀》、《誠齋集》卷一百十五《張魏公傳》、《宋史》卷三百六十一傳。

朱熹謂張浚有《紹興奏議》、《隆興奏議》各十卷、《論語解》四卷、《易解》並雜記共十卷、《春秋解》六卷、《中庸解》一卷、《詩書禮解》三卷、《文集》十卷。

《遂初堂書目》著録《張魏公奏議》,然未見《郡齋讀書志·附志》、《直齋書録解題》、《宋史·藝文志》。《文淵閣書目》卷四著録《張魏公奏議》,謂"一部,十二册,完全。"《内閣藏書目録》卷六著録《張魏公奏議》,謂"十二册,全",與《文淵閣書目》同;並云:"公名浚,諸孫如川編次,凡四十卷。表劄五卷附。"據此,知朱熹乾道三年(1167)爲張浚撰行狀時,《紹興奏議》、《隆興奏議》乃家藏本,尚未刊行。浚之子栻卒於淳熙七年(1180),見《晦庵先生朱文公文集》卷八十九《張公神道碑》。如川刊《張魏公奏議》,當在此後數年間,故得爲《遂初堂書目》所著録。

《絳雲樓書目》卷三著録《張忠獻公表劄》、《張忠獻公奏疏》,蓋爲《内閣藏書目録》所著録之舊。知其書明末清初尚存。自此以後即佚。

其書雖佚,然《建炎以來繫年要録》、《歷代名臣奏議》等書所録尚多,尚可略窺其一斑。

張浚著述傳於今者,有《紫巖易傳》十卷,有《四庫全書》本,有《中興備覽》三卷,有《涉聞梓舊》本。

# 一九　王元粹集

《大典》卷五千八百三十八引"宋《王元粹集》"的《江上遇吳花歌》，卷一萬一千三百一十三引《王元粹詩集》的《再到秦館》。

元粹不知爲名，抑爲字：其生平仕歷不詳，然尚可依據《江上遇吳花歌》，初步作一些探討。

《江上遇吳花歌》云："秋風向暖吹塵沙，漢江邊頭見吳花。吳花憔悴我飄蕩，回想舊遊更歎嗟。自從賊壘分飛去，不意今朝此相遇。天荒地老莫容身，未審別來何處住。吳花哽咽向余言，萬人不見一人存。妾身苟活兵塵裏，辛苦東西不可論。去年鄧州嫁健卒，今日南來夫已沒。乍到未能諳土風，楚女相憐教梳髮。近人有從陽翟來，但言城郭長蒿萊。河邊唯有潁亭在，春夏不曾胡馬迴。我聞此言重興嘆，世事悠悠雲聚散。（下略）"

據此，吳花似爲風塵中人，與作者爲老相識。靖康之變起，皆陷入金人手中，或即爲汴京。金人驅之於一處，以兵守之，故云"賊壘"。幸自賊壘中逃出，然逃出後未能結伴偕行。相遇漢江，則約在靖康之變後二三年。此漢江，在今湖北省境內。詩中云及陽翟，似作者亦嘗遊其地。陽翟在今河南省境內，時爲金占區。

綜合以上所述，知作者爲北宋、南宋之交人，飽經亂離。其詩集，《郡齋讀書志》、《直齋書錄解題》、《宋史·藝文志》均未著錄。《大典》以後，公私書目均未見記載，蓋淹沒已久。

# 二〇　李公明詩集

《大典》卷一萬一千三百十三、卷二萬三百五十四均引《李公明詩集》詩；卷一萬四千五百七十六引《李公明集》詩；卷五百四十、卷八百九十九、卷二千八百八、卷三千五均引《李公明詩》。

卷一萬一千三百十三所引詩，詩題作《過脩誠館》，題下注文謂壁間有詩，"乃紹興中宗（按：此處疑脫一字，其脫去之字，疑爲"室"字）所作，失其名矣，余少時誦而悅之，每過必一觀"。據此，公明乃南渡後人。注文又云此脩誠館"乃先祖奏名，公謁神齋沐之地"，則公明乃出身官宦之家。

北宋初，有李柬之，字公明，《宋史》卷三百十一有傳。與此公明無涉。同治《福建通志》卷一百五十《選舉》有李公明，甌寧人，紹熙四年（1193）進士，或即《李公明集》作者。

《李公明集》，公私書目未見著錄，蓋已久佚。

# 《宋書》時誤補校(續八)

## 牛繼清　張林祥

78.晉孝武帝寧康元年三月戊申朔,暴風迅起,從丑上來,須臾轉從子上來,飛沙揚礫。(卷三十四頁983)

"校勘記"云:"是年三月戊子朔,二十一日戊申,'朔'字疑衍文。"按《晉書》卷二十九《五行志下》作"三年三月戊申朔"云云,三年三月丙午朔,戊申亦非朔日。《宋書》同卷、《晉書·五行志下》又均有"元年三月,京都大風,火大起"條,當爲一事二繫。疑《宋志》誤"戊子"爲"戊申",《晉志》又誤"元年"爲"三年"。

79.太康六年七月己丑,地震。(卷三十四頁992)

按七月丁巳朔,無己丑。《晉書》卷二十九《五行志下》同誤,"校勘記"云:"據《帝紀》,此巴西震。七月無己丑,疑'己丑'乃'巴西'二字之形僞。"當是。

80.(晉元帝)太興三年四月庚寅,丹陽、吳郡、晉陵地震。(卷三十四頁994)

按四月乙未朔,無庚寅。《晉書》卷六《元帝紀》作五月庚寅,五月甲子朔,庚寅二十七日,當是。《晉書》卷二十九《五行志下》原亦作四月,據《元帝紀》改繫五月。

81.(晉穆帝)永和三年正月丙辰,地震。(卷三十四頁994)

按正月庚申朔,無丙辰。《晉書》卷八《穆帝紀》:"夏四月,地震。""九月,地震。"卷二十九《五行志下》:"三年正月丙辰,地震。九月,地又震。"則此"正月"爲"四月"之誤,四月己丑朔,丙辰二十八日。

82.宋文帝元嘉七年四月丙辰,地震。時遣軍經略司、兗。(卷三十四頁996)

按四月丁巳朔,無丙辰,"遣軍經略司、兗"卷五《文帝紀》係于三月。該引文下行作:"元嘉十二年四月丙辰,京邑地震。"疑日干支有竄誤。

83.(魏元帝)景元三年三月己亥朔,日有蝕之。(卷三十四頁1012)

按"校勘記"云:"是年三月壬寅朔,十一月己亥朔。"《晉書》卷十二《天文志中》作:"三年十一月己亥朔,日有蝕之。"當是。此"三月"爲十一月之訛。

# 《全宋詩》補(上)

## 李 裕 民

　　1998 年底,盼望已久的《全宋詩》72 册,歷經十幾年的努力,終于全部問世了,這對宋代的文史研究向縱深發展,將產生重大的影響。長期以來,在資料建設上,和唐代相比,宋代嚴重滯後,遠在清代早期,就編纂了《全唐詩》、《全唐文》,當時,《永樂大典》極大部分尚在世,如果同時能輯録《全宋詩》、《全宋文》,内容肯定會比今天所輯多得多,也容易得多,可惜没有去做,致使宋代的文史研究的深度廣度相應地落後于唐代。這一缺憾現在總算得到了彌補,我們非常感謝編者的辛勤勞動。

　　縱觀《全宋詩》的工作,大致可分三方面:一是收集資料比較集中的文集和總集。二是輯佚,即收集散見的宋人詩歌。三是作詩人小傳。工作量最大的是輯佚,利用價值最高的也是這一部分,這裏需要指出的是,不可否認,那些專集的價值非常高,但從利用的角度説,大部分專集容易找到,人們研究某人時,一般是找專集,只有遇到佚文時,才不能不找《全宋詩》。而最難收全的也在這一部分。《全唐詩》成書以後,有不少人作補輯,數量達到好幾十萬字。《全宋詩》更是如此,真正要做到全,還需要大家作長期的努力。

　　這裏,就我所見作一些補輯,其來源主要是:一,《全宋詩》的編者曾利用過的書,但查檢不細,有所遺漏,如潘自牧《記纂淵海》、謝維新《古今合璧事類備要》、祝穆《古今事文類聚》、《永樂大典》、王象之《輿地紀勝》、《大明一統志》、咸淳《毗陵志》、曹學佺《蜀中廣記》、樓鑰《攻媿集》、魏泰《東軒筆録》、葛立方《韻語陽秋》、曾慥《類説》等。二,稀見之本,有的專集僅見于國外圖書館,如司馬光《增廣司馬温公全集》,有的原僅有抄本,近始出版者,如蔡絛《西清詩話》等。三,未曾利用的地方志,如成化《山西通志》、乾隆《潮州府志》、道光《神木縣志》、《霍山志》等。四,碑刻資料,如陝西碑林博物館的藏品等。五,其他,不太引起注意的書,如張敦頤《六朝事迹編類》、陳天麟《許昌梅公年譜》、《宋史全文》、《建炎以來繫年要録》、《續資治通鑑長編拾補》等。

　　佚詩分上下兩編。上編收《全宋詩》所無的詩人,先作小傳,再録佚文,凡 45 人。下編收《全宋詩》已録詩人的佚文,爲便于對照,注明《全宋詩》的有關册、頁,凡 111 人。

　　上編所收詩人雖然算不上名家,但有助于了解宋代詩歌的整體狀况,以及對這些人物的研究。下編所收頗多名人,如宋初著名的詩歌革新家王禹偁,晚唐體作家潘閬、魏野,唐宋八大家中的蘇洵、蘇軾、王安石,蘇門學士張舜民,江西詩派徐俯,宋末愛國詩人汪元量等,佚詩爲進一步研究著名詩人和詩派提供了新的資料。此外,史學家司馬光、李燾,理學家程顥,名畫家王詵,政治家寇準、韓琦、文彥博,皇帝太宗、真宗、孝宗等人的佚詩,也有助于了解他們另一個側面的成就和歷史。總之,這些佚詩的價值不可忽視,這項工作值得我們去做。

# 上　編

## 1.王　格

王格,東平人,後周宰相王朴(906—959)之弟。後周時爲左拾遺。(《宋史》卷 249《王溥傳》)宋初爲右補闕、直史館,官至都官員外郎、廣南轉運使。(《宋史》卷 274《王侁傳》)

### 一,吟贈宣義大師

奉羨吾師得自由,携筇運過橘花洲。無言視物空彈指,有象開心忽點頭。□篆幾犧窄褰寺,杍詩多凭水邊樓。近聞高卧終南頂,不肯紅塵謁五侯。(陝西碑林博物館藏夢英十八體篆書碑,《碑林集刊》5 期 124 頁)

## 2.李　瀆

李瀆(957—1019),字長源。河南洛陽人。父瑩徙家河中(今永濟)。瀆博覽經史,不求仕進。真宗召見,辭足疾不起。事見《宋史》卷 457《隱逸傳》。

### 一,句(?)

夷門一把平安火,定隨恒山候騎來。(潘自牧《記纂淵海》卷 21、頁 5 下真定府)

## 3.田　告

田告,史稱東魯逸人,嘗著《禹元經》12 篇,開寶五年(972)宋太祖召見,詢以治水之道,欲授予官,以不願辭歸。(《宋史》卷 91《河渠志》、李燾《續資治通鑑長編》卷 13,下引此書簡稱《長編》）有詩集,王禹偁曾求詩于他。事見《東原録》。

一,詠中條山

洞黑吹狂雨,峰清卓冷烟。（龔鼎臣《東原録》頁10）

### 4.韓　泳

韓泳,太宗時人。

一,贈古成之

德行文章已出群,的將仙道傳于今。浮名若也争休得,占取閑閑一片雲。（《永樂大典》卷10889、頁4下）

### 5.夏侯璘

夏侯璘,真宗景德二年（1005）進士第二名。事見《東原録》。

一,題濮州王驥郎中屋壁

夜來飛夢到瑤池,借得周王八駿騎。宴罷却（一作"都"）歸蓬島去,五雲狂踏影參差。（龔鼎臣《東原録》頁11）

### 6.李邦穎

李邦穎,真宗時人,曾奉召試翰林院,賜出身,授奉禮郎,聞報而卒,年18。事見《西清詩話》卷下。

一,失題

江山三千里,人間十八年。此時誰復見,一鶴上遼天。（蔡絛《西清詩話》卷下、條108,《宋詩話全編》本）

### 7.輕薄子

仁宗時,宰相張士遜直至老朽才引退,且寫詩與另外一名宰相（詩見本文下編28）。當時輕薄子改動其詩,加以諷刺。事見王陶《談淵》（李栻《歷代小史》卷38）。

一,失題

赭案當衙並命時,與君兩個没操持。如今我得休官去,一任夫君鶻露蹄。（《談淵》第3條）

### 8.張　望

張望,河陽（今河南孟縣南）人。嘗爲舉子,頗知書,後隸軍籍,諸子皆爲儒學,均顯達。文彦博嘗讀書于其家,天聖五年（1027）與其長子靖同登第。後人稱"張將軍沈深雄偉,能識潞公于童子時"。事見《邵氏聞見録》卷9。

一,壽申國太夫人生日

庭下郎君爲宰相,門前故吏作將軍。（邵伯温《邵氏聞見録》卷9:"潞公爲子弟讀書于孔目官張望家……後潞公出入將相,張望尚無恙。公判河南日,母申國太夫人生日,張望自清河來獻壽,有詩云云。張望以子通籍封將軍云。")

### 9. 李師錫

李師錫,洺州肥鄉人。景祐元年(1034)時任比部員外郎(《長編》卷 114),治平元年(1064)爲職方員外郎(《長編》卷 203),四年至熙寧元年(1068)任陝西制置解鹽判官(《宋會要輯稿》職官 23 之 13、兵 22 之 6,下引此書簡稱《宋會要》)。後任河東路轉運判官,熙寧三年(1070)十月罷。(《長編》卷 216)又起爲屯田郎中、通判河陽,五年十一月,以事降一官。(《長編》卷 241、《宋會要》職官 65 之 38)

一,失題

窮冬按部極西陲,鳥道盤空積雪迷。報國憂民寧憚遠,萬重山裏到沉黎。(曹學佺《蜀中廣記》卷 35、頁 18 黎州)

### 10. 張　楷

張楷,仁宗時曾爲比部員外郎,見宋庠《宋元憲集》卷 26。

一,句

邯鄲居民苦坐甑,大梁公子思要君。(《記纂淵海》卷 21、頁 38 上磁州)

### 11. 薛　俅

薛俅字蕭之,蒲津(今山西永濟)人。樞密直學士薛田之子。至和元年(1054)爲尚書比部員外郎。

一,歸蒲州詩

老來深喜到鄉州,三紀光陰若夢遊。今日恬愉君賜重,白雲庵洞許過留。(《記纂淵海》卷 24、頁 18 下河中府)

### 12. 李彥高

李彥高,熙寧時舉子,入九疑山,遇邢仙翁,贈其詩 12 首,後頗得道,往來衡、湘間。《西清詩話》卷下載其 4 首。詩從彥高口中傳出,邢仙翁是否真有其人,難以查考,其詩很可能是李彥高所作,假托于仙翁,今仍繫于彥高名下。

一,失題

無言隱几閉松扃,萬古襟懷獨自靈。篆契鋪時三篆卷,彈冠常動一簪星。

二,失題

青童去檓南仙仗,野客來尋此帝經。天道不須窺牖見,滿門山岳自青青。

三,失題

世事功名不足論,好乘年少入真門。渾如一夢莊仙蝶,況是千年柱史孫。

四，失題

須向《黃庭》分內外，不教《周易》秘乾坤。他年陵谷還遷變，家住蓬瀛我尚存。（以上均見《西清詩話》卷下、條 119）

## 13．江公望

江公望字民表，睦州（今建德）人。熙寧六年（1073）進士。（《嚴州圖經》卷 1）建中靖國初，由太常博士拜左司諫，抗疏極論時政。後被列入元祐黨籍，編管南安軍。崇寧五年（1106）敘復（《長編拾補》卷 26），還家卒。《宋史》卷 346 有傳。

一，艮岳

春光吳地減，山色上林深。（劉克莊《後村先生大全集》卷 105《江民表三賢帖》云：“比之鄧肅《花石綱詩》，彼刻而此含蓄矣。”）

## 14．王荀龍

王荀龍字仲賢，大名人。知樞密院事王岩叟之父。治平元年（1064）時任三司勾當修造案（《宋會要》禮 40 之 2、食貨 56 之 13），二年八月，勾當三司公事（《宋會要》職官 5 之 43）。熙寧七年（1074）時爲比部員外郎（《長編》卷 256），元豐二年時知恩州（《劉摯《忠肅集》卷 14《仁壽趙夫人墓誌銘》），七年（1084）知洺州時，以事降一官（《長編》卷 344、《宋會要》職官 66 之 27）。

一，失題

東北嶺高明月曉，西南川遠夕陽多。地饒勝概連靈岳，民足豐年藉綠波。

二，失題

中條山下王官谷，草木煙霞景物幽。坐中爽氣長飄灑，天際浮雲任去留。（以上均見《記纂淵海》卷 24、頁 21 解州）

## 15．張仲連

張仲連，字謀父，彭城人。居泗洲之東山，有田數百畝，號白雲莊。與賀鑄交游。事見《慶湖遺老集》卷 1、卷 5。

一，句

田居食不足。（賀鑄《慶湖遺老集》卷 8）

## 16．陳　補

陳補，龍岩人。元祐間，與劉棠俱有詞賦聲，時人謂之“劉棠陳補，漳岩賦虎”。元祐六年（1091）劉中進士，補遂隱居于溪南。事見弘治《八閩通志》卷 68。

一，隱居

大不手持卿相印，小無人擁史君符。門前溪水絲如染，好把一竿秋釣鱸。（《永樂大典》

卷3145、頁24、弘治《八閩通志》卷68、頁619）

### 17.王慶長

王慶長，義烏人。紹聖元年（1094）進士。歷官知南康軍、饒州、嚴州。請老家居，年七十五而卒。事見《宋元學案補遺》卷25。

　　一，過華州

拔地三峰冷翠微，落巖飛瀑噴珠璣。十丈玉蓮秋不謝，半楞掌月晝還飛。（《記纂淵海》卷24、頁36上華州）

### 18.程　氏

程氏兄弟，饒陽人，紹聖中游太學，兄卒，弟夢中見兄作詩。

　　一，失題

夷門山下古都門，兄弟相逢一色春。洞里桃花空自老，長安猶有未歸人。（《西清詩話》卷下、條114）

### 19.劉　炳

劉炳，一作昞，字子蒙，東明人。元符三年（1100）進士。起家太學博士，官至吏部尚書，後因與王寀（字輔道）交結，被流放而死。《宋史》卷356有傳。

　　一，和輔道

白水之年大道盛，掃除荊棘奉高真。（王明清《揮麈後錄》卷3、條160："王寀輔道，樞密韶之子，……工部尚書劉炳子蒙者，輔道母夫人之姪孫也……時開封尹盛章新用事，忌炳兄弟進，思有以害其寵……遣開封府司錄孟彥弼携捕吏寶鑒等數人，即訊炳于家……遂亂抽架上書，適有炳著撰稿草，翻之至底，見炳和輔道詩，尚未成，首云云。詩意謂輔道嘗有疾惡之意，時尚道，目上爲高真爾。……章命其子並釋以進，云：'白水謂來年庚子寀舉事之時，炳指寀爲高真，不知以何人爲荊棘？將置陛下于何地？豈非所謂大逆不道乎？'但以此坐輔道與客，皆極刑，炳以官高得弗誅，削籍竄海外。"）

### 20.李公弼

李公弼，宋晋陵人。李熙靖（1075—1127）之父。治平四年（1067）中進士。（咸淳《毗陵志》卷11）崇寧初通判潞州（今長治），以議三舍法不便，被劾，削黜而死。事見《宋史》卷357《李熙靖傳》。

　　一，過微子嶺

路穿雲藹陟層崗，稍下彌高十里長。澗底攢星分水石，谷中行蟻辨牛羊。奇峰巉刻瞻熊耳，亂壑奔湍湊濁漳。咫尺靈源雖不到，空餘俗眼羡青蒼。（成化《山西通志》卷16、頁1221）

　　二，謁李衛公廟

氳氳佳氣抱群峰，赫赫丹青敞閟宮。文武雙全光史牒，英靈如在懾華戎。神奇俠客真先啓，廟食元妃預有功。存没哀榮極能事，輪蹄千古仰高風。（同上頁 1339）

## 21.張矩臣

張矩臣（？—1125），字元方，光化軍陰城人，宰相士遜之曾孫。官迪功郎，宣和三、四年間爲南都府掾。好學，喜爲詩。事見徐度《却掃編》卷中、陳與義《增廣箋注簡齋詩集》卷 2《次韵張矩臣見示建除體》原注。

### 一，句

幾回天闕夢，十走日邊人。（徐度《却掃編》卷中："宣和間，先公（按指徐處仁）守南都，地當東南水陸之衝，使傳絡繹不絶，一歲中撫問者至十數。故嘗有謝表曰：'天闕夢回，必有感恩之泪；日邊人至，常聞念舊之言。'後因生日，府掾張矩臣獻詩曰云云，蓋用表語也。"）

## 22.勾龍庭實

勾龍庭實，字君貺，綿竹人（陳騤《南宋館閣録》卷 8，李心傳《建炎以來繫年要録》卷 154作夾江人，下引此書簡稱《要録》）。政和二年（1112）進士。紹興九年（1139）通判閬州（《宋會要》崇儒 5 之 33）。十二年（1142）三月，除校書郎，十三年十月爲户部員外郎。十一月知眉州（《要録》卷 150），十五年重修通濟堰，以灌民田（《要録》卷 154）。

### 一，信美亭詩

末部囂渡水過西頭，東面一亭無限幽。火井江潮盤附郭，浮圖天際表吾州。（《蜀中廣記》卷 13、頁 6）

## 23.吴　叙

吴叙字元常，真州人，宰相吴敏（1089—1132）弟。能詩，初授南京敦宗院教授，未赴，棄官爲僧，法名正光，住名刹四十年而卒。事見《梁溪漫志》卷 9。

### 一，句

水竹清瘦霜松孤。（費衮《梁溪漫志》卷 9、頁 8）

## 24.時　敦

時敦，彭門人。宣和初，爲澤州通判。政事詞翰。爲時推重。靖康元年（1126）三月，以守城有功除直秘閣（《宋會要》選舉 33 之 40）。事見成化《山西通志》卷 8《名宦》。

### 一，按部過靈泉寺

重閣岧嶤倚遠空，亂山深處梵王宫。詔辭前代初興主，碑語當年耐辱公。萬壑暖消殘雪凍，千松清撼半天風。潺湲漱玉流溪水，歸路征鞍落照中。（成化《山西通志》卷 16、頁 1373）

## 25.孫敦復

孫敦復，宋知陽城縣。

一,過陽陵有作

莫怪登山馬足遲,遍經絕頂與深溪。風吹衆篍鳴蕭瑟,水落洪崖擊鼓鼕。峻嶺障天飛鳥疾,危垣庶寺亂松低。凭鞍看景搜詩句,不覺山頭日已西。

二,陽城道中二絕

兩極坡長馬力窮,澤南百里水泉空。朝來丹沁東邊路,始見河山大地雄。

南來似爲亂山囚,後擁前遮苦見留。多謝鍾靈不嫌俗,坦然煙谷縱鳴驪。(以上均見成化《山西通志》卷16、頁1166)

## 26.郭士道

郭士道,宋懷慶府通判。

一,首陽山

首陽山,青龍嵸,上聳紫蓋綾瑶空,下馬林壑盤蒼龍。嵯峨自太古,崒崒鎮寰中。黄流西來繞其下,日名雲氣開鴻蒙。恍疑鬼神護,又似丹青工。諸峰不敢并,蒼翠光玲瓏。我生癖性愛山水,見此奇絕摩雙瞳。忽憶武王收諸夏,夷齊扣馬來山東。風雲變化適際會,恥逐龍虎争奇功。歸來守岩穴,鬱鬱抱孤忠。朝采山上蕨,暮拾山下蓬。渴飲澗中水,熱眠雲外松。既不學赤松子,又不似商山翁。丹誠耿耿照白日,勁節凛凛摩蒼空。首山青青萬古色,不改夷齊之心胸,直以天地相始終。千載扶名教,二子功無窮。我歌首陽歌未歇,冷然入表來清風。(成化《山西通志》卷16、頁1210)

## 27.雷　臨

雷臨,宋户部員外郎。

一,王官瀑布

區區奔走漫華巓,一別王官十四年。綠玉峽中噴白玉,溉田澆竹滿平川。(成化《山西通志》卷16、頁1240)

## 28.盧　象

盧象,宋行西河郡司馬。

一,謁賀虜將軍祠　新亭禊飲

將軍稱賀虜,遺廟俯靈淵。聲噴蛟龍穴,波跳赤鯉泉。路回芹澗水,村近石林烟。野馬含喧氣,農夫出故廛。土膏興耒耜,尸祝旁山巓。閲世無銘石,兹游匪幕天。頃來規下宇,必葺慕先賢。悦使成能事,掄材出俸錢。优香推干蠱,班匠擇精專。黝堊何其麗,欒櫨本自然。松青離石道,雲白介山田。適歡飛鞚速,仍憂黄雀穿。梨花寒食後,桂葉酒樽前。饑鼯尋香柏,流鶯助晚弦。吴歈摧玉斝,趙舞落金鈿。上巳無過醉,春衣試欲湔。故園思翠洛,禊飲客汾川。寄語西河老,鄉心朝暮懸。(成化《山西通志》卷16、頁1333)

## 29.黄昌朝

黄昌朝,宋殿中丞。

### 一,栖巖寺

官閑心静與僧期,庵洞重開掃翠微。召伯崇陰抛督府,白公蓮社住嚴扉。雲間猿鶴驚新榜,庭下杉松出舊圍。信道青山誰不愛,幾人能及健時歸?（成化《山西通志》卷16、頁1363）

## 30.王拯之

王拯之,北宋時官提刑使。

### 一,靈泉寺

鳥噪僧賦春意游,松陰樓殿日高時。入門未脱征裘立,拂壁先看學士詩。（成化《山西通志》卷16、頁1372）

## 31.野畊道

野畊道,宋澤監。

### 一,靈泉寺

覽勝尋幽本爲閑,可能忙裏却遊山。從宜輟輟公家事,看遍林泉夜始還。

### 二,再會提舉井季能宿靈泉寺

雪滿山頭月滿庭,松風一夜雜溪聲。人間有個清寒府,三度添衣始到明。

### 三,又同使長王拯之憩暑靈泉寺

去年過此雪埋山,冒暑重來汗滴顔。自笑此身長物役,豈如飛鳥倦時還。（以上均見成化《山西通志》卷16、頁1372）

## 32.宋雄飛

宋雄飛,宋泰安人。

### 一,按部過靈泉寺

奇木千章振法音,靈泉一勺滌煩襟。往來幾度紅塵路,今日清遊始遂心。（成化《山西通志》卷16、頁1373）

### 二,録囚過陽城太清觀偶題

易覺春光老,難消夏日長。問囚傷道氣,嚼句療饑腸。殿古苔痕沁,壇高桂影凉。黄冠誰可語? 試與辨亡羊。（同上,頁1379）

## 33.徐湍崇

徐湍崇,字崇之,福建建安人。少時能詩,落筆千言。對蔡京暴政不滿,隱居于崇德縣。

### 一,失題

魯邦司寇陳義高,三閭大夫心徒勞。相逢一笑無言説,去宿蘆花又明月。（何遠《春渚紀

聞》卷7："有人得山谷道人《清江詞》示之者,崇之曰:'山谷當今作者,所知漁父止此耶?'或
請爲賦,援筆立就,其末云云。識者奇之。")

　　　　　　　　二,數夕頗爲飛蚊所擾,夜不能寐,因得一絶句

　　空堂夜合勢如雲,溝壑寧思過去身。滿腹經營盡膏血,那知通夕不眠人。(同書卷7:
"政和間,余過御兒,訪其隱居,坐定,爲余曰:'云云。'時蔡京當國,方引用小人,布列要近,賦
外橫斂,以供花石之費。天下之民,殆不聊生,而無敢形言者,崇之託以規諷云。")

　　　　　　　　　　　　　　34. 游　　公

　　游公,其名不詳,宋時知南恩州(今廣東陽江)。

　　　　　　　　　　　一,題熙春臺

　　井邑峰巒叠郡城,新臺高峙見南溟。海瀾震蕩連空白,星瀆朝宗徹底清。(王象之《輿地
紀勝》卷98、頁8,《記纂淵海》卷15、頁27下恩州)

　　　　　　　　　　　　　　35. 徐　　起

　　徐起,衡州人,以特奏名出官,爲監酒,與項安世交游。

　　　　　　　　　　　一,句

　　古人風節古人詩。(項安世《平庵悔稿》卷5《次韵衡山徐監酒同考府學試八首》自注引)

　　　　　　　　　　　　　　36. 曾　　楙

　　曾楙(? —1144),字叔夏,贛州人。元符三年(1100)進士,官至吏部尚書,紹興十四年卒
(李心傳《建炎以來繫年要錄》卷151)。有内外制及《東宫日記》。事見《萬姓統譜》卷57。

　　　　　　　　　　　一,偈

　　四大本空,五蔭皆蘊。靈臺一點,常現圓明。(徐度《却掃編》卷中:"曾尚書楙喜性理之
學,中年提舉淮西學事,游五祖山,凭欄恍若有所得,因爲偈曰云云。")

　　　　　　　　　　　　　　37. 葛　　邲

　　葛邲(1135—1200),(生年據王質自稱與其爲"齊年"推知,享年據《宋史》本傳)字楚輔,
丹陽人。隆興元年進士(嘉泰《吴興志》卷17),歷秘書郎、著作郎、右正言、刑部尚書,紹熙中
拜左宰相。有《詞業》五十卷、《文集》二百卷。《宋史》卷385有傳。

　　　　　　　　　　　一,和王質詩

　　我家文康公,世謂昌黎韓。(王質《雪山集》卷15《送徐聖可十首》:"文康伯仲見昌黎,傳
到雲孫又過之"。自注:"葛楚輔正言嘗和某詩,略云云云")。"民按:文康爲葛邲祖父勝仲
(1072—1144)之謚。

　　　　　　　　　　　　　　38. 楊汝明

　　楊汝明,字叔禹,眉州青神人。紹熙四年進士。嘉定六年(1213)爲著作郎,(《南宋館閣

續録》卷 8）十三年以權禮部侍郎兼同修國史,十五年爲權工部尚書並兼（同上卷 9）。紹定元年（1228）爲寶章閣學士、潼川路安撫使、知瀘州（《永樂大典》卷 2218、頁 11）。

一,送大防赴官婺州

爲漢寢謀惟汲直,在唐無黨只香山。（樓鑰《攻媿集》卷 77《跋楊叔禹所藏東坡帖》:"紹熙四年（1193）,余以左史攝詞掖,爲殿試編排官,楊渾甫爲檢院,其子叔禹登甲科。明年嘗書此卷。又明年當慶元改元,余自天官出守婺女,叔禹送以詩,有云云。雖不敢當,實佳句也。"）

### 39.吳之巽

吳之巽（1160—1221）,字先之,中江人。教授于廣漢王氏之塾,郡守往往與諸生造焉。著有《諸經講義》五卷,《中庸講義》三卷,《通鑑類》十卷、《國典》二十卷。事見魏了翁《中江吳先之之巽墓銘》（《鶴山先生大全文集》卷 72）。

一,正月晦日詩

固窮何用怕鬼笑,暴貴不免干天刑。（《中江吳先之之巽墓銘》）

### 40.高道充

高道充（1182—1221）,字與可,蒲江人。通諸經,與紹熙嘉泰間賓薦,士之請益者衆,魏了翁嘗受學焉。嘉定十三年特奏名,授貴州文學。事見魏了翁《貴州文學高君道充墓誌銘》（《鶴山先生大全文集》卷 72）。

一,題堂後梁上詩

心遠世塵隔,調高俚耳驚。

二,寄魏了翁

理窮性達定力勝,富貴貧賤均逍遥。（以上均見《貴州文學高君道充墓誌銘》）

### 41.元　簿

元簿字泉卿,號耘軒,幼業進士,後棄去,喜爲詩。事見咸淳《毗陵志》卷 19。

一,歲後書懷

他鄉故鄉老若此,新歲舊歲窮依然。烹茶但有二升水,沽酒初無三百錢。（咸淳《毗陵志》卷 19、頁 4）

### 42.崔　氏

崔氏,資陽士人妻。

一,七夕寄夫

月鈎輝影透珠幃,雅稱人間七夕期。織女牽牛猶會遇,始知天與夢相遺。（陳元靚《歲時廣記》卷 28 引《蕙畝拾英》云:"資陽士人妻崔氏,其夫坐事被竄遠地。後因七夕,作詩以寄之,曰云云。"）

### 43.王　嚴

王嚴,南宋金陵人。王龔門人。事見《宋元學案補遺》卷 99。

#### 一,資陽江

淡雲殘雪簇江干,策寒遲徊客興闌。持鉢老僧來咒水,倚船商女得搬灘。沙翹白鷺非真靜,竹映繁梅奈苦寒。阮籍莫嗟歧路異,舊山溪畔有漁竿。(《蜀中廣記》卷 8、頁 30)

### 44.郭周藩

郭周藩,宋進士。

#### 一,譚子池

靈泉在山頭,酌之不盈卮。試詢陵陽叟,何云譚子池?一叟爲我言,郡有譚叔皮,在唐開元末,生兒名阿宜。墜地解言笑,九歲森髯髭。不食且不飲,超然忘渴饑。十五銳行走,夐若神駒馳。二十入山林,人莫知所之。父母念不泯,鄉人爲立祠。大曆元年春,此兒忽來歸。頭簪鳳凰冠,身着霓裳衣。再拜向父母,一吐心中詞。兒乃仙子流,塵市不可覉。鄉人意雖厚,立祠將焉爲?妖魅一朝據,作祟無休期。急爲告鄉人,毀之勿遲遲。祠下多金藏,不知始何時。盡取濟不給,幸勿藏於私。言訖即辭去,仙袂風披披。於焉撤祠宇,突兀成平夷。果獲千黄金,貧匱得所資。金盡泉繼涌,湛若青琉璃。不滿亦不涸,旱潦恒若斯。禱之立有應,翕如塡協籥。由來羽化人,出處同鬱儀。去今數百載,迹在名還垂。(《蜀中廣記》卷 8、頁 26)

### 45.沈　迴

沈迴,宋人,生平、籍貫不詳。

#### 一,眉州臨風閣

煙霞生座右,林沼匝城隈。(《蜀中廣記》卷 12、頁 7)

# 下　編

51.王 素　52.趙 抃　53.蘇 洵　54.元 絳　55.張伯玉　56.李師中　57.姚嗣宗
58.陸 經　59.司馬光　60.趙 瞻　61.王安石　62.李復圭　63.王文淑　64.王 臨
65.黄 通　66.沈 遘　67.王安國　68.楊 邁　69.程 顥　70.蔣之奇　71.俞 充
72.王欽臣　73.蔡 確　74.蘇 軾　75.張舜民　76.游師雄　77.王 詵　78.張商英
79.黄 裳　80.曾 肇　81.蔡 京　82.喻 陟　83.吳 可　84.宋 肇　85.崔 鷗
86.鄭居中　87.樓 异　88.胡直孺　89.葛勝仲　90.徐 俯　91.王安中　92.張 擴
93.王 庶　94.吳 激　95.何 槀　96.張九成　97.曾 慥　98.姚孝錫　99.邵 博
100.吳 芾　101.程敦厚　102.李 燾　103.宋孝宗　104.黄人傑　105.張孝芳
106.裘萬頃　107.洪咨夔　108.朱 焕　109.汪元量　110.蒲 瀛　111.宋永孚

## 1.辛寅遜(1/2)

一,題桃符

新年納餘慶,佳節契長春。(《楊文公談苑》148 條,上海古籍出版社 1993 年)

## 2.陳 摶(1/11)

一,句

山色滿庭供畫障,松聲萬壑即琴弦。(《記纂淵海》卷 24、頁 36 華州)

## 3.楊昭儉(1/15)

一,命筆書五十六字寄英公大師老退多病質而不文勿以爲□也

江山秀媚多才子,果有才人出碧湘。報□□降諸篆法,御前猶若賜衣香。文章綺美輕珠玉,志行孤高貫雪霜。今日相逢喜相見,喜□明了學空王。(陝西碑林博物館藏夢英十八體篆書碑,《碑林集刊》5 期、頁 122)

## 4.陶 穀(1/16)

一,贈英公大師

本寺迢迢隔洞庭,年才三十道風情。金仙法裏深窮性,玉筯書中別得名。訪古幾曾銷歲月,論交多半是公卿。皇恩每話酬身了,擬買雲山寄此生。(陝西碑林博物館藏夢英十八體篆書碑,《碑林集刊》5 期、頁 122)

## 5.賈 玭(1/36)

一,贈英公大師

辯才無礙本高僧,濟拔沉迷絕愛憎。荷寵連公天子詔,淡空潛稟法玉燈。香然古篆文親勒,月印秋江性自澄。師匠群倫紆紫綬,好傳宗旨繼南能。(陝西碑林博物館藏夢英十八體篆書碑,《碑林集刊》5 期、頁 124)

### 6. 趙文度(1/55)

一, 贈篆書英公大師詩二首

衆推禪理比南能, 言別重湖杖瘦藤。經重恒沙翻貝葉, 篆分垂露綴銀繩。東林遠夢誠千里, 南岳深居第一層。獨荷瓶盂此相訪,《高僧傳》裏續高僧。(陝西碑林博物館藏夢英十八體篆書碑,《碑林集刊》5 期、頁 123。按原爲二首,《全宋詩》録其第一首, 今補録第二首。)

### 7. 何承裕(1/56)

一, 贈英公大師詩二首

十年前即仰吾師, 名迹猶來少不羈。辭麗碧雲丹禁許, 篆高垂露紫皇知。秋登嶽麓霜晴後, 夜泛湘江月滿時。聞説終南欲深隱, 瘦笻寒納會相期。

絳郡曾聞碧落書, 陽冰三日坐跚蹰。不知此篆垂名後, 有敵吾師一字無。(陝西碑林博物館藏夢英十八體篆書碑,《碑林集刊》5 期、頁 123)

### 8. 鄭　起(1/149)

一, 貽英公大師

到處師游類斷蓬, 何年携錫別江東。禪開悟解忘塵事, 鳳篆書□鎖橘洲。舊夢還雪埋蓮社, 舊房空□□帝城。今日重相見翻恨, 留心藝□□□□。(陝西碑林博物館藏夢英十八體篆書碑,《碑林集刊》5 期 124 頁)

### 9. 韓　溥(1/166)

一, 寄英公大師詩二首

每思鑒齒是鰥儒, 交結安公分有餘。長恐後生忘故事, 豈知千載得吾徒。碧□□□邁湯休, 大篆仍精史籒書。自恨塵勞抛未盡, 肯教蓮社入名無。(陝西碑林博物館藏夢英十八體篆書碑,《碑林集刊》5 期、頁 124。按原詩第二首,《全宋詩》已收, 此録其第一首)。

### 10. 王　著(1/218)

一, 乞英上人篆字

學陽冰篆得玄徽, 字字龍鸞筆下飛。乞取數行爲至寶, 恐隨雲水却南歸。(陝西碑林博物館藏夢英十八體篆書碑,《碑林集刊》5 期、頁 123)

### 11. 蘇德祥(1/258)

一, 贈英公大師詩

千字芳踪覆萬金, 九衢重許一相尋。□□毀後行之泪, 印秘能□□□□, 秦中高卧水雲深。廉前恩□□雙得, 暗走聲□□□□。(陝西碑林博物館藏夢英十八體篆書碑,《碑林集刊》5 期、頁 125)

### 12. 宋太宗(1/449)

一，賜呂蒙正詩

帝澤常（函海本作“雛”）寬異，官榮莫忘貧。

二，賜胡旦詩

報言新進士，知舉是官家。御注：每相見，但相勸爲美善之事，莫教朝野人笑道：主文官家知舉不了。（以上見龔鼎臣《東原録》頁 10）

四，賜張齊賢詩

往日貧儒母，年高壽太平。齊賢行孝傳，神理甚分明。（葉夢得《石林燕語》卷 3、頁 36）

五，賜張洎詩

翰長老儒臣。（《宋史》卷 267《張洎傳》）

六，大名凱旋詩

一箭未施戎馬遁，六軍恐恨陣營高。（王應麟《玉海》卷 30）

## 13.呂蒙正（1/517）

一，判河中府詩

滿朝鴛鷺醉中别，萬里煙霄達了（一本作“游子”）歸。（龔鼎臣《東原録》頁 10：“呂蒙正自僕射乞出，得判河中府。太宗曰：卿狀元及第，朕用卿作宰相，今日可謂榮歸故里。因有詩曰云云。太宗聞之曰：呂蒙正似無意再來。既而三召，方再入相。”）

## 14.晁　迥（1/617）

一，禮部尚書集賢校理晁迥因而更唱少助推賢

英英唐林公，雷動詞文雄。伊昔矜力諫，真能虧直躬。刻石名益光，尊儒道更隆。對此豁塵襟，快哉如清風。（《永樂大典》卷 13823、頁 13）

二，句

都聞靈鵲心應喜。（謝維新《合璧事類備要後集》卷 22、頁 5。按《類説》卷 22 引“都”作“却”。）

## 15.潘　閬（1/618）

一，渭水

秋色滿秦川，登臨渭水邊。極浦涵秋月，孤帆没遠煙。（《記纂淵海》卷 25、頁 27 鞏州）

## 16.王　操（6/647）

一，失題

地凉宜牧馬，塞近慣調兵。爲寄井泉石，老來思目明。（《記纂淵海》卷 20、頁 16 下冀州）

## 17.王禹偁（2/811）

一，題商州

二車何處搔蓬鬢,九日樽前見菊花。

二,題商州

南秦地煖花開早,比至春初已數番。(以上見《記纂淵海》卷 24、頁 27 商州)

三,失題

位卑松在澗,俸薄菜經霜。迤擁寒荷緑,門横古木蒼。冠緌塵已滿,未敢濯滄浪。

四,句

波函雷澤棹,雨足歷山耕。(以上見《記纂淵海》卷 18、頁 15 濮州)

### 18. 种　放(2/819)

一,句

溪上醉眠都不知。(《宋史》卷 457《种放傳》)

### 19. 李宗諤(2/837)

一,贈鮮于懷

漢殿無人薦揚子,滿朝空誦揾愁詞。(《蜀中廣記》卷 98、頁 1:"宋鮮于懷字伯圭,閬中人。累舉不第,嘗作揾愁詞,時人稱之。李宗諤贈詩云云。後與宗諤同年第四人登科。")

### 20. 王　旦(2/840)

一,句

應被華山高士笑,天真喪盡得浮名。(《記纂淵海》卷 24、頁 36 華州)

### 21. 李虚己(2/844)

一,虢州送别

關樹晚蒼蒼,長安近夕陽。回風醒别酒,細雨濕行裝。習戰邊城黑,防秋塞草黄。(《記纂淵海》卷 24、頁 29 虢州)

### 22. 黄　震(2/856)

一,栖巖寺二首

山頭古柏隱禪林,橋過尋真一徑深。知府未成歸隱計,治中聊發望川吟。明璣萬斛泉飛瀑,碧玉千竿竹散陰。須信冷雲庵里客,曇延人去嗣朝音。

蒲坂虞都古大邦,栖巖形勝世無雙。石花空翠凌香火,雪竹霜松列蓋幢。絶頂雲霞真上界,滿川濤浪比西江。尚憂虎豹來聞法,樓架懸鐘不敢撞。(成化《山西通志》卷 16、頁 1362)

### 23. 趙　湘(2/891)

一,句

水静苔生發,天寒樹著衣。(趙抃《清獻集》卷 5《與男幾游天台石橋覽先祖詩因成》注)

### 24. 魏　野(2/970)

一,自題草堂詩

晝睡方濃向竹齋,柴門日午尚慵開。驚回一覺游仙夢,村巷傳呼宰相來。(《記纂淵海》卷24、頁24下陝州)

二,句

幽居帝畫看。(同上卷24、頁25上)

### 25.寇　準(2/1042)

一,海棠花

喧風花雜滿欄香,盡日幽吟嘆異常。翻笑牡丹虛得地,玉階開落對君王。(王灼《頤堂文集》卷3"閬州新井縣豐山鎮慈光院殿柱有咸平五年寇萊公書海棠花絕句云云,近歲邑令刮取墨迹,置邑之廳柱,今獨石刻在。")

### 26.曹汝弼(2/1054)

一,贈漁父

逍遙五湖上,活計一竿頭。

二,覽金員外岳詩集

却爲吟新句,不成彈古琴。

三,喜友人過隱居

旋收松上雪,來煮雨前茶。

四,山居書事

雲生枕上藤床冷,火迸爐中藥鼎香。(以上見《永樂大典》卷822、頁5天禧二年尚書員外郎舒雄序職方曹公詩)

### 27.錢惟演(2/1072)

一,句

靈鵲先依玉樹棲。(曾慥《類說》卷22、頁8引《金城遺事》)

### 28.陳堯佐(2/1085)

一,觀昌黎題名詩

唐儒抱朴者,森森高若林。賢者韓退之。秀出千萬尋。文參元化淳,道浸滄溟深。清名終古存,豈止浮圖陰。(《永樂大典》卷13823、頁13上)

二,題云泉寺壁

欲見故人面,仙鳧去未還。旁人應笑我,兩日住游山。(同上卷10889、頁5上引《惠州府惠陽志》:"陳文惠公自潮倅移守是邦,過河源,聞(古)成之仙去,乃追感舊事,留題于雲泉寺壁云"。)

　　三，韓山

侍郎亭下草離離，春色相逢萬事非。今日江山當日景，多情直擬問斜輝。（乾隆《潮州府志》卷42《藝文》）

　　四，句

梅花廳院竹青青。（《輿地紀勝》卷100、頁4，《永樂大典》卷5343、頁30下）

## 29.陳堯咨(2/1094)

　　一，長樂亭歌

古人別離增愁悲，今人別離多吁戲。古今人物自遷變，唯有別離無盡期。南山峨峨在天半，灞水嗚嗚流不斷。應見古今別離人，一番纔去一番新。落日危亭悄無語，覽今念古堪傷神。（《類編長安志》卷4長樂亭條云："長樂亭在京兆通化門東十里長樂坡上。堯咨自序云：青門路長樂坡，古別離之地。大中祥符七年，予爲京兆守，作亭于坡側，東出迎餞，必至斯亭，但見頹垣壞址，草色依依，徘徊亭上，感而長歌曰云云"。）

## 30.梅　詢(2/1116)

　　一，因日占小詩

宋禪周天下，神兵懾四夷。況茲蕞爾國，敢不率先歸。（按此係開寶九年，梅詢十二歲時作）

　　二，遊崇教院

鳳刹岧嶢挂斷霓，鼉雲沮洳暗窗扉。江風曉定釣人出，山月夜隨禪客歸。（按此作于天禧四年）

　　三，送王屯田出守廣德

家山東畔古桃州，往歲分符作懿遊。碧瓦萬家煙樹密，清溪一道瀑泉流。簞歇郎埠水生枕，茶煮鴉山雪滿甌。我有集仙經始在，勞君一到爲重修。（按此作于天聖元年。以上均見陳天麟《許昌梅公年譜》）

## 31.張士遜(2/1124)

　　一，贈章郇公詩

赭案當衙並命時，兼葭衰朽倚橘枝。如今我得休官去，鴻入高溟鳳在池。（《歷代小史》卷38《說淵》云："張鄧公士遜三入相，景祐五年與章郇公並命，已七十五歲，後二十年，西賊叛命，即寶元、康定之間，措置乖方，物議罪之，方引年除正太傅致仕，以小詩白郇公云云"。）

## 32.宋真宗(2/1178)

　　一，賜秀州法主圓覺大師賜紫德明詩

精勤演律達真風，釋子南禪道少同（原注：南中多長老禪僧）。奧旨筌蹄悟佛理，慧燈廣

布九圍中。（張敦頤《六朝事迹編類》卷 11、頁 117）

二，北征回鑾詩

銳旅懷忠節，群胡竄北荒。堅冰銷巨浪，輕次集佳祥。繼好安邊境，和同樂小康。（《玉海》卷 30、頁 26）

三，賜郭贄詩

啓發冲年曉典常。（《玉海》卷 30、頁 18）

四，對照

孜孜綏萬國，不愧鬢邊絲。（李燾《續資治通鑑長編》卷 78 大中祥符五年八月丙辰）

五，句

我心虛駐日，無復醉山中。（《宋史》卷 457《种放傳》）

### 33.錢　易(2/1188)

一，失題

郭家書藏舊焚香，數盡書來宅已荒。夢蝶坊中人不見，昔年門館倍凄凉。（《記纂淵海》卷 12、頁 18 濠州）

### 34.盛　度(2/1248)

一，詠杏亭

弋陽信夷曠，深在亂山中。惟此仙人杏，特盛蒼臣功。（《記纂淵海》卷 12、頁 20 光州）

### 35.李　迪(2/1298)

一，題濮州王驤郎中屋壁

南巷蕭條北巷連，君歸未得伴君閑。郡樓獨上最高處，盡日凭欄不爲山。（《東原錄》頁 11 上）

### 36.黄　覺(3/1490)

一，送梅昌言出鎮并州

交龍旂外竪紅旗，學士新聞掌六師。出去暫開貔虎幕，歸來須占鳳凰池。裴公不係兵家子，杜預當厚桂籍兒。莫訝儒林增壯氣，往來天子亦稱奇。（《許昌梅公年譜》，按：詩作于景祐三年，《全宋詩》亦收此詩，但内容大不相同，故收録于此，供讀者比較研究。）

### 37.章得象(3/1594)

一，玉山縣題壁

村醪山果簇盃盤，措大家風總一般。今日相逢非俗客，凭君莫作長官看。（魏泰《東軒筆録》卷 15、頁 170，“章子平言其祖郇公……知信州玉山縣……玉山有舉子徐生，郇公與之遊。嘗過生，生置酒，酒酣，郇公作詩書于壁，曰云云。”）

### 38.杜　衍(3/1601)

一,靈泉寺二首(在陽城)

盡説塵中息萬緣,雲眉霜頂衲衣穿。問他夏臘經多少,道住靈泉不記年。滿眼林泉幽□奇,行人到此自忘疲。儒家好尚心中別,下馬先尋耐辱碑。(成化《山西通志》卷16、頁1371)

二,贈毛子仁

判就十題彰敏妙,學窮千古見兼該。(曾敏行《獨醒雜志》卷1,"毛子仁博學能文,年十九登進士,二十六中書判拔萃,時譽翕然。陳恭公、余襄公、杜祁公……十二人各爲詩以餞其歸。杜公詩有曰云云。")

### 39.朱正辭(3/1715)

一,長平懷古

草沿荒壘對長亭,枉是當年殺趙兵。今日聖朝無一事,只聞邊户樂升平。(成化《山西通志》卷16、頁1412,題下署作者名,注云"宋提點刑獄"。)

### 40.解　旦(3/1839)

一,靈泉寺二首(在陽城)

惠如利劍何須淬,戒若明珠不用穿。清院霎堂禮金粟,一爐香火祝堯年。(成化《山西通志》卷16、頁1371,題下署作者名,注云"宋太常博士"。)

### 41.龐　籍(3/1850)

一,句

登臨不覺致身危。(《東原録》頁11"龐嘗游紅水山有詩云云。")

### 42.鄭　立(3/1927)

一,哭林傑

鶴崗堂上月空圓。(《永樂大典》卷22760、頁10上,"鄭立哭林傑詩云云,林傑年十七,忽有雙鶴下,傑欣然抱得一隻,恐其一隻放,是夕卒。")

### 43.梅　摯(3/2042)

一,題寶林寺

影借金田潤,香隨壁月流。遠疑元帝植,近想誌公遊。(《六朝事迹編類》卷11寶林寺條云:"《舊經》云:本同行寺。梁天監中,武帝與寶公同游此山,見林巒殊勝,命建精藍,因以同行爲額……本朝嘉祐中改賜今額,有琪樹在法堂前。梅摯詩其略云云。"

二,句

千松□塵尾。(《六朝事迹編類》卷2形勢門鍾阜條云:"陳後主與張機遊是山,嘗以松枝代塵尾,故梅摯詩有'千松□塵尾'之句。")

# 西夏文曹道樂《德行集》初探

聶 鴻 音

　　俄羅斯科學院東方研究所聖彼得堡分所收藏有兩種題爲"德行集"的西夏文著作,一種署"番大學院教授曹道樂譯傳",卷首有節親訛計序言四葉,另一種不署撰人,也沒有序跋。本文討論的是前一種,這裏暫稱之爲"曹道樂《德行集》",其原件照片已於 1999 年由上海古籍出版社刊佈。①曹道樂《德行集》是作者撮抄十餘種漢文古籍拼湊成書後再翻譯成西夏文的,逐一尋得每段譯文的原始出處是徹底解讀全書的關鍵難題。西夏學發展至今已近一個世紀,大多數譯自漢文的西夏文世俗著作均已獲得解讀,但關於《德行集》却始終未見研究成果發表,其原因正在這裏。

一

　　西夏文《德行集》1909 年出土於内蒙古額濟納旗的黑水城遺址,書題的判定是由俄國西夏學家聶歷山做出的,②比較正式的版本描述則見於戈爾巴喬娃和克恰諾夫合編的《西夏文寫本和刊本》。③俄羅斯科學院東方研究所聖彼得堡分所收藏的《德行集》共有四個編號,分別爲 инв. No. 146、799、3947、4930,其中第 146 號爲雕版印本,第 799 號和 3947 號爲活字印本,第 4930 號爲寫本。戈爾巴喬娃和克恰諾夫將第 146 號和 799 號、3947 號誤斷爲一書,認爲它們都"譯自漢文儒家著作"。事實上,第 799 號和 3947 號爲同一活字印本斷裂而成,即我們所謂的"曹道樂《德行集》",而第 146 號雖然書題同爲"德行集",但内容却與曹道樂本毫不相涉。本文研究的基礎是第 799 號和 3947 號活字印本,由這兩個編號拼成的曹道樂《德行集》首尾俱全,保存尚佳。第 4930 號寫本也是曹道樂《德行集》,僅存卷首序言十四行,且殘損嚴重,其文字與活字印本小有差異,估計是正式排印前的稿本,我們可以用它作爲參校。

　　曹道樂《德行集》不分卷,全書蝴蝶裝二十六葉,西夏文近五千言。正文分"學習奉師"、"修身"、"事親"、"爲帝難"、"從諫"、"知人"、"用人"、"立政"八章。從卷首的節親訛計序言可知,這部書是在皇帝授意下,由一班先帝的老臣討論綱目,然後由曹道樂從古書中揀選"德行可觀"的文字匯集翻譯而成的,目的是讓新即位的青年皇帝在閑暇時隨意披覽,從中看到古今治亂的本原,悟出修身治國的道理。在今天看來,書中内容多爲當時的儒生常談,並没有太多新奇之處,但其中引及《易經》、《尚書》、《禮記》、《孝經》、《大戴禮記》、《史記》、《資治通鑑》、《孔子家語》、《荀子》、《揚子法言》、《老子》諸書以及司馬光的文章,可以讓我們窺知中原典籍在西北少數民族地區的流傳情况,以及西夏人對漢文典籍的理解水平。其中引用司馬光的作品爲西夏文獻所僅見,就保存至今的資料而言,司馬光的作品被譯成少數民族文字也似以此爲最早。司馬光是西夏敵國北宋的重臣,在寫給北宋皇帝的奏劄中多有對西夏"不敬"的言辭,百餘年後由官方翻譯他的文章,反映出西夏政府對中原文化"不因人廢言"的寬容態度。

《德行集》卷首題"番大學教授曹道樂譯傳"。在西夏人用漢文編寫的字書《雜字》裏,曹姓被列在"漢姓名部"而非"番姓名部",④西夏仁宗仁孝的生母曹氏亦出身漢族,由此不妨估計曹道樂是世居西夏境内的漢人。曹道樂的生平不詳,我們祇知道他還用西夏文編譯有《新集慈孝傳》一書。⑤《新集慈孝傳》卷首題"中興府承旨番大學院教授臣曹道樂新集譯",由此可以知道《德行集》款題的"番大學"下脱"院"字。"番大學院"又稱"蕃學",爲西夏景宗元昊始置,《宋史·夏國傳上》載元昊"既襲封,明號令,以兵法勒諸部。……其官分文武班,曰中書,曰樞密,曰三司,曰御史臺,曰開封府,曰翊衛司,曰官計司,曰受納司,曰農田司,曰群牧司,曰飛龍院,曰磨勘司,曰文思院,曰蕃學,曰漢學。"另據西夏法典《天盛律令》載,"番大學院"和"漢大學院"在西夏政府中的地位相當於"次等司",僅低於中書和樞密。⑥曹道樂的另一個官銜是"中興府承旨","中興府"(今寧夏銀川市)也屬"次等司",《天盛律令》規定司内設八"正"、八"承旨",⑦曹道樂大約就是這八員承旨中的一員。

《德行集》全書未見編譯及刊刻年款,但卷首序言中說到西夏"執掌西土逾二百年,善厚福長,以成八代",又說到"昔護城皇帝"如何如何,可以認爲暗示了書的編譯時間是在 12、13 世紀之交。"護城皇帝"指西夏第七代皇帝仁宗仁孝,則當時在位的爲第八代皇帝桓宗純佑無疑。純佑於公元 1194 年至 1206 年在位,距西夏太祖繼遷時代(963—1004)正逾二百年,這可以從《德行集》的序言中看得很清楚。

## 二

下面全文漢譯《德行集》序言並加以簡要的校注,翻譯所據的底本是俄藏第 799 號活字本,另取第 4930 號寫本參校。

**德行集序**

　　臣聞古書云："聖人之大寶者,位也。"[1]又曰："天下者,神器也。"[2]此二者,有道執之,則大治大興矣;無道執之,則大亂大衰矣。[3]伏惟大白高國者,[4]執掌西土逾二百年,善厚福長,以成八代。[5]宗廟安樂,土穀堅牢,譬若大石高山,四方莫之敢視,而庶民敬愛者,何也?則累積功績,世世修德,有道執之故也。昔護城皇帝雨降四海,[6]百姓亂離,父母相失。依次皇帝承天,[7]襲得寶位,神靈暗佑,日月重輝。[8]安內攘外,成就大功,得人神之依附,同首尾之護持。今上聖尊壽茂盛,[9]普蔭邊中民庶;[10]衆儒扶老携幼,重荷先帝仁恩。見皇帝日新其德,皆舉目而視,俱洗耳而聽。是時慎自養德,撫今追昔:恩德妙光,當存七朝廟內;無盡大功,應立萬世嗣中。於是頒降聖旨,[11]乃命微臣:"纂集古語,擇其德行可觀者,備成一本。"臣等忝列儒職而侍朝,常蒙本國之聖德。伊尹不能使湯王修正,則若撻於市而恥之,[12]賈誼善對漢文所問,故帝移席以近之。[13]欲使聖帝度前後興衰之本,知古今治亂之原,然無門可入,無道可循,不得而悟。因得敕命,拜手稽首,歡喜不盡。衆儒共事,纂集要領。昔五帝三王德行華美,遠昭萬世者,皆學依古法,察忠愛之要領故也。夫學之法:研習誦讀書寫文字,能多辭又能棄其非者,中心正直,取予自如,獲根本之要領,而能知修身之法原矣。知無盡之恩莫過父母,然後能事親矣。敬愛事親已畢,而教化至於百姓,然後能爲帝矣。爲帝難者,必須從諫。欲從忠諫,則須知人。知其人,則須擢用。擢用之本,須慎賞罰。能定賞罰而內心清明公正,則立政之道全,天子之事畢也。是以始於"學師",至於"立政",分爲八章,[14]引古代言行而求其本,名曰《德行集》。謹爲書寫,獻於龍廷。伏願皇帝閑暇時隨意披覽,譬若山坡積土而成其高,江河聚水以成其大。若不因人廢言,有益於聖智之萬一,則豈惟臣等之幸,亦天下之大幸也。臣節親訛計奉敕謹序。[15]

　　[1]本句西夏原文譯自《易經·繫辭下》:"聖人之大寶曰位。"

　　[2]本句西夏原文譯自《老子·無爲》:"天下神器。"

　　[3]俄藏4930號寫本"治"、"亂"二字下皆有"矣"字,全句讀爲:"有道執之,則大治矣,大興矣;無道執之,則大亂矣,大衰矣。"

　　[4]大白高國,西夏文獻中用爲西夏國自稱。舊譯"大白上國",⑧克恰諾夫於1968年已指出其中"上"爲"高"字誤譯,⑨俄藏西夏乾祐十五年(1184)刊漢文本《佛說聖大乘三歸依經》卷尾題記稱"白高大夏國",⑩可證。"大白高國"的命名緣由至今尚不清楚,數年前克平曾據俄國艾爾米塔什博物館收藏的一幅觀音像提出過一個解釋。這幅觀音像的右下角有兩個女性供養人,其漢文榜題分別爲"白氏桃花"和"新婦高氏引見香"。克平注意到了其中的"白"和"高"兩個字,她通過文獻學和語文學的分析認爲,"白"和"高"在西夏党項人心目中正如藏傳佛教的雙身像那樣,並非代表了某兩個具體的人,而是象徵着兩組陰陽對立的概念。例如"白"既可以代表女性、皇后,還可以是人格化的太陽、大地、東方、河流;"高"既可以代表男性、皇帝,還可以是人格化的月亮、天空、西方、山峰,而"大白高國"(The Great Empire of the White and Lofty)乃是這些概念的綜合。⑪

　　[5]後世西夏研究著作多以1038年景宗元昊稱帝改元爲西夏之始,則至1227年西夏爲蒙古所滅時僅得一百九十年,與序言所述"逾二百年"不符。考藏文史書《紅史》載:"當漢人皇帝宋太祖兄弟二

人執政三十年後,有西胡國王出世,由西胡國王傳出西夏的十二個國王。"⑫這裏説的"西胡(sehvu)國王"即西夏太祖繼遷,西夏史詩《夏聖根讚歌》謂西胡"初出生時有二齒",正與《宋史·夏國傳上》載繼遷"生而有齒"相合。繼遷生於北宋建隆四年(963),時宋太祖趙匡胤三十六歲,其弟趙光義二十四歲。如藏文史籍所述,西夏自963年至1227年,共享國二百六十餘年,由此可以料知西夏人和吐蕃人都以太祖繼遷出生之年爲西夏之始。⑬序言所謂"八代"即指太祖繼遷、太宗德明、景宗元昊、毅宗諒祚、惠宗秉常、崇宗乾順、仁宗仁孝、桓宗純佑。序言作於第八代君王桓宗純佑在位時期(1194—1206),距太祖繼遷降生已逾二百年。

[6]護城皇帝,指西夏第七代皇帝仁宗仁孝。寧夏銀川西夏陵區出土殘碑額題"大白高國護城聖德至懿皇帝壽陵誌文"。⑭《宋史·夏國傳下》:"仁孝,崇宗長子也。紹興九年(1139)六月,崇宗殂,即位,時年十六。""紹熙四年(1193)九月二十日,仁孝殂,年七十。在位五十五年,改元大慶四年,人慶五年,天盛二十一年,乾祐二十四年。諡曰聖德皇帝,廟號仁宗,墓號壽陵。"雨降四海,西夏文語序作"四海雨後",意義不明。體味上下文意,似爲"去世"的藻飾語,猶言"新棄四海"。

[7]皇帝,指在朝的西夏第八代皇帝桓宗純佑。下文凡言"皇帝"、"上聖"、"聖帝"同此。

[8]俄藏4930號寫本"暗"下有ngu、ki兩個虛字,"重"下有"光"字和虛字ki,則全句或可譯爲"神靈暗以護佑,日月重放光輝"。又,4930號寫本該句下另有八字,可譯爲"皇太后遺詔書寫已……",因係殘句,意義難以確知,"皇太后"疑指純佑生母章獻欽慈皇后羅氏。

[9]茂,俄藏4930號寫本作"妙"。尊壽茂盛,指桓宗純佑正在青年。《宋史·夏國傳下》:"純佑,仁宗長子也,母曰章獻欽慈皇后羅氏。仁宗殂,即位,時年十七。明年改元天慶。開禧二年(1206)正月二十日廢,遂殂,年三十。在位十四年,諡曰昭簡皇帝,廟號桓宗,墓號莊陵。"

[10]邊中,西夏特有詞語,法典中屢見,指偏遠地區和京畿地區,即"全國各地"。

[11]西夏原件"於是"下有"語五"二字,爲後來補寫,其意不明,且全句亦不可通。今略去此二字不譯。

[12]西夏原句首二字yi yun當是"伊尹"譯音,第三字tho當是"湯"字譯音。典出《尚書·説命下》:"予弗克俾厥后惟堯舜,其心愧恥,若撻于市。"僞孔傳:"言伊尹不能使其君如堯舜,則恥之,若見撻于市。"

[13]西夏原句首二字ka gi當是"賈誼"譯音,第三、四字han wun當是"漢文"譯音。典出《史記·屈原賈生列傳》:"後歲餘,賈生徵見。孝文帝方受釐,坐宣室。上因感鬼神事,而問鬼神之本。賈生因具道所以然之狀。至夜半,文帝前席。既罷,曰:'吾久不見賈生,自以爲過之,今不及也。'"

[14]八章,指"學習奉師"、"修身"、"事親"、"爲帝難"、"從諫"、"知人"、"用人"、"立政"。其中"學習奉師"在序言簡作"學師","用人"在序言作"擢用"。

[15]訛計(o ki),西夏人名,生平無考。節親,西夏特有詞語,文獻中屢見,指西夏皇族嵬名氏,猶言"宗室"。

# 三

《德行集》正文是作者撮抄十餘種漢文古籍拼湊成書再翻譯成西夏文的。衆所周知,把一種語言譯成外民族語言之後再還原成原來的語言,無論是誰也祇能得其大意,而無法做到與最初的字句完全一致,再加上曹道樂徵引古書大多不注出處,這自然使《德行集》的最終解讀變得異常困難。限於學力,我迄今並不能尋得所引古語的全部來源,而祇能就眼下可以解決的問題簡單地展示這部書的概貌，而這篇文章也祇能稱爲"初探"。

下面是《德行集》"學習奉師"、"事親"、"從諫"三個整章的全文解讀及來源考索。古代有些名言往往經輾轉複述而在不同的古書中文句稍異，本文祇選録文句與西夏譯本較爲貼近的一種。例如在全書的結尾處有："故古語中説：有功不賞，有罪不誅，則雖堯舜亦不能治，況他人乎？"這段文意最早見於《漢書·宣帝紀》："三年春三月，詔曰：蓋聞有功不賞，有罪不誅，雖唐虞猶不能以化天下。"然而《德行集》的具體文字則明顯近於《資治通鑑·晋紀二十六》："臣光曰：夫有功不賞，有罪不誅，雖堯舜不能爲治，況他人乎？"[15]本文將《德行集》這段話的來源定爲《資治通鑑》而不定爲《漢書》。

**學習奉師章**

《前漢書》曰：古時帝王之太子者，初爲士所負，過宮門邊時令下，過宗廟前時疾行。此者，使知人子孝道也。昔周成王年幼時，召公爲太保，周公爲太傅，太公爲太師。太保之職者，保帝之身體也；太傅之職者，傅帝之德義也；太師之職者，導帝之教順也。此者，三公之職也。太子孩提時，三公固明孝仁禮義以習之也。逐去邪人，不使見惡行，故太子初生乃見正事，乃聞正言，乃行正道。左右前後皆正直人，與正直人同居而互相學習，則不能不正，猶如生長於齊國，不能不齊言也。與不正人互相學習，則不能爲正，猶如生長於楚國，不能不楚言也。孔子曰"少初成者，若能依本性，習慣之"者，其法自明也。及至太子長大爲帝時，免於太保太傅之教訓，亦有記善惡之史，遣徹飲食之宰。舉進善之旌，植誹謗之木，懸直諫之鼓。大夫依國比選，才士上傳民語。夫三代諸王以長久者，有指教輔翼之正人故也。[1]《書》曰：能自得師者爲王，謂人莫己若則亡也。好問則爲裕，自謀之則爲小，[2]是故古時帝王皆以學習奉師爲本也。[3]

[1]以上譯自《大戴禮記·保傅》："古之王者，天子及生，〔固舉之禮，〕[16]使士負之，〔有司齊凤興端冕見之南郊，見之天也。〕過闕則下，過廟則趨，孝子之道也。〔故自爲赤子時，教固以行矣。〕昔者周成王幼〔在襁褓之中〕，召公爲太保，周公爲太傅，太公爲太師。保，保其身體；傅，傅其德義；師，導之教順。此三公之職也。〔於是置三少，皆上大夫也，曰少保、少傅、少師，是與太子宴者也。〕故孩提，三公〔三少〕固明孝仁禮義以導習之也。逐去邪人，不使見惡行，〔於是比選天下端士孝悌閑博有道術者以輔翼之，使之與太子居處出入，〕故太子乃目見正事，聞正言，行正道。左視右視，前後皆正人。夫習與正人居，不能不正也，猶生長於楚，不能不楚言也。[17]〔故擇其所嗜，必先受業，乃得嘗之；擇其所樂，必先有習，乃得爲之。〕孔子曰：'少成若性，習貫之爲常。'〔此殷周之所以長有常道也。及太子少長，知妃色，則入于小學，小者所學之宮也。學禮曰：帝入東學，上親而貴仁，則親疏有序，始恩相及矣。帝入南學，上齒而貴信，則長幼有差，始民不誣矣。帝入西學，上賢而貴德，則聖智在位而功不匱矣。帝入北學，上貴而尊爵，則貴賤有等而始不踰矣。帝入太學，承師問道，退習而端於太傅，太傅罰其不則而達其不及，則德智長而理道得矣。此五義者，既成於上，則百姓黎民化緝於下矣。學成治就，此殷周之

所以長有道也。〕及太子既冠成人，免於保傅之嚴，則有司過之史，有徹膳之宰。〔太子有過，史必書之。史之義，不得不書過，不書過則死。過書而宰徹去膳。夫膳宰之義，不得不徹膳，不徹膳則死。於是〕有進善之旌，有誹謗之木，有敢諫之鼓。〔鼓史誦詩，工誦正諫，〕士傳民語。〔習與智長，故切而不攘，化與心成，故中道若性，是殷周所以長有道也。三代之禮，天子春朝朝日，秋暮夕月，所以明有別也。春秋入學，坐國老執醬而親饋之，所以明有孝也。行中鸞和，步中采茨，趨中肆夏，所以明有度也。於禽獸見其生不食其死，聞其聲不嘗其肉，故遠庖厨，所以長思且明有仁也。食以禮，徹以樂，失度則史書之，工誦之，三公進而讀之，宰夫減其膳，是天子不得爲非也。明堂之位曰：篤仁而好學，多聞而道慎，天子疑則問，應而不窮者謂之道。道者，導天子以道者也，常立於前，是周公也。誠立而敢斷，輔善而相義者謂之充。充者，充天子之志也，常立於左，是太公也。絜廉而切直，匡過而諫邪者謂之弼。弼者，拂天子之過者也，常立於右，是召公也。博聞强記，接給而善對者謂之承。承者，承天子之遺忘者也，常立於後，是史佚也。故成王中立而聽朝，則四聖維之，是以慮無失計而舉無過事。〕殷周之前以長久者，其輔翼天子有此具也。"按《德行集》謂本段出《前漢書》，考今本《漢書》無此文。

[2]以上譯自《尚書·仲虺之誥》：能自得師者王，謂人莫己若者亡。好問則裕，自用則小。

[3]本句爲曹道樂補寫的"章指"。

## 事親章

父母者，猶子之天地也。無天不生，無地不成。[1]故立愛時惟始於親，立敬時惟始於長。此道者，先始於家邦，終至于四海。[2]大孝者，一世尊愛父母。父母愛時，喜而不忘；父母惡時，勞而不怨者，[3]吾見於大舜也。[4]昔周文王爲太子時，每日三番往朝於父王季。先雞鳴時起，立於父之寢室門後，問内臣侍者曰："今日其安？"侍者曰"安"，則喜。至正午及天晚，亦如前敬問。若謂"不安"，則有憂色，行時不能正步。直至復能飲食，然後釋憂也。武王繼父道而行，不敢有加焉。[5]故君子之事親，居時致其敬，養時致其樂，病時致其憂，喪時致其哀，祭時致其嚴。[6]夫爲人子者，失於事親之道，則雖有百種善德，亦不能免其罪矣。[7]

[1]以上譯自《揚子法言·孝至》：父母，子之天地與？無天何生？無地何形？

[2]以上譯自《尚書·伊訓》：立愛惟親，立敬惟長。始于家邦，終于四海。

[3]以上譯自《禮記·祭義》：大孝不匱。〔思慈愛，忘勞，可謂用力矣。尊仁安義，可謂用勞矣。博施備物，可謂不匱矣。〕父母愛之，嘉而弗忘；父母惡之，懼而無怨。

[4]本句疑爲曹道樂所增。

[5]以上譯自《禮記·文王世子》：文王之爲世子，朝於王季，日三。雞初鳴而衣服，至於寢門外，問内竪之御者曰："今日安否？何如？"内竪曰"安"，文王乃喜。及日中又至，亦如之。及莫又至，亦如之。其有不安節，則内竪以告文王，文王色憂，行不能正履。王季復膳，然後亦復初。〔食上必在，視寒煖之節，食下問所膳，命膳宰曰："末有原？"應曰："諾。"然後退。〕武王帥而行之，不敢有加焉。

[6]以上譯自《孝經·紀孝行》：孝子之事親也，居則致其敬，養則致其樂，病則致其憂，喪則致其哀，祭則致其嚴。

[7]"夫爲人子者"以下爲曹道樂補寫的"章指"。

### 從諫章

飲良藥時苦而利於病,直言不順耳而利於行。湯武以愛忠言而昌,桀紂因愛順應而亡。夫君無諍臣,父無諍子,兄無諍弟,士無諍友,則不遇過者,未嘗有也。故君失而臣得,父失而子得,兄失而弟得,士失而友得。是以國無危亡之兆,家無悖亂之惡,父子兄弟無失,朋友和合,繼而不絕也。[1]昔衛靈公以蘧伯玉賢,而不用;彌子瑕不肖,反用之。史魚直諫,亦不從,染病將卒時,囑其子遺言曰:"吾爲衛王之臣,不能進蘧伯玉,退彌子瑕者,因吾未能以臣道正君也。生時不能正君,則死後不應成喪禮。故我死時,置屍堂前亦畢矣。"其子從之。靈公來弔,驚怪而問,子以父遺言告之。公愕然變色:"是寡人之過也。"於是命置其屍於正堂,用蘧伯玉,貶彌子瑕。孔子聞之,曰:"古時諫者,死則已。未嘗有若史魚,因以屍諫,感悟其君者也。"[2]昔唐太宗貞觀年間,因執事受賄者盛,太宗秘密使左右人試予之賄賂。一執事者受絹一匹,帝欲殺之。尚書裴矩諫曰:"局分受賄,雖罪實當殺,但今帝使人遺之賄而至,有受者時殺之,則此者導人而令其陷於罪也,恐非孔子所謂'導之以道,齊之以禮'。"太宗大悅,召文武百官告之曰:"裴矩能因本職力諫,不我面從。倘每事皆如此,則何憂不治?"司馬溫公論曰:"古人有言,君明則臣忠。裴矩佞於隋而忠於唐,非其本性之有變。君惡聞其過,則忠變爲佞;君樂聞忠言,則佞變爲忠。是故君者,體也,臣者,影也。體動則影後隨者,然也。"[3]故《書》曰"木者從墨繩而直,帝者以從諫而聖"者,[4]此之謂也。

[1]以上譯自《孔子家語·六本》:良藥苦於口而利於病,忠言逆於耳而利于行。湯武以諤諤而昌,桀紂以唯唯而亡。君無爭臣,父無爭子,兄無爭弟,士無爭友,無其過者,未之有也。故曰:君失之,臣得之;父失之,子得之;兄失之,弟得之;己失之,友得之。是以國無危亡之兆,家無悖亂之惡,父子兄弟無失,而交友無絕也。

[2]以上譯自《孔子家語·困誓》:衛蘧伯玉賢,而靈公不用;彌子瑕不肖,反任之。史魚驟諫而不從。史魚病將卒,命其子曰:"吾在衛朝,不能進蘧伯玉,退彌子瑕,是吾爲臣不能正君也。生而不能正君,則死無以成禮。我死,汝置屍牖下,於我畢矣。"其子從之。靈公弔焉,怪而問焉,其子以其父言告公。公愕然失容,曰:"是寡人之過也。"於是命之殯於客位,進蘧伯玉〔而用之〕,退彌子瑕〔而遠之〕。孔子聞之,曰:"古之列諫之者,死則已矣。未有若史魚,死而屍諫,忠感其君者也。"

[3]以上譯自《資治通鑑·唐紀八》:武德九年……上患吏多受賕,密使左右試賂之。有司門令史受絹一匹,上欲殺之。民部尚書裴矩諫曰:"爲吏受賕,罪誠當死。但陛下使人遺之而受,乃陷人於法也。恐非所謂'道之以德,齊之以禮'。"上悅,召文武五品已上告之曰:"裴矩能當官力爭,不爲面從。倘每事皆然,何憂不治?"臣光曰:"古人有言,君明臣直。裴矩佞於隋而忠於唐,非其性之有變也。君惡聞其過,則忠化爲佞;君樂聞直言,則佞化爲忠。是知君者,表也,臣者,景也,表動則景隨矣。"

[4]本句譯自《尚書·說命上》:惟木從繩則正,后從諫則聖。

# 四

保存至今的西夏世俗文獻有一些是中原典籍的西夏文譯本。研讀過這些譯本之後可以知道,西夏人的翻譯有三種不同的情況,一種是逐字逐句的直譯,如夏譯宋陳祥道的《論語全解》;⑱一種是簡短的節譯,如夏譯《貞觀政要》;⑲一種是語句靈活的轉述,如曹道樂《新集慈孝傳》。《德行集》的翻譯風格介於第一種和第二種之間,其中既有大量段落是逐字逐句直譯的,也有一些段落明顯是取中原典籍删削而成的。在西夏譯本《貞觀政要》裏,被略去不譯的部分大都是駢體的表章,這可能是因爲鋪陳的典故和辭藻翻譯起來比較困難,即使勉强譯出,一般西夏讀者也很難理解。《德行集》譯者對中原典籍的删削有些也屬類似的情況。例如:

《孔子家語·觀周》:"孔子觀周,遂入太祖后稷之廟。廟堂右階之前有金人焉,三緘其口,而銘其背曰:'古之慎言人也。戒之哉!無多言,多言多敗;無多事,多事多患,〔安樂必戒,無所行悔。〕勿謂何傷,其禍將長;勿謂何害,其禍將大。〔勿謂不聞,神將伺人。焰焰不滅,炎炎若何?涓涓不壅,終爲江河。綿綿不絶,或成網羅。毫末不札,將尋斧柯。誠能慎之,福之根也。口是何?傷禍之門也。强梁者不得其死,好勝者必遇其敵。盗憎主人,民怨其上。〕君子知天下之不可上也,故下之;知衆人之不可先也,故後之。〔溫恭慎德,使人慕之。執雌持下,人莫踰之。人皆趨彼,我獨守此。人皆或之,我獨不徙。内藏我智,不示人技。我雖尊高,人弗我害。誰能於此?江海雖左,長於百川,以其卑也。天道無親,而能下人。戒之哉!〕'孔子既讀斯文也,顧謂弟子曰:'小人識之。〔此言實而中,情而信。《詩》曰:戰戰兢兢,如臨深淵,如履薄冰。〕行身如此,豈以口過患哉?'"《德行集·修身》譯作:"昔孔子往觀周國,遂入太祖后稷宗廟内。右堂階前立一金人,口上置三具鎖,其背上有銘文曰:'古時慎言者也。戒之哉!勿多言,多言則多敗;勿多事,多事則多患。⑳勿謂何傷,其禍將長;勿謂何害,其禍將大。君子知天下之不可上,故下之;知衆人之不可先,故後之。'孔子既讀銘文,顧望而謂弟子曰:'小子識之。行身如此,則豈有口禍哉?'"對比原文和譯文可以看出,被《德行集》略去不譯的部分多爲韻文,若勉强譯出則很難保持其韻文風格。

《資治通鑑·周紀一》:"臣光曰:〔智伯之亡也,才勝德也。〕夫才與德異,而世俗莫之能辨,通謂之賢,此其所以失人也。夫聰察彊毅之謂才,正直中和之謂德。〔才者,德之資也;德者,才之帥也。雲夢之竹,天下之勁也,然而不矯揉,不羽括,則不能以入堅。棠谿之金,天下之利也,然而不鎔範,不砥礪,則不能以擊彊。〕是故才德全盡,謂之聖人;才德兼亡,謂之愚人;德勝才,謂之君子;才勝德,謂之小人。"《德行集·知人》譯作:"《資治通鑑》曰:有才有德者,異也,而世俗不能分辨,故通謂之賢,此者,所以取人不當也。夫聰察强毅之謂才,正直中和之謂德。是故德勝於才,則謂君子;才勝於德,則謂小人;才德全備,則謂聖人;才德皆無,則謂愚人。"對比原文和譯文可以看出,曹道樂在翻譯時大約是要避開"智伯之亡"、"雲夢之竹"、"棠谿之金"這些典故。

《禮記·大學》："古時欲明明德於天下者,先治其國。欲治其國者,先齊其家。欲齊其家者,先脩其身。欲脩其身者,先正其心。〔欲正其心者,先誠其意。欲誠其意者,先致其知。致知在格物。物格而後知致,知致而後意誠,意誠而後心正,〕心正而後身脩,身脩而後家齊,家齊而後國治,國治而後天下平。"《德行集·修身》譯作:"古時欲天下明明德時,⑳先治國也。欲治國時,先治家也。欲治家時,先修身也。欲修身時,先正心也。故心正而後身修,身修而後家治,家治而後國治,國治而後天下治也。"對比原文和譯文可以看出,《德行集》的譯者大約是要避開"格物致知"這個比較難懂的概念。

也有的時候,譯者删去原文的一些字句純粹是爲了譯文的簡約,以上所釋"學習奉師"、"事親"中的兩段就屬這種情況,其他的例子如:

《史記·田敬仲完世家》:"威王召即墨大夫而語之曰:'自子之居即墨也,毀言日至。然吾使人視即墨,田野闢,民人給,官無留事,東方以寧。是子不事吾左右以求譽也。'封之萬家。召阿大夫語曰:'自子之守阿,譽言日聞。然使使視阿,田野不闢,民貧苦。昔日趙攻甄,子弗能救。衛取薛陵,子弗知。是子以幣厚吾左右以求譽也。'是日,烹阿大夫,及左右嘗譽者皆并烹之。〔遂起兵西擊趙、衛,敗魏於濁澤而圍惠王。惠王請獻觀以和解,趙人歸我長城。〕於是齊國震懼,人人不敢飾非,務盡其誠。齊國大治。"《德行集·立政》譯作:"昔齊威王召即墨城内大夫而命之曰:'自子之居即墨城,説毀言者日日前來。吾使人往視之,田野開闢,民人富足,官無爭戰事,東方安寧。此者,子不事吾之左右,又不求助者之故也。'於是封之萬家食邑。召阿城内大夫命之曰:'自子之居阿城,説譽言者日日前來。吾使人往視之,田野不開闢,民人貧飢。昔日趙國發兵來攻,子不來救。衛國來略地,子弗知。此者,子以幣賄賂吾之左右,以求譽者也。'是日先令阿大夫受重刑,左右譽者亦皆承罪。於是衆臣皆震懼,不敢爲詐偽,皆爲忠厚誠實。齊國大治。"按原文"起兵西擊趙、衛"以下數句與本段主題關係不大,所以被譯者删去了。

《孔子家語·五儀解》:"哀公問於孔子曰:'夫國家之存亡禍福,信有天命,非唯人也。'孔子對曰:'存亡禍福,皆己而已。天災地妖,不能加也。'〔公曰:'善。吾子之言,豈有其事乎?'孔子曰:'〕昔者殷王帝辛之世,有雀生大鳥〔於城隅焉〕。占之,曰:'凡以小生大,則國家必〔王,而名必〕昌。'於是帝辛〔介雀之德,〕不修國政,亢暴無極,朝臣莫救。外寇乃至,殷國以亡。此即〔以己逆天時,詭〕福反爲禍者也。又其先世殷王大戊之時,〔道缺法圮,以致夭蘖,〕桑穀於朝,〔七日大拱。〕占之者曰:'桑穀〔野木,而〕不合生朝。意者國亡乎?'大戊恐駭,側身修行,思先王之政,明養民之道。三年之後,遠方慕義重譯,至者十有六國。此即〔以己逆天時,得〕禍反爲福者也。"《德行集·爲帝難》譯作:"魯哀公問於孔子曰:'夫國家存亡禍福者,實皆因天命,非因人也。'孔子對曰:'存亡禍福,皆在己身,天子不能禍患之也。昔殷紂之時,有雀生一大鳥。占吉凶者曰：‘以小生大，則國家必昌。’於是殷紂不修國政，不除暴惡，内臣莫救。外軍發而來伐，殷國以亡。此者，福反爲禍者也。又殷王大戊之時，桑穀樹者，本生於野，而雙雙生於朝前。占吉凶者曰：‘穀桑者，不應生朝前。國亡之徵也。’大戊恐駭，自責慎行，思先王之政，修養民之道。故三年之後，遠方十六國來歸附。此者，禍轉爲福者也。”很明顯，《德行集》的譯者删去那些文字後，譯文在不破壞原來主題的情況下變得更爲簡練了。

# 五

可以相信，身爲番大學院教授的曹道樂是西夏桓宗朝的最高級知識分子之一，他對中原文獻的理解代表了當時西夏人的最高水平。的確，《德行集》的西夏譯文絶大多數都是妥貼的，甚至是精彩的，但由於曹道樂長期在西夏爲官，他對某些漢文字句的詮釋畢竟不及中原學者。下面是幾條值得商榷的譯例：

《大戴禮記·保傅》：“左視右視，前後皆正人。夫習與正人居，不能不正也。”《德行集·學習奉師》譯作：“左右前後皆正直人。與正直人同居而互相學習，則不能不正。”按《大戴禮》“習與正人居”的“習”當解作“經常”，猶如“習見”的“習”。《德行集》譯爲“學習”，誤。

《禮記·大學》：“古之欲明明德於天下者，先治其國。”《德行集·修身》譯作：“古時欲天下明德時，先治國也。”按《禮記》“明明德”鄭氏注：“謂顯明其至德也。”《德行集》譯爲“明德”，是誤斷其中一“明”字爲衍文。

《荀子·君道》：“君者，儀也，儀正而景正。”《德行集·修身》譯作：“君者，身也，身正則影正。”又《資治通鑑·唐紀八》：“君者，表也，臣者，景也，表動則景隨矣。”《德行集·從諫》譯作：“君者，體也，臣者，影也，體動而影後隨者，然也。”按《荀子》“儀”字及《通鑑》“表”字均指日晷，猶《後漢書·律曆志》“立儀表以校日景”，《德行集》譯作“身體”，誤。

《尚書·五子之歌》：“予臨兆民，懍乎若朽索之馭六馬。”《德行集·爲帝難》譯作：“予念治衆民之難，則若朽索以馭六馬。”按《尚書》“懍”字僞孔傳訓“危貌”，《德行集》譯“難”，已屬不當，又以“懍乎”連上讀，其誤愈甚。

《孔子家語·五儀解》：“存亡禍福，皆已而已。天災地妖，不能加也。”《德行集·爲帝難》譯作：“存亡禍福，皆在己身。天子不能禍患之也。”按《家語》“天災地妖”猶言“天與地降下的禍患”，《德行集》譯“天子”，誤，疑所據漢文底本有訛文。

《孔子家語·三恕》：“聰明睿智，守之以愚；功被天下，守之以讓；勇力振世，守之以怯；富有四海，守之以謙。此所謂損之又損之之道也。”《德行集·爲帝難》譯作：“聰明聖智者，愚以持之；功至天下者，讓以持之；勇力特出者，怯以持之；富有四海者，謙以持之。此者，持滿之道也。"按《家語》"損之又損之",王肅訓"損"爲"消損",《德行集》譯"持滿",不確。

《資治通鑑·周紀一》:"凡取人之術,苟不得聖人君子而與之,與其得小人,不若得愚人。何則? 君子挾才以爲善,小人挾才以爲惡。"《德行集·知人》譯作:"夫取人之術者,不得聖人及君子,則若得小人,不若得愚人。何故? 則君子挾才以爲善,小人挾才以爲惡。"按《通鑑》"何則"猶言"何也",劉淇《助字辨略》:"何則,何者,並先設問後陳其事也。"體味《德行集》文意,是譯者誤以"則"字屬下讀。

司馬光《作中丞初上殿劄子》:[22]"仁者非嫗煦姑息之謂也,修政治,興教化,育萬物,養百姓,此人君之仁也。"《德行集·立政》譯作:"仁者非一時小慈之謂,修政治,興教化,治萬物,養育百姓者,君之仁也。"按司馬光所謂"嫗煦姑息"猶言"和顏悦色,苟且取安",並無"慈悲"義。《方言》:"嫗煦,好色貌。"《後漢書·朱穆傳》"絶其姑息"注:"姑,且也;息,安也。小人之道,苟且取安也。"《德行集》譯"嫗煦姑息"爲"一時小慈",不確。

以上是迄今所知有關曹道樂《德行集》的全部情況。最後需要再次強調的是,以我個人目前的能力祇能解讀全書的五分之四,其餘的五分之一還有望於方家。

①　俄羅斯科學院東方研究所聖彼得堡分所、中國社會科學院民族研究所、上海古籍出版社《俄藏黑水城文獻》第11册,上海古籍出版社,1999年,第142—155頁。

②　Н.А.Невский, Тангутская филология, Москва 1960, кн.1, стр.86.

③　з.И.Горбачева и Е.И.Кычанов Тангутские рукописи и ксилогрвфы, Москва 1963, стр.59—60.

④　史金波《西夏漢文本〈雜字〉初探》,載白濱等編《中國民族史研究》(二),中央民族學院出版社,1989年。

⑤　《新集慈孝傳》今僅存下卷,藏俄羅斯科學院東方研究所聖彼得堡分所,編號 инв.No.616。原件照片及俄譯文見 К.Б.Кепинг, Вновь собранные записи о любви к младшим и поч тении к старшим, Москва 1990,漢譯文見聶鴻音《西夏文〈新集慈孝傳〉釋讀》,載《寧夏大學學報》1999年第2期。

⑥　史金波、聶鴻音、白濱《西夏天盛律令》,《中國珍稀法律典籍集成》甲編第五册,科學出版社,1994年,第245頁。

⑦　史金波等《西夏天盛律令》第247頁。

⑧　羅福成《重修護國寺感應塔碑銘》,《國立北平圖書館館刊》第四卷第三號,1930年(1932年出刊),第159頁。

⑨　Е.И.Кычанов, Очерк истории тангутского государства, Москва 1968, стр.55.

⑩　Л.Н.Меныпиков, Описание китаискойичасти коллекции изХарахото, Москва 1984, стр.498.

⑪　K.B.Kepping, "The Name of the Tangut Empire", T' oung pao, vol. L XXX, facs.4–5, 1994; "The Official Name of the Tangut Empire as Reflected in the Native Tangut Texts", Manuscripta Orientalia, vol.1, No.3, 1995.

⑫　蔡巴·貢嘎多吉《紅史》,陳慶英、周潤年漢譯本,西藏人民出版社,1988年,第25頁。原文是據木雅禪師喜饒意希所述記録下來的。

⑬　盧梅、聶鴻音《藏文史籍中的木雅諸王考》,《民族研究》1996年第5期。

⑭　李範文《西夏陵墓出土殘碑粹編》,文物出版社,1984年,圖版壹。

⑮　《通鑑》胡三省注:"用漢宣帝詔而略變其文。"

⑯　方括號内的文字是《德行集》略去未譯的部分,下同。

⑰　對照西夏所譯,疑今本《大戴禮記》有脱文。此處似當作:"夫習與正人居,不能不正也,猶生長於齊,不能不齊言也。習與不正人居,則不能正也,猶生長於楚,不能不楚言也。"

⑱　西夏原文見《俄藏黑水城文獻》第11册第47—59頁,漢譯文見聶鴻音《西夏譯本〈論語全解〉考釋》,《西夏文史論叢》,寧夏人民出版社,1992年。

⑲　西夏原文見《俄藏黑水城文獻》第11册第133—142頁,漢文選譯及介紹見聶鴻音《〈貞觀政要〉的西夏文譯本》,

《固原師專學報》1997 年第 1 期。

⑳　"多事"之"多"字原脱，據《家語》補。

㉑　西夏原文脱一"明"字，據《大學》補。

㉒　上海商務印書館《四部叢刊初編》影印本《溫國文正司馬公集》卷三十六。

# 南曲曲韻的沿革與流變

## 俞 爲 民

曲與詩詞一樣,也是一種韻文,作爲韻文,其最顯著的文體特徵就在于韻。"同聲相應謂之韻"。[①] 對于曲調來説,其押韻處(即韻位)便是整支曲調的音樂旋律在進行過程中的停頓之處,而同一支曲調的旋律的每一個停頓之處,其音必須相互呼應,這樣才能保持整支曲調的旋律的完整統一。因此,曲韻也是戲曲音律的一個重要内容,它與句格、字聲等一樣,是影響曲調的旋律、節奏的因素之一。如清代戲曲理論家李漁指出:"詞家繩墨,衹在譜、韻二書,合譜合韻,方可言才;不則,八斗難克升合,五車不敵片紙,雖多雖富,亦奚以爲?"[②]

曲韻與詩韻不同,詩韻有現成的韻書可依,如《唐韻》、《廣韻》、《韻略》、《集韻》等,曲則無論是南曲還是北曲,其初興時皆無韻書可依,而是依當地的自然之音爲韻。由于我國的語音有南北之分,如明朱權《瓊林雅音序》曰:"北方無鄉談,……其言無入聲,以入聲爲三聲之用。""其吴越、閩廣、荆湖、溪洞之地,皆有鄉談。謂之彝語,謂之鴂舌,非譯不通。"而南戲與北曲雜劇分别産生于南北兩地,因此,在中國古代戲曲史上,便出現了南北兩種不同的曲韻韻系。由于北曲産生並流行于"無鄉談"的北方,早期雖也無韻書可依,但北曲作家們都能"韻共守自然之音,字能通天下之語。"[③] 因此,北曲韻系較爲清晰。而南曲由于産生于"有鄉談"的南方,故其用韻及韻系較爲複雜。以下便對南曲曲韻的特徵及其沿革與流變作一簡略的考述。

## 一、南戲曲韻的語音基礎及其特徵

最早使用南曲的是宋元時期的南曲戲文,簡稱南戲。南戲最初産生、流行于東南沿海的蘇南、浙江、福建、江西等地,而且,南戲最早是在民間産生的,其作者與演員都是民間藝人與下層文人,其所用的曲調,多是當地流傳的民間歌謠,如明代徐渭《南詞叙録》載:"永嘉雜劇興,則又即村坊小曲而爲之。""其曲,則宋人詞益以里巷歌謠。"如《張協狀元》中的【東甌令】、【福清歌】、【台州歌】、【吴小四】、【趙皮鞋】等曲調,便都是溫州、福建一帶流傳的民間歌謠。正因爲此,南戲的曲韻也就明顯帶有這一地區的語音特徵。如元周德清在《中原音韻·正語

《作詞起例》中指出：

> 自漢、魏無制韻者，按南、北朝史，南朝吳、晉、宋、齊、梁、陳，建都金陵，齊史沈約，吳興人，將平、上、去、入制韻，仕齊爲太子中令。……詳約制韻之意，寧忍弱其本朝，而以敵國中原之音爲正耶？不取所都之内通言，却以所生吳興之音，蓋其地鄰東南海角，閩、浙之音無疑。……南宋都杭，吳興與切鄰，故其戲文如《樂昌分鏡》等類，唱念呼吸，皆如約韻。

沈約以吳興之鄉音制韻，南戲之韻又如"約韻"，即也是以"閩、浙之音"作爲其用韻的依據。另如明王驥德《曲律·論韻》也指出："蓋南曲自有南方之音，從其地也。"正因爲南戲曲韻的語音基礎是"閩、浙之音"，因此，它與產生于"無鄉談"的北方地區的北曲雜劇的曲韻有着明顯的區別。我們按《中原音韻》所列的韻目來檢驗《張協狀元》、《錯立身》、《小孫屠》、《荊釵記》、《白兔記》、《拜月亭》、《殺狗記》、《琵琶記》等八種南戲的用韻情況，發現南戲不僅同一出戲可以換押不同的韻部，而且同一支曲調中多有合韻通押的情況。現將《張協狀元》等八種南戲中合韻通押較多的曲調數列表說明如下：

| 劇目名＼韻目（曲調數） | 東鐘庚青 | 東鐘江陽尤侯 | 東鐘真文庚青 | 支思齊微 | 支思皆來 | 支思魚模 | 支思齊微魚模 | 支思齊微魚歌 | 支思齊微皆來 | 齊微先天 | 齊微魚模 | 齊微皆來 | 齊微魚模皆來 | 齊微魚模庚青 | 齊微魚模侵尋 | 魚模尤侯 | 魚模歌戈 | 魚模家麻 | 家麻車遮 | 魚模歌戈家麻 | 皆來蕭豪 | 皆來車遮 |
|---|---|---|---|---|---|---|---|---|---|---|---|---|---|---|---|---|---|---|---|---|---|---|
| 《張協狀元》 | 1 |  |  | 42 | 1 | 32 | 2 |  | 1 |  | 33 | 6 | 2 |  |  |  | 1 |  |  |  | 1 | 1 |
| 《錯立身》 |  |  |  | 11 |  | 4 |  |  |  |  | 9 |  |  |  |  |  |  |  |  |  |  |  |
| 《小孫屠》 | 1 |  |  | 20 | 1 | 22 | 1 |  | 1 |  | 17 | 1 |  |  |  | 2 | 1 |  | 1 |  |  |  |
| 《琵琶記》 | 1 | 1 | 1 | 18 | 2 | 12 | 31 |  | 2 |  | 33 | 18 | 1 |  |  |  | 5 |  | 3 | 1 | 1 | 2 |
| 《荊釵記》 |  |  |  | 7 |  |  | 1 |  |  |  | 19 | 1 |  |  |  |  |  |  |  |  |  |  |
| 《白兔記》 | 2 |  |  | 24 | 1 |  | 1 |  |  | 3 | 11 |  |  |  |  |  | 2 |  |  |  |  |  |
| 《拜月亭》 |  |  |  | 12 |  |  | 1 |  |  |  | 6 |  |  |  |  |  | 4 |  |  |  |  |  |
| 《殺狗記》 | 1 |  |  | 18 | 3 |  | 1 |  |  |  | 45 |  |  |  |  |  |  |  |  |  |  |  |

（續上表）

| 劇目名＼韻目（曲調數） | 寒山桓歡 | 寒山先天 | 桓歡先天 | 寒山廉纖 | 寒山桓歡先天 | 寒山先天廉纖 | 寒山先天侵尋 | 桓歡先天廉纖 | 先天廉纖 | 先天廉纖監咸 | 蕭豪尤侯 | 歌戈車遮 | 歌戈家麻 | 歌戈家麻車遮 | 家麻車遮 | 真文先天 | 真文先天庚青 | 真文庚青 | 真文侵尋 | 庚青侵尋 | 真文庚青侵尋 | 真文侵尋歌戈 |
|---|---|---|---|---|---|---|---|---|---|---|---|---|---|---|---|---|---|---|---|---|---|---|
| 《張協狀元》 | 1 | 5 | 1 |  | 3 | 5 |  | 2 | 9 | 1 |  | 4 | 2 |  | 2 |  |  | 19 | 1 | 3 | 9 |  |
| 《錯立身》 |  |  |  |  |  |  |  |  |  |  |  |  | 1 |  |  |  |  | 3 |  |  | 6 |  |
| 《小孫屠》 |  | 2 |  |  |  |  |  |  | 1 | 1 |  |  |  |  | 1 |  |  | 6 |  |  | 2 | 12 |
| 《琵琶記》 | 16 | 5 |  | 23 |  | 2 |  |  |  |  | 8 | 4 | 12 | 8 | 3 | 2 | 2 | 6 | 1 |  |  | 1 |

| 劇目／調數＼韻曲名 | 寒山桓歡 | 寒山先天 | 桓歡先天 | 寒山廉纖 | 寒山桓歡先天 | 寒山先天廉纖 | 寒山桓歡先天廉纖 | 桓歡先天廉纖 | 先天廉纖 | 先天廉纖監咸 | 蕭豪尤侯 | 歌戈車遮 | 歌戈家麻 | 歌戈家麻車遮 | 家麻車遮 | 真文先天 | 真文先天庚青 | 真文庚青 | 真文侵尋 | 庚青侵尋 | 真文庚青侵尋 | 真文侵尋歌戈 |
|---|---|---|---|---|---|---|---|---|---|---|---|---|---|---|---|---|---|---|---|---|---|---|
| 《荊釵記》 | 2 | 6 | 4 | 4 | | | | | 3 | | | | | | | | | 12 | | | | |
| 《白兎記》 | | 5 | 2 | | 1 | | | | 2 | | 1 | | | | | | | | | 1 | | |
| 《拜月亭》 | | 3 | 2 | | | | | | 1 | | | | | | | | | 8 | | 1 | | |
| 《殺狗記》 | | | | | | | | | 1 | | | | | | | | | 44 | 10 | 2 | 3 | |

　　從上表中可見，在宋元南戲中，合韻通押較多的有以下這些韻部：

　　一、先天、寒山、桓歡通押。先天、寒山、桓歡三韻的歸韻收聲相同，即皆收舐腭，衹是發聲出字稍異，先天不張喉，寒山張喉，而桓歡與寒山二韻一爲半含唇，一爲全開口，故極易相混，如明沈寵綏謂："先天若過開喉唱，愁他像却寒山。""寒山一韻，類桓歡者過半，類先天者什僅二三"。④因此，在南方鄉音中，先天、寒山、桓歡三韻混而不分。

　　二、支思、齊微、魚模通押。在南方鄉音中，支思、齊微、魚模三韻的發聲出字雖有異，然而收聲歸韻相近，即皆收"噫"音。因此，在南方鄉音中，這三韻也通常混淆不分。如明徐渭稱"松江人支、知不辨"。⑤

　　三、真文、庚青通押。真文、庚青二韻在收聲歸韻時有異，真文舐腭收音，庚青開口收鼻音。在南方鄉音中，收庚青韻時常舐腭，收真文韻時又從鼻出，因此，這二韻常混淆不分。

　　四、歌戈、家麻、車遮通押。在南方鄉音中，歌戈、家麻、車遮三韻發聲出字雖然不同，但出聲之後皆爲直喉音，故無區別。

　　五、閉口韻與開口韻通押。所謂閉口韻，就是以輔音【－m】收音的字，在北方語言中，以【－m】收音的閉口字與以【－n】、【－ng】收音的字的區別是分明的，如周德清在《中原音韻》中專列"侵尋"、"監咸"、"廉纖"三個閉口韻部，在北曲雜劇與散曲作品中，閉口韻也是單押的，如王實甫《西廂記》第二本第二折《惠明下書》全用"監咸"韻。但在當時江、浙、閩等南方鄉音中，閉口音已經消失，如徐渭在《南詞叙錄》中指出："吳人不辨情、親、侵三韻。"王驥德《曲律·論韻》也謂："蓋吳人無閉口字，每以侵爲親，以監爲奸，以廉爲連，至十九韻中，遂缺其三。"而以閩、浙兩地的實際語音作爲語音基礎的南戲曲韻，也就出現了閉口韻與開口韻混押的現象。南戲閉口韻與開口韻混押通常分爲兩組：一是真文、庚青與侵尋通押。如《張協狀元》第十八齣【荷葉鋪水面】曲：心（侵尋）、晴（庚青）、門（真文）、定（庚青）、縈（庚青）。《小孫屠》第九齣【石榴花】曲：塵（真文）、衾（侵尋）、人（真文）、情（庚青）、定（庚青）、心（侵尋）。【前腔】：聽（庚青）、寢（侵尋）、襟（侵尋）、嗔（庚青）、命（庚青）、奔（真文）。真文、庚青、侵尋三韻在收聲歸韻時有異，如真文舐腭收音，庚青開口收鼻音，侵尋閉口收音。而在南方鄉音中，收庚青韻時常舐腭，收真文韻時又從鼻出，收閉口韻時又稍開口或也從鼻出，因此，這三韻常混而不分。二是先天、寒山與廉纖也通押。如《張協狀元》第九齣【胡搗練】曲：寒(寒山)、店(廉纖)、寒(廉纖)、看(廉纖)。第十八齣【孝順歌】曲(前腔換頭)：說(車遮，失韻)、欠(廉纖)、慳(先天)、添(廉纖)、轉(先天)、添(廉纖)、還(先天)。第三十九齣【哭梧桐】曲：賤(先天)、險(廉纖)、閃(廉纖)、穿(先天)、遍(先天)、面(先天)。又如《小孫屠》第十一齣【錦天樂】曲：威(先天)、念(廉纖)、轉(先天)、騙(先天)、染(廉纖)、驗(廉纖)、轉(先天)、寬(先天)。

　　除了合韻通押外，有入聲韻，這也是南曲曲韻的一個重要特徵。雖然在宋元以前的古籍中就有入聲字，但在宋元時期以中原音爲代表的北方語音中，已無入聲，如元代周德清在《中原音韻》中，將入聲字分別派入平、上、去三聲。而在南方鄉音中，仍保留着入聲字。因此，以南方鄉音爲基礎的南戲曲韻中也有入聲韻。南戲曲韻中的入聲韻有兩種形式：一是入聲單押。如《張協狀元》第二十五齣【神仗兒】曲：覆、蕭、束、闕、祿、目。第二十七齣【十五郎】曲：福、綠、玉、足、福。又如《琵琶記》第十八齣除首曲【傳言玉女】外，其餘【女冠子】、【畫眉序】(四曲)、【滴溜子】、【鮑老催】、【滴滴金】、【鮑老催】、【雙聲子】等曲皆押入聲韻。清代毛先舒以爲南曲入聲單押是承詞韻而來，如曰：

　　　　南曲係本填詞而來，詞家原備有四聲，而平、上、去韻可以通用，入聲韻則獨用，不涵三聲。今南曲亦通三聲，而單押入聲，政與填詞家法吻合，蓋明源流之有自也。⑥

其實，詞在剛興起時，取叶鄉音，而南戲初興，同樣也是取叶鄉音，故兩者不存在源與流的關係。

　　二是入聲與三聲通押。如《張協狀元》第十六齣【歇拍】曲：拭(入)、吃(入)、邁(陽平)、滴(入)、異(去)、是(去)、緣(陽平)、契(去)、會(去)、水(上)、結(入)、理(上)。又如《荊釵記》第二十二齣【一封書】曲：復(入)、福(入)、綠(入)、牧(入)、府(上)、夫(陽平)、吁(陰平)、汝(上)。又第四十二齣除【杜韋娘】、【鶯啼序】兩曲外，其餘幾曲入聲皆與三聲通押。

　　明清一些戲曲音律家普遍認爲，入派三聲是作北曲的押韻規則，作南曲入聲須單押。而南曲中出現入聲與平、上、去三聲通押的現象，這是受北曲用韻的影響所致。如清毛先舒在《南曲入聲客問》中指出：南曲“須用入聲部單押，不可與三聲通押，如北曲法”。而元代施君美《幽閨記》“胸中書富五車”、“山徑路幽僻”、“拜新月”諸曲，皆入聲與三聲通押，“是施君美作南曲，亦沿襲北曲之法，他家如此者亦多，然皆非”。將南曲入聲與三聲通押的方法歸之于受北曲的影響，這實是一種誤見。首先，入聲與三聲通押，並非始于北曲，如王國維在《人間詞話》中謂辛棄疾的【賀新郎】詞以“綠”叶“雨”，【定風波】詞以“熱”叶“夜”，韓玉《東浦詞》【賀新郎】詞以“玉”、“曲”叶“注”、“女”，【卜算子】詞以“夜”、“謝”叶“食”、“月”等，已開四聲通押之先例。其實早在唐代的民間曲子詞中就已經出現了入聲與三聲通押的現象，如唐代《雲謠曲子》中的【漁歌子】曲：

　　　　洞房深，空悄悄（去），虛把身心生寂寞（入）。待來時，須祈禱（上），休戀狂花年少
　　（上）。淡勻妝，周旋妙（上），祇為五陵正渺渺（上）。胸上雪，從君咬（上），恐把千金買笑
　　（去）。

又如【喜秋天】曲：

　　　　芳林玉露催，花蕊金風觸（入）。永夜嚴霜萬草衰（平），搗練千聲促（入）。誰家臺榭
　　菊（似為“曲”之誤）（入），嘹亮宮商足（入）。恨輕愁不忍聞，早晚離塵土（上）。

因此，如果要說淵源的話，南戲的入聲與三聲通押是承自唐代的民間曲子。

　　其次，入聲與三聲通押，實是南戲自身演唱作腔的需要，並非創自北曲。這是因為南戲曲韻中雖有入聲字，但在演唱時，由于入聲字出聲急促，聲音低啞，這便與南曲細膩婉轉的唱腔不合，故在剛吐字出聲時，尚作入聲，一旦出聲後，便轉為三聲，以與纏綿婉轉的旋律相合。即使是入聲單押，唱時一旦出口，同樣須轉為三聲。如清徐大椿《樂府傳聲·入聲讀法》云：“蓋入之讀作三聲者，緣古人有韻之文，皆以長言咏嘆出之，其聲一長，則入聲之字自然歸之三聲。”清戈載《詞林正韻·凡例》也云：“入為痦音，欲調曼聲，必諧聲。故凡入聲之正次清音轉上聲，正濁作平，次濁作去。”又毛先舒也謂：“余謂南曲入可通三聲，亦謂作腔耳。”[7]可見，正是因“作腔”的需要，南曲才既可入聲單押，又可入聲與三聲通押。

　　也正因為此，有的學者認為元代周德清在《中原音韻》中所排列的北曲入派三聲是根據南方鄉音的唱法總結出來的。如王守泰先生在《昆曲格律》中，將周德清《中原音韻》中入派三聲與北京、河南、蘇州等地的語言作了比較後，指出：“一般的情形，入作平聲和入作去聲比較規則。但入作上聲則不然。裏面竟有三分之二的字，其現代北方音，不論是北京音或河南音，都不是上聲而讀成陽平聲或去聲，還有些是陰平聲。但是如果拿這些字的蘇州音來比較，則可以發現，《中原音韻》派入三聲的規律倒和蘇州音關係密切，凡是派入同一聲的字，其蘇州音字調的調值完全相等。其中入作上聲調值最高，入作去聲調值較低，入作平聲調值最低。”因此，他認為，《中原音韻》的“入派三聲是根據南音進行的”。[8]

　　由上可見，宋元時期南戲曲韻的這些特徵皆與閩、浙兩地的方言土語有關。這就說明，南戲曲韻的語音基礎是閩、浙等地的南方鄉音，而南戲之所以能以閩、浙鄉音作為其曲韻的語音基礎，這與早期南戲所采用的以腔傳字的演唱方法有關。南戲是以閩、浙兩地民間流傳的“里巷歌謠”、“村坊小曲”為曲調的，而民間歌謠是以以腔傳字的形式來歌唱的，每一支歌曲都有固定的旋律，因其旋律固定，因此，演唱時可以不管歌詞的字聲，祇要字數能與旋律相符就行了。由于南戲采用了民間歌謠作為曲調，因此，南戲也是用民間歌謠的這種以腔傳字的演唱方法來演唱的，即以固定的旋律來套唱句式相同的不同文辭。也正因為如此，儘管當

時南方各地都有不同的方言,字的讀音各不相同,但各地的戲曲演員都可以用當地的方言來演唱相同的曲調,從而也就產生了許多具有不同地方特色的唱腔,如明祝允明《猥談》云:"數十年來,所謂南戲盛行,更爲無端,于是聲音大亂。……蓋以略無音律、腔調,愚人蠢工,徇意更變,妄名'餘姚腔'、'海鹽腔'、'弋陽腔'、'昆山腔'之類。變易喉舌,趁逐抑揚,杜撰百端,真胡說也。若以被之管弦,必至失笑。"

## 二、北曲的南移對南曲曲韻的影響

由于南北政治、軍事上的對立,在元統治者滅掉南宋王朝前,南戲與產生于金末元初的北曲雜劇沒有交流,兩者一南一北,各自發展。等到元統治者滅掉南宋,統一全國後,北方的北曲雜劇便隨着元朝政治、軍事勢力的南下,也南移到了南方,如元曲四大家關、馬、鄭、白和《西廂記》的作者王實甫等早期的雜劇作家都到過杭州,又如著名的北散曲作家貫雲石、張養浩、薛昂夫、盧疏齋以及著名的北曲雜劇演員朱簾秀等也都在杭州生活過。由此杭州成了繼北方的大都(今北京)以後的又一個北曲雜劇的活動中心。北曲的南移,使得南曲與北曲產生了交流,一方面,本來生活在北方的北曲作家來到了杭州一帶後,在創作北曲的同時,也創作南曲;另一方面,一些南曲作家受北曲作家的影響,也開始創作北曲,如南戲《拜月亭》的作者施惠便作有北曲【南呂·一枝花】《咏劍》套曲。南北曲的交流,對南戲的藝術體制產生了很大的影響,如元代南戲作品中出現的南北曲合套的形式,便是由于南北曲交流而產生的一種新的聯套形式。據元鐘嗣成《錄鬼簿》記載,南北曲合套這種形式是由杭州人沈和(字和甫)創立的,如曰:

　　　　和,字和甫,杭州人。能詞翰,善談謔。天性風流,兼明音律。以南北調合腔,自和甫始,如《瀟湘八景》、《歡喜冤家》等曲,極爲工巧。

《瀟湘八景》套曲今存,其曲調組合如下:

　　　　【北仙呂·賞花時】(魚模)——【南排歌】(魚模)——【北哪吒令】(魚模)——【南排歌】(魚模)——【北鵲踏枝】(魚模)——【南桂枝香】(魚模)——【北寄生草】(魚模)——【南樂安神】(魚模)——【北六幺序】(魚模)——【南尾聲】(魚模)

　　其實南北合套這種形式並非始自沈和,在今存的南北合套曲中,以元代杜仁傑的【北商調·集賢賓】套曲爲最早,其曲調組合如下:

　　　　【北商調·集賢賓】(支思)——【南集賢賓】(支思)——【北鳳鸞吟】(支思)——【南鬥雙鷄】(支思)——【北節節高】(支思)——【南要鮑老】(支思)——【北四門子】(支思)——【南尾聲】(支思)

另外,王實甫、貫雲石、鄭光祖等北曲作家也都作有南北合套曲。

在南戲中,第一次出現南北曲合套的是《永樂大典戲文三種》之一的《錯立身》戲文,該戲第十二齣的曲調組合爲:

【北越調·鬥鵪鶉】(齊微)——【北紫花兒序】(齊微)——【南四國朝】(魚模)——【南駐雲飛】(皆來)——【前腔】(歌戈)——【前腔】(齊微)——【前腔】(尤侯)——【北金蕉葉】(齊微)——【北鬼三臺】(齊微)——【北調笑令】(齊微)——【北聖藥王】(齊微)——【北麻郎兒】(齊微)——【幺篇】(齊微)——【北天净沙】(齊微)——【北尾聲】(齊微)

《錯立身》戲文的這一南北合套曲的組合形式還不很規範,一是曲調的排列没有像杜仁傑、沈和等北曲作家所作的南北合套那樣,一支南曲,一支北曲,相間排列,而是在一套北曲中,插入五支南曲。二是北曲與南曲的曲韻不一致,即一套(齣)曲不是一韻到底。因此,《錯立身》的這一南北合套曲,衹是南北曲合套的一種雛形。

然而正是由于北曲的南移與南北曲的交流,對南北曲的用韻産生了影響,一方面,在北曲作家所作的北曲中,也出現了南曲用韻的特徵。如元楊朝英的【水仙子】《詠梅》曲:

壽陽宫額得魁名,南浦西湖分清。横斜疏影窗間印,惹詩人説到今。萬花中先綻瓊英。自古使人,愛騎驢踏雪,尋凍在前村。

其中"名"、"清"、"英"爲庚青韻,"印"、"人"、"村"爲真文韻,"今"爲侵尋韻。在同一支曲文中,真文、庚青、侵尋三韻混押,開口、閉口不分,這顯然是南曲用韻的特徵。楊朝英還將這首曲收録在他自己選編的《陽春白雪》中,爲此受到了周德清的批評,曰:

開合同押,用了三韻,大可笑焉。詞之法度全不知,妄亂編集板行,其不耻者如是,作者緊戒。⑨

楊朝英是蜀人,屬南方籍的北曲作家,但在當時這種南曲特有的合韻混押現象,不僅在南方籍的北曲作家的北曲作品中存在,而且在一些曾到過杭州的北方籍北曲作家的作品中也同樣存在,如以關漢卿、馬致遠、王實甫等人的雜劇爲例:

關漢卿《拜月亭》第四折【雙調·慶東原】曲:貴(齊微)、緣(先天)、願(先天)、年(先天)、員(先天)、權(先天)、嫌(廉纖)、羨(先天)——齊微、先天、廉纖混押。

同上【水仙子】曲:圓(先天)、傳(先天)、眷(先天)、元(先天)、鞭(先天)、念(廉纖)、戀(先天)、天(先天)——先天、廉纖混押。

《調風月》第二折【中呂·上小樓】曲:子(支思)、碎(齊微)、持(齊微)、你(齊微)、你(齊微)、底(支思)、碎(齊微)——支思、齊微混押。

同上第三折【越調·尾聲】曲:勝(庚青)、斤(真文)、成(庚青)、冷(庚青)——庚青、真文混押。

《謝天香》第一折【仙吕·醉扶歸】曲：思（支思）、兒（支思）、詞（支思）、意（齊微）、枝（支思）、子（支思）——支思、齊微混押。

《緋衣夢》第一折【仙吕·賺煞】曲：慢（寒山）、晚（寒山）、眼（寒山）、欄（寒山）、間（先天）、然（先天）、盼（寒山）、憚（寒山）、慣（寒山）、山（寒山）——寒山、先天混押。

同上第四折【雙調·喬牌兒】曲：親（真文）、順（真文）、情（庚青）；

【得勝令】曲：親（真文）、恨（真文）、娉（庚青）、門（真文）、生（庚青）、順（真文）、親（真文）——真文、庚青混押。

馬致遠《漢宮秋》第四折【中吕·隨煞】曲：宮（東鐘）、城（庚青）、病（庚青）、省（庚青）——東鐘、庚青混押。

王實甫《西廂記》第一本第一折楔子【仙吕·賞花時】曲：終（東鐘）、窮（東鐘）、宮（東鐘）、陵（庚青）、冢（東鐘）、紅（東鐘）——東鐘、庚青混押。

同上第一折【仙吕·賺煞】曲：穿（先天）、咽（先天）、染（廉纖）、轉（先天）、牽（先天）、軒（先天）、妍（先天）、圓（先天）、前（先天）、見（先天）、源（先天）——先天、廉纖混押。

同上第二本第四折【越調·綿搭絮】曲：清（庚青）、檻（庚青）、重（東鐘）、通（東鐘）、峰（東鐘）、中（東鐘）——東鐘、庚青混押。

同上第三本第四折【越調·鬼三臺】曲：啉（侵尋）、吞（侵尋）、林（侵尋）、音（侵尋）、稟（庚青）、針（侵尋）、禁（侵尋）、心（侵尋）；

同上【禿廝兒】曲：衾（侵尋）、琴（侵尋）、寢（侵尋）、兢（庚青）、音（侵尋）——侵尋、庚青混押。

以前也有學者指出了元曲雜劇的合韻混押現象，並且對其原因作了探討。如廖珣英先生曾對關漢卿的雜劇用韻作了調查，發現其用韻與《中原音韻》所列的韻部不完全相合，其中多有合韻混押的現象。[10]又臺灣的丁原基先生也對現存的161種元曲雜劇的用韻情況作了調查，指出："依《中原音韻》爲標準，元曲雜劇中犯韻作品共五十六種。中以真文、庚青混淆互叶者最多，計廿六條；次爲寒山、先天十三條；先天、廉纖十二條；齊微、魚模十一條；支思、齊微十條；東鐘、庚青與魚模、歌戈各七條。它如皆來、車遮、真文、侵尋、先天、桓歡、監咸、寒山等韻，皆見互叶之情形。"[11]丁先生將《元曲選》所收錄的雜劇中的這種合韻混押現象歸因于編者臧晋叔的改訂。其實造成元曲雜劇合韻混押的原因，既有明代人的改訂，也是元代劇作家在編撰雜劇時受到南曲用韻的影響所致。

在北曲作家受到南曲用韻的影響的同時，南曲作家也同樣受到北曲用韻的影響，在創作南曲時，也以北曲曲韻來押韻，因此，在這一時期裏，南戲作品的用韻出現了南曲曲韻與北曲曲韻混雜的現象，既保持着早期南戲以南方"閩、浙鄉音"爲語音基礎的用韻特色，同時也摻入了北曲的用韻方式與韻系。如以《中原音韻》所列的韻部來檢韻,在一些南戲作品中,有許多曲文所用的韻與《中原音韻》所列的韻部相合,且有的與北曲雜劇一樣,也是一齣(折)押同一個韻部。現將《張協狀元》、《錯立身》、《小孫屠》、《荊釵記》、《白兔記》、《拜月亭》、《殺狗記》、《琵琶記》(元本)等八部南戲中與《中原音韻》所列的韻部相合的曲調數及一齣一韻到底的齣數列表說明如下:

表 1:與《中原音韻》韻部相合的曲調數

| 劇名 ＼ 韻曲調數目 | 東鐘 | 江陽 | 支思 | 齊微 | 桓歡 | 皆來 | 真文 | 寒山 | 先天 | 魚模 | 蕭豪 | 歌戈 | 家麻 | 車遮 | 庚青 | 尤侯 | 監咸 | 侵尋 | 廉纖 | 合計 | 總曲數 |
|---|---|---|---|---|---|---|---|---|---|---|---|---|---|---|---|---|---|---|---|---|---|
| 《張協狀元》 | 6 | 6 | | 16 | | 5 | 5 | 2 | 25 | 19 | 19 | 2 | 6 | 4 | 4 | 8 | | | | 127 | 328 |
| 《錯立身》 | | | | 12 | | 1 | | | 1 | 1 | | | | | 1 | 6 | | | | 22 | 59 |
| 《小孫屠》 | 1 | 3 | | 13 | | 3 | | | 7 | 3 | | 1 | 2 | | 2 | | | | | 35 | 144 |
| 《琵琶記》 | 14 | 17 | | 11 | | 10 | 19 | | 6 | 13 | 28 | 1 | | 2 | 15 | 20 | | 3 | | 159 | 394 |
| 《荊釵記》 | 12 | 28 | | 45 | 8 | 11 | 15 | 6 | 46 | 38 | 12 | 7 | 13 | 20 | 27 | | 3 | | 7 | 307 | 371 |
| 《白兔記》 | 10 | 7 | 1 | 47 | | 3 | 3 | 2 | 16 | 12 | 9 | 3 | 2 | | 8 | 18 | | | | 142 | 234 |
| 《拜月亭》 | 10 | 28 | | 54 | 1 | 10 | 25 | 5 | 25 | 15 | 9 | | 9 | 14 | 13 | 10 | | | | 259 | 314 |
| 《殺狗記》 | 9 | 11 | 1 | 49 | | 9 | 14 | 1 | 34 | 22 | 8 | | 1 | | 4 | 9 | | | | 166 | 302 |

表 2:一齣一韻的齣數(一齣僅一曲者不計)

| 劇名 | 總齣數 | 一齣一韻數 | 劇名 | 總齣數 | 一齣一韻數 |
|---|---|---|---|---|---|
| 《張協狀元》 | 53 | 5 | 《荊釵記》 | 48 | 9 |
| 《錯立身》 | 14 | 3 | 《白兔記》 | 33 | 5 |
| 《小孫屠》 | 21 | 7 | 《拜月亭》 | 40 | 18 |
| 《琵琶記》 | 42 | 10 | 《殺狗記》 | 36 | 5 |

通過上表所列,我們一方面可以看出南戲用韻受北曲曲韻影響的情形,同時也可以看到,南戲受北曲曲韻的影響是逐步擴大的,如閉口韻的運用,上表 1 中所列的閉口韻單押的情形,在《張協狀元》、《錯立身》、《小孫屠》中還沒有出現,在這三部戲中,開口韻皆與閉口韻混押。而在後來的《荊釵記》、《琵琶記》中,就出現了如北曲那樣單押的現象,如《荊釵記》第十五齣【疏影】、【降黃龍】、【前腔】、【前腔】、【前腔】、【黃龍滾】等六曲全用廉纖韻,第三十四齣《漁家傲》曲全用侵尋韻;《琵琶記》第十三齣【出隊子】曲、第二十九齣【江頭金桂】、【前腔】曲全用侵尋韻。

再如表 2 所列的一齣用一韻的齣數,也是隨着作品的時代先後,逐步增多的,《張協狀元》全本 53 齣中一齣韻的祇有 5 齣,僅占全劇的百分之九;《小孫屠》全本 21 齣中已有 7 齣一齣同押一韻,占全劇的百分之三十三;而在《拜月亭》中,則已有 18 齣之多,占了全劇的百分之四十五。

又如南北合套曲的用韻,在《宦門子弟錯立身》第十二齣的南北合套曲中,南曲的曲韻與北曲的曲韻是不一致的,其中北曲采用北曲用韻的體例,十一支北曲全押齊微韻,一韻到底;四支南曲則魚模、皆來、歌戈、齊微、尤侯五韻混押。而在《錯立身》以後産生的《小孫屠》所采用的南北合套曲中,便采用了北曲的用韻方式,即凡在同一套曲中,南北曲皆同押一韻,且一韻到底。如第九齣所用的南北合套曲:【北新水令】(齊微)——【南風入松】(齊微)——【北折桂令】(齊微)——【南風入松】(齊微)——【北水仙子】(齊微)——【南犯袞】(齊微)——【北雁兒落】(齊微)——【南風入松】(齊微)——【北得勝令】(齊微)——【南風入松】(齊微);又第十四齣所用的南北合套曲:【北端正好】(庚青)——【南錦纏道】(庚青)——【北脱布衫】(庚青)——【南刷子序】(庚青)。

# 三、昆山腔的流行與南曲曲韻的變異

作爲南戲四大唱腔之一的昆山腔,本來也是與其他唱腔一樣,采用以腔傳字、用鄉音演唱的,由于是用鄉音演唱,外地人聽不懂,故直到明代初年,其流行的範圍還不大,“止行于吴中”一地。[12]到了明代嘉靖年間,戲曲音律家魏良輔“憤南曲之訛陋”,[13]即有感于南戲昆山、弋陽、海鹽、餘姚等唱腔以腔傳字、用方言土語演唱方法的粗俗,便對南戲四大唱腔之一的昆山腔作了改造,將昆山腔原來以腔傳字的演唱方法,改爲用依字聲行腔的方法來演唱。如他在《南詞引正》中談到昆山腔的演唱方法時指出:“五音以四聲爲主,但四聲不得其宜,則五音廢矣。平、上、去、入,務要端正。有上聲字扭入平聲,去聲唱作入聲,皆做腔之故,宜速改之。”沈寵綏也謂其對昆山腔加以改造後,“盡洗乖聲,别開堂奥。調用水磨,拍捱冷板。聲則平、上、去、入之婉協,字則頭、腹、尾音之畢匀。功深熔琢,氣無烟火。啓口輕圓,收音純細。……要皆别有唱法,絶非戲場聲口”。[14]而依字聲行腔,首先必須字音正,也就是要用一種標準的語音來糾正方言土音之訛。

而且,繼魏良輔對昆山腔改革後,戲曲家梁辰魚又作《浣紗記》傳奇,將當時尚停留在清唱階段的新昆山腔搬上了戲曲舞臺,進一步擴大了新昆山腔的影響,使新昆山腔成爲曲壇“正音”,流行南北各地,“聲場裊爲曲聖,後世依爲鼻祖”,[15]“譜傳藩邸戚畹、金紫熠爚之家,而取聲必宗伯龍氏,謂之‘昆腔’”。[16]而新昆山腔的流行,在戲曲語言上向南曲作家與演員提出了全域性的要求,即作家所作的曲文與演員所念、唱的語音必須采用天下通行之語,爲各地觀衆所能聽得懂。對南曲的用韻,要加以規範,確立一個南北觀衆都能接受的曲韻體系。由于北曲所采用的中州韻,是以北方語音爲基礎的,而當時的北方語音已具有通行語的性質,能通行各地,廣泛使用。如周德清《中原音韻·正語作詞起例》謂當時“上自縉紳講論治道,及國語翻譯,國學教授言語;下至訟庭理民,莫非中原之音。"《木天禁語》也謂:"馬御史云:東夷西戎,南蠻北狄,四方偏氣之語,不相通曉,互相憎惡。惟中原漢音,四方可以通行。四方之人,皆喜于習説。蓋中原天地之中,得氣之正,聲音散布各能相入,是以詩中宜用中原之韻。"以這種"四方可以通行"的中原正音作爲語音基礎的中州韻,也同樣具有通行語的性質。如元項非復初謂周德清在《中原音韻》所總結的中州韻,"不獨中原,乃天下之正音也"。[17]這樣的曲韻也正符合新昆山腔對曲韻的要求。因此,有許多戲曲理論家便提出了以中州韻作爲南曲曲韻的規範。如魏良輔就把中州韻作爲糾正南方鄉音的標準韻,他在《南詞引正》中指出:"《中州韻》詞意高古,音韻精絶,諸詞之綱領。"明代萬曆年間,格律派理論家沈璟也提出要以周德清《中原音韻》中所確立的韻譜作爲南曲曲韻的規範。他在【商調·二郎神】《論曲》散套中指出:

> 《中州韻》,分類詳,《正韻》也因他爲草創。今不守《正韻》填詞,又不遵中土宮商,制詞不將《琵琶》仿,却駕言韻依東嘉樣。這病膏肓,東嘉已誤,安可襲爲常?(【啄木鸝】)

在這支曲文中,沈璟對《琵琶記》以來南曲用韻雜亂的現狀提出了批評。沈璟認爲,《琵琶記》的用韻雜亂無章,其"調之不倫,韻之太雜,則彼已自言,不必尋數矣"。[18]而後人既不遵《中原音韻》,又不守《洪武正韻》,却以《琵琶記》的用韻作爲南曲曲韻的借鑒,這就造成了南曲曲韻的混亂。在當時曲壇上,有《中原音韻》與《洪武正韻》兩部韻書,雖然這兩部韻書都不是專爲南曲而設的,但沈璟認爲,《中原音韻》較適合南曲,《洪武正韻》雖然是在中州韻的基礎上草創而成的,而且又"韻兼南北",[19]如保留入聲韻部,但與《中原音韻》相比,《洪武正韻》不切合南曲實際。一是因爲《中原音韻》專爲作曲而設,而《洪武正韻》非爲作曲設。如曰:"國家《洪武正韻》,惟進御者規其結構,絶不爲填詞而作。至詞曲之于《中州韻》,尤方圓之必資規矩,雖甚明巧,誠莫可叛焉者!"[20]

二是因爲《中原音韻》音路清晰,而《洪武正韻》音路未清。《中原音韻》"惟魚居與模吳,尾音各別;齊微與歸回,腹音較異;餘如邦、王諸字之腹尾音,原無不各與本韻諧合。至《洪武韻》雖合南音,而中間音路未清,比之周韻,尤特甚焉"。[21]

由于《洪武正韻》本身存在着這些缺陷,故不能成爲南曲曲韻的規範與準繩。而當時作南曲"其他別無南韻可遵,是以作南詞者,從來俱借押北韻,初不謂句中字面,並應遵仿《中州》也"。[22]爲了給南曲作家提供用韻的規範與準繩,沈璟還特地編撰了《南詞韻選》一書,而《南詞韻選》也是以《中原音韻》爲準。如他在《南詞韻選·範例》中稱:

> 是編以《中原音韻》爲主,雖有佳詞,弗韻,弗選也。若"幽窗下教人對景"、"霸業艱危"、"畫樓頻傳"、"無意整雲鬐"、"群芳綻錦鮮"等曲,雖世所膾炙,而用韻甚雜,殊誤後學,皆力斥之。

同時,爲了幫助吳語地區南曲作家與演唱者糾正字音不準的問題,沈璟還編撰了《正吳編》一書。

另外,沈璟不僅在理論上提出了"一遵《中原》"的主張,而且在自己的戲曲創作中,也身體力行。如沈寵綏謂其"所遵惟周韻,而《正韻》則其不樂步趨者也"。[23]沈德符也謂其"獨恪守詞家三尺,如庚清、真文、桓歡、寒山、先天諸韻,最易互用者,斤斤力持,不少假借,可稱度曲申、韓"。"每制曲,必遵《中原音韻》、《太和正音(譜)》諸書,欲與金元名家爭長"。[24]由于沈璟的大力提倡及其他在曲壇的地位,他的這一主張得到了許多戲曲家響應,"遂以伯英爲開山,私相服膺,紛紛競作。非不束鐘、江陽,韻韻不犯,一稟德清"。[25]如徐復祚便是同意沈璟的主張的,當時有的南曲作家不依《中原音韻》用韻,而依沈約的詩韻用韻。徐復祚認爲,沈約之韻是爲作詩而設,"若夫作曲,則斷當從《中原音韻》,一入沈約四聲,如前所拈出數處,不但歌者棘喉,聽者亦自逆耳"。[26]有的作家因受當地語音的影響,而不守《中原音韻》,徐復祚對此也提出了批評,如他批評張鳳翼的《紅拂記》傳奇曰:

但用吳音,先天、廉纖隨口亂押,開閉罔辨,不復知有周韻矣。[27]

徐復祚認爲,曲雖有南北之分,但曲韻是相同的。有的作家以爲南曲曲韻寬,北曲曲韻嚴,故提出作南曲時各韻部間可以通押。徐復祚批評道:

此何説也? 此何説也? 若曰嚴于北而寬于南,尤屬可笑。曲有南北,韻亦有南北乎?[28]

在明代的曲論家中,凌濛初也是贊成沈璟的主張的,如他在《南韻三籟·凡例》中提出:

曲之有《中原韻》,猶詩之有沈約韻也,而詩韻不可入曲,猶曲韻不可入詩也。今人如梁(辰魚)、張(鳳翼)輩,往往以詩韻爲之,其下又隨心隨口而押,其爲非韻則一。然自《琵琶》作俑,舊曲亦不能盡無此病。

另如被稱爲是吳江派劇作家的卜大荒、范文若、沈自晋等也是贊成沈璟提出的以中州韻作爲南曲用韻的規範的主張。如范文若在《花筵賺·凡例》中表明:"韻悉本周德清《中原》,不旁借一字。"卜大荒也在《冬青記·凡例》中指出:"《中原音韻》凡十九。是編上下卷,各用一周。故通本祇有二齣用兩韻,餘皆獨用。"沈自晋的《南詞新譜》雖是一部南曲譜,但他也是以《中原音韻》所列的曲韻來檢韻的,如他在卷首的《凡例》中指出:"夫曲,有不奉《中原》爲指南者哉! ……此從周氏舊約,未及會稽新編(指王驥德編的《南詞正韻》)。"

然而南曲如果完全采用北曲曲韻,即中州韻,南北曲韻混一不分,作南曲也用北曲曲韻,也就没有了地域性,這樣也就喪失了其自身的特色,因爲語音即曲韻上的特色是構成南曲藝術特色的一個主要方面,也是區別于北曲的一個重要藝術因素。因此,也有一些戲曲家不同意南曲采用北曲的中州韻來叶韻,主張應以南方語音作爲南曲的曲韻規範。這一種意見以王驥德爲代表,他在《曲律》中專設《論韻》一章,對南曲的用韻提出了自己的見解。他認爲曲有南北之分,而曲韻也須分清南北,不可混用,如曰:

> 南曲之必用南韻也,猶北曲之必用北韻也,亦由丈夫之必冠幘,而婦人之必笄珥也。作南曲而仍紐北韻,幾何不以丈夫而婦人飾哉?[29]

南北曲的區別不僅在音樂風格上,而且也應體現在曲韻上,即南北不同的語音特徵也是造成南北曲不同風格的一個重要因素。因此,王驥德認爲作南曲不宜遵守爲作北曲而設的《中原音韻》,曰:

> 周之韻故爲北詞設也,今爲南曲,則益有不可從者。蓋南曲自有南方之音,從其地也,如遵其所爲音且叶者,而歌"龍"爲驢東切,歌"玉"爲"御"、歌"綠"爲"慮",歌"宅"爲"柴",歌"落"爲"潦",歌"握"爲"杳",聽者不啻群起而唾矣![30]

在實際創作中,王驥德也正是按南北曲不同的用韻原則來押韻的,凡北曲嚴守周韻,而南曲用韻則遵循南戲用韻的慣例,齊微與支思、先天與寒山、桓歡、庚青與真文、先天與廉纖等可以通押。如他在《題紅記》卷首《重校〈題紅記〉例目》中稱:

> 傳中惟齊微之于支思,先天之于寒山、桓歡,沿習已久,聊復通用;庚青之于真文,廉纖之于先天,間借一二字偶用;他韻不敢混用一字。第十九齣【北新水令】諸曲,原用齊微韻,即支思韻中,不敢借用一字。以北體更嚴,藉存古典刑萬一也。

爲了能給南曲作家提供一個比較規範的用韻依據,王驥德還對南曲曲韻作了系統的整理與總結,編撰成了《南詞正韻》一書。在這部南曲曲韻專著中,他沒有按照《中原音韻》所立的韻部來排列,而是按南曲的自身規律來分別排列韻部。如他自稱:

> 吾之爲南韻,自有南曲以來未之或省也。吾之分姜、光、堅、涓諸韻,自有聲韻以來未之敢倡也。吾又嘗作聲韻分合之圖,蓋以泄天地元聲之秘,聖人復起,不能易吾言矣。[31]

然而既要以南方語音爲南曲曲韻的規範,又要讓南曲能夠不受地域的限制,在南北各地流行,這是不切實際的。也正因爲此,《南詞正韻》一書在當時並没能在曲壇上流傳,如沈寵綏曰:

> 伯良祖《洪武韻》改緝《南詞正韻》,必有可觀,惜未得睹也。[32]

又如明末孫鬱也謂:

> 近讀方諸生《曲律》,乃知有《南詞正韻》一選。嚮曾于金陵坊間、都門河下遍求之,竟不可得。[33]

由上可見,魏良輔、沈璟提出的"一遵《中原》"與王驥德提出的韻分南北及南曲曲韻以南方語音爲準的主張都有缺陷:"一遵《中原》",則會混淆南北曲的特色;以南方語音爲準,則會影響南曲的流行範圍。明代戲曲音律學家沈寵綏在總結了兩家主張的得失後，提出了韻脚遵《中原》，句中字面遵《洪武》的主張。如他在《度曲須知·宗韻商疑》中，對沈璟、王驥德兩人的有關論述作了分析後提出：

> 余故折中論之：凡南北詞韻脚，當共押周韻，若句中字面，則南曲以《正韻》爲宗，而"朋"、"橫"等字，當以庚青音唱之。北曲以周韻爲宗，而"朋"、"橫"等字，不妨以東鐘音唱之。但周韻爲北詞而設，世所共曉，亦所共式，惟南詞所宗之韻，按之時唱，似難捉摸，以言乎宗《正韻》也。乃自來唱"太山崩裂"、"晚渡橫塘"、"猛然心地熱"、"羡鵬搏何年化鶠"、"可知道朋友中間爭是非"，諸凡"朋"、"橫"字音，合東鐘者什九，合庚青者什一，則未嘗不以周韻爲指南矣。以言乎宗周韻也，乃入聲原作入唱，"矛"原不唱"繆"，"謀"原不唱"譕"，"彼"原不唱"比"，"皮"原不唱"培"，"避"原不唱"被"，"披"原不唱"丕"，"袖"原不唱"葉囚"去聲，"龍"原不唱驢東切之音，則又未嘗不以《正韻》為模楷矣。且韻脚既祖《中州》，乃所押入聲，如"拜星月"曲中"熱"、"拽"、"怯"、"說"諸韻脚，並不依《中州韻》借叶平、上、去三聲，而一一原作入唱，是又以周韻之字，而唱《正韻》之音矣。《正韻》、周韻，何適何從，諺云"兩頭蠻"者，正此之謂。

沈寵綏所謂的"韻脚遵《中原》"，則是就寫作的角度而言的，作家寫作南曲也與寫作北曲一樣，以《中原音韻》爲曲韻規範。在曲文上有統一的規範，這樣便可以避免早期南戲用韻雜亂的弊病。所謂"字面遵《洪武》"，則是就演唱而言的，即在演唱時，按南音演唱，如入聲字，雖然韻脚按《中原音韻》派入平、上、去三聲，但在演唱時，仍從南音唱作入聲，即"以周韻之字，而唱《正韻》之音"。

另外，馮夢龍也提出了與沈寵綏相近的主張，即入聲字在句中可代平、上、去三聲，而在韻脚，則須單押。如曰：

> 《中原音韻》原爲北曲而設，若南韻又當與北稍異，如"龍"之"驢東"切，"娘"之"尼姜"切，此平韻之不可同于北也。"白"之爲"排"，"客"之爲"楷"，此入韻之不可廢于南也。詞隱先生發明韻學，尚未及此，故守韻之士猶謂南曲亦可以入韻代上、去之押，而南北聲自茲混矣。《墨憨齋新譜》謂入聲在句中可代平，亦可代仄，若用之押韻，仍是入聲，此可謂精微之論。[34]

在沈寵綏、馮夢龍之後，清初李漁也對南曲的宗韻問題提出了獨到的見解。他認爲，《中原音韻》雖爲北曲韻書，非爲南曲而設，但因"南韻深渺，卒難成書"，因此，南曲作家可借用《中原音韻》作爲南曲曲韻的規範。如他在《閑情偶寄·詞曲部·音律第三》的《恪守詞韻》節中指出：

> 舊曲韻雜，出入無常者，因其法制未備，原無成格可守，不足怪也。既有《中原音韻》

一書,則猶畛域畫定,寸步不容越矣。

對于一些不遵守《中原音韻》、用韻雜亂的南曲作家,李漁提出了批評,如他批評沈嶸的《綰春園》、《息宰河》等傳奇的用韻,"一無定規,不惟偶犯數字,竟以寒山、桓歡二韻合爲一處用之,又有以支思、齊微、魚模三韻並用者,甚至以真文、庚青、侵尋三韻,不論開口、閉口同作一韻用者"。㉟然而《中原音韻》畢竟不是南曲的專用韻書,因此,南曲作家在參照《中原音韻》用韻時,又不能完全遵循《中原音韻》,而要按照南曲本身的特性,對《中原音韻》的曲韻規範作一些處理與調整。

李漁還提出了兩條處理方法:一是"將《中原音韻》一書,就平、上、去三音之中抽出入聲字另爲一聲,私置案頭,亦可暫備南詞之用"。㊱《中原音韻》將入聲字派入平、上、去三聲,而南音有入聲,將《中原音韻》中的入聲字抽出,單獨排列,這樣就符合南曲入聲單押的需要。

二是"魚模當分"。㊲在《中原音韻》中,魚、模二韻合而爲一。李漁認爲,"魚之與模,相去甚遠",即一收"于"(ü)音,一收"嗚"(u)音。因此,李漁提出:"魚模一韻,斷宜分別爲二。……不知周德清當日何故比而同之,豈仿沈休文詩韻之例,以元、繁、孫三韻合爲十三元之一韻,必欲于純中示雜,以存'大音希聲'之一綫耶?"㊳同時,李漁還提出了一個簡便的區分方法,如曰:

> 倘有詞學專家,欲其文字與聲音媲美者,當令魚自魚而模自模,兩不相混,斯爲極妥。即不能全出皆分,或每曲各爲一韻,如前曲用魚韻,則用魚韻到底,後曲用模,則用模韻到底,猶之一詩一韻,後不同前,亦簡便可行之法也。㊴

爲了能給南曲作家提供一部綜合南北語音的韻譜,在明清時期,有許多戲曲音律家編撰了南曲韻譜,除了沈璟的《南詞韻選》與王驥德的《南詞正韻》外,其他如明范臻的《中州全韻》、清王鵕的《中州音韻輯要》、沈乘麟的《韻學驪珠》、周昂的《新訂中州全韻》等,其中以沈乘麟的《韻學驪珠》對南曲用韻的影響最大。從《韻學驪珠》所列的韻目來看,基本上也是以《中原音韻》爲基礎的,但也摻合了南曲用韻的一些特點。全書按平、上、去、入四聲排列,其中平、上、去分列二十一個韻部,入聲單列,分列八個韻部,又四聲皆分陰陽。現將《韻學驪珠》與《中原音韻》所列的韻部列表對照如下:

| 中原音韻 | 東鐘 | 江陽 | 支思 | 齊微 | 魚模 | 皆來 | 真文 | 寒山 | 桓歡 | 先天 | 蕭豪 | 歌戈 | 家麻 | 車遮 | 庚青 | 尤侯 | 侵尋 | 監咸 | 廉纖 |
|---|---|---|---|---|---|---|---|---|---|---|---|---|---|---|---|---|---|---|---|
| | | | 入派三聲 | 入派三聲 | 入派三聲 | 入派三聲 | | | | | 入派三聲 | 入派三聲 | 入派三聲 | 入派三聲 | | 入派三聲 | | | |

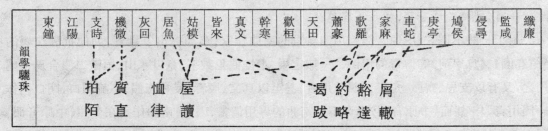

從上表可見，《中原音韻》所列的“齊微”、“魚模”兩部，《韻學驪珠》分列爲“機微”、“灰回”、“居魚”、“魚模”四部，又將《中原音韻》派入三聲的入聲字，單獨列出。編者還在譜中對這樣的排列特地作了説明，如在機微韻部後注曰：

此韻中字，皆以舌尖抵音直推而出，無收音。詩韻中此韻與支灰等韻或分或合，未知其義。《正韻》雖與灰回分清，而尚有與支時合者，猶未爲盡善。《中原》、《中州》皆與灰回合者，蓋因北音中有“味”讀“位”，“婢”讀“倍”之類故也。然此亦當以可叶者，則兩用之，其不可叶，如“肌”、“齊’、“梨”等字畢竟分出爲是。至南音中“味”之與“位”，“婢”之與“倍”，音聲絕不相叶，何以同入一韻？向來填詞家都不分南北，並據《中原》爲韻，是不知南從《洪武》耳，兹特表而分出。

又在卷首的《凡例》中指出：

入聲不叶入各韻而另立于後者，便于歌南曲者知入聲之本音本韻，不爲《中原》、《中州》所誤，即歌北曲者亦便于查閱。

顯然，這樣的分類與排列，也正符合沈寵綏、馮夢龍、李漁等人所提出的在《中原音韻》的基礎上綜合南曲用韻的主張。也正因爲《韻學驪珠》綜合了南北曲韻，故直到今天，還被昆曲的創作以及演唱奉爲用韻的規範。而這也正説明，經魏良輔改革後的昆山腔在全國流行後，以新昆山腔作爲唱腔的南曲曲韻已逐漸趨于南北曲韻的融合。

但另一方面，就在以新昆山腔作爲唱腔的南曲曲韻發生變異、趨于南北曲韻融合的同時，以弋陽腔、餘姚腔以及在一些南方鄉村流傳的“草昆”（即仍采用宋元時期以腔傳字的演唱方式的昆山腔）等作爲唱腔的南曲曲韻，則仍保持着宋元以來“錯用鄉語”、[40] “衹沿土俗”[41]的特色，即仍以南方語音作爲曲韻的語音基礎，故其曲韻與宋元南戲的曲韻一樣，多有合韻混押的情況。如：

《荔鏡記》第三齣《花園游賞》【粉蝶兒】曲：聲（庚青）、夢（東鐘）、窗（江陽）、趄（寒山）、看（寒山）——庚青、東鐘、江陽、寒山四韻混押。

同上第十一齣《辭兄歸省》【望吾鄉】曲：醒（庚青）、迷（齊微）、意（齊微）、邊（先天）、緣（先天）、圓（先天）——庚青、齊微、先天三韻混押。

同上第十九齣《打破寶鏡》【好姐姐】曲：起（齊微）、兒（支思）、家（家麻）、州（尤侯）、倩(先天)——齊微、支思、家麻、尤侯、先天五韻混押。

《珍珠記》第七齣《赴試》【惜奴嬌】曲：疑(齊微)、離(齊微)、本(真文)、心(侵尋)、奉(東鐘)、期(齊微)、期(齊微)、衣(齊微)——齊微、真文、侵尋、東鐘四韻混押，而且開口韻(真文)與閉口韻(侵尋)不分。

《織錦記·董永遇仙》【步步嬌】曲：至(支思)、矣(齊微)、人(真文)、程(庚青)、日(齊微)、人(真文)、樹(魚模)——支思、齊微、真文、庚青、魚模五韻混押。

綜上所述，南曲曲韻從最早使用南曲的宋元南戲時期到明清傳奇時期，隨着戲曲藝術的發展，曾先後出現了兩次大的變化，第一次是由北曲的南移與南北曲的交流所引起的，第二次是由昆山腔的改革所引起的。經歷了這兩次變化後，使得南曲曲韻出現了兩種不同的韻系：一是以南方鄉音爲語音基礎的南曲韻系，一是從明代嘉靖年間隨着魏良輔改革後的新昆山腔的流行而出現的融合南北曲韻的南曲韻系。

① 梁劉勰《文心雕龍·聲律篇》。
②㉟㊱㊲㊳㊴ 清李漁《閑情偶寄·詞曲部·音律第三》。
③ 元周德清《中原音韻·序》。
④ 明沈寵綏《度曲須知·音同收異考》。
⑤⑫ 明徐渭《南詞叙錄》。
⑥⑦ 清毛先舒《南曲入聲客問》。
⑧ 王守泰《昆曲格律》。
⑨ 元周德清《中原音韻·正語作詞起例》。
⑩ 見《關漢卿戲曲用韻》，載《中國語文》1963年第四期。
⑪ 丁原基《元雜劇韻檢》。
⑬⑭⑮ 《度曲須知·曲運隆衰》。
⑯ 明張大復《梅花草堂筆談》卷十二《昆腔》。
⑰ 元瑣非復初《中原音韻·序》。
⑱ 明呂天成《曲品》卷下引。
⑲ 《四庫全書總目提要》。
⑳㉑㉒ 《度曲須知·宗韻商疑》引。
㉓ 《度曲須知·宗韻商疑》。
㉔ 明沈德符《顧曲雜言》。
㉕ 明凌濛初《譚曲雜札》。
㉖㉗㉘ 明徐復祚《三家村老委談》。
㉙㉛ 明王驥德《曲律·雜論下》。
㉚ 《曲律·論韻》。
㉜ 《度曲須知·入聲收訣》。
㉝ 明孫鑛《雙魚佩·凡例》。
㉞ 明馮夢龍《太霞新奏·發凡》。
㊵ 明顧起元《客座贅語》卷九。
㊶ 清李調元《雨村劇話》。

# 《漢書·孫寶傳》標點商榷

## 宋 傑

中華書局 1997 年版點校本《漢書》糾正了以往句讀的某些謬誤，但是難免百密一疏，仍有個別問題值得商榷。見卷七七《孫寶傳》（第十冊 3258 頁）：

> 鴻嘉中，廣漢群盜起，遷為益州刺史。廣漢太守扈商者，大司馬車騎將軍王音姊子，軟弱不任職。寶到部，親入山谷，諭告群盜，非本造意。渠率皆得悔過自出，遣歸田里。自劾矯制，奏商為亂首，《春秋》之義，誅首惡而已。商亦奏寶所縱或有渠率當坐者。商徵下獄，寶坐失死罪免。

其中有兩處標點難以理解，現提出來就正于方家。

1.“……**諭告群盜，非本造意**。”“造意”是首倡其意，即犯法行為的主謀；見《晋書·刑法志》所載張斐的解釋：“唱首先言謂之造意。”如按上述標點來閱讀，意為：“（孫寶）通告暴動者，不是主謀”。此句語義不通，群盜自然不會都是主謀，而倡始暴動之人則應在群盜當中。

2.“**渠率皆得悔過自出，遣歸田里**。”渠率即首領，按以上標點，此句意為：暴亂首領只需悔過投誠，就全部免罪，遣返回鄉。孫寶如果這樣處置，就與漢朝的有關法規相悖。秦漢農民對封建統治的武裝反抗，被朝廷列為“攻盜罪”，往往直接派兵鎮壓，就地屠殺，不經審判，甚至株連親族鄰里；就連為其提供食物、訊息都也會因“通行飲食罪”而被斬首。在某些情況下，政府會對從犯寬大處理，或從輕發落，或不予問罪；但是謀逆、造反的首犯、主犯是法所必誅的，並無免罪釋放的可能。例如《漢書·伍被傳》載淮南王劉安謀反，門客伍被雖然自首，仍被處死，如張湯所言：“被首為王畫反計，罪無赦。”

《漢書·主父偃傳》載偃多受諸侯金，迫齊王自盡。“上欲勿誅，公孫弘爭曰：‘齊王自殺無後，國除為郡，入漢，偃本首惡，非誅偃無以謝天下。’乃族誅偃。”

《後漢書·趙熹傳》載其為平原太守，“時平原多盜賊，熹與諸郡討捕，斬其渠帥，餘黨當坐者數千人。熹上言：‘惡惡止其身，可一切徙京師近郡。’帝從之，乃悉移置潁川、陳留。”

孫寶身為刺史，應熟悉法律，怎敢公然違背國典，將罪在不赦之人釋放呢？

筆者認為，上述標點有誤，《孫寶傳》中的這兩句應合為一句，作如下標點：“**寶到部，親入山谷，諭告群盜，非本造意、渠率，皆得悔過自出，遣歸田里**。”即曉諭暴動者，除了倡始之人和首領，其餘人衆只要悔過投誠，可以既往不咎，回鄉務農。如此斷句，語義既通，也與漢代的史實背景互相吻合。

另外，《孫寶傳》下文有“商亦奏寶所縱或有渠率當坐者”。說明當時還有少數暴動首領隱瞞身份，混在釋放的從犯中逃脱了，未能受到應有的懲治；所以扈商就此對孫寶進行劾奏，後者即因“坐失死罪”而被免職。

# 金末詩人"稷亭二段"的卒年及出仕問題

趙　琦

　　金末元初河東平陽路(今山西臨汾)稷山縣人段克己(號遯庵,別號菊莊)、段成己(號遯齋,別號菊軒)兄弟二人是金末著名詩人,年輕時就被當時金朝禮部尚書、號爲文壇主盟的趙秉文譽爲"二妙",又書"雙飛"二字名其鄉里。元大德年間(1297～1307)房祺編《河汾諸老詩集》,收錄二人詩篇,後人因此將他倆列入河汾諸老之中。段氏兄弟詩文俱佳,並對理學有所研究。他們因有相關碑傳資料及二人合集《二妙集》留傳,生平事迹大體清楚。民國初孫德謙撰《金稷山段氏二妙年譜》(以下簡稱《年譜》),①對二人生平、著述作了一番整理。近年來有關金末詩人的研究論著較多,其中對稷山二段的生平、事迹、學術、文學成就及《二妙集》版本等問題也有一些論述。本文擬就二段的卒年及出仕問題作一考辨,不當之處,敬請批評。

## 一、二段的卒年

　　《年譜》據段克己的詞《江城子·甲辰晦日立春》中有句:"四十九年,彊半在天涯。"甲辰是1244年,這年段克己49歲,故可確定他生于1196年;又據段成己《辛丑清明後三日》詩中説:"從頭悉讀行年記,慚愧春風四十三"。辛丑是1241年,這年段成己43歲,從而可推斷他生于1199年。但由于沒有確切資料,只能依據一些約數推斷段氏兄弟的卒年分别爲1254年和1279年。這爲學界及研究者廣泛采用。②其實現存史料已可考定段氏兄弟的卒年。同恕爲段克己之子段思温所作《墓誌銘》説:段思温"年十二,遯庵君(克己)卒,……至元十五年丁樊夫人憂,……後四年,菊軒君(成己)卒。……二十五年春三月某日疾終正寢,享年四十有九。"③吴澄所作《段思温墓表》説:段思温"年十二而孤,……年二十九,丁母憂,……越四年,仲父(指成己)卒。……年四十九而終,至元戊子歲三月也。"④上引《墓誌銘》和《墓表》明確記載段思温卒于至元二十五年戊子,即1288年,享年四十有九。其生年應是1240年。段思温"年十二而孤",可知其父克己卒于1251年。《墓誌銘》又説:"至元十五年……後四年,菊軒君(成己)卒。"段成己應卒于至元十九年,即1282年。吴澄《墓表》却説段思温"年二十九,丁母憂,……越四年,仲父(指成己)卒。"段思温二十九歲是1268年,四年後是1272年,與

《墓誌銘》所記相差十年。而吳澄《墓表》中提到"奉訓大夫同贊善恕追撰志銘,述之已詳",説明吳澄是看到了同恕所作《墓誌銘》的。只不過在同恕所述之外加以補充,並不是另有所本。同恕説段成己卒于"至元十五年"的"後四年",記年明確。因此只能解釋爲《墓表》中的"年二十九"是"年三十九"的筆誤。段思温三十九歲那年正是至元十五年。據此,段克己的生卒年應是 1196～1251 年,享年 56 歲。段成己是 1199～1282 年,享年 84 歲。同是吳澄所作的《二妙集序》説段成己"年過八秩",這也從側面證明段思温"年二十九"的後四年"仲父卒"的記載是錯誤的,因爲至元九年(1272)成己才 74 歲,不符合"年過八秩"之數。而且後文將提到,至元十五年他還撰寫了兩篇碑文。《年譜》據吳澄《二妙集序》稱:段克己"金亡餘廿年而卒",故將他的卒年假定爲金亡的 1234 年之後的整二十年——1254 年。《年譜》又估計段成己卒于 1279 年,則兄弟卒年相距僅 25 年,因此對克己之孫段輔所作《文集跋》中"遯庵君既殁,菊軒君……餘四十年優游以終"的説法表示懷疑,並將四十改爲二十。其實,金亡至段克己實際卒年僅 17 年,"餘廿年"是金亡以後約 20 年的意思。同樣,1251—1282 年是 32 年,也可説成是"餘四十年",並無錯誤。反之,這又可證明段成己不可能卒于 1272 或 1279 年。

王堉昌在《重印二妙集及年譜叙》中,已引用了王磐所撰《菊軒先生墓碑》,謂:"菊軒于至元十九年六月中旬有二日終于家,享年八十四歲"。[⑤]不僅記載了卒年,還準確地記載了月日,完全證實了段思温《墓誌銘》所載是可信的。

## 二、段成己出仕新朝的問題

段克己金正大七年(1230)以進士舉于廷試,未入仕途。段成己同年登進士第,授河南宜陽主簿。[⑥]金亡前夕,兩人北渡,同隱龍門山。段克己卒于元憲宗元年(1251),蒙哥和忽必烈在位時已故,沒有出仕新朝的疑問。段克己殁後,關于成己的晚年,元泰定四年(1327)段克己孫段輔收輯克己、成己二人詩文,編成《二妙集》,在其所作《跋》中只談到段成己在其兄死後,"徙晉寧(今山西臨汾)北郭,閉門讀書餘四十年,優游以終。"段輔將《二妙集》出示給時人,吳澄(1249～1333)爲此書作《序》,[⑦]虞集(1272～1348)作《稷山段氏阡表》。[⑧]兩文或説段成己"雖被提舉學校官之命,亦不復仕",或説"朝廷特舉平陽提舉學校官,不起。"此後清代人在所修金、元詩集及方志中的段成己小傳裏都沿襲這種説法,並對段成己的"抗節不仕"給予高度贊揚。當代的研究者也贊同這種説法,並從這個角度分析段成己的詩文作品。

從元代史料中,仍可發掘出若干證據表明段成己確曾出任過元朝平陽路儒學提舉一職。

第一、元朝京師的方志已將他列入名宦。元末熊夢得所編《析津志》是記述元大都(今北京及北京地區)歷史的一部專門志書。其中《名宦志》記載"自今宋亡後,迨且百年,故家遺民而入國朝,仕爲美官"的人,今存輯本殘帙有段成己之名。⑨從所記載的人物看,或是本人在元爲官,或其子孫在元爲官,或有少量寓居于此的名士。如前所述,段成己在登第後任職宣陽主簿,此後避居龍門山。如果段成己以後再未出仕,一直留在晋寧,何以他的大名却見于《析津志》的《寓居官宦》中? 如果他從未出任元朝官職,名列"名宦"就很難令人理解。

第二、同時人在他名字前加官稱"提舉"。《年譜》提到:"《山西通志》有王磐《提舉段成己墓表》,但其文未錄。"王磐(1203～1294)爲中統、至元名臣,與二段是同時代人,同是正大進士,與張德輝同被任命爲宣撫使、副。⑩王磐稱段成己的官職爲"提舉"。説明他確已出任這個官職,這樣《析津志》的記載就可得解了。

第三、段成己本人也自稱"提舉學校官"。段成己出任元官更有力的證據是他所撰碑文中自己的署名。《霍州學記》碑寫于至元四年(1267),題"宣授平陽路提舉學校官段成己記"。《河中府新修廟學碑》寫于至元十五年(1278),題"宣授平陽路提舉學校官前進士段成己撰",《絳陽軍節度使靳公(和)神道碑》也寫于至元十五年,題銜"宣授平陽路提舉學校官段成己撰"。胡聘之爲了彌合這一題銜與虞集《阡表》所記授段成己"平陽學校官,不起"的矛盾,在他所作《霍州學記》跋尾中解釋説:"以此記與《河中府新修廟學碑》、《靳和碑》題銜宣授平陽路提舉學校官證之,則成己固已受元官,惟《廟學碑》又有'前進士'三字,似終未赴任者,與《阡表》'不起'之言尚合,固與劉祁不同歟?"⑪劉祁在金末舉進士,在大蒙古國曾任山西東路考試官,爲後人所詬病。胡聘之篤信段成己未出仕元朝,強調與劉祁不同,用題名中的"前進士"三字委曲辯解。其實在官銜之後加"前進士",只能説明段成己表明自己曾具有進士的身份,作爲封建文人,他以元朝宣授的官職與曾中進士同樣引以爲榮。既然加一"前"字,以前朝進士區别于現職"提舉學校官",説明他已承認了現在的新朝。

第四、任官時間有史料可證。王埔昌引王磐撰《墓碑》:"中統元年,張德輝宣慰(慰當作撫)河東,署爲□司□□□□事,先生慨辭不受。二年,宣授平陽路提舉學校事,以老引退。家北郭二十年"。⑫庚申年(1260)五月,忽必烈建元中統,當月即"立十路宣撫司",以"張德輝爲平陽太原路宣撫使",或稱"河東南北路宣撫使"。接着在中統二年,"王鶚請于各路選委博學老儒一人,提舉本路學校,特詔立諸路提舉學校官,以王萬慶、敬鉉等三十人充之。"⑬段成己被宣授爲平陽路儒學提舉學校官,應是此30人之一。王磐碑文明確説中統元年張德輝委他署事時是"慨辭不受",但中統二年這次並非"不起",而是任職後"以老引退",這年距其卒年有22年,後又居家"二十年"。這年段成己63歲,任官時間不會太長。這也是對他是否曾任官產生懷疑的原因之一。此次忽必烈"詔立諸路提舉學校官",曾對這30人分别發布聖旨,強調"諸路學校久廢,無以作成人材,今擬選博學洽聞之士以教導之",賦予他們提舉學校的重責,"凡諸生進修者,選高業儒生教授,嚴加教誨,務要成材,以備他日選擇之用。"同時責成"本路官司常加主領敦勸"。⑭當時阿里不哥、李璮之亂未平,還没有罷世侯、實行遷轉法,恢復久廢的儒學還提不上日程,既没設官署,也可能不須離家赴路治署事。只不過是忽必烈想通過授予這 30 位"博學洽聞之士"以榮譽官職,表示他支持漢法、提倡文治,藉以收攬人心。段成己以此爲榮,累次寫碑都在自己官銜前加聖旨"宣授"二字,甚至在至元十五年 80 歲高齡時,仍同現任官一樣,用這個榮譽官銜撰寫碑文,決無抗節不仕之意。這次是在當時蒙古所轄華北各路選立提舉學校官,不同于後來定置的"各行省所署之地"所設的"儒學提舉司"。雖然轄區較小,但其聲望地位和受重視程度反而在統諸路府的行省儒學提舉司之上。⑮

　　吳澄、虞集記載的失誤,一個原因可能是時代較遠,一些事實已經不很清楚。還有一個原因可能是他們二人都是南方人,凡曾在南宋獲取過功名或出仕者皆以抗節不仕爲榮,而段成己的確在受命後任官爲時甚短,所以想當然地認爲他没有出仕新朝。出于上述原因,類似力圖否認金末元初某些士大夫曾經出仕,爭論以元好問爲代表的金末士人的氣節問題等等,皆因此而起。

①　民國乙卯年(1915)刊劉承幹輯《求恕齋叢書》本;山西書局排印《二妙集》附錄。
②　見姜亮夫《歷代人物年里碑傳綜表》339、340 頁,中華書局,1959 年;王德毅等主編《元人傳記資料索引》第二册 763,764 頁段克己,段成己條,臺北新文豐出版公司,1979 年;李修生等主編《全元文》第二册,江蘇古籍出版社,1998 年 9 月。以及關于二段的論文和著作。
③　《槀庵集》卷六,文淵閣《四庫全書》本。
④　《吳文正集》卷六八,文淵閣《四庫全書》本;又見《草廬吳文正公集》卷三三,清康熙己丑年(1709)重刻本。
⑤　山西書局排印本《二妙集》卷首,頁三上,1935 年。《文史》2000 年第一輯(總第 50 輯)有《金代段克己段成己〈二妙集〉及版本考述》一文,專論二段生平及此書版本,然未提及山西書局本及其增補詩文和所附孫撰《年譜》。
⑥　王崇昌《重印二妙集及年譜叙》,頁三下至四下,同上書。
⑦　《二妙集》卷首。
⑧　《國朝文類》卷五六,《四部叢刊》本。《二妙集》卷首或作《河東段氏世德碑》。
⑨　《析津志輯佚》,159 頁,北京古籍出版社,1983 年。
⑩　《元史》卷一六〇《王磐傳》。
⑪　胡聘之輯《山右石刻叢編》卷二五、卷二六,清光緒辛丑(1901)刻本。
⑫　《重印二妙集及年譜叙》,頁四下、頁六下。
⑬　《元史》卷四《世祖本紀》;卷一六三《張德輝傳》。
⑭　《廟學典禮》(浙江古籍出版社,1992 年)卷一《設提舉學校官》;《析津志輯佚》201 頁《學校》,收錄宣授敬鉉燕京路副提舉學校官聖旨;兩聖旨文字相同,惟後者有敬鉉姓名和具體官職,並立碑于燕京儒學提舉司講堂,可見當時對此事的重視。聖旨發佈于"中統二年八月二十四日",《本紀》誤置于九月。
⑮　《元史》卷九一《百官七》。

# 樂 律 與 宮 調(上)
## ——讀書筆記兩種
### 浦江清遺著
## 一、朱載堉《樂律全書》(《萬有文庫》本,共 36 册)

**(一)《律學新説》** 四卷。萬曆十二年甲申序。鄭世子臣載堉撰。

律吕本源起于河圖雒書。黄鐘之管長九寸,九寸者縱黍爲分之九寸,寸皆九分,凡八十一分,雒書之奇自相乘之數也,是爲律本。黄鐘之尺長十寸,十寸者橫黍爲分之十寸也,寸皆十分,凡百分,河圖之偶自相乘之數也。

黄鐘縱黍律長九寸,大吕八寸三分七釐六毫,太簇八寸……

黄鐘橫黍度長十寸,大吕九寸三分六釐四毫四絲二忽,太簇八寸八分八釐八毫八絲八忽,……

以上爲"約律",即《史記》生鐘分術。蔡氏《律吕新書》同。

朱氏另求密率,其理自琴家安徽不用三分損益,"其法四折去一,三折去一",俗工口傳,疑自古人遺法而來。朱氏創立新法,置一尺爲實,以密率除之,凡十二遍,所求律吕,比古四種術尤簡捷而精密,與琴音互相校正,最爲脗合。

**密率**

黄鐘橫黍度長十寸;大吕 9.43874;太簇 8.90898;夾鐘 8.40896;姑洗 7.93700;仲吕 7.49153;蕤賓 7.07106;林鐘 6.67419;夷則 6.2996;南吕 5.94603;無射 5.61231;應鐘5.29731。

黄鐘縱黍律長九寸,大吕 8.44067;(太以下略,用上橫黍度數以九除之即得。)

(皆以寸爲單位)

| | | 内周 | 内徑 | 外周 | 外徑 |
|---|---|---|---|---|---|
| 黄鐘 | 長 10 | 内周 1.111 | 内徑 .353 | 外周 1.571 | 外徑 .5 |
| 大吕 | 長 9.438 | 内周 1.079 | 内徑 .343 | 外周 1.526 | 外徑 .485 |
| 太簇 | 長 8.908 | 内周 1.048 | 内徑 .333 | 外周 1.483 | 外徑 .471 |
| 夾鐘 | 長 8.408 | 内周 1.018 | 内徑 .324 | 外周 1.440 | 外徑 .458 |
| 姑洗 | 長 7.937 | 内周 .989 | 内徑 .314 | 外周 1.399 | 外徑 .445 |

| | | | | | | | | |
|---|---|---|---|---|---|---|---|---|
| 仲呂 | 長 7.491 | 内周 .961 | 内徑 .306 | 外周 1.360 | 外徑 .432 |
| 蕤賓 | 長 7.071 | 内周 .934 | 内徑 .297 | 外周 1.321 | 外徑 .420 |
| 林鐘 | 長 6.674 | 内周 .907 | 内徑 .288 | 外周 1.283 | 外徑 .408 |
| 夷則 | 長 6.299 | 内周 .881 | 内徑 .280 | 外周 .1.247 | 外徑 .396 |
| 南呂 | 長 5.946 | 内周 .856 | 内徑 .272 | 外周 1.211 | 外徑 .385 |
| 無射 | 長 5.612 | 内周 .832 | 内徑 .264 | 外周 1.177 | 外徑 .374 |
| 應鐘 | 長 5.297 | 内周 .808 | 内徑 .257 | 外周 1.143 | 外徑 .363 |

朱氏云:"若遣良工造律管者惟據此篇度數可矣。前項……皆不必討論,恐文煩難省易惑亦非工匠所當知也。"

又云:"凡吹律者,慎勿掩其下端,掩其下端,則非本律聲矣。故《漢志》曰斷兩節間而吹之,此則不掩下端之明證也。嘗以新律使人試吹,能吹響者十無一二,往往因其不響,輒以指掩下端,識者哂之。"《吹律》。

(二)《樂學新説》　一卷。　朱氏以《周禮·大司樂》一章(大司樂至司干)爲《樂經》古文未嘗亡也,詳釋之,此卷全爲解釋《周禮》之文。

(三)《算學新説》　一卷。　此卷極爲重要,十二律之算法詳此。(《萬有文庫》本第 6冊)

1. 今用黃鐘長十寸,不用九寸,因不用三分損益法之故。

2. 先求黃鐘,猶曆家求冬至。次求蕤賓猶夏至也。又次求夾鐘猶春分也。又次求南呂猶秋分也。然後求大呂,除黃鐘外,諸律呂之首也。其次求應鐘,諸律呂之終也。亦猶曆家所謂履端舉正歸餘也。

3. 黃鐘長十寸,蕤賓倍律爲 14.14213562373095048801689 寸,折半即蕤賓正律爲7.07106781186547524400844 5寸。

蕤賓倍律即黃鐘平方之斜弦。以黃平方倍之,開方即得。若以蕤正爲平方面,其斜弦即黃鐘。

4. 以黃正(10)乘蕤正得平方積,開平方所得爲夾鐘正律。

夾 = 8.40896415253714543031125 寸

5.以黃正(10)乘蕤倍得平方積,開平方所得爲南呂倍律。

南倍 = 11.89207115002721066717500 寸

南正 = 5.94603557501360533358750 寸

6.夾正以黃鐘再乘(100)得立方積,開立方得大呂正律。

大正 = 9.43874312681693496641 9134 寸

7.南倍以黃鐘再乘(100)得立方積,開立方得應鐘倍律。

應倍 = 10.59463094359295264561825 寸

應正 = 5.29731547179647632280 9175 寸

8.$\dfrac{(2大)^2}{2}=2太$    $\dfrac{(2太)^2}{2}=2姑$    $\dfrac{(2夾)^2}{2}=2蕤$    $\dfrac{(2姑)^2}{2}=2夷$    $\dfrac{(2仲)^2}{2}=2無$

$\dfrac{(2蕤)^2}{2}=黃$

以上六條,長律生短律,故須折半。〔注:2大謂大呂倍律,餘做此,$n^2$ 係自乘方,$\dfrac{n}{2}$ 係折半。〕

$(2應)^2=2無$    $(2無)^2=2夷$    $(2南)^2=2蕤$

$(2夷)^2=2姑$    $(2林)^2=2太$    $(2蕤)^2=2黃$

以上六條係短律生長律,不須折半。

江清按:採取以上幾條公式,則十二律皆可次第以求:

1.黃 = 10 寸

2.$蕤=\dfrac{\sqrt{2\,黃^2}}{2}=\dfrac{\sqrt{200}}{2}$

3.$夾=\sqrt{黃\times蕤}=\sqrt{10\,蕤}$

4.$南=\dfrac{\sqrt{黃\times2\,蕤}}{2}=\dfrac{\sqrt{20\,蕤}}{2}$

5.$大=\sqrt[3]{黃^2\times夾}=\sqrt[3]{100\,夾}$

6.$應=\dfrac{\sqrt[3]{黃^2\times2\,南}}{2}=\dfrac{\sqrt[3]{200\,南}}{2}$

7.$太=\dfrac{2大^2}{2}=大^2$

8.$無=\dfrac{(2應)^2}{2}=2應^2$

9. 夷 $= \dfrac{(2\,無)^2}{2} = 2\,無^2$

10. 姑 $= \dfrac{(2\,夷)^2}{2} = 2\,夷^2$

11. 林 $= \sqrt{\dfrac{太}{2}}$ $\left[\because (2\,林)^2 = 2\,太\right]$

12. 仲 $= \sqrt{無}$ $\left[\because \dfrac{(2\,仲)^2}{2} = 2\,無\right]$

　　　　以上是否正確未曾算過。至朱氏之算十二律，不用如此算法，專用應鐘倍律以除各律，次第算得者也。

其表如下：〔注：原書設黃＝1，較好，大呂以下均小數。〕

黃鐘　　　10

大呂　　　9.4387431268169349664191 3

太簇　　　8.9089871814033930474022 6

夾鐘　　　8.4089641525371454303112 5

姑洗　　　7.9370052598409973737585 3

仲呂　　　7.4915353843834074939964 0

蕤賓　　　7.0710678118654752440084 4

林鐘　　　6.6741992708501718241541 6

夷則　　　6.2996052494743658238360 5

南呂　　　5.9460355750136053335875 0

無射　　　5.6123102415468649071676 6

應鐘　　　5.2973154717964763228091 2

倍律則視此加倍，半律則視此減半，毋庸抄錄矣。

朱氏計算上列各數，係用一定之法式，即黃鐘之數以應鐘倍律除之，得大呂；大呂以應鐘倍律除之得太簇。每除即得下一律也。應鐘倍律爲固定之法數，此法最爲簡便。

應鐘倍律約爲 10.594630943592952645618 25

王光祈《中國音樂史》上冊 P.94 云"式中所謂 1.059463094 者，無他，即$\sqrt[12]{2}$是也。"一語道破。

　　〔注：朱氏原書以黃鐘爲1，故應鐘倍律爲1.059……，今抄錄時設黃鐘爲10，應倍爲10.59……，如以爲法則應移前一位小數。〕

　　今設黃鐘爲1，則大呂以下可得式如下：

黃 $1$，大 $\dfrac{1}{2^{\frac{1}{12}}}$，太 $\dfrac{1}{2^{\frac{2}{12}}}$，夾 $\dfrac{1}{2^{\frac{3}{12}}}$，姑 $\dfrac{1}{2^{\frac{4}{12}}}$，仲 $\dfrac{1}{2^{\frac{5}{12}}}$，蕤 $\dfrac{1}{2^{\frac{6}{12}}}$，林 $\dfrac{1}{2^{\frac{7}{12}}}$，夷 $\dfrac{1}{2^{\frac{8}{12}}}$，南 $\dfrac{1}{2^{\frac{9}{12}}}$，無 $\dfrac{1}{2^{\frac{10}{12}}}$，應 $\dfrac{1}{2^{\frac{11}{12}}}$。

余算得此式，得江之永君之助。（江為光華理學院教授，與余同在屯溪徽女中宿舍中借住。民國三十一年七月。）如此甚為簡單易記矣。

由以上諸式可證明：

(1) 黃 $= \sqrt{2\ \text{蕤}^2}$　　$\sqrt{2\ \text{蕤}^2} = \sqrt{2(\dfrac{1}{2^{\frac{6}{12}}})^2} = \sqrt{2 \times \dfrac{1}{2}} = \sqrt{1} = 1$

(2) 夾 $= \sqrt{\text{黃} \times \text{蕤}}$　　$\sqrt{\text{黃} \times \text{蕤}} = \sqrt{1 \times \dfrac{1}{2^{\frac{6}{12}}}} = \sqrt{\dfrac{1}{2^{\frac{6}{12}}}} = \dfrac{1}{2^{\frac{3}{12}}}$

(3) 南倍 $= \sqrt{\text{黃正} \times \text{蕤倍}}$　　$\sqrt{\text{黃正} \times \text{蕤倍}} = \sqrt{1 \times 2 \times \dfrac{1}{2^{\frac{6}{12}}}} = \sqrt{2 \times \dfrac{1}{2^{\frac{6}{12}}}} = \sqrt{2^{\frac{12}{12}} \times \dfrac{1}{2^{\frac{6}{12}}}} = \sqrt{\dfrac{2^{\frac{12}{12}}}{2^{\frac{6}{12}}}}$

$= \sqrt{2^{\frac{6}{12}}} = 2^{\frac{3}{12}}$

南倍 $= 2 \times \dfrac{1}{2^{\frac{9}{12}}} = 2^{\frac{12}{12}} \times \dfrac{1}{2^{\frac{9}{12}}} = \dfrac{2^{\frac{12}{12}}}{2^{\frac{9}{12}}} = 2^{\frac{3}{12}}$

按 $\dfrac{1}{2^{\frac{3}{12}}}$ 為夾鐘，由此以推，則黃鐘正律，以夾鐘正律除之，亦可得南呂。

(4) 大 $= \sqrt[3]{\text{黃}^2 \times \text{夾}}$　　$\sqrt[3]{\text{黃}^2 \times \text{夾}} = \sqrt[3]{1 \times \dfrac{1}{2^{\frac{3}{12}}}} = \sqrt[3]{\dfrac{1}{2^{\frac{3}{12}}}} = \dfrac{1}{2^{\frac{1}{12}}}$

大呂 $= \dfrac{1}{2^{\frac{1}{12}}}$

(5) 應倍 $= \sqrt[3]{\text{黃}^2 \times \text{南倍}}$　　$\sqrt[3]{\text{黃}^2 \times \text{南倍}} = \sqrt[3]{1 \times 2 \times \dfrac{1}{2^{\frac{9}{12}}}} = \sqrt[3]{2 \times \dfrac{1}{2^{\frac{9}{12}}}} = \sqrt[3]{2^{\frac{12}{12}} \times \dfrac{1}{2^{\frac{9}{12}}}} = \sqrt[3]{\dfrac{2^{\frac{12}{12}}}{2^{\frac{9}{12}}}} =$

$\sqrt[3]{2^{\frac{3}{12}}} = 2^{\frac{1}{12}}$

應倍 $= 2 \times \dfrac{1}{2^{\frac{11}{12}}} = 2^{\frac{12}{12}} \times \dfrac{1}{2^{\frac{11}{12}}} = \dfrac{2^{\frac{12}{12}}}{2^{\frac{11}{12}}} = 2^{\frac{1}{12}}$

(6) $\dfrac{(2\ \text{大})^2}{2} = 2$ 太　　$\dfrac{\left(2 \times \dfrac{1}{2^{\frac{1}{12}}}\right)^2}{2} = \dfrac{\dfrac{4}{2^{\frac{2}{12}}}}{2} = \dfrac{2}{2^{\frac{2}{12}}} = 2 \times \dfrac{1}{2^{\frac{2}{12}}}$

(7) $\dfrac{(2\ \text{太})^2}{2} = 2$ 姑　　$\dfrac{\left(2 \times \dfrac{1}{2^{\frac{2}{12}}}\right)^2}{2} = \dfrac{\dfrac{4}{2^{\frac{4}{12}}}}{2} = \dfrac{2}{2^{\frac{4}{12}}} = 2 \times \dfrac{1}{2^{\frac{4}{12}}}$

$$(8)\ \frac{(2\ 夾)^2}{2} = 2\ 蕤 \qquad \frac{\left(2 \times \dfrac{1}{2^{\frac{3}{12}}}\right)^2}{2} = \frac{\dfrac{4}{2^{\frac{6}{12}}}}{2} = \frac{2}{2^{\frac{6}{12}}} = 2 \times \frac{1}{2^{\frac{6}{12}}}$$

$$(9)\ \frac{(2\ 姑)^2}{2} = 2\ 夷 \qquad \frac{\left(2 \times \dfrac{1}{2^{\frac{4}{12}}}\right)^2}{2} = \frac{\dfrac{4}{2^{\frac{8}{12}}}}{2} = \frac{2}{2^{\frac{8}{12}}} = 2 \times \frac{1}{2^{\frac{8}{12}}}$$

$$(10)\ \frac{(2\ 仲)^2}{2} = 2\ 無 \qquad \frac{\left(2 \times \dfrac{1}{2^{\frac{5}{12}}}\right)^2}{2} = \frac{\dfrac{4}{2^{\frac{10}{12}}}}{2} = \frac{2}{2^{\frac{10}{12}}} = 2 \times \frac{1}{2^{\frac{10}{12}}}$$

$$(11)\ \frac{(2\ 蕤)^2}{2} = 黃 \qquad \frac{\left(2 \times \dfrac{1}{2^{\frac{6}{12}}}\right)^2}{2} = \frac{\dfrac{4}{2^{\frac{12}{12}}}}{2} = \frac{2}{2} = 1$$

$$(12)\ (2\ 應)^2 = 2\ 無 \qquad \left(2 \times \frac{1}{2^{\frac{11}{12}}}\right)^2 = 4 \times \frac{1}{2^{\frac{22}{12}}} = 4 \times \frac{1}{2 \times 2^{\frac{10}{12}}} = 2 \times \frac{1}{2^{\frac{10}{12}}}$$

$$(13)\ (2\ 無)^2 = 2\ 夷 \qquad \left(2 \times \frac{1}{2^{\frac{10}{12}}}\right)^2 = 4 \times \frac{1}{2^{\frac{20}{12}}} = 2 \times \frac{1}{2^{\frac{8}{12}}}$$

$$(14)\ (2\ 南)^2 = 2\ 蕤 \qquad \left(2 \times \frac{1}{2^{\frac{9}{12}}}\right)^2 = 4 \times \frac{1}{2^{\frac{18}{12}}} = 2 \times \frac{1}{2^{\frac{6}{12}}}$$

$$(15)\ (2\ 夷)^2 = 2\ 姑 \qquad \left(2 \times \frac{1}{2^{\frac{8}{12}}}\right)^2 = 4 \times \frac{1}{2^{\frac{16}{12}}} = 2\ \frac{1}{2^{\frac{4}{12}}}$$

$$(16)\ (2\ 林)^2 = 2\ 太 \qquad \left(2 \times \frac{1}{2^{\frac{7}{12}}}\right)^2 = 4 \times \frac{1}{2^{\frac{14}{12}}} = 2 \times \frac{1}{2^{\frac{2}{12}}}$$

$$(17)\ (2\ 蕤)^2 = 2\ 黃 \qquad \left(2 \times \frac{1}{2^{\frac{6}{12}}}\right)^2 = 4 \times \frac{1}{2^{\frac{12}{12}}} = 4 \times \frac{1}{2} = \frac{4}{2} = 2$$

　　朱氏又有一法,即以仲呂倍律爲法,遞除各律,而生各律,其次序爲黃鐘生林鐘,林鐘生太簇……等。　　黃 = 1

$$1.\ \frac{黃}{2\ 仲} = 林 \quad 2.\ \frac{2\ 林}{2\ 仲} = 太 \quad 3.\ \frac{太}{2\ 仲} = 南 \quad 4.\ \frac{2\ 南}{2\ 仲} = 姑$$

$$5.\ \frac{姑}{2\ 仲} = 應 \quad 6.\ \frac{2\ 應}{2\ 仲} = 蕤 \quad 7.\ \frac{2\ 蕤}{2\ 仲} = 大 \quad 8.\ \frac{大}{2\ 仲} = 夷$$

$$9.\ \frac{2\ 夷}{2\ 仲} = 夾 \quad 10.\ \frac{夾}{2\ 仲} = 無 \quad 11.\ \frac{2\ 無}{2\ 仲} = 仲 \quad 12.\ \frac{仲}{2\ 仲} = \frac{黃}{2}$$

　　〔注:下生不倍,上生用倍律爲實。〕

又云"凡長律生短律,則以應鐘除之,或以大吕乘之。凡短律生長律,則以大吕除之,或以應鐘乘之。凡左旋隔八相生及右旋隔六相生則以仲吕除之或以林鐘乘之。凡左旋隔六相生及右旋隔八相生則以林鐘除之或以仲吕乘之。乘除法雖不同而所得皆同也。此篇止載應鐘仲吕二法,其大吕林鐘二法,可做此推之,已見《律吕精義·内篇》,兹不復載。"

按,以上諸法,知自黄至應為 $1, \dfrac{1}{2^{\frac{1}{12}}}, \dfrac{1}{2^{\frac{2}{12}}}$ 如此一個級數,則無法而不可通也。除上諸法,尚可有許多方法。

又朱氏用七音,宫、商、角、中、徵、羽、和,中、和二音即他書所謂變徵、變宫也。

朱氏又明由宫、中相求,宫、和相求,宫、商相求,宫、羽相求,宫、角相求、宫、徵相求共六法,各表明之。

(1)宫、中相求:凡律以蕤賓乘之,或以蕤賓除之,皆由宫得中。(所得多則半之,少則倍之。)

(2)宫、和相求:凡律以應鐘乘之,或以大吕除之,皆由宫得和。

(3)宫、商相求:凡律以太簇乘之,或以無射除之,皆由宫得商。

(4)宫、羽相求:凡律以南吕乘之,或以夾鐘除之,皆由宫得羽。

(5)宫、角相求:凡律以姑洗乘之,或以夷則除之,皆由宫得角。

(6)宫、徵相求:凡律以林鐘乘之,或以仲吕除之,皆由宫得徵。

以上六法,任舉一例,例如置林鐘為實,以姑洗乘之,得應鐘,或以夷則除之,亦為應鐘。應鐘為林鐘之角也。

朱氏次述求各律之周徑幂積之術。

1.(1)蕤倍進一位,命作立方積,以十二約之(六律、六吕),為黄倍實積,折半為蕤倍實積,又折半為黄正實積,又折半為蕤正實積,又折半為黄半實積,又折半為蕤半實積。

(2)求大吕、林鐘二律實積,用夷倍進一位,命作立方積,約之以十二,得大倍實積,折半為林倍實積,下同。

(3)求太簇、夷則二律實積,用無倍……下同。

(4)求夾、南,用黄正進一位命作立方積……

(5)求姑、無,用太正……

(6)求仲、應,用姑正……

2.(1)求黄鐘面幂,置蕤正進一位命作平方積,以十二約之,為黄倍面幂,折半為黄正面幂,又折半為黄半面幂。

(2)求大吕面幂,用林正……

(3)求太面用夷正……

(4)求夾面用南正……

(5)求姑面用無正……

(6)求仲面用應正……

(7)求蕤面用黃半……

(8)求林面用大半……

(9)求夷面用太半……

(10)求南面用夾半……

(11)求無面用姑半……

(12)求應面用仲半……

3.求黃通長,用黃倍實積爲實,以黃倍面冪爲法除之,得黃倍律通長( = 20 寸),折半爲黃正通長。

餘均用此法,所謂通長者等于上文之長度。

4.求黃鐘內外周徑者,置黃倍面冪自乘,得平方積,以$\frac{162}{100}$乘之( = 625 分)爲實,開方( = 25 分),又開方( = 5 分),爲黃鐘倍律內徑,即正律外徑;折半爲黃鐘半律內徑( = 2 分 5 釐),置前所得 25 分,折半( = 12.5 分)爲實,開方( = 3.5355339 分)爲黃正內徑,加倍爲黃倍外徑。

黃正內徑(3.53 分)乘$\frac{40}{9}$爲黃倍內周,即正律外周( = 1.5713484 寸),折半爲黃半內周。置正律外周自乘得平方積,加倍爲實,開方( = 2.22222……寸)爲黃倍外周,折半爲黃正內周,即半律外周。

　　(按,朱氏信圓周 40 容正方每邊爲 9,據此以求周與徑之比,實不正確也。比舊法$\frac{22}{7}$,及$\frac{142}{45}$,及祖冲之$\frac{355}{115}$爲疏,而朱氏斥祖等爲疏,不知其故。)

其餘求大呂……內外周徑,算法皆同。

(四)《律呂精義》　內篇十卷,外篇十卷。(《萬有文庫》本 7—18 册)

　　此爲朱氏主要之著作,上三書之理論皆詳於此書中。萬曆 34 年進御。

　　卷首附參考書目,要者有季本《樂律纂要》,季本《律呂別説》,何瑭《樂律管見》,黃佐《樂典》,韓邦奇《志樂》又《律呂直解》,李文利《律呂元聲》,黃積慶《樂律管見》,張敔《律呂新書解》,李文察《律書補注》、又《興樂要論》、又《古樂筌蹄》、又《清宫樂調》等,今皆難見矣。朱書尤多引何瑭之言,極佩其見地。

　　卷二中,《不取圍徑皆同》章,論曰"琴瑟不獨徽柱之有遠近,而弦亦有巨細焉,笙竽不獨管孔之有高低,而簧亦有厚薄焉,……先儒以爲長短雖異,圍徑皆同,此未達之論也。今若不信，以竹或筆管製黃鐘之律，一樣二枚，截其一枚，分作兩段，全律半律，各令一人吹之，聲必不相合矣，此昭然可驗也。又製大呂之律，一樣二枚，周徑與黃鐘同，……而大呂半律乃與黃鐘全律相合，略差不遠，是知所謂半律者皆下全律一律矣。大抵管長則氣隘，隘則雖長而反清，管短則氣寬，寬則雖短而反濁，此自然之理，先儒未達也。”

**外周**　朱氏定黃鐘倍律通長爲 20 寸，以 9 除之，得 2.222……寸，爲黃倍外周。黃倍外周，以 1.029302236 除之，得大呂倍律外周，再以此數除之得太倍外周，餘均同。

得應倍外周後仍以 1.029302236 除之得 1.5713484 寸爲黃鐘正律外周，仍以此數除之，得大正外周，餘均同。

王光祈《中國音樂史》上册 P.94 云：所謂 1.029302236 者即 $\sqrt[24]{2}$ 也，一語道破，朱氏所未知也。

**周求徑**　黃倍外周 2.222222 以 $\frac{9}{40}$ 乘之，得 5 分，自乘得 25 分，加倍得 50 分爲實，開平方，得 7.071067，是爲外徑。

黃倍外徑以 1.029302236 除之得大倍外徑，餘類推。黃正外徑（從應倍以此數除之算出）爲 5 分，仍以 1.029302236 除之得大呂正律外徑，餘類推。

朱氏此書算表皆列三十六律，自黃倍算起至應半止。

**內徑**　置黃倍通長 2 尺爲實，40 除之，得 5 分，爲黃倍內徑。以 1.029302236 除之，得大呂倍律內徑，餘類推。從應倍內徑算得黃正內徑爲 3.535533 分，再以 1.029302236 遞次除之，得大呂正律以下各律之內徑，直至應半內徑止。

**內徑求內周**　置黃倍內徑 5 分，自乘得 25 分，折半得 12.5 分爲實，開平方除之得 3.5355339分，以 $\frac{40}{9}$ 乘之，得 1.5713484 寸，是爲內周，以 1.029302236 除之，得大呂倍律內周，餘類推。從應倍內周算出黃正內周爲 1.1111111 寸，再遞次以此數除之，即得大呂以下各正律之內周，直至應半內周止。

**面冪**　黃鐘倍律面冪。置黃倍內周 1.5713484 寸，以 $\frac{9}{40}$ 乘之，得 3.5355339 分，自乘得 12.5分，加倍得 25 分，自乘得 625 分，以 $\frac{100}{162}$ 乘之，得 38 分 . 8 0 釐 2 4 毫 6 9 絲 1 3 忽 爲實，開平方法除之，得 1 9 分. 6 4 釐 1 8 毫 5 5 絲 0 3 忽，是爲黃倍面冪。

又徑求冪　　$\sqrt[2]{內徑^4 \times \frac{100}{162}} = 面冪$

又周徑求冪　　$\dfrac{內周 \times 內徑}{4} = 面冪$

又半周半徑求冪　半周×半徑＝面冪

大呂以下之面冪則用 1.059463094 除上一律之面冪而得。

1.059463094 者,王光祈云即 $\sqrt[12]{2}$ 也。

實積　黄鐘倍律面冪 19.64185503295965 分以黄倍通長 2 尺乘之,得 3928$_分$ 371$_釐$ 066$_毫$ 591$_絲$ 930$_忽$ ,是爲實積。

〔按,實積＝面冪×通長〕

大呂倍律以下之實積,則用 1.12246204830937298 除上一律之實積即得。

〔按,此 1.12246204830937298 者,殆即 $\sqrt[6]{2}$ 也。〕

卷四有《新舊法參校》。

古人算法四種:(1)

黄＝10 寸,每寸 10 分;(2)黄＝9 寸,每寸 10 分;(3)黄＝81 分;(4)黄＝9 寸,每寸 9 分＝81 分。

(1)太史公《律書》生鐘分,以黄＝1。

(2)出京房《律準》及《後漢志》。

(3)出《淮南子》及《晋書》、《宋書》。

黄 81,林 54,太 72,南 48,姑 64,應 43,蕤 57,大 76,夷 51,夾 68,無 45,仲 60。

〔按,與朱參校相差甚微。〕

朱氏謂 100 分爲横黍律,81 分爲縱黍律,90 分爲斜黍律。

以上古法,皆用三分損益法算,即黄鐘生林鐘等是也。惟《淮南子》及《晋書》、《宋書》稍異,朱氏謂"獨非三分損益法,與新法頗同,其所不同者仲呂不復生黄鐘耳。是知新法非自古所未有,疑古有之,失其傳也。"按,朱氏新法,實自創之,今仍託古以自重若此!《淮南子》及晋、宋《書》法,乃修改之三分損益法,即不用 $\frac{2}{3}$、$\frac{4}{3}$ 乘以上生下生,而用 $\frac{500}{749}$、$\frac{1000}{749}$ 乘以上生下生,益改 750 爲 749,去法數之千分之一,以略增管長耳。其法仍爲黄鐘生林,林生太,太生南,仍是隔八相生耳。(黄×$\frac{500}{749}$＝林,林×$\frac{1000}{749}$＝太……)

(4)出《後漢志》註引《禮運》古註,以九分爲寸。

卷五有《候氣辨疑》。歷引王廷相、劉濂、季本、何瑭諸人之論,斥候氣爲幽謬之談。

卷六中有《旋宮琴譜》章。

"凡各弦散聲即本律之正音。第十徽實音爲散聲之母,能生本律也。第九徽實音爲散聲之子,本律所生也。惟此兩徽雅樂尚之。不尚餘徽者,惡其亂雅也。解弦更張,先吹合字,上第一弦,按第十徽彈之,令與笙音相同(上文言以笙定弦),是爲黄鐘。次吹四字,上第二弦,按第十徽彈之,令與笙音相同,是爲太簇。次吹上字,上第三弦,按第十徽彈之,令與笙音相同,是爲仲呂。次吹尺字,上第四弦,按第十徽彈之,令與笙音相同,是爲林鐘。次吹工字,上第五弦,按第十徽彈之,令與笙音相同,是爲南呂。其第六弦、第七弦散聲與第一弦、第二弦散聲相應。此五聲爲均之琴也。"又云"一弦十徽實音爲宮,二弦十徽實音爲商,三弦十一徽實音爲角,四弦十徽實音爲徵,五弦十徽實音爲羽,六弦十徽實音爲少宮,七弦十徽實音爲少商,此古所謂正調也。俗謂正調一弦散聲爲宮,二弦散聲爲商,三弦散聲爲角,四弦散聲爲徵,五弦散聲爲羽,六弦散聲爲少宮,七弦散聲爲少商,非也。"

1.黄鐘、大呂二均,弦音不同而指法同,俗呼爲正調,按十一徽彈第三弦與第五弦散聲相應是也。

取琴兩張,一張按十徽,一張按十一徽,每弦依前法吹笙定就,下者即黄鐘調,高者即大呂調。同名正調,高下不同。

〔按,三弦十一徽,乙字即姑洗,五弦散聲亦乙字姑洗也。〕

2.林鐘、夷則二均,弦音不同而指法同,俗呼緩角調,按十一徽彈第一弦、第六弦與第三弦散聲相應是也。

黄鐘調緩三弦即林鐘調,大呂調緩三弦即夷則調。俗謂三弦爲角,故曰緩角。同名緩角,高下不同。

〔按,一六弦十徽爲合字,當黄鐘,十一徽爲應鐘即凡字,三弦散聲本爲合字,今緩一律定爲應鐘,林鐘宮要此音也。黄鐘琴轉爲林鐘宮,另大呂琴即轉爲夷則宮矣。〕

3.太簇、夾鐘兩均,弦音不同,而指法同,俗呼緩宮調,按十一徽彈第四弦與第一弦、第六弦散聲相應是也。

林鐘調緩一六,即太簇調,夷則調緩一六即夾鐘調。俗謂一六爲宮,故曰緩宮。同名緩宮,高下不同。

〔按,四弦十一徽爲勾,即蕤賓,一六散聲本爲林鐘,今低一律改爲蕤賓也。太簇宮要此音。〕

4.姑洗、仲呂、蕤賓三均,弦音不同而指法同,俗呼緊羽調,按十一徽彈第五弦,與第二弦第七弦散聲相應是也。

黄鐘調緊五弦即仲呂調,大呂調緊五弦即蕤賓調,別定一琴每弦九徽實音與蕤賓調十徽實音相同,即姑洗調。俗謂五弦爲羽,故曰緊羽。同名緊羽,高下不同。

〔按,五弦散聲本爲姑洗,緊一律爲仲呂,仲呂宮要此音也。五弦十一徽本爲夷則,今改之與二七弦散聲相應,是為南呂矣。此五弦緊上一律也。若是大呂琴,此刻改為蕤賓宮矣。姑洗調者每音比仲呂宮低一律,比蕤賓宮低二律(即一個音階)。九徽十徽相差二律,即一個整音,故可由蕤賓琴上比出姑洗琴。此無法改弦,必須別設一張琴也。〕

5.南呂、無射、應鐘三均,弦音不同,而指法同,俗呼清商調,按十一徽彈第二弦第七弦與第四弦散聲相應是也。

姑洗調緊二七即南呂調,仲呂調緊二七即無射調,蕤賓調緊二七即應鐘調,俗謂二七爲商,故曰清商。同名清商,高下不同。

〔按,仲呂宮與無射宮之別,僅為前者用南呂,後者用無射,今緊二七弦,改南呂為無射也。二七弦十一徽本為大呂,今改與四弦散聲太簇相應,是高一律矣。姑洗宮之轉為南呂,蕤賓之轉為應鐘,理與此同。〕

**六十調新説**　"五音琴以第三弦散聲爲黃鐘,古人謂之平調,今琴家俗譜以第一弦爲宮,故姜夔謂黃鐘大呂即縵角,太簇夾鐘即清商,姑洗仲呂蕤賓即正調,林鐘夷則即縵宮,南呂無射應鐘即緊羽,其説非是。"

| 五音琴圖 | 一弦 | 二弦 | 三弦 | 四弦 | 五弦 | 六弦 | 七弦 |
|---|---|---|---|---|---|---|---|
| 黃鐘宮 | 徵林倍 | 羽南倍 | 宮黃正 | 商太正 | 角姑正 | 徵林正 | 羽南正 |
| 大呂宮 | 徵夷倍 | 羽無倍 | 宮大正 | 商夾正 | 角仲正 | 徵夷正 | 羽無正 |
| 太簇宮 | 角蕤倍 | 徵南倍 | 羽應倍 | 宮太正 | 商姑正 | 角蕤正 | 徵南正 |
| 夾鐘宮 | 角林倍 | 徵無倍 | 羽黃正 | 宮夾正 | 商仲正 | 角林正 | 徵無正 |
| 姑洗宮 | 商蕤倍 | 角夷倍 | 徵應倍 | 羽大正 | 宮姑正 | 商蕤正 | 角夷正 |
| 仲呂宮 | 商林倍 | 角南倍 | 徵黃正 | 羽太正 | 宮仲正 | 商林正 | 角南正 |
| 蕤賓宮 | 商夷倍 | 角無倍 | 徵大正 | 羽夾正 | 宮蕤正 | 商夷正 | 角無正 |
| 林鐘宮 | 宮林倍 | 商南倍 | 角應倍 | 徵太正 | 羽姑正 | 宮林正 | 商南正 |
| 夷則宮 | 宮夷倍 | 商無倍 | 角黃正 | 徵夾正 | 羽仲正 | 宮夷正 | 商無正 |
| 南呂宮 | 宮南倍 | 商應倍 | 角大正 | 徵姑正 | 羽蕤正 | 宮南正 | 商應正 |
| 無射宮 | 羽林倍 | 宮無倍 | 商黃正 | 角太正 | 徵仲正 | 羽林正 | 宮無正 |
| 應鐘宮 | 羽夷倍 | 宮應倍 | 商大正 | 角夾正 | 徵蕤正 | 羽夷正 | 宮應正 |

卷七,《旋宮琴譜下》

"……是知每均當具七音,自隋何妥建議,廢旋宮法,由是已來,世俗琴士,不識七音爲均之琴。惟笙皆是七音爲均,却無五音爲均之笙,援笙爲琴瑟作證,不亦深切著明乎? 朱熹、蔡元定皆不非七音,陳暘何人,乃敢非之。《樂記》曰不知聲者,不可與言音,不知音者,不可與言樂,何妥、陳暘之謂也。……此篇特爲七音之均而作琴中八十四聲,祇用笙中七簧定之,以簡馭繁妙法也歟。"

**八十四聲新説**　"古琴有三等四調,一曰大琴正調,二曰中琴平調,三曰小琴清調,四曰瑟調,瑟調最高,古人重之。"

| 大琴圖之一 | 一弦 | 二弦 | 三弦 | 四弦 | 五弦 | 六弦 | 七弦 |
|---|---|---|---|---|---|---|---|
| 黃鐘宮 | 徵林倍 | 羽南倍 | 和應倍 | 宮黃正 | 商太正 | 角姑正 | 中蕤正 |
| 仲呂宮 | 商林倍 | 角南倍 | 中應倍 | 徵黃正 | 羽太正 | 和姑正 | 宮仲正 |
| 無射宮 | 羽林倍 | 和南倍 | 宮無倍 | 商黃正 | 角太正 | 中姑正 | 徵仲正 |
| 夾鐘宮 | 角林倍 | 中南倍 | 徵無倍 | 羽黃正 | 和太正 | 宮夾正 | 商仲正 |
| 夷則宮 | 和林倍 | 宮夷倍 | 商無倍 | 角黃正 | 中太正 | 徵夾正 | 羽仲正 |
| 大呂宮 | 中林倍 | 徵夷倍 | 羽無倍 | 和黃正 | 宮大正 | 商夾正 | 角仲正 |

已上六調爲下調,以中弦爲黃鐘,故下大呂一律。

| 大琴圖之二 | 一弦 | 二弦 | 三弦 | 四弦 | 五弦 | 六弦 | 七弦 |
|---|---|---|---|---|---|---|---|
| 林鐘宮 | 宮林倍 | 商南倍 | 角應倍 | 中大正 | 徵太正 | 羽姑正 | 和蕤正 |
| 太簇宮 | 中夷倍 | 徵南倍 | 羽應倍 | 和大正 | 宮太正 | 商姑正 | 角蕤正 |
| 南呂宮 | 和夷倍 | 宮南倍 | 商應倍 | 角大正 | 中夾正 | 徵姑正 | 羽蕤正 |
| 姑洗宮 | 角夷倍 | 中無倍 | 徵應倍 | 羽大正 | 和夾正 | 宮姑正 | 商蕤正 |
| 應鐘宮 | 羽夷倍 | 和無倍 | 宮應倍 | 商大正 | 角夾正 | 中仲正 | 徵蕤正 |
| 蕤賓宮 | 商夷倍 | 角無倍 | 中黃正 | 徵大正 | 羽夾正 | 和仲正 | 宮蕤正 |

已上六調爲高調,以中弦爲大呂,故高黃鐘一律。

| 中琴圖之一 | 一弦 | 二弦 | 三弦 | 四弦 | 五弦 | 六弦 | 七弦 |
|---|---|---|---|---|---|---|---|
| 黃鐘宮 | 羽南倍 | 和應倍 | 宮黃正 | 商太正 | 角姑正 | 中蕤正 | 徵林正 |
| 仲呂宮 | 角南倍 | 中應倍 | 徵黃正 | 羽太正 | 和姑正 | 宮仲正 | 商林正 |
| 無射宮 | 和南倍 | 宮無倍 | 商黃正 | 角太正 | 中姑正 | 徵仲正 | 羽林正 |
| 夾鐘宮 | 中南倍 | 徵無倍 | 羽黃正 | 和太正 | 宮夾正 | 商仲正 | 角林正 |

| 夷則宮 | 宫夷倍 | 商無倍 | 角黃正 | 中太正 | 徵夾正 | 羽仲正 | 和林正 |
|---|---|---|---|---|---|---|---|
| 大呂宮 | 徵夷倍 | 羽無倍 | 和黃正 | 宫大正 | 商夾正 | 角仲正 | 中林正 |

以上六調爲下調,第三弦爲黃鐘,故下大呂一律。

〔按,中琴圖之一,與大琴圖之一相同,惟中琴圖之一二三四五六七弦爲大琴圖之二三四五六七一弦耳。〕

中琴圖之二,與大琴圖之二相同,惟以大琴圖之二弦作一弦,餘可類推,今從略。

以上六調爲高調,第三弦爲大呂,故高黃鐘一律。

小琴圖之一,與中琴圖之一相同,惟以中琴之二弦爲一弦,三弦爲二弦,餘可類推。今從略。

以上六調爲下調,第二弦爲黃鐘,故下大呂一律。

小琴圖之二,與中琴圖之二相同,惟以中琴之二弦爲一弦,三弦爲二弦,餘可類推。今從略。

以上六調爲高調,第二弦爲大呂,故高黃鐘一律。

朱氏謂中、和二音者,"《左傳》曰中聲以降五降之後不容彈矣,此中字所出也(據朱氏有七始五降之說,黃鐘生林鐘,乃至應生蕤賓謂之七始,蕤生大呂以下五音不用,謂之五降)。《淮南子》曰角爲姑洗,姑洗生應鐘,比于正音故爲和,此和字所出也。"

按以上大琴、中琴、小琴、各十二均圖如是,但朱氏又畫時琴十二張圖以應十二月律,則調弦法又異:

此十二張琴,轉十二宮。第一張(黃鐘均)一弦黃鐘爲宮,二弦太簇爲商,三弦姑洗爲角,四弦蕤賓爲中,五弦林鐘爲徵,六弦南呂爲羽,七弦應鐘爲和。第二張(大呂均)一弦黃鐘爲和,二弦大呂爲宮,三弦夾鐘爲商,四弦仲呂爲角,五弦林鐘爲中,六弦夷則爲徵,七弦無射爲羽。第三張(太簇均)一弦大呂爲和……。第四張(夾鐘均)一弦黃鐘爲羽……。第五張(姑洗均)一弦大呂爲羽……。第六張(仲呂均)一弦黃鐘爲徵……。第七張(蕤賓均)一弦大呂爲徵……。第八張(林鐘均)一弦大呂爲中……。第九張(夷則均)一弦黃鐘爲角……。第十張(南呂均)一弦大呂爲角……。第十一張(無射均)一弦黃鐘爲商……。第十二張(應鐘均)一弦大呂爲商……等等。

朱氏云"按《文獻通考》載宋朝太常琴制第一弦爲黃鐘,第二弦爲太簇,第三弦爲姑洗,第四弦爲蕤賓,第五弦爲林鐘,第六弦爲南呂,第七弦爲應鐘,各隨鐘律彈之,正與古法相合,而陳暘、姜夔皆非之,妄矣。但宋制以琴之第七徽爲中聲,其說非是。"

朱氏七音琴第一張定弦法如下:(餘可推。)

吹笙定弦。按十徽，吹上、尺、工、凡、合、四、一，七音以定七弦，其散聲即黃、太、姑、蕤、林、南、應也。

據此則朱之十二張琴以應十二律者，第一弦散聲為黃鐘或大呂，與其以上所表大琴、中琴、小琴均異，不知何故（？）。

且余根本疑朱氏七音琴之調弦法。倘用五音琴之調弦法，一六，二七弦同音者，頗有好處，即高低音均備是也。琴有十三徽位，各個音階皆備，每弦具備七音，儘可奏八十四調，不必七弦散聲備七音也。

江清按，改調更弦必僅改一二音方有辦法，若多所改動，奏者為難。故以古琴而言，照朱氏之五音琴定弦法。黃鐘宮改為林鐘宮，縵三弦即可，以黃林二均所不同者，黃均之三弦為黃正，林均之三弦須為應正耳，故改低一律以應之。若由黃鐘宮改為大呂均即萬難辦到，因各弦皆須改高一律，紛紜無標準矣，故必須另設一張琴。朱氏五音琴之十二宮旋宮共用須用三張琴。何則？即初設黃鐘、大呂二琴，由黃鐘琴出黃鐘調、林鐘調、太簇調、仲呂調、無射調（實則應稱均而不能稱調），由大呂琴出大呂調、夷則調、夾鐘調、蕤賓調、應鐘調，共為十調，其姑洗、南呂二調，則南呂出于姑洗，而姑洗則無所出，乃取蕤賓調之琴，比對十徽與九徽之音以別定一張琴者。故云，備十二均須用三張琴。

以余觀之，若但有一張琴，先定弦為黃鐘均，則可使十二宮循環彈出：〔下"均"應稱"宮"，須改。〕

黃鐘均 —縵三弦→ 林鐘均 —縵一、六→ 太簇均 —縵四弦→ 南呂均 —縵二、七→ 姑洗均〔姑洗均 —縵五弦→ 應鐘均 —縵二、七→ 蕤賓均 —縵五弦→ 大呂均 —縵三弦→ 夷則均 —縵一、六→〕夾鐘均 —縵四弦→ 無射均 —縵二、七→ 仲呂均 —縵五弦→ 黃鐘均

〔注意，在姑洗宮→應鐘宮時，實以姑洗琴之二弦，當應鐘琴之一弦之用，即轉入朱氏大呂琴諸調，至夷則宮→夾鐘宮，此時縵一、六，方又合到朱氏黃鐘琴上諸調。〕

但事實上此種定弦法為實際應用所難，何以故？即翻宮調時，不能依此次第也。倘若由黃鐘宮要改為夾鐘宮則如何？豈能由林、太、南、姑諸宮兜一圈子而後得夾鐘宮之弦法耶？必只能有一二轉方可，故事實上可用者，僅為

黃鐘宮 —縵三弦→ 林鐘宮 —縵一、六→ 太簇宮 —縵四弦→ 南呂宮一段，另則：黃鐘宮 —緊五弦→ 仲呂宮 —緊二、七→ 無射宮 —緊四弦→ 夾鐘宮

皆由黃鐘出發，緊弦縵弦，各轉三宮，連黃鐘僅用此七宮，過此轉調上必覺麻煩矣。

熟能生巧，此七宮轉調時，固不必定從黃鐘出發，例如由無射宮改仲呂宮則縵二、七

弦即可,由太簇改仲吕則緊一、三、五、六弦即可,此則改動三弦,因距離較遠也。

余因思宋俗樂宫調,共用七宫亦即此理,取其轉調之便,十二宫不能遍用也。

整理以上之七宫得:

1.黄鐘宫　2.太簇宫　3.夾鐘宫　4.仲吕宫　5.林鐘宫　6.南吕宫　7.無射宫

今以宋七宫較之,則

　　　　宋俗黄鐘宫————黄鐘宫

　　　　宋俗正　宫————太簇宫

　　　　宋俗高　宫————夾鐘宫

　　　　宋俗中吕宫————仲吕宫

　　　　宋俗道　宫————林鐘宫

　　　　宋俗南吕宫————南吕宫

　　　　宋俗仙吕宫————無射宫

位置密合,此非偶然也。假如有一黄鐘琴可轉此七宫,不費氣力,若欲奏中管諸宫,須另設一大吕琴矣。

宋人以俗樂比附雅樂,以正宫就黄鐘,於是

　　　　俗正　宫————黄鐘宫

　　　　俗高　宫————大吕宫

　　　　俗中吕宫————夾鐘宫

　　　　俗道　宫————仲吕宫

　　　　俗南吕宫————林鐘宫

　　　　俗仙吕宫————夷則宫

　　　　俗黄鐘宫————無射宫

不但名不相應,且何以用此黄、大、夾、仲、林、夷、無七宫,其理亦百思難通耳。殆以雅樂高于俗樂二律,故以俗之黄鐘但當無射,遂以當黄鐘者稱正宫歟?

瑟有和音,大弦以小弦和是也,如黄鐘,和以林鐘之類,見朱氏《論瑟條下》,卷七。琴亦有和音,見朱氏《操縵譜》,如𫝹𫝹𫝹𫝹(黄黄黄林)……三弦散聲一弦十徽皆黄,而一弦散聲則林,取以爲和也。凡黄以林和,林以太和,太以南和,南以姑和,姑又以南和(𫝹𫝹𫝹,姑姑姑南,五弦散聲二弦九徽皆姑,以二弦散聲和之爲南也),皆十徽實音向以此弦散聲爲和,十徽之音生散聲,母以子和也。惟姑洗係用二弦九徽,以二弦散聲和,爲一例外。

·笙竽更有和聲無論焉。


以上四種爲朱氏論樂律要著,其下則爲歌舞譜、曆算等著作,列目如下:

（五）《操縵古樂譜》一卷。（《萬有文庫》第 19 冊）

（六）《旋宮合樂譜》一卷。（《萬有文庫》第 20 冊）

（七）《鄉飲詩樂譜》六卷。（《萬有文庫》第 21—24 冊）

（八）《六代小舞譜》一卷。（《萬有文庫》第 25 冊）

（九）《小舞鄉樂譜》一卷。（《萬有文庫》第 26 冊）

（十）《二佾綴兆圖》一卷。（《萬有文庫》第 27 冊）

（十一）《靈星小舞譜》一卷。（《萬有文庫》第 28—30 冊）

（十二）《聖壽萬年曆》二卷。（《萬有文庫》第 31 冊）

（十三）《萬年曆備考》三卷。（《萬有文庫》第 32—33 冊）

（十四）《律曆融通》四卷。（《萬有文庫》第 34—36 冊）

1942.8.18.記畢於屯溪隆阜之徽州女子中學教員宿舍。

# 後　　記

《樂律與宮調》是父親的讀書筆記。父親學富五車，生前寫下了許多讀書筆記，既備教學之需，也爲日後撰寫論著做着準備，不幸未及系統整理，便抱憾終天。現將這一種公諸於世，以供專業讀者之參考，亦可見此類遺稿之一斑。

這篇筆記共分兩部分，用鋼筆分記在兩本薄薄的深紫色封面的筆記簿上，父親爲之分別題名爲《朱載堉〈樂律全書〉》和《樂律與宮調》。前者篇末註有“1942.8.18.記畢於屯溪隆阜之徽州女子中學教員宿舍。浦江清”等字樣。後者未註，但前半是讀《樂律全書·律呂精義外篇》的筆記，內容接續，應是同時所記。現將二者統題寫《樂律與宮調》，分上下兩部分在《文史》發表。

一九四二年，抗日戰爭進入了最艱苦的階段，父親在這一年，也歷盡了磨難，六個月內，長途跋涉八千里路。（這段經歷，在他的《清華園日記　西行日記》中有詳盡記載。）當時，因爲休假期滿，他要從家鄉（上海松江）返回西南聯大。然而戰局變化，回滇的海路已經斷絕，上海也已淪陷。於是，他冒險偷越日寇封鎖綫，徒步翻過蘇、皖交界處的山嶺，準備經浙贛綫轉往昆明。哪知才走到屯溪（今黃山市），日寇已打到江西，鷹潭、上饒均已失守，浙贛路被切斷，爲防日軍進入安徽，祁門至浮梁的公路亦開始破壞，一行人頓成擱淺之勢。在屯溪滯留期間，曾遇到山洪暴發，幾成魚鱉；又常遭敵機空襲，需時時跑警報。除去種種驚險，最令父親憂急的，是離滬已近一月而西行成績殊少，甚至等於未行，旅費却即將告罄，在此請允許我

摘抄幾段《西行日記》,以見其困窘之狀(《清華園日記　西行日記》三聯書店一九八七年第一版、一九九九年第二版):

　　　　"六月二十三日　我胃病仍發,因不加入吃飯,獨自吃粥及吃麵,亦節省用費之一法也。

　　　　六月二十六日　清晨,群出買菜、洗菜、做飯,余擔任向廚房取水及上街買零碎等,頗以為苦。

　　　　……是日,遷 21 號,一人一室,每日三元五角,比與蘇君合住大室費八元者便宜五角也。

　　　　六月二十七日　現在我等自己開伙食,比吃飯館約省一半。以余觀之,尚可省。

　　　　七月三日　檢行李中不需要之衣服等付公一拍賣行,想賣得錢以維持,並減輕重量也。……但今屯溪有拍賣行二,貨物堆積,價反賤於上海,少人問津。

　　　　七月七日　此間官鹽要居民證方可買,我們無有,托祝君在中央銀行托茶房買。買二斤私鹽,三十六元,駭人聽聞。"

　　父親曾打電報致西南聯大,請求匯款,但因戰況,電報不能及時發出。即便有匯款來,銀行也因無現款,退回不付。又與暨大、東南聯大四位教師共同申請借款,地方官吏老奸巨猾,推托反覆,經多方奔走,方準予墊借千元,領取時却只有五百,平均人各百元,衆人頗以爲辱。如此耽擱,前程不可預料,欲達目的地,或需萬元,怎能不心急如焚呢?

　　所幸後來得以借住隆阜徽州女中教員宿舍,節省了住宿開支。從七月十六日至八月三十一日,在一個半月中,生活環境相對穩定。徽州女中地極幽靜,校圖書館因經水災,正在曬書。父親便趁機借讀《萬有文庫》本朱載堉《樂律全書》等書,並作了筆記。儘管我知道父親天性樂觀,又嗜書如命,只要有好書,便能沉浸其中,樂而忘憂,但在發現這兩本筆記時,仍不由得驚嘆他的執著和認真,想不到他竟能在困境中如此潛心研讀,乃至寫下系統的評析。這便是老一輩愛國知識份子的本性吧,心氣浮躁的人哪能做得到呢? 可以想見,當時父親手頭缺乏其他參考書,樂律涉及的數學問題,就一般人看來,又並非以文史爲專業者所長,而他却能做出推算,足見其文理兼通,功底扎實,而思維又清晰縝密。這一特色在五十年代他的論文《屈原生年月日的推算問題》中,更得到了充分展示。聯想到近年來,"夏商周斷代工程"組織了考古學、歷史學、天文曆法、科學測年等各學科二百多位學者,運用現代高科技手段,合作製訂夏商周年表,便可知父親當年憑個人之力,貫通文學、史學、天文曆法、高等數學等各科,單靠紙和筆,推算屈原生辰,其毅力與功力,都是常人難以企及的。

　　父親愛唱崑曲,會吹笛,三十年代是俞平伯創辦的谷音社成員,就是在戰時也常參加王瞻巖、陶光等舉行的曲叙。講古典戲曲作品,往往會在課堂上唱上一段。人們回憶到這些,以爲不過是他怡情養性的愛好，至多也是爲了使教學更感性化。其實，自《詩經》至散曲、劇曲，中國詩歌的流變一直與音樂密不可分。父親曾有志於撰寫一部文學史，對樂律、宮調的研究便也早已有心，現家中還有大量有關詞曲宮調的筆記，可惜不能匯成專著了。

　　感謝《文史》雜誌，使這篇筆記得以面世。慚愧的是，由于學力所限，我除對原稿字迹模糊之處做認真校對外，不能作進一步的整理。手稿中引文，一一據原書作了校正。如有其他問題，敬請專家指正。

　　　　　　　　　　　　　　　　　　　　　　　浦漢明　謹記

# 《莊子》"斞斛"解

## 丁　曉　珉

　　《莊子》一書，自魏晉以來，對它進行評注的專著數以百計，而古注較有影響的，除了晉代郭象的注得以保存至今外，其他都已亡佚，僅僅在唐代陸德明的《經典釋文》中還殘存着一些，如司馬彪、李頤等人的注解。清代學者郭慶藩作《莊子集釋》，旁羅並搜，可謂是集大成者。然而書中的一些語詞，歷來衆說紛紜，莫衷一是，至今仍然未得確詁，今試釋一條於下。

　　《莊子·田子方》有云："三年，文王觀于國，則列士壞植散群，長官者不成德，斞斛不敢入於四竟。"[1]文中的"斞斛"一詞，就我們所見，主要有以下幾種不同的解釋。其一是以爲文字發生了訛誤，如晉代司馬彪本作"斞斛"，並說："斞讀曰鍾，斛讀曰臾。"前修則認爲"斞斛"當爲"釜斞"之訛。[2]其二是以爲文字沒有問題，但是對"斞"字的理解又有分歧。如晉代李頤認爲"六斛四斗曰斞"，即鍾（按：鍾爲六斛四斗）；而唐代成玄英認爲"斞"就是"庾"，容積爲六斗四升。以上諸說，仍有待商榷。

　　我們認爲"斞斛"字不誤，"斞"是"斞"字的異體，見於《集韻·上噳》，唐寫本《莊子》（伯三七八九）即作"斞斛"。斞和斛是兩種不同的量器，斛的容積爲十斗，而斞則是一種容積極小的量器，司馬彪、李頤、成玄英的注解不得其要。"斞斛不敢入於四竟"，是指其他國家的量器，無論大小，都不敢進入周國，這表示諸侯沒有二心，是國家大治的一種表現。

　　斞是一種小量，跟鍾、庾沒有關係，段玉裁和孫詒讓早已論及。《說文》云："斞，量也，從斗臾聲。《周禮》曰：'桼三斞'。"段氏注云："《考工記·弓人》文，鄭注：'斞，輕重未聞。'許亦但云'量也'，一弓之膠甚少，與《論語》、《考工記》之庾絶異。"孫氏也說："斞，蓋斗之屬。《廣雅·釋詁》云：'斞，量也'。義同《說文》。又《釋器》云：'釜十曰鍾，鍾十曰斞。'是斞容六十四斛，其量太大，與弓桼三斞之數不相當也。"[3]他又說："《莊子》之'斞'，譌俗不成字，其從臾，似與斞聲類同。然李頤及司馬彪並謂即鍾字。陸（德明）讀斞爲庾，司馬讀斛爲庾（按：當作臾），又似皆謂即《陶人》實二觳之庾。……而揆之盛桼之器，量究不合，故鄭、許皆不據彼釋斞也。"[4]段、孫二氏之説極是，只可惜他們未見實物，所以無法確知斞之量，今補述如下。《三代吉金文存》有一件戰國時期的量器，叫"斞半小量"，銘文爲"斞半尖"，據朱德熙先生說，"尖"當讀爲"膌"，"斞半膌"是一斞又半斞膌的省略説法，意思就是一又二分之一斞强。[5]此器今藏中國歷史博物館，經測定，容積僅爲5.6909毫升，[6]那麼一斞的容積約爲3.7939毫升，作爲量器，其容積之小可想而知。

　　斞是一種小量，我們從"斞"字的異體結構也可以看出一絲端倪。"斞"字異體作"斞"，從蚩（即蚊）臾聲，乃因小而得義，這無疑與斞是一種極小的量器有密切的關係。此外，"斞斛"，司馬彪的本子作"斞斛"，顯然是後人于"斞"旁注"斞"字，寫者不達，竄入正文，並且又奪去了"斛"字，已經不再是《莊子》的舊貌；而前修把"斞斛"校爲"釜斞"，也未得其真。

　　①　郭慶藩《莊子集釋》，中華書局1997年版，722頁。
　　②　徐復《徐復語言文字學論稿》，江蘇教育出版社1995年版，225頁。
　　③④　孫詒讓《周禮正義》，中華書局2000年版，3560頁。
　　⑤　朱德熙《朱德熙文集·古文字論文》，商務印書館1999年版，28頁。
　　⑥　《中國古代度量衡圖集》，文物出版社1984年版，57頁。

# 《尚書》文獻用字劄記

臧克和

## 一、"丕子之責"及相關問題

"丕子"一詞,見於《金縢》篇。該篇記載周文王長子武王病重之際,周公設壇作册,祈禱以自身去代武王作"貢獻"。其中講到"丕子之責":

> 祝曰:"惟爾元孫某,遘厲瘧疾。若爾三王是有丕子之責于天,以旦代某之身。予仁若考,能多材多藝,能事鬼神。乃元孫不若旦多材多藝,不能事鬼神。"

諸寫本皆寫作"丕子",《書古文訓》、《唐石經》亦同。足利本於"丕子"右側加注"謂負天",而左側又加注"太子指武王"。一篇之内,一語兩邊,矛盾相違。今人也有將"丕"當作"負"字來理解的。以丕通作負,其傳世文獻的根據是《史記·魯周公世家》出現了"負子"這樣的異文,還有上古音系輕重唇没有分化,丕、負二字古音很接近,陸德明《經典釋文》裏有具體反映:"丕,普悲反,馬同;徐甫眉反,鄭音不。"殷周銘文不、丕就是一個字,見《召尊》、《牆盤》等器。日釋空海《篆隸萬象名義》卷一釋"丕"字原本有"太"這一義項,如此,"丕子"也就是後世所習見的"太子"了。

由於該篇的禱告是由武王的"遘厲瘧疾"而發,所以從古到今的若干注本總是試圖尋繹出其間的種種關聯,不惜破字。像有的將丕讀作不、拿子作愛子解;有的將丕子讀作布茲等。由於周初"丕子之責"的歷史背景已久湮不知其溯,歷代研究者關於這段文字的理解才歧出紛如。劉起釪先生專門作了篇《釋"丕子"》的文章,逐一討論各家解釋的根據和不足,在比較諸説之後認爲:由吳澄、戴鈞衡、俞樾諸人探索所得之説近是。因爲根據《尚書·盤庚》篇所反映殷周統治者的思想,認爲祖先死後在天上是照樣供職、照樣服事、照樣生活的。本文反映的是同一思想,所以解釋爲祖先在天上需要把武王召去服事他們,是説得通的。因此,"若爾三王是有丕子之責於天,以旦代某之身"這句話的意思是説:倘若你們三王在天上需要責取這位大兒子來服侍你們,那就用我小子旦來代替他吧。[①]

問題在於,在《金縢》這類反映周初史實的文獻裏,何以會出現"丕子之責",而不是"次子之責"、"幼子之責"的説法？講清楚這層關聯,有必要補綴出上古有關文獻所反映的"殺首子"的習俗。裘錫圭先生曾援引若干資料,考察發現上古"殺首子"的現象,反映的是古代"獻新"的習俗。如果説獻新之祭包括把田地上的第一批收穫和頭生仔畜等獻給鬼神;那麼,要頭生之子到身邊服侍,也算得上一種"獻新"了。夏淥在《釋孟》一文中説:古代民俗存在過"長子"、"首子"被解而食之的陋習,文字中用皿盛子,表示被食的"孟子"即"長子"、"首子","孟"從而產生"首"、"始"、"長"之意。裘錫圭先生認爲,此説值得注意,並進而舉出中外一些民族學材料。如沙利·安什林《宗教的起源》對這種祭祀的意義作了如下的解釋:這種祭祀通常是慶祝第一批收穫的典禮——拿畜群和收成的一部分來作爲祭品,是爲了保全其他所有的收穫。又如中國古代的"嘗",就是獻新之祭。《禮記·少儀》:"未嘗不食新。"鄭注:"嘗謂薦新物於寢廟。"《周禮·春官·肆師》:"嘗之日,涖卜來歲之芟。"鄭注:"嘗者,嘗新穀。"《逸周書·嘗麥》:"維四年孟夏,王初祈禱於宗廟,乃嘗麥于大祖。"與《月令》孟夏嘗麥相合。由於秋季是最大量的穀物成熟的季節,"嘗"後來成爲秋祭之名。在古代,"未嘗不食新",是必須遵守的戒律。又如弗雷澤在《金枝》中講到:"在古代希臘,看來至少有一家很古的王室,其長子總是代替他們的父王作爲犧牲獻祭的。"在基督教傳説裏,作爲上帝的兒子、上帝的羔羊的耶穌基督,爲了贖人們的罪而自願承擔死亡。這一傳説最初也許意味着基督爲了免除人們獻出頭生子的痛苦而自願作爲犧牲品。根據上述文獻記載,裘先生的結論是:殺首子而食之,是屬於獻新祭和嘗新聖餐範疇的一種現象。其性質跟一般的用人牲和食人的習俗不能同日而語。[②]

　　祖先神對"丕子"有上述特殊的要求,而且古代的確存在過這樣一種習俗;所以我們這裏將"丕子之責"和"殺首子"聯繫起來考慮,對《金縢》篇的有關問題的理解會有些幫助。比如下面周公提出請求,要以一己之身替代武王的這類責任,就需要説明一些格外的條件。"予仁若考,能多材多藝,能事鬼神",《書古文訓》"考"作"丂"、"能"作"耏",《史記·魯周公世家》記作"旦巧"。王引之《經義述聞》卷三:考、巧古字通;若、而,語之轉。"予仁若考"者,予仁而巧也。惟巧,故"能多材多藝","能事鬼神"。意重巧,不重仁,故下文但言"乃元孫不若旦多材多藝"也。若如《傳》曰"周公仁能順父",則武王豈不順父者邪？且對三王言之,亦不當獨稱"考"也。從文獻用字來看,對於先輩而言的"丕子",對於其同輩間來說就是"兄長"。作爲"兄長"的地位、身份也是很特殊的。《漢石經》所載《尚書》的若干片段,"皇"字總是刻作"兄",沒有例外,由此可以瞭解二字的古音關聯。上古社會,作爲兄長的身份地位主要還是體現在跟祭祝的關係上面。只要看"祝"字從"兄"結體,即知其中的聯繫。

　　也許正是存在上述種種關係,"丕子"必須經常與祖先神打交道,也就首當其衝地承擔《金縢》篇所講到的"丕子之責"。

## 二、"天監下民典厥義"有關祭祀

"天監下民典厥義",見於《高宗肜日》:"高宗肜日,越有雊雉。祖己曰:惟先格王正厥事。乃訓于王曰:惟天監下民典厥義。降年有永有不永,非天夭民,民中絕命。民有不若德,不聽罪。天既孚命正厥德,乃曰:其如台? 嗚呼! 王司敬民。罔非天胤,典祀無豐于昵。"

敦煌本伯 2516 經文作"惟天監下",③從該本下面所出傳文作"言天視下民"、《書古文訓》、《唐石經》皆有"民"字等情況來看,該寫本殆脱一"民"字。但敦煌本伯 2643 亦作"惟天監下",岩崎本、足利本和内野本等諸寫本亦同,"監下"均無"民"字。這是否意味着上述一系列寫本,均源出於一個唐寫本(唐代衛包改字以前的寫本)系統。《唐石經》的避諱方式是將"民"字末筆作缺筆處理,而上述源於唐寫本系統的寫本乾脆省去"民"字。到底有無這種可能,還是需要討論的。像《君奭》"逷佚前人光在家",敦煌本伯 2748"前人"又寫作"前民",而且該寫本所有"人"字都作"民"。這樣就發生了如下的問題:是該寫本作手所據本子源於唐前而尚不知避諱呢,抑或是原本寫作"民"字而其餘諸本因避諱改了字呢?

殷周之際銘文尚未見到"下民"的用例,可以相比較的是"下國"一類詞例,《禹鼎》銘文:"天降大喪於下或(國)。"其中"天降"、"天監"之類用字,爲傳遞當時"天地相通"宇宙結構模式的典範格式。敦煌本伯 2516 傳文將該句釋作"天視下民以義爲常",這是以"以…爲常"來訓"典"字。本篇下文有"典祀"一詞,該本傳文也釋作"祭祀有常"。今人治《尚書》大都取典字爲動詞的用法,或釋爲"主持",典厥義,就成了"主持公道";或以典字通"腆",意思是善,也作爲動詞來用,典厥義又成了"以其合宜爲善"。我們覺得這些説解皆有義過於通之嫌。比較起來,這一語段和前面的"正厥事"、後面的"正厥德"句法一律,典字用在謂語的位置上,這應該是沒有什麼問題的。

成爲問題的是,"典厥義"的"義"字並不好落實,這才是千古聚訟的所在。從唐寫本的文獻用字來認識,或許能够尋繹出其中的一些聯繫。敦煌本伯 2516 作"典乩誼",伯 2643 亦寫作"典乩誼",岩崎本、内野本、上圖本(元亨本)、上圖本(八行本)等寫本也都相同,均寫作"典乩誼",《書古文訓》同樣刻作"典乩誼"。只是《唐石經》石刻作了"典厥義"。古代文獻裏義、誼可以通用,清代學者杭世駿《訂訛類編·義訛類》就以爲"誼"不過是古"義"字。像《漢書》"賈誼"也寫作"賈義"。誼從宜得聲,《廣雅·釋言》:"義,宜也。義字從我符得聲,宜則從多符得聲(見《説文解字·宀部》所錄古文宜、《侯馬盟書》宜字的寫法),皆屬歌部字。宜字最初多用於祭祀之稱。容庚先生《金文編》卷十四釋俎、宜爲一字。《儀禮·鄉飲酒禮》:"賓辭以俎。"注:"俎者,肴之貴者也。"殷墟卜辭中以"宜"爲祭名,並且與祭品犧牲規模相聯繫。例如羅振玉《殷墟書契後編》上 22·7 條和 24·4 條，就分别有"宜大牢"、"宜十牛"的用例。我們知道，《高宗肜日》全篇是在講祭祀：訓諫由肜祭引出，從祭品談起，到典祀豐殺爲止。祖己訓諫也是就祭祀制度本身講起的。由是，典厥義，本作"典屰誼"，實際就是"典厥宜"，也就是"典厥宜祀"。聯繫上面的"天監下民"，整個語段用字不過是説"上天監察下民主持祭祀的情況"。不煩破字。從語法結構形式來看，"天監下(民)典屰誼"中間實在並不需要斷句。整個結構是所謂"兼語式"：上天監察的對象爲"下民"，而下民又是"典屰誼"行爲的發出主體。正是從這裏自然過渡到最後關於"典祀無豐于昵"的祭制改革的大旨上面去，皆是題中應有之義，無待他求。

# 三、聖、坴、即、次、疾等聲近通用

《堯典》"帝曰：'龍！朕聖讒説殄行，震驚朕師。'"大徐本《説文解字·土部》認爲聖、坴二字是異體的關係，聖不過是坴的古文，其中所引《尚書》亦作聖："坴，以土增大道上，從土次聲。聖，古文坴從土、即。《虞書》曰：龍朕聖讒説殄行。聖，疾惡也。"段玉裁《古文尚書撰異》就以爲聖訓作疾，本是假借的結果 古文以即爲聲，小篆改從次聲者，古音次讀如漆。引《虞書》者，明假借之法。此聖字不訓"以土增大道上"，乃疾惡字之假借。古次聲、即聲、疾聲同在第十二部。

《説文解字》關於坴、聖二字關係及聖字的解釋，至少唐代的寫本裏就存在這樣的用字現象。敦煌本伯 3315《經典釋文·舜典》存"聖"條："徐音在力，疾也。《説文解字》云：才屍反，古文字疾惡。"其實"在"字也是從才得聲的。《舜典》足利本在"聖"字旁加的補注也是從聲音的關聯著眼："聖聲近疾，故爲疾。"按聖從即得聲，坴從次得聲，次、即在出土文獻中通用。《郭店楚墓竹簡·老子》圖版丙："大上下智又之，其即新譽之，其即偎之，其即(?)之。"而《馬王堆漢墓帛書·老子》此處就記作："其(?)親譽之，其次畏之，其下母之。"[4]

①　劉起釪《古史續辨》第 380 頁，中國社會科學出版社 1997 年。

②　裘錫圭《文史叢稿》第 130 頁，上海遠東出版社 1996 年。

③　顧頡剛、顧廷龍《尚書文字合編》(以下未注明出處的寫本、刻本文獻文字均見是編)，上海古籍出版社 1996 年。

④　荆門市博物館《郭店楚墓竹簡》，文物出版社 1998 年。

# 記蔣善墓誌

## 周紹良

《冊府元龜》卷一二六《帝王部·納降》武德四年：

> 六月戊戌，蔣善人以鄆州、孟啖鬼以曹州來降。

此事亦見《資治通鑑》卷一八九《唐紀》高祖武德四年六月：

> 戊戌，孟海公餘黨蔣善合以鄆州、孟啖鬼以曹州來降。啖鬼，海公之從兄也。

同書同卷同年七月：

> 孟海公與寶建德同伏誅，戴州刺史孟啖鬼不自安，挾海公之子義以曹、戴二州反，以禹城令蔣善合爲腹心。善合與其左右同謀斬之。

此條下有胡三省注云：

> 禹城縣屬齊州，隋之祝阿也。《新》、《舊》志皆云：天寶元年，改祝阿爲禹城。此時未有禹城，當考。又前言蔣善合以鄆州來降，此以"禹城令"書之，亦未知爲誰所命也。

《元龜》多誤字，"善人"當是"善合"之誤。善合于唐初諸史籍中凡數見，《通鑑》卷一九○《唐紀》高祖武德七年五月：

> 甲戌，羌與吐谷渾同寇松州，遣益州行臺左僕射寶軌自翼州道、扶州刺史蔣善合自芳州道擊之。

又同書卷一九一《唐紀》高祖武德七年六月：

> 丙辰，吐谷渾寇扶州，刺史蔣善合擊走之。

又同書同卷高祖武德八年：

> 冬十月壬申，吐谷渾寇疊州，遣扶州刺史蔣善合救之。

《舊唐書》卷六一《寶威傳》附寶軌：

> 屬党項寇松州，詔軌援之，又令扶州刺史蔣善合與軌連勢。時党項引吐谷渾之衆，其鋒甚銳。軌師未至，善合先期，至鉗川遇賊，力戰走之。

《新唐書》卷九五《寶威傳》附寶軌亦云：

> 党項引吐谷渾寇松州，詔軌與扶州刺史蔣善合援之。

《冊府元龜》卷三五《將帥部·立功》一。寶軌條也載：

> 屬党項寇松州，詔軌援之，又令扶州刺史蔣善合與軌合勢。時党項引吐谷渾之衆，其鋒甚銳，軌等分軍于岩昌、岷山，二道俱進。軌師未至，善合先期，至鉗川遇賊，力戰走之。

同書卷九八五《外臣部·征討》四武德七年；

> 五月,吐谷渾寇松州,遣益州行臺左僕射竇軌自翼州道,扶州刺史蔣善合自芳州道
> 擊之。

同書卷九九〇《外臣部·備禦》三武德八年；

> 十月,吐谷渾寇疊州,遣扶州刺史蔣善合援之。

統觀這些記載,蔣善合是武德四年六月以孟海公餘黨以鄆州降唐,授禹城令,曾被孟啖鬼引為腹心,但善合却與其左右合謀除去孟啖鬼。後來官至扶州刺史,一直到武德八年十月,此後即不見記載。

　　篋中舊藏拓片一份,原章鈺舊藏,無題,其文云。

> 君諱善,字玄符,洛陽人也。其先出自有周,德式于蔣,後以國為姓。魏太尉濟十二
> 世孫。曾祖平,魏樂安太守,祖儁,東魏武定五年涂墨曹參軍;父子虞,大象二年任濟州
> 司戶參軍。公規模遠大,隋大業八年占募從戎,授建節尉。大唐武德四年,詔使授公戴
> 州禹城縣令。刺史孟啖鬼河濟凶渠,圖為反噬。公陰結義勇,承間掩口,斬獲魁首,奉表
> 奏聞。詔授大將軍、鄆城縣開國公,食邑口口戶。尋奉詔授持節鄆州諸軍事、鄆州刺史。
> 武德六年,詔授持節扶州刺史。貞觀三年,奉勅檢校松州都督。八年,來朝于九成宮所,
> 因疾彌留。其年八月廿八日薨。十年十月十七日,遷葬于洛陽之北邙阜。雖陵谷遽遷,
> 而名實不朽,乃作銘云爾。

此墓誌雖無題,因而不知其姓氏,但文中說明"德式于蔣,后以國為姓",可見是姓"蔣"。文中記載是他于武德四年被授戴州禹城令,接着刺史孟啖鬼思"圖為反噬",他設謀除之,得任鄆州刺史。至武德六年,改任扶州刺史。後在貞觀三年,奉勅檢校松州都督。大概還兼任扶州刺史,八年來朝,即未回任所。整個歷史是可與史籍相印證。雖《誌》文簡單,但有些也可補史籍所未備。惟名作"善"而非"善合"似當以《誌》文為準(拓本"善"字模糊不清,頗類"喜"字,我將其編入《唐代墓誌彙編》貞觀051即作"喜",《洛陽出土墓誌輯繩》91亦收之,題作"合")。從而導致日人氣賀澤保規氏編製《唐代墓誌所在總合目錄》(《明治大學東洋史資料叢刊》汲古書院本)誤為兩目(《蔣合墓誌》、《口喜墓誌》),實由我的粗心,未將拓本詳加審讀之故,既未加姓,又未將"善"字評辨,殊為粗心也。故特記之以誌吾過。

# 王維詩口語疑難詞疑議

### 魏耕原

王維詩風澄澈清朗,平易曉明,論家以為"每從不著力處得之"(沈德潛語)。其注釋以清

趙殿成《王右丞箋注》最爲著名,但因舊時風氣所限,對口語疑難詞,無甚發明。今注以陳鐵民先生《王維集校注》最爲晚出,在考辨本事、編排繫年,文字校勘、典故出處、難詞注釋上,用力甚巨,發明豐碩。其中口語疑難詞注釋,粗計不下一二百條。主要依據張相《詩詞曲語辭匯釋》和王鍈《詩詞曲語辭例釋》(以下簡稱《匯釋》和《例釋》),也時多著意心裁,新見間出。本文僅就口語疑難詞釋義試加商討。

一

陳注發明,略舉數條,以見對俗語詞的篤意專注。P198《戲贈張五弟諲三首》之一:"清川與悠悠,宋林對偃蹇。"注曰:"與:猶'對',與下句之'對'字爲互文","此句意謂,隱居時獨對清川,悠閑自在"。陳注以趙殿成本爲底本。"與"字原作"興",注者則據宋蜀本等改。這裏不僅有校勘的依據,更有訓詁學的依據。"偃蹇"謂托病偃卧,"興"改爲"與"則成偶對。此二句的前四句與後六句皆爲偶句,則"清川"二句亦當不能失偶。這或許也是用"與"改"興"的用意之一。而"與"的常見義"和",施于句中則抵觸不通,故用"與"與下句"對"互文見義的規律,指出"與",猶"對",則文通字順,豁然貫通。"與"之"對"義,張相《匯釋》卷四已有發明,亦見陳注亦有所據。但張著例舉陳師道、陳與義詩,未免爲晚。反過來,陳注可補其不足。

P592《酬賀四贈葛巾之作》:"早朝方暫挂,晚沐復來簪。坐覺囂塵遠,思君共入林。"是説早朝着冠,暫且把葛布頭巾挂起來,傍晚下班就把它又戴上,就有"坐覺囂塵遠"的感覺。陳注曰:"坐:猶'頓'。此句謂,戴上頭巾,頓覺遠離人世的囂塵。"注詞釋句,極爲精洽圓通。"坐"爲俗語常見詞,在散文中無甚歧義,于詩則複雜得多。《匯釋》卷四連續排列九條殊義,"坐(三)"條立有此義,但舉唐詩只有二三例。今再聊示數例,以佐其説:駱賓王《浮槎》:"忽值風飆折,坐爲波浪衝。""坐"、"忽"對文義同,即頓時、立即之義。柳宗元《楊白花》:"楊白花,風吹流江水。坐令宮樹無顔色,搖蕩春光千萬里。"謂楊白花脱離宮樹而去(棄魏渡江投梁),頓使宮樹失去光采——胡太后大爲傷神。[①]由此可見陳注"頓"義可立。至于其它"坐",均多隨文而釋,有所依據。P112《獻始興公》:"寧栖野樹木,寧飲澗水流,不用坐梁肉,崎嶇見王侯。"注曰:"坐,猶'致';……鮑照《觀圃人藝植》:'居無逸身伎,安得坐梁肉。'……二句意謂用不着爲了得到富貴,而惴惴不安地去干謁王侯。"其釋義和鮑照詩例俱見于《匯釋》卷四"坐(八)"條。P643《書事》:"坐看蒼苔色,欲上人衣來。"注曰:"坐:猶'且'。説見《詩詞曲語辭匯釋》。"所釋均爲精當恰切。

口語詞中有些複音詞,也常有些特殊意義,難以覓解,按一般用法待之,句意阻澀不通。陳注于此亦極爲精心。如 P277《待儲光羲不至》:"重門朝已啓,起坐聽車聲。要欲聞清佩,方將出戶迎。”“要欲”頗費解。注曰：“要欲：猶‘卻似’，説見王鍈《詩詞曲語辭例釋》。二句意謂，好像聽到了友人身上玉佩的清脆響聲，正要出門去迎接，那知卻原來是自己弄錯了。”《例釋》釋“要”爲卻，釋“欲”爲似，原分爲兩條。于此亦見陳注細心獨至，將二者撮合而觀。對此難句没有“冷處理”避而不注。而采用其《前言》所説“串講”，處理得十分清晰可觀。這裏的琢磨，可算是注家的真本領。P355《問冠校書雙溪》：“君家少室西，爲復少室東？”注曰：“爲復，還是。”蔣禮鴻《敦煌變文字義通釋》對此義有詳細論列漢魏以至唐宋詩文例證，《匯釋》亦有見載。

<h1 style="text-align:center">二</h1>

　　諸如上例，在陳注中層見疊出。但一片樹木，難免有些枯枝；一部大書，或許也有千慮而一失。今就所疑，商討如下：

　　首先，有些口語俗詞似當以特殊意義釋解，偶有解作一般常用意義；或解作殊義，而有些欠穩妥：

　　1.P1《過秦始皇墓》：“更聞松韻切，疑是大夫哀。”注曰：“二句謂更聞松聲凄切，疑是五大夫正哀怒傷感呢。”以“疑”爲懷疑，則具作真意味。此似用擬人手法，“疑”當作“如”、“似”解，此句有“好像是”的意思。“疑”之如、似義自梁陳已出現。如：王褒《看斗鷄》：“入場疑挑戰，逐退似追兵。”陳·周弘正《看新婚》：“帶啼疑暮雨，含笑似朝霞。”狄仁傑《奉和聖制夏日游石淙山》：“飛泉灑液恒疑雨，密樹含凉鎮是秋。”鎮是，即常似（“鎮”之“常”義，説見《匯釋》卷二）。李嶠《雪》：“地疑明月夜，山似白雲朝。”駱賓王《海曲書情》：“野樓疑海氣，白露似江濤。”又《和李明府》：“霞殘疑制錦，雲度似飄纓。”又《宿温城望軍營》：“烟疏疑卷幔，塵滅似銷氛。”陳子昂《合州津口别舍弟……》：“念别疑三月，經游未一旬。”以上多例“疑”均與“似”對文，其義則同。此義六朝詩已用之，詳見《例釋》。P7《哭祖六自虚》：“乍失疑猶見，深思悟舊緣。”“疑”字未注，當視爲常義。這句説當祖自虚忽然謝世時，就像還見到他，即音容宛在的意思，和潘岳“悵恍如或存”（《悼亡詩》之一）庶幾近之，亦與通常懷疑義有所不同。P19《賦得清如玉壺冰》：“抱明中不隱，含净外疑虚。”注曰：“二句寫冰的潔净透明。”次句即謂，從外邊看，透明得就像空的一樣。“疑”亦爲“如”、“似”義。

　　2.P232《酬黎居士淛川作》：“儂家真個去，公定隨儂否？”注曰：“個：等于‘價’，猶云這般或那般，這個樣兒或那個樣兒。”此據《匯釋》卷三“個（一）”條釋義。真個，當是“真的”之義，至今關中口語猶存，如謂真的來了，即謂真個來了。如此不一而足。王詩二句是説我真的辭官而去，黎公是否能跟隨我。若按注所云，句意似不貫通穩順。其實《匯釋》同條下即云：“凡真則曰真個。"並例舉韓愈《盆池》詩:"老翁真個似童兒,汲水埋盆作小池。"黄庭堅《沁園春》詞:"怎生禁得,真個分離。"周邦彦《浣溪沙慢》詞:"真個苦口嗔人,卻因何逢人問我?"又《紅窗迥》詞:"幾日來,真個醉。"注者或許未能細查,而失之于眉睫,殊爲惋惜。

3.同上詩二句後有:"着處是蓮花,無心變楊柳。"注曰:"着:猶'在'。着處,所在之處。"又曰:"此二句皆寫出家後的前途——得道成佛。"《例釋》釋"着志"、"着意"爲"在意",注者可能受此影響,故釋"着"爲"在"。其實《匯釋》已有"著處"條,即説:"猶云到處或隨處也。"並例舉王維《游春辭》:"經過柳陌與桃蹊,尋逐春光著處迷。"②"著"和"着"在詩中通用。着處,猶云處處,故此詩二句言處處都是净土,只要"無心"即可隨地成佛爲觀音。釋爲所在之處,于詩意未盡合,似未達一間。注者所據,顧此失彼,亦爲惋惜。

4.P314《送魏郡李太守赴任》:"古木官渡平,秋城鄴宮故。"注曰:"'平'疑指袁、曹故壘已平。"對"平"處以一般意義。此似爲"高"的意思。此句謂古木遍布的官渡顯得很高。王維詩以"平"作"高"義用非此一處。如P82《送嚴秀才入蜀》:"山臨青塞斷,江向白雲平。"P110《過乘如禪師蕭居士嵩丘蘭若》:"迸水定侵香案濕,雨花應共石床平。"此二例均呈"A與B平"結構。"向"有"與"義,説見《例釋》。前者謂江與白雲一樣高,後者言乘如禪師講經,天降諸花應該和石床一樣高。P176《登辨覺寺》:"窗中三楚盡,林上九江平。""上",《全唐詩》注:一作"外"。外,亦有"上"義。既言九江在"林上",則江之"高"灼然可見。P439《游感化寺》起首:"琉璃寶地平,翡翠香烟合。""地",《全唐詩》注:一作"殿"。據下文"鄧路雲端迥,秦川雨外晴",此在寺前所見,則其地勢之高自不待言,故"寶地(殿)平",即"寶地(高)"義。以上四例,均未出注,似待之平坦義。若此,似欠妥。"平"還有用作動詞的密布、籠罩義,《觀獵》:"回看射雕處,千里暮雲平"的"平",即可如是觀。若作平坦看,則"雲"談不上平坦不平坦。即使可通,而被稱賞的"何等氣慨"(王士禛語),則會化爲烏有。"平"的特殊義繁多,説詳拙文,③此處不贅。

5.王維詩的"偏"字用特殊意義不多,陳注非常謹慎,處理恰切。如P7《哭祖六自虛》:"城中君道廣,海内我情偏。"注曰:"偏:猶深。説見王鍈《詩詞曲語辭例釋》。句謂己對祖情深。"偏,與"廣"對文而義近,其"深"義穩切。P196《投道一師蘭若宿》:"一公栖太白,高頂山雲烟。焚流諸壑遍,花雨一峰偏。"注曰:"雨:落下。偏:猶'多'。…此句一爲寫景,二亦隱用佛書故實,以寫道一之法力。""偏"之"多"義,《例釋》已具。偏,與"遍"對文則義近;其既有"深"義,則必有"多"義。作者注岑參《敦煌太守後庭歌》"爲君手把珊瑚鞭,射得半段黄金錢,此中樂事亦已偏",釋末句即云"此中的樂趣不少"(《岑參集校注》,中華書局1979年版P97),故注王維詩,有駕輕路熟之感。P593《過福禪師蘭若》:"竹外峰偏曙,藤陰水更涼。"注曰:"外:猶'上'。偏:獨。黎明時陽光照射于峰頂,故曰'峰偏曙'。"《例釋》亦具此義,當據之而釋。以上三例注釋精確不移,足見注者眼銳而富有識力。但偶然也有求之過深之處:P35《少年行三首》之三:"一身能擘兩張弧,虜騎千重只似無。偏坐金鞍調白羽,紛紛射殺五單于。"注曰:"偏:猶正、恰。説見王鍈《詩詞曲語辭例釋》。"一般説來,"偏"用正、恰義,在時態上要有呼應,《例釋》所據數例即如是。王維此詩前兩句虛寫,後兩句則實寫。"偏"作正、恰解,卻失去呼應,而無着落。疑此用普通的常義,"偏坐"猶言斜坐,是"極寫鞍馬工夫純熟"(富壽蓀《千首唐人絶句》),"偏"和調弄弓矢的"調"字呼應,也正顯示出"紛紛射殺五單于"的少年英姿。陳注則失去這些意味,似有刻意求深之嫌。

6.P552《扶南曲歌詞五首》之三:"香氣傳空滿,妝華影箔通。歌聞天仗外,舞出御樓中。"注曰:"外,猶言'內中',與下句之'中'字互文。"又曰:"出,發生。"方位詞"外"在詩中使用極爲靈活,可以表示"內中"、"邊畔"、"上"、"下"等方位,説見《例釋》。此詩描寫皇家歌舞的豪華富麗。一、三句寫樓外的上空,二、四句寫樓上簾箔的內外。是説舞女的香氣與歌聲飄于皇帝的儀仗之上,其華妝和舞姿出現于御樓之中,而在簾泊之外儼然可見。若釋"外"爲"內中",不僅與情實不符,且限止于樓中。既見不出酣歌醉舞之狀,又與首句"傳空滿"失去呼應。故"外"似應作與"內中"相對的通常義解。而"出"解"發生"亦不恰切,當爲出現、露出義。這兩句亦可作互文,謂歌舞聲飄出于御樓中,歌舞聲聞于天仗之外。

7.P335《同崔興宗送衡岳瑗公南歸》:"一施傳心法,唯將戒定還。"注曰:"將,共,與。……此句謂瑗公獨自南歸,唯有戒定相隨(一路上仍將修持戒定之意)。"將,有介詞"與"義,説見《匯釋》。"將"亦有動詞奉持、秉承義,兩句謂一旦施行禪宗心傳之法,只有秉承戒定之法而獨自南歸。如是解,其"仍將修持戒定之意"方才顯豁。

8.P220《春日直門下省早朝》:"願將遲日意,同與聖恩長。"注曰:"與,猶如、比,參見《詩詞曲語辭匯釋》。二句意謂,願聖恩如同春晝之長。""如同"似和"同與"不能等同:"與"既作"如"解,就有"如同"義。準此,則"同與"的"同"字就落空了,故釋句意當而解詞義欠穩。"同"的本義是"相同"、"一樣","與"仍可視爲一般介詞"和",這兩句謂願聖恩與春晝同樣的長。另外"同"還有"與……相同"義,如 P375《三月三日勤政樓侍宴應制》:"不數秦王日,誰將洛水同。"著者釋次句爲"與周公在洛水泛觴又多麽一樣",此"同"釋爲"一樣"。P258 苑咸的《酬王維》:"應同羅漢無名欲,故作馮唐老歲年。"釋前句爲"應同羅漢一樣無求名利之欲",均精當無誤,而此"同與"則失之于細按。

9.P19《賦得清如玉壺冰》:"抱明中不隱,含净外疑虛。氣似庭霜積,光言砌月餘。"注曰:"言:猶料、知,不是通常的'言説'之義。……句指冰光猶如砌前明亮的月光。"此亦釋句意當,而解詞義欠穩:既把"言"解爲"料"、"知"義,就不能釋爲"猶如",否則齟齬不合。此據《例釋》下注,但《例釋》又説:"言"作"料"、"知"義用,"常與疑問詞連用,表示事出意外,與作'料想'義解的'謂'用法相同。郭元振《寶劍篇》詩:'何言中路遭棄捐,淪落飄零古獄邊。''何言'猶云豈料。"以下又連舉八例,均以"何言"爲句,與"光言"主謂結構不同,故不能依之爲據。"言"也有和"自"組合爲"自言",亦即自料、自知義,如宋之問《至端州驛》:"處處山川同瘴癘,自言能得幾人歸。"駱賓王《帝京篇》:"當時一旦擅豪華,自言千載常驕奢。"其"自言"均是自料、自知、自以爲的意思。亦與此不同。王維詩亦有用"誰言",義即"何言"。王維此詩的"言"與上句"似"對文,其義則相同,當解爲"猶如"。徐仁甫《廣釋詞》卷五已具此義:"言猶'似',今謂'像',副詞。王僧儒《爲人有贈》:'似出鳳凰樓,言發瀟湘渚。''似''言'互文,'言'猶'似'也。又如:'風吹窗簾動,言是所歡來。'似是所歡來。'攀條摘得花,言是歡氣息。'似是歡氣息。"P460《藍田山石門精舍》:"玩奇不覺遠,因以緣源窮。遙看雲木秀,初疑路不同。安知清流轉,偶與前山通。"疑,《文苑英華》作"言"。"疑"有如似義,已見于上文第1條,其異文"言"亦當爲"如"、"似"義。唐人張子容《樂城歲日贈孟浩然》:"半是吳風俗,仍爲楚歲時。更逢習鑿齒,言在漢川湄。"(《全唐詩》注:一作王維詩④)言,似也。末二句說:又遇到像習那樣的人物,就好像在漢江邊上一樣。王維詩的"言"字,也有作"言說"義用的,而被偶然誤注爲特殊義,如P334《同崔興宗送衡岳瑗公南歸》:"言從石菌閣,新下穆陵關;獨向池陽去,白雲留故山。"注曰:"言:料,知。⋯⋯以上四句寫瑗公自南岳來游京兆。"既是寫自南岳來游京兆池陽,首句當謂瑗公言說云云,"言"就不能作"料"、"知"解。如上文言,只有附在"何"、"誰"之後,才能如是觀。此"言"之疑屬誤解。

10.P367《奉和聖制暮春送朝集使歸郡應制》:"楊花飛上路,槐色通陰溝。"注曰:"上路:猶道上。"似乎把"上路"與"路上"等同起來。選本一般把《滕王閣序》的"儼驂騑于上路"也注作"道路",而"上"字就没着落。《漢語大詞典》作"大路,通衢"解,似較勝一籌。疑其有二義:一指京都的通衢;一指上等的大道,猶今語"一級公路"。孟浩然《清明即事》:"帝里重清明,人心自愁思。車聲上路合,柳色東城翠。"王維兩詩與此當用前者義,王勃序當用後者義。P642《書事》:"輕陰閣小雨,深院畫慵開。坐看蒼苔色,欲上人衣來。"注曰:"閣:停輟。句謂小雨已停,天色微陰。"閣,無"停輟"義。或認爲同"擱"。《例釋》以爲是"含"的意思,例舉甚豐。謂此"意指薄雲包含着微雨",其說可採。

11.P176《登辨覺寺》:"窗中三楚盡,林上九江平。"注曰:"上:邊,側畔;凌(濛初)本、《瀛奎律髓》俱作'外'。"上,有旁邊義。如《送張舍人佐江州薛璩十韻》"忽佐江上州",江州位于長江岸邊,故言"江上州"。又《淇上田園即事》"屏居淇水上",謂淇水邊。注者對此詩或許考慮九江不會位于"林上",故釋"上"爲"邊"。其實這兩句寫景具有空間層次感,如果說"窗中"和"三楚"非同處一個空間,那麼九江也絕不會在所望見林子的旁邊。若"窗中"是"取景框",則"林"爲近景——是觀看遠景"九江"的參照系。人常說王維詩中有畫,他擅長用畫家眼光把握不同空間的景物,捕捉遠近景物之間的微妙關係。諸如:"郡邑浮前浦,波瀾動遠空"(《漢江臨眺》),"霧中遠樹刀州出,天際澄江巴字回"(《送崔五太守》),"水車舟中市,山橋樹杪行"(《晚行馬巴峽》),"逶迤南川水,明滅青林端(《北垞》),"林端出綺道,殿頂搖華幡"(《瓜園詩》),"城上(一作"外"。"外"即"上"義)青山如屋里,東家流水入西鄰"(《春日與裴迪過新昌里……》),"商山原上碧,漣水林端素"(《奉和聖制御春明樓……》),不僅南川水、漣水閃爍于青林之上,而且郡邑、刀州、山橋、綺道,包括巴字形的曲折道路,都可坐落在遠樹上、樹杪上、青林上、林端、或者城上。利用遠小近大的畫理,造成空間距離和動静的錯覺,展示出寬闊綿遠的景致。視野的無限,形成遠景逼近的錯位美感。所以,"林上九江平"當屬這種空間錯位的同一手法。林上,一作"林邊",而"邊"字亦有"上"義,説見《例釋》。

## 三

陳著《前言》説:"本書的注釋,力求詳明。"著者爲此付出了很大的心力,特別對于"難詞、難句"的處理很具功力,確實做到了"詳明",而且詳而不繁。

一部大書,難免遺漏,陳注亦有失注,以下只就"難詞、難句"而言。

1. P1《過秦皇墓》:"古墓成蒼嶺,幽宮象紫臺。"注曰:"幽宮:即指秦皇墓。紫臺:爲王宫。……"首句無注,此句看起簡單,"成"字乍看則習而不察,細審却頗爲費解,是"成爲",還是"變成"義?都不穩妥。詩以"侈語"(清葉矯然語)諷刺厚葬,"成"字解不好,就會失去奢侈意味。"成"和"象"對文同義,即好像義。是説秦皇墓高巍得像似一座蒼嶺,諷意自在其中。"成"字的如此用法,起碼在六朝已出現。謝脁《後齋迴望》"望山白雲裏,望水平原外。夏木轉成帷,秋荷漸如蓋",其名句"餘霞散成綺,澄江静如練",陰鏗《閑居對雨》"山雲遥似帶,庭葉近成舟",駱賓王《疇昔篇》"不應白發頓成絲,直爲黄沙暗如漆",以上"成"均與比喻詞"似"、"如"偶對,其"似"義顯豁。《廣釋詞》已具此義,可參看。

2. P86《華岳》:"西岳出浮雲,積翠在太清。連天凝黛色,百里遥青冥。"注曰:"凝,底本原作'疑',此從宋蜀本、《全唐詩》。黛色:青黑色。""連"是何義,是"接連"?但不順溜。看它和"百里"相對,故不能作動詞,且不單指高度。疑"連"爲"滿"義,滿天則和"百里"趨于工穩。而且,"站立于光綫與受光草地之間,則可見朝向草地一邊的衣褶反射光綫而沾染草地的顔色。所以物體不斷受鄰近發光與不發光物體之影響而改變顔色"(《達芬奇論繪畫》P132頁)。這句正體現了這個畫理,華山的黛色沾染得滿天都成了青黑顔色。"連"之"滿"義,説見《例釋》。P353《送丘爲往唐州》:"四愁連漢水,百口寄隨人。"注曰:"言丘爲到唐州,内心充滿懷友之愁。唐州地近漢水,故有'連漢水'之語。"句意串釋精當。但觀其"唐州地近漢水"

云云,似把"連"當作"接連"義。依準上例,"連"有形容詞"滿"義,作動詞用就有"充滿"、"布滿"義,這句直說就是:懷友深愁充滿漢江上空。P402《送張判官赴河西》:"沙平連白雪,蓬卷入黃雲。"謂平沙上遍布白雪。此與李頎《古從軍行》"雨雪紛紛連大漠"措詞狀景相近。P148《老將行》:"蒼茫古木連窮巷,寥落寒山對虛牖。"這寫居住荒僻,"連窮巷"猶言圍繞着窮村。"連",《全唐詩》和趙殿成本作"迷",與"圍繞"意致接近。P375《三月三日勤政樓侍宴應制》:"采仗連宵合,瓊樓拂曙通。""連宵"于此非謂一夜接一夜,當指通宵整夜。以上"連"字,均非通常意義,似應注明。

3. P57《贈東岳焦煉師》:"山靜泉逾響,松高枝轉疏。"謂枝條反而稀疏。轉,表示語氣轉折,相當于反、卻、反而,說見《例釋》。P429《輞川閑居贈裴秀才迪》:"寒山轉蒼翠,秋水日潺湲。""轉"義同上。P543《恭懿太子挽歌五首》之三:"西望昆池閣,東瞻下杜平。山朝豫章館,樹轉鳳凰城。"此四句寫太子墓地的地理位置,墓在長安西南,故次句謂陵前樹木轉向長安城。P593《過福禪師蘭若》:"岩壑轉微徑,雲林隱法堂。"轉,纏繞。二句謂小道纏繞着岩壑,法堂隱于雲林。轉,《文苑英華》作"帶",帶亦有纏繞義。P288《送崔九興宗游蜀》:"送君從此去,轉覺故人稀。"謂愈覺,越覺。說見《例釋》。以上"轉"、"帶",亦似應以注。

4. P546《奉適六舅歸陸渾》:"條桑臘月下,種杏春風前。"下,用于指示時間而不指示方位,可表當時或以後兩種意思,說見《例釋》。此"下"與"前"對文,當謂臘月後。P144《隴西游》:"關山正飛雪,烽戍斷無烟。"兩句前因後果,"斷"即停止,說見《匯釋》。P287《故太子太師徐公挽歌四首》之四:"誰言斷車騎,空憶盛衣冠。"注曰:"斷:棄絶,抛撤。斷車騎:指去世。"釋義不如"停止"穩當。P467《輞川別業》:"不到東山向一年,歸來纔及種春田。"謂接近一年,說見《匯釋》。P432《黎拾遺昕裴秀才迪見過秋夜對雨之作》:"促織鳴已急,輕衣行向重。"謂將要換單衣爲夾衣。"向"即用"接近"義。P56《春日與裴迪過新昌里……》:"桃源一向絶風塵,柳市南頭訪隱淪。"《例釋》"一向(三)"條云:"一向,指示時間之辭;有指多時者,有指暫時者。""一向"猶云向來,至今亦爲口頭常語。

5. 王維詩的"個"字出現五次,除上文的"真個"外,還有 P618《愚公谷三首》之一:"不知吾與子,若個是愚公?"P630《聽百舌鳥》:"亦有相隨過御苑,不知若個向金堤。"陳注均釋爲"那個"。此義《匯釋》已具。P260《同比部楊員外十五夜游有懷静者季》:"香車寶馬共喧闐,個裏多情俠少年。"注曰:"個裏,猶云'此中'。"以上均極確。但 P538《贈吳官》:"長安客舍熱如煮,無個茗糜難禦暑。"其中"個"則不注。"若個"的"個"是量詞,此處"個"或許亦被著者當作常用的量詞。此當同"個裏"的個,亦爲指示代詞。"無個",即沒有那個。

總之,陳注在釋口語俗詞方面,用心細致,訓釋精到。本文所提疑義,是耶非耶,不敢自是。何況筆者所認爲的"枯枝",或許原本就是青柯呢。

① 注者以爲："坐令二句：謂楊白花離宫而去，使樹無光彩，……"（見《柳宗元選集》，上海古籍出版社，P32），其釋
　　"令"爲"使"，而失釋"坐"，正見其義特殊，難以處理。

② 此詩見于《樂府詩集》，《全唐詩》在王維集中删去。前人考爲王涯之作。《王維集校注》亦同。

③ 見《古詩"平"字詞義辨釋》，《古漢語研究》1998 年第 1 期。

④ 《王維集校注》正文及附録《傳本誤收詩文》，均未收録此詩。似可補入。

**圖書在版編目(CIP)數據**

文史.2001年.第3輯.總第56輯/中華書局編輯部
編.—北京:中華書局,2001.

ISBN 7 – 101 – 02892 – 6

Ⅰ.文... Ⅱ.中... Ⅲ.文史—研究—中國—叢
刊 Ⅳ.K207 – 55

中國版本圖書館 CIP 數據核字(2001)第 25807 號


# 文 史

2001 年第 3 輯

總第五十六輯

中華書局編輯部編

*

中 華 書 局 出 版 發 行

(北京豐臺區太平橋西里38號 100073)

北 京 冠 中 印 刷 廠 印 刷

*

787 × 1092 毫米 1/16·18 印張·338 千字

2001 年 11 月第 1 版 2001 年 11 月北京第 1 次印刷

印數:1 – 3000 册 定價:32.00元

ISBN 7 – 101 – 02892 – 6/K·1225